HISTORISCHE KLÖSTER
IN WESTFALEN-LIPPE

KULTURLANDSCHAFT WESTFALEN

Band 7

Landschaftsverband
Westfalen-Lippe

Roland Pieper

HISTORISCHE KLÖSTER IN WESTFALEN-LIPPE
Ein Reisehandbuch

Ardey-Verlag

Mit freundlicher Unterstützung der

Bibliografische Information Der Deutschen Bibliothek

Die Deutsche Bibliothek verzeichnet diese Publikation
in der Deutschen Nationalbibliografie; detaillierte
bibliografische Daten sind im Internet über
http://dnb.ddb.de abrufbar.

1. Auflage 2003
© Ardey-Verlag, Münster
Alle Rechte vorbehalten. Dieses Werk sowie einzelne
Teile desselben sind urheberrechtlich geschützt.
Jede Verwertung in anderen als den gesetzlich zulässigen Fällen
ist ohne vorherige Zustimmung des Verlages nicht zulässig.

Printed in Germany.
Umschlagbild: Roland Pieper
Satz und Lithographie: Rhema – Tim Doherty, Münster
Druck: Druckhaus Aschendorff, Münster
ISBN 3-87023-244-7

INHALT

Vorwort
7

Zu diesem Buch
9

Der Raum Westfalen
11

Klöster in Westfalen –
Geschichte und bauliche Entwicklungen
12

KLÖSTER IN WESTFALEN VON A BIS Z
17

Zeittafel zur Geschichte des
Klosterwesens in Westfalen
219

Die Orden mit baulichen Resten von
Kirchen und Klöstern in Westfalen
224

Literaturhinweise
227

Kleines Lexikon verwendeter Fachausdrücke
230

Abbildungsnachweis
232

Karte

VORWORT

Am 25. Februar 2003 jährte sich zum 200. Male die Verabschiedung des Reichsdeputationshauptschlusses, der die Aufhebung der geistlichen Staaten und ihre Überführung in weltliche Hände bestimmte. Für die westfälische Landesgeschichte bedeutete dieses Gesetz eine tiefe Zäsur, gab es hier doch in außergewöhnlicher Dichte geistliche Territorien, die der Säkularisation zum Opfer fielen: die Fürstbistümer Münster und Paderborn, die Fürstabtei Corvey sowie die zum Kurfürstentum Köln gehörenden Gebiete des Vests Recklinghausen und des Herzogtums Westfalen.
Die Folgen dessen, was 1803 beschlossen wurde, sind immer noch aktuell. Aus dem Flickenteppich von einst über 30 eigenständigen Territorien entstand 1815 die Provinz Westfalen, deren Grenzverlauf bis heute den Landesteil Westfalen umschreibt.
Unmittelbar verbunden mit dieser „Herrschaftssäkularisation" war die „Vermögenssäkularisation" der etwa zweihundert Klöster, Stifte, Abteien und Kommenden, die bis dahin das kulturelle, wirtschaftliche und soziale Leben in Westfalen-Lippe entscheidend geprägt hatten. Die Gebäude wurden u.a. in Gutsbetriebe oder Kasernen umgewandelt, das dazu gehörende Land enteignet, verpachtet und verkauft. Kunstschätze taxierte man allein nach ihrem materiellen Wert; sie wurden zerstört, verkauft und auseinandergerissen, die Bestände der Klosterarchive und -bibliotheken in alle Welt zerstreut.
Der Landschaftsverband Westfalen-Lippe und die Nordrhein-Westfalen-Stiftung Naturschutz, Heimat- und Kulturpflege haben den 200. Jahrestag des Reichsdeputationshauptschlusses zum Anlass genommen, um mit dem dezentralen Kultur- und Ausstellungsprojekt „Vom Krummstab zum Adler. Säkularisation in Westfalen 1803-2003" an die Säkularisation und ihre Bedeutung für die westfälische Landesgeschichte zu erinnern.
Das vorliegende Buch ist Teil dieses Projekts und leistet hierzu einen wichtigen Beitrag. Kulturtouristisch interessierte Bürgerinnen und Bürger sowie Gäste aus aller Welt soll es dazu anregen, sich bei Ausflügen und Reisen auf die Suche nach den Spuren der jahrhundertealten westfälischen Klosterkultur zu machen, um diese so neu zu entdecken.
Mit Dr. Roland Pieper konnten wir einen Autor und Fotografen gewinnen, der sich zuvor schon durch sein Buch über das ehemalige Kloster Dalheim einen Namen erworben hat. Ihm gebührt an dieser Stelle unser besonderer Dank für seine sorgfältigen Recherchen und eindrucksvollen Fotografien.
Ich hoffe, dass das Buch zahlreiche interessierte Leser innerhalb- und außerhalb Westfalen-Lippes findet. Ihnen allen wünsche ich informative und vergnügliche – nicht zuletzt aber auch nachdenkliche – Begegnungen mit den „Historischen Klöstern in Westfalen-Lippe."

Münster, im April 2003

Unterschrift

Prof. Dr. Karl Teppe
Kulturdezernent

ZU DIESEM BUCH

Die Kultur der Klöster erlebt seit einigen Jahren die wachsende Aufmerksamkeit breiter, interessierter Bevölkerungskreise. Das „regulierte", durch Ordensregeln in feste Bahnen gelenkte Leben bildet in einer zunehmend freieren Gesellschaft mit ihren Vorteilen, aber auch den Unsicherheiten, Risiken und einem hohen Maß an Selbstverantwortung, eine Faszination, fast auch einen Anachronismus. Das Gedenken an die Säkularisation, an die Aufhebung der Klöster, die 1803 mit der Profanierung der Kloster- und manchmal auch der Kirchengebäude verbunden war, richtet den Blick darauf, dass es sich nicht zuletzt deshalb vielfach um keine lebendige Kultur mehr handelt. Von den etwa 288 Klöstern, die bis 1803 in Westfalen bestanden, sind heute nur mehr 21 mit Ordens- und Klerikergemeinschaften im weitesten Sinn besetzt. Neue, im 19. und 20. Jh. gegründete Ordensgemeinschaften mit Aufgabenschwerpunkten meist in sozial-karitativen oder schulischen Einrichtungen sind allerdings hinzugetreten, die in diesem vorwiegend kunstgeschichtlich orientierten Führer nur ausnahmsweise Aufnahme fanden. Immerhin: Noch von 159 der 288 erwähnten Klöster sind bauliche Reste erhalten – in einer Bandbreite von ganzen Anlagen bis hin zu Wänden und Mauerresten, zeitlich von 884 in Höxter-Corvey bis 1802 in Marsberg-Bredelar. Auch wenn die Reste manchmal nur spärlich sind, vermitteln sie mit etwas Phantasie durchaus einen Eindruck von der Anlage oder wenigstens von ihrer topografischen Situation. Unabhängig von der historischen Bedeutung einzelner Klöster fanden daher nur solche Aufnahme in dieses Buch, „wo noch etwas zu sehen ist." Die Entscheidung darüber, was noch aufgenommen werden sollte und was nicht, war in einzelnen Fällen nicht leicht. Dennoch bildet das Buch eine Bestandsaufnahme zu den insbesondere baulichen Hinterlassenschaften der Klerikergemeinschaften in Westfalen, ergänzt um vier wichtige, nach 1803 entstandene Klöster, die bis heute zu den großen Ordensniederlassungen im Land mit sehenswerter Architektur gehören. Auf die Innenausstattungen der Kirchen wird nur summarisch und besonders bei größeren Objekten nur in einer Auswahl wichtiger oder bemerkenswerter Stücke eingegangen; eine vollständige Erfassung hätte den Rahmen dieses Handbuchs deutlich gesprengt. Auch die Kirchenschätze wurden nicht aufgenommen, da sie in der Regel für Besichtigungen nicht zur Verfügung stehen. Auf Museen bzw. Schatzkammern und ihre Öffnungszeiten wird aber hingewiesen.

Das vorliegende Handbuch soll sowohl bei Reiseplanungen helfen wie auch „vor Ort" Hinweise zum Sehen geben. Alle Orte bzw. Objekte sind in der Karte im Anhang verzeichnet und lassen sich im lexikalischen Teil auffinden. Auf Tourenvorschläge wurde verzichtet, da sich nicht alle Klöster sinnvoll in Routen einbinden ließen. Öffnungszeiten ändern sich häufig. Sie sind in der Regel über die Internetadresse zu recherchieren, wo weitere Zusatzinformationen, oft auch Fotos einzusehen sind. Es empfiehlt sich aber aus Erfahrung, telefonisch nachzufragen. Internetadressen und Telefonnummern wurden im letzten Jahresviertel 2002 recherchiert. Schon der fortlaufenden Anpassungen in der Kommunikationstechnologie wegen können wir aber keine Gewähr dafür übernehmen. Internetadressen, die am Zeilenende getrennt werden mussten, sind ohne Trennstrich getrennt. Steht ein solcher am Ende einer Zeile, dann gehört er zur Adresse. Weiterführende Informationen zur Bau- und Kunstgeschichte der Klöster finden sich im Buchanhang: Neben einer Zeittafel zur historischen Entwicklung und einem Verzeichnis der Fachausdrücke auch Hinweise zu neuerer Literatur im Überblick und zu Einzelobjekten. Literatur vor etwa 1992 ist über die Bände des „Westfälischen Klosterbuchs" greifbar. Hingewiesen sei noch auf eine Internetseite für die Klöster in den Kreisen Höxter und Paderborn unter www.klosterregion.de. Sie setzt einen Schwerpunkt in der Vor- und Aufbereitung des Themas für schulische Unterrichtszwecke.

In der Karte sind alle Klöster in den einzelnen Regionen Westfalens verzeichnet. Die Unterscheidung in evangelisch, katholisch oder profaniert ist pragmatisch auf das reduziert, was für Reisevorbereitungen wichtig ist. Sie betrifft bei Mehrfachnutzungen das Hauptobjekt einer Anlage und soll bereits vorab die Einschätzung erleichtern, ob eine Anmeldung auch für Individualreisende notwendig ist: Katholische Kirchen sind in der Regel tagsüber zumindest in einigen Bereichen geöffnet, evangelische meist geschlossen, bei nicht kirchlich oder musealen, sondern privat genutzten Anlagen ist eine Besichtigung ohne Voranmeldung nicht möglich. Für größere Gruppen ist eine Anmeldung grundsätzlich unabdingbar.

Die Unterscheidung in bedeutende und weniger bedeutende Anlagen bzw. deren Reste ist subjektiv und richtet sich insbesondere danach, wie sehenswert das Objekt ist und letztlich auch, inwieweit es überhaupt für Besucher zugänglich ist. Im Text erwähnte Klöster in den unmittelbaren Nachbarregionen Westfalens sind als Hinweise aufgenommen worden.

Das Bildmaterial wurde bei den Vorbereitungsfahrten für diesen Band neu fotografiert und dokumentiert damit gleichzeitig den Zustand der Objekte im Sommer 2002. Frau Henrike Gundlach in Bielefeld danke ich ganz herzlich für die sorgfältigen und umsichtigen Recherchen der Internetadressen und Telefonnummern. Mein nicht minderer Dank gilt den vielen Menschen, die mich bei meinen Recherchen und Fotoarbeiten „vor Ort" unterstützten sowie dem Landschaftsverband Westfalen-Lippe – insbesondere Prof. Dr. Manfred Balzer und Dr. Christiane Todrowski – und den Mitarbeitern des Ardey-Verlags, die dem Buch seine Form gaben.

Münster, im Januar 2003   Roland Pieper

DER RAUM WESTFALEN

Westfalen ist das Land zwischen Rhein und Weser. Im Norden und Nordosten stößt es an Niedersachsen, im Südosten und Süden an Hessen, im Südwesten an das Rheinland und im Nordwesten an das niederländische Twente. Den Unkundigen mag verwundern, dass der geringste Teil des Landes flach ist. Für das Münsterland, die Münsterländer Bucht, trifft dies noch am ehesten zu, doch gibt es mit den Baumbergen bei Nottuln und Billerbeck, wo der vorzügliche helle Sandstein gebrochen wird, am Ausläufer des Teutoburger Waldes bei Tecklenburg und Ibbenbüren sowie in der Gegend um Beckum eine hügelige Landschaft. Nach Osten schließt sich das Paderborner und Corveyer Land an, das von der Weser begrenzt wird sowie das frühere Fürstentum Lippe, heute ein selbständiger Landesteil von Nordrhein-Westfalen-Lippe, wie die vollständige Bezeichnung des Bundeslandes lautet. Das Minden-Ravensberger Land mit den großen Städten Bielefeld und Minden liegt diesseits und jenseits des Wiehengebirges an der Nordgrenze des Bundeslandes. Die heutige Autobahn 44 Dortmund-Kassel, die abschnittsweise mit dem alten Hellweg als alte Ost-West-Achse parallel geführt wird, trennt ungefähr den Nordteil mit Münsterland und Ostwestfalen vom gebirgigen Südteil, dem Sauerland. Das Sauerland geht ganz im Süden in das Siegen-Wittgensteiner Land über, und nach Westen schließt sich das Bergische Land an. Zwischen Münsterland und Sauer- bzw. Bergischem Land liegt das Ruhrgebiet. Die Landschaften haben ihre Besonderheiten: die Soester Börde weite Ebenen mit Obstbaumalleen und Wallhecken. Das waldreiche Sauerland tiefe Täler, die Flüsse und Verkehrswege gleichermaßen kanalisieren und auch für die Ansiedlung von Klöstern bedeutend waren. Das Ruhrgebiet erlebt einen Wandel vom „Kohlenpott" zur Region mit neuen Technologien und Tourismus. Das Münsterland mit seiner „Parklandschaft".

Historisch ist diese regionale Einteilung freilich nur in Ansätzen. Das Siegen-Wittgensteiner Land gehörte ursprünglich zu Hessen, aber nach dem Zeugnis eines Franziskaner-Minoriten aus der Zeit um 1240 schloss Westfalen nach Norden mit den friesischen Inseln! Grund dafür waren die Bistumseinteilungen. Das heutige Münsterland ist ungefähr mit dem Kern des Bistums Münster identisch. Es bildete das Oberstift Münster und wurde nach Norden um das später evangelisch gewordene Niederstift mit Emsland, Oldenburger Land und Friesland erweitert. Der westfälische Teil des Bistums Osnabrück schloss sich an das Oberstift Münster nach Osten an, gefolgt vom Bistum Minden, dessen größter Teil im heutigen Niedersachsen bis in die Lüneburger Heide hinein lag; es wurde 1648/50 brandenburgisches Fürstentum, kirchlich aber nicht offiziell aufgelöst und erst 1821 dem Bistum Paderborn einverleibt. Die Hellwegregion und das Sauerland gehörten bis ins 19. Jh. hinein zum Erzbistum Köln mit seiner „westfälischen Hauptstadt" Soest; heute sind diese Landesteile dem Erzbistum Paderborn unterstellt. Nördlich von Lippstadt markiert noch heute ein Stein die Stelle, wo die Bistümer Münster, Osnabrück, Paderborn und Köln aneinander grenzten.

Noch immer ist die historisch bedingte Konfessionsteilung spürbar, wenngleich die Unterschiede seit langem verschwimmen. Das Paderborner und Corveyer Land, das Sauerland und der größte Teil des Münsterlandes sind katholisch, in letzterem bildet der westfälische Teil der alten Grafschaft Tecklenburg und des Fürstentums Steinfurt eine evangelisch-reformierte Enklave, während Lippe und das Siegen-Wittgensteiner Land insgesamt reformiert sind. Minden-Ravensberg und die Städte Dortmund, Unna, Soest und Lippstadt dagegen sind traditionell evangelisch-lutherisch. Besonders in diesen Städten traten schon durch die Industrialisierung im 19. Jh. starke Mischungen und Verschiebungen ein, während man im katholischen Teil des Sauerlands – um Plettenberg gibt es eine evangelische Enklave – auch heute noch besser konfessionslos als evangelisch ist.

KLÖSTER IN WESTFALEN – GESCHICHTE UND BAULICHE ENTWICKLUNGEN

VON DER CHRISTIANISIERUNG BIS ZUR REFORMATION

Die älteste Gründungsschicht von Klöstern in Westfalen bilden die Domstifte in Paderborn und Minden noch vor 800 sowie das Benediktinerkloster in Münster, das 805 in ein Domstift umgewandelt wurde. Die ersten drei Jahrhunderte klösterlicher Gemeinschaften wurden durch die Benediktiner geprägt. Höxter-Corvey und Marsberg-Obermarsberg bilden die ältesten, gefolgt von einer Reihe von Kanonissenklöstern, Gemeinschaften von weiblichen adligen Religiösen, die zwar eine an der Benediktsregel orientierte, aber nicht streng klösterliche Lebensweise pflegten. Die Reichsabtei Herford und die Konvente in Büren-Böddeken, Vreden, Warendorf-Freckenhorst, Wadersloh-Liesborn, Nottuln, Bad Driburg-Neuenheerse, Herzebrock, Meschede und Metelen gehörten zu den vornehmsten Ordensgemeinschaften des Landes und überdauerten mit Ausnahme Böddekens und Liesborns bis zur Säkularisation. Im 10. Jh. kamen Bielefeld-Schildesche, Geseke, Steinfurt-Borghorst und Porta Westfalica-Wittekindsberg bzw. das Marienstift Minden, im 11. Jh. Lennestadt-Oedingen (untergegangen), das Herforder Marienstift, das Überwasserstift in Münster sowie die Benediktinerklöster in Minden St. Mauritius, Schmallenberg-Grafschaft und Rosendahl-Varlar hinzu. Sie sind gekennzeichnet durch meist sehr hochstehende, in die Reichspolitik eingebundene Stifterfamilien und -persönlichkeiten und eine reiche Ausstattung mit Besitz. Oft traten Angehörige der Stifterfamilien nach der Gründung in das Kloster ein. Die Gründung und Förderung von Klöstern ist gleichsam ein Leitmotiv westfälischer Geschichte im ganzen Mittelalter.

Die wirtschaftliche Prosperität und die angesehene Stellung dieser Gründungen ermöglichte die Errichtung bedeutender Bauten. Mit dem 884 geweihten Westwerk von Höxter-Corvey hat sich ein Bauwerk von Weltrang erhalten, das wenig genug umgebaut wurde, um noch heute einen beeindruckenden Einblick in die karolingische Baukunst und ihre Raumauffassung zu vermitteln. Die Weiterentwicklung dieses Westwerkes hat sich am Dom zu Minden in später veränderten, 952 geweihten Resten erhalten, die so umfangreich sind, dass sie ein detailreiches Bild ottonischer Baukunst zeichnen können. In Warendorf-Freckenhorst ist das Westwerk aus der Zeit um 1000 besonders im Außenbau mit verhältnismäßig geringen und nachvollziehbaren Umbauten erhalten, in Bad Driburg-Neuenheerse ist es stark umgebaut, aber noch erkennbar. Westtürme ohne kompliziertere Bauform sind – abgesehen von der Walburgiskirche in Meschede aus der Zeit um 900 – eher aus dem Ende dieser Gründungsschicht erhalten; Wadersloh-Liesborn und vielleicht Büren-Böddeken seien als Beispiele genannt. In Münster St. Mauritz und der Paderborner Busdorfkirche sind Osttürme – mit teils verwickelter Baugeschichte – des 11. Jhs. erhalten. In Paderborn Abdinghofkirche, Geseke (Querhaus), Meschede St. Walburgis, Bad Driburg-Neuenheerse und vermutlich auch Vreden sind im aufgehenden Mauerwerk der Kirchen Bauteile aus der Zeit etwa zwischen 900 und 1100 erhalten sind, und über die vielfältigen archäologischen Nachweise hinaus lässt sich auch der Raumeindruck von Kryptenanlagen nachvollziehen. Zwei Bautypen sind zu unterscheiden: eine Ringkrypta hat sich unter dem Chor der Walburgiskirche in Meschede erhalten, eine archaisch wirkende Anlage, in der der Besucher an einem Stollen mit Reliquienschrein vorbeigeführt wurde. Frühe mehrschiffige Hallenkrypten dagegen finden sich in Vreden, der Paderborner Abdinghofkirche, Bad Driburg-Neuenheerse und Warendorf-Freckenhorst.

Im 12. Jahrhundert wird die Ordenslandschaft vielfältiger, die Zahl der Klostergründungen steigt – es werden fast so viele gegründet wie in den drei Jahrhunderten zuvor – und der Bestand erhaltener Bausubstanz aus dieser Zeit ist bedeutend größer. Die Ideen des Reformmönchtums finden auch in Westfalen Eingang, zuerst 1122 in Selm-Cappenberg, wo noch unter dem Einfluss Norbert von Xantens, des Gründers des Prämonstratenserordens, die Brüder Gottfried und Otto von Cappenberg ihre Burg in ein Kloster umwandeln. Otto übernimmt das Kloster in Rosendahl-Varlar, und bald entstehen Klöster des Ordens in Herzebrock-Clarholz und Oelde-Lette, in Lippstadt-Cappel, Wickede-Scheda (untergegangen), Haltern-Flaesheim, Arnsberg-Wedinghausen und Arnsberg-Oelinghausen sowie Marsberg-Bredelar. Der bedeutendste Bau, Cappenberg, ist weitgehend erhalten und stellt eine Prämonstratenserkirche par excellence vor. Nur Cappel erreicht ein ähnliches Niveau für den weiblichen Zweig des Ordens, in Flaesheim deutet der Turm als Teil einer Westanlage ebenfalls auf einen erhöhten Anspruch. Herzebrock-Clarholz jedoch war – das zeigten der Westriegel und die Umfassungswände des Langhauses – bescheidener. Ähnlich gestaltet wurden die Kirchen der auch im 12. Jh. noch gegründeten Benediktinerkonvente in Marienmünster und des weiblichen Zweigs in Brakel-Gehrden und Willebadessen, wo bedeutendende Reste bzw. die Kirchen in weiten Teilen erhalten sind. Bei den Frauenkonventen wurden aus Westwerken Westanlagen mit Nonnenemporen. Schließlich sei noch auf die Gründungen der Augustinerinnen bzw. Augustiner-Chorfrauen hingewiesen, die in ihrer ursprünglichen Form Kanonissen waren. Vom Gründungsbau des 12. Jhs. haben sich nur in Kirchlengern-Quernheim und in Lichtenau-Dalheim der Westturm bzw. Reste davon erhalten, in Dalheim mit ausgegrabener Emporenanlage.

Neue Impulse gehen auch vom Orden der Zisterzienser aus, einem zu Ende des 11. Jhs. in Frankreich gegründeten Reformorden strenger benediktinischer Disziplin. Ein Schwerpunkt seines Wirkens lag in der Landwirtschaft, besonders in der Kultivierung neuer Nutzflächen; die Klöster liegen daher abgeschieden. Im ältesten Westfalen, in Warburg-Hardehausen, sind nur Reste der Kirche erhalten. Harsewinkel-Marienfeld wurde jedoch zu einem Schlüsselbau westfälischer Sakralarchitektur. Hier wurde ein Formensystem entwickelt, das grundlegend für die „Hallen gebundener Ordnung" wurde. Mit dem Münsteraner Bischof Herman von Katzenelnbogen, Bernhard II. zur Lippe und Widukind von Rheda wirkten hier Gründerpersönlichkeiten zusammen, die Baukunst nicht zuletzt als Machtsymbol verstanden. Die erste „Halle gebundener Ordnung", die Ludgerikirche in Münster, zeigt noch eine andere Durchbildung der Baudetails. Das 13. Jh. ist nicht allein das Jahrhundert der Stadtgründungen, sondern auch das der auch in Westfalen beginnenden Gotik. Zwei voneinander unabhängige Stränge einer Entwicklung zur gotischen Architektur zeichnen sich ab. Die „Hallen gebundener Ordnung" mit ausgezeichneten Beispielen in Lechtrup-Langenhorst und Metelen werden weiterentwickelt: Die gebundene Ordnung wurde mit den Großbauten der Münsterkirche in Herford und dem Dom in Paderborn aufgegeben, aber nun wurden Rippen verwendet, die statisch auch das Gewölbekappen tragen mussten. Schlüsselbau dieser Entwicklung ist die Marienstiftskirche in Lippstadt. Gleichzeitig, etwa um 1245/50, beginnt eine neue, mit ihren Gründungen auf die entstehenden Städte zielende Gruppe von Orden mit dem Bau ihrer Kirchen: die Bettelorden.

Die Franziskaner-Minoriten führten in Münster und Höxter, wie vermutlich auch die Dominikaner in Soest, einen etwas reduzierten Formenkanon französischer Hochgotik im Land ein, der sich schnell durchsetzte. Die Wurzeln dieser Entwicklung bleiben etwas im Dunkel, denn von 15 Kirchen des Zeitraums bis 1330 sind nur sieben erhalten. Doch das gotische System eignete sich besonders auch für Umbauten und Erweiterungen, die kennzeichnend werden für das pragmatische Anpassen älterer Bauten an moderne Raumformen und gestiegenen Platzbedarf. Die Ritterorden – Deutscher Orden und Johanniter – prägten keinen eigenständigen Stil aus, sondern übernahmen sowohl von den Franziskanern vorgeprägte Bautypen (Münster Georgskirche, verschwunden) oder bestehende Kirchen (Steinfurt, Große Kirche). Eine ganze Gruppe von überwiegend um die Mitte des 13. Jhs. gegründeten Frauenklöstern der Zisterzienser und Dominikaner errichtete in den Jahren um 1260/80 einfache, chorlose Rechtecksäle meist von drei oder vier Jochen Länge, die sich am Formenkanon der Bettelordensbauten orientierten. Besonders gut erhalten sind Hörstel-Gravenhorst, Höxter-Brenkhausen, Warburg-Wormeln, Stemwede-Levern und Tecklenburg-Leeden. Eine Nonnenempore im Westen teilte auch eine Unterkirche vom Raum ab.

Nochmals einen neuen Schub innovativer Kraft führten die Orden der Devotio moderna ein, eine um 1400 in den Niederlanden entstandene Bewegung neuer Frömmigkeit. Sie gründete Augustiner-Chorherrenstifte in Büren-Böddeken und Lichtenau-Dalheim mit der Übernahme brach liegender älterer Klöster und den Ländereien ganzer aussterbender Dörfer und fanden mit den neuen wirtschaftlichen Erschließung kleinerer Landesteile bereitwillige Unterstützung durch Adelige und Bischöfe. Auch in Attendorn-Ewig und Blomberg entstanden Konvente des Ordens, wobei letzterer die Betreuung einer Wallfahrt übernahm. Zahlreiche Beginenhäuser, Vereinigungen frommer, durch Handarbeit ihren Lebensunterhalt bestreitender Frauen, wurden „reguliert", d. h. zu Augustiner-Schwesternhäusern erklärt und der Betreuung durch Männerkonvente unterstellt. Sie erhielten meist biblische Namen wie Marienthal, -berg, -flucht, St. Annen Rosengarten oder auch Nazareth. Eine zweite Gründungswelle erlebten auch die Franziskaner, meist als Klöster der Observanz, also der strengen Beachtung der Regel. Von den Neugründungen zwischen 1455 und 1498 sind die Kirchen in Hamm, Lemgo, Siegen und Bielefeld noch existent. Die einzige nichtstädtische Gründung zur Betreuung der Wallfahrt auf dem Jostberg bei Bielefeld wurde nach wenigen Jahren in die Stadt verlegt.

Zahlreiche ältere Kloster-, Stifts- und Kollegiatkirchen wurden im 14. und 15. Jh. neu erbaut. Dabei wurde ein Querhaus nur für die Neustädter Marienkirche in Bielefeld konzipiert, die Marienkirche in Herford, die Überwasserkirche in Münster und als großartiger Schlusspunkt der Entwicklung die Stiftskirche in Nottuln verzichteten auf Querhäuser. Lange blieb das Formsystem der Mindener Domhalle in diesen Räumen spürbar. Doch auch einfachere Saalbauten waren aktuell, selten mit Querhaus (Bielefeld-Schildesche), oft aber als lang gezoge, durch Lettner geteilte Räume (darunter Dülmen-Weddern und Borken-Groß Burlo).

Kollegiatstifte sind keine eigentlichen Klöster, sondern Zusammenschlüsse von Klerikern auf der Grundlage einer Verfassung. Sie entstehen das ganze Mittelalter hindurch, zwischen etwa der Mitte des 10. Jhs. (Enger) und bis vor 1500, in der Regel aus Initiativen der Kleriker selbst. Die Raumform der Hallenkirche bestimmt das Bild der Bauten, die im übrigen aber keine Einheitlichkeit zeigen. Zumindest ein Haus, Anbau oder Raum für die Versammlungen der Kleriker war vorhanden.

Spezialisierte Werkstätten begannen schon um 1200 damit, Ausstattungsstücke vorzufertigen. Zuerst ist dies bei Taufsteinen erkennbar. Abgesehen von herausragenden Einzelstücken wie in Warendorf-Freckenhorst erstellten die Werkstätten schlichtere Stücke, aber auch solche mit rundum stehenden Figuren. Um 1500 fertigte die sogenannte Bunickman-Werkstatt besonders Sakramentshäuser und -türme sowie Levitensitze aus Baumberger Sandstein, aber auch auf Chorgestühle und Tafelbilder bzw. Dreiflügelaltäre mit bemalten Tafeln hatten sich einzelne Werkstätten spezialisiert. Altäre mit geschnitzten Figuren wurden dagegen überwiegend aus dem benachbarten heutigen Niedersachsen „importiert". Altäre dominierten die Ausstattung, aber raumbestimmend waren auch die zahlreichen Lettner, die Chor und Langhaus und damit die Geistlichkeit von den Laien trennten. Außer der vollständigen Lettnerwand in der Großen Kirche in Burgsteinfurt sind nur Reste (Marienkirche Höxter) und Bruchstücke erhalten (z.B. in Lichtenau-Dalheim).

Die Klosterbauten aus der Zeit vor 1500 wurden in der Zeit nach dem Dreißigjährigen Krieg grundlegend umgestaltet und modernisiert. Aus spätromanischer Zeit sind oft nur Teilbereiche erhalten, beispielsweise in Willebadessen, Arnsberg-Wedinghausen und dem Marienstift in Lippstadt. Auch Bausubstanz aus gotischer Zeit blieb häufig – wie in Büren-Böddeken, Lichtenau-Dalheim, Rheine-Bentlage, Franziskanerkloster Bielefeld u.v.a. – im Kern, d.h. in den Umfassungsmauern und oft auch mit den Kreuzgangflügeln, bestehen. Vielfach handelt es sich um Vierflügelanlagen, wobei die Kirche einen – den zur Straße oder Eingang liegenden – Flügel bildet. Gerade die in der Regel gewölbten Kreuzgänge sind häufig Schmuckstücke. Dies belegen die meist nur teilweise oder in Resten erhaltenen romanischen Beispiele im Busdorfstift Paderborn, im Stift Geseke, in Warendorf-Freckenhorst, im Patroklistift Soest und im Mindener Domstift sowie die gotischen (Büren-Böddeken, Warburg-Hardehausen, Münster Dom) mit oft feinen Rippenwölbungen. Einen der schönsten spätgotischen Kreuzgänge in Westfalen mit in weiten Teilen erhaltener Ausmalung besitzt das Kloster in Lichtenau-Dalheim. Mit der Aufgabe des gemeinsamen Lebens und der Umwandlung in Damenstifte wurden funktionslos gewordene Klostergebäude entfernt. Kleinere Klöster, insbesondere die spätmittelalterlichen Schwesternhäuser, verzichteten auf Kreuzgänge und begnügten sich mit in der Regel einfachen Wohn- und Wirtschaftshäusern.

VON DER REFORMATION ZUR SÄKULARISATION

Die Reformation ging in Westfalen 1524 von dem Bettelordenskonvent der Augustiner-Eremiten in Lippstadt aus, und bis 1550 wurden die Städte des Landes ganz oder überwiegend protestantisch. Eine Reihe von Klöstern blieb darin katholisch, war damit aber isoliert. Besonders den ländlichen großen Klöstern und Stiften gelang es häufig, sich protestantischen Einflüssen zu entziehen. Das Bild änderte sich mit der um 1580 einsetzenden Gegenreformation und fand mit dem Ende des Dreißigjährigen Krieges, der vielfach die ungeschützt auf dem Lande liegenden Klöster besonders hart traf, einen bis 1803 beibehaltenen und sich bis heute auswirkenden Status quo. Bedingt vor allem durch einzelne, protestantisch oder calvinistisch gebliebene Adelshäuser entstand eine Gemengelage von konfessionell unterschiedlichen Gebieten, die sich bis in die heutige Zeit hinein auswirkt.

Mit der Gegenreformation kamen die Jesuiten und die Kapuziner – ein selbstständiger Orden der Franziskaner – ins Land. Die elf Konvente der Kapuziner bauten einfache Wandpfeilersäle mit niedrigeren sogenannten Psallierchören hinter dem Chorjoch, doch übernahm bei die Franziskaner-Observanten nur der Konvent in Münster und für die Jesuiten der in Coesfeld diese Raumform. Die repräsentativen Kirchen der Jesuiten in Münster und Paderborn orientierten sich am Vorbild der Ordenskirche in Köln. Auffällig ist eine Architektur, die sich bei jeweils zeitgemäßer Gesamtfaktur des Gebäudes an gotischen Vorbildern orientiert. Kreuzrippengewölbe und „klassische" Chorschlüsse aus fünf Seiten des Achtecks prägen das Bild. Ungewöhnliche Raumformen wie Zentralbauten sind selten: Neben der Immaculatakirche in Büren oder der Clemenskirche in Münster orientierte sich besonders die Dominikanerkirche in Münster an italienischen Vorbildern. Trotz mancher Neubauten alter Klosterkirchen – das beste erhaltene Beispiel ist sicherlich Höxter-Corvey – war die Architektur nicht die Hauptaufgabe barocken Schaffens, sondern die Neuausstattung der Kirchen.

Zum einen wurden bestehende, ältere Kirchen mit oft theatralischen Altarinszenierungen versehen, wobei ältere Damenstiftskirchen wie Bad Driburg-Neuenheerse oder Geseke ausgezeichnete Beispiele bilden. Aber auch die Neubauten wurden aufwändig ausgestaltet. Es dominiert die symmetrische Anordnung von drei Altären: Der Hochaltar liegt im Chorraum zurück, und die niedrigeren Seitenaltäre sind etwas vorgezogen. Zwanzig nahezu vollständige Ausstattungen dieser Art haben sich erhalten, davon allein 11 aus dem franziskanischen Umfeld. Die Kirchen in Höxter-Corvey und Schmallenberg-Grafschaft (Altäre heute in Warstein-Belecke) folgten dieser Ausstattungsart als Benediktinerkirchen. Hier ist nicht mehr das einzelne Kunstwerk von Bedeutung, sondern die Wirkung des Ensembles, des Raums als Gesamtkunstwerk. Dem ordnen sich auch Kanzeln, Kommunionbänke, Beichtstühle, Orgeln und weiteres Mobiliar unter. Andere Ausstattungsformen binden sich an andere Raumformen, so in Höxter-Brenkhausen, der Neustädter Kirche in Herford und – als Zentralbauten – die Immaculatakirche in Büren und die Klemenskirche in Münster. Westfalen ist übrigens auch eine reiche barocke Orgellandschaft mit gerade in oder aus ehemaligen Klöstern zahlreich erhaltenen Instrumenten.

Das zweite große „Thema" der Barockzeit ist die Erneuerung der meist noch aus mittelalterlicher Zeit stammenden Klosterbauten. Zwei Aspekte standen dabei im Vordergrund: die Repräsentation und die Anpassung an den gestiegenen Wohnkomfort. Selten wurden die alten Anlagen abgerissen, sondern meist unter Wahrung des Kreuzgänge und einiger Gemeinschaftsräume die Klausuren und Wohntrakte verändert. Gut nachzuvollziehen ist dies besonders in Lichtenau-Dalheim und Rheine-Bentlage, aber auch in Höxter-Corvey, Warburg-Hardehausen, Brakel-Gehrden, Willebadessen und Höxter-Brenkhausen. Auch wenn das Gesamtbild vollständig Barock ist – wie im „jüngsten Kloster des Alten Reiches" in Marsberg-Bredelar – so ist im Kern oft noch wesentlich ältere Bausubstanz erhalten geblieben. Manche Anlagen wurden um repräsentative Flügel erweitert (Herzebrock, Herzebrock-Clarholz, Wadersloh-Liesborn, Harsewinkel-Marienfeld). Die Klosterbauten der Neugründungen des 17. und 18. Jhs. folgten zwar als Vierflügelanlagen den älteren Vorbildern, sind aber oft schon deshalb bescheiden, weil sie von Bettelorden, besonders von Franziskanern und Kapuzinern, errichtet wurden. Kreuzgänge sind hier meist schmal und oft nicht gewölbt, sondern mit flachen Balkendecken versehen. Opulenter sind die Anlagen der Ritterorden (Warstein-Mühlheim) und der Jesuiten (Paderborn). Diese Kommenden weichen vom alten Klosterschema mit Kreuzgangflügeln und Gebäuden um einen Innenhof ab und bilden selbstständige, oft schlossähnliche und nicht mehr mit den Kirchen verbundene Anlagen.

VON DER SÄKULARISATION BIS HEUTE

Da schon nach der Aufhebung des Ordensverbots 1843, verstärkt nach dem Ende des Kulturkampfes ab etwa 1890, eine neue Welle von Klostergründungen vorwiegend in den katholischen Gebieten des Landes einsetzte, sind mit dem Franziskanerkloster Werl, der Benediktinerabtei Billerbeck-Gerleve, dem Mutterhaus der Schwestern der Christlichen Liebe in Paderborn und der Benediktinerabtei Königsmünster in Meschede exemplarisch vier ganz unterschiedliche Klöster aus dem letzten Gründungszeitraum, dem 19. und 20. Jh., aufgenommen worden. Seitdem der Ordensnachwuchs verstärkt nach 1945 ausbleibt, ist auch die Zahl der Klöster langsam wieder rückläufig. Bleiben ältere Anlagen wie das 1975 aufgegebene Franziskanerkloster in Rietberg durch die Achtung und das Verständnis der Bevölkerung sowie die Bemühungen der Denkmalpflege erhalten, so wurde 2001 in Münster erstmals seit langer Zeit wieder ein Frauenkloster aus dem Ende des 19. Jhs. unmittelbar nach seiner Aufgabe abgerissen.

ORTE VON A BIS Z

ANRÖCHTE-WALTRINGHAUSEN
(Kr. Soest. Karte: C3)
Kapelle St. Anna und ehem. Augustinerinnenkloster Annenborn
1322 gründete Lucia, die Witwe des Ritters Rutger von Mellrich, auf dem Gelände ihres Hofes in Waltringhausen ein Frauenkloster. Der Propst des Walburgisstiftes in Meschede bestätigte die Gründung als Patron der Pfarrei Mellrich im gleichen Jahr. Das alteingesessene Ministerialengeschlecht scheint eine Art Hauskloster für Angehörige der Familie sowie Töchter angesehener Patrizierfamilien gegründet zu haben, da 1332 vermutlich drei von fünf Nonnen im Kloster Töchter der Stifterin waren. 1408 verkaufte Heinrich Korff das Kloster mit seiner Kapelle für das Augustinerinnenkloster St. Walburgis in Soest, zu dem vielleicht schon im Zusammenhang mit der Gründung in Waltringhausen Verbindungen bestanden. Das weitere Schicksal des Klosters ist unbekannt.

Auf einer kleinen Anhöhe unweit des Annenborns mit Heiligenhäuschen und Figur an der Straße liegt die 1696 (Inschriftstein in der Choraußenwand) möglicherweise aus dem Umbau einer älteren Kapelle entstandene Annenkapelle malerisch an einem Teich: ein mit einem dreiseitigen Chor geschlossener Bau mit stuckierter flacher Balkendecke, bekrönt von einem Dachreiter. Im Patronat des Soester Walburgisstiftes. Der Altar von 1714 stammt von dem Hirschberger Meister Philipp Wasserfall, die Figuren von dem Bildhauer Heusen aus Rüthen. Beeindruckend ist die thronende Madonna aus dem 2. Viertel des 13. Jhs. mit einer ursprünglichen Fassung, die in ihrer strengen, symmetrischen Form dem Gnadenbild der Madonna von Werl nahe steht.

➤ Am Ortsausgang nach Mellrich liegt der Annenborn in der Kurve. Der Zugang zur Kapelle erfolgt über den Hof des benachbarten Schultenhofes (Holzwegweiser an der Straße). Die Kapelle ist geschlossen. Schlüssel im Wohnhaus Schulte, Tel. 02947/635 (auch Führungen möglich).

ARNSBERG (Hochsauerlandkreis. Karte: C3)
Propsteikirche St. Laurentius und ehem. Prämonstratenserkloster Wedinghausen
Auf Weisung des Kölner Erzbischofs Philipp von Heinsberg gründete Graf Heinrich I. von Arnsberg das Kloster als Sühne für seine Mit-

Anröchte-Waltringhausen, Kapelle in der Südansicht

schuld am Tode seines Bruders († 1164). Er wählte dazu den Hof Wedinghausen unmittelbar südlich von Arnsberg, auf dem bereits eine kleine Kapelle mit der Begräbnisstätte der Familie stand. Mutterkloster war Marienweerd/Niederlande. Philipp bestätigte die Gründung im Februar 1173, Heinrich trat im Alter selbst dem Konvent als Laienbruder bei. Die schon durch die Ausstattung Heinrichs mit Gütern gute wirtschaftliche Grundlage des Klosters verbesserte sich in den folgenden Jahrhunderten weiter. Schwerpunkt der Arbeit war die Seelsorge, die Schreib- und Malkunst, die Krankenpflege (Krankenhaus zwischen 1282 und 1500) sowie eine Schule (um 1300, ab 1643 Gymnasium). Zwar setzte schon vor 1500 ein Niedergang ein, die Reformation konnte aber nicht Fuß fassen. Einer Reform zwischen 1600 bis 1613 folgte eine bis zur Mitte des 18. Jhs. andauernde Blütezeit. Mit dem Einmarsch der Franzosen im Rheinland 1794 wurde das Kloster Sitz des Kölner Domkapitels und ging mit der Aufhebung 1803 an Hessen-Darmstadt über.

1210 brannte der Gründungsbau ab; der Turm mit seinen Nebenräumen gilt als Rest dieser Kirche. Die heutige Kirche ist eine (ohne Turmjoch) vierjochige Pfeilerhalle mit gegen

Arnsberg, Propsteikirche Wedinghausen, Blick zum Chor

die spitzen Transversalbögen stark gebusten Kreuzgratgewölben. Mit dem Wiederaufbau wurde bis 1254 zunächst der Chor in einer nach Osten erweiterten Form erneuert; der Dachstuhl stammt ebenfalls noch aus dieser Zeit. Dem querrechteckigen Chorjoch ist ein gedrücktes fünfseitiges Polygon von gleicher Gewölbehöhe angefügt. Der Bauverlauf von Osten nach Westen lässt sich gut ablesen. Im Anschluss an den Chor entstanden die beiden östlichen Langhausjoche, die gegen die westli-

chen besonders im Norden etwas verbreitert sind; die Wölbung erfolgte auf achteckigen Pfeilern. Das Maßwerkfenster und das Portal an der Nordseite dokumentieren die frühgotische Stilstufe, die Fensterrose entstand um 1300. Die übrige Kirche wurde zunächst nur provisorisch erneuert und bis zur Mitte des 14. Jhs. in Größe und Stil angepasst vollendet, was den insgesamt ungleichmäßigen Grundriss erklärt. Dabei wurden die Seitenschiffe verbreitert und für das 14. Jh. typisches Fenstermaßwerk eingefügt. Das westliche Pfeilerpaar ist rund. Das Westfenster im Turm stammt erst aus dem 15. Jh. Zwischen den beiden östlichen und den beiden westlichen Langhausjochen war die Kirche übrigens ursprünglich durch einen Lettner (später Chorgitter) geteilt: Die Osthälfte mit dem Chor war die Kloster-, die Westhälfte die Pfarrkirche.

Zur mittelalterlichen Ausstattung gehört ein Kruzifix an der Chornordwand (ursprünglich Triumphkreuz über dem Lettner?) aus dem 12. Jh., das Grabmal Heinrichs II. und Ermengards von Arnsberg um 1330, das aus der Grafenkapelle im Kloster 1804 in die Kirche versetzt wurde, sowie eine Mondsichelmadonna mit Reliquie von 1524 (im Mittelteil des Seitenaltars). Im Chorscheitelfenster haben sich bedeutende Glasmalereien der Wiederaufbauzeit um 1250 erhalten. Die gemalten Kreuzigungen am östlichen Pfeilerpaar stammen von um 1410/20. Der heutige, mit neuem Unterbau versehene Hochaltar entstand als Epitaphaltar für den Landdrosten Kaspar von Fürstenberg durch Heinrich Gröninger um 1625/27; er löst seit 1935 zwei Vorgängeraltäre ab. Um 1682 fertigte Johann Gröninger das Grabdenk-

Arnsberg, Propsteikirche Wedinghausen, Stadtseite

Arnsberg, ehem. Jesuitenkloster, Gartenseite

mal für Friedrich von Fürstenberg († 1646). Die Pfeilerfiguren entstanden um 1700. Kanzel und Beichtstühle stammen aus der Kirche des Klosters → Schmallenberg-Grafschaft und wurden um 1730/40 angefertigt.

Das Kloster, dessen Hof man durch das 1826 aus dem Jagdschloss in Warstein-Hirschberg hierhin versetze Tor betritt, schloss sich südlich an die Kirche an. Erhalten ist der Ostflügel mit dem Kreuzgang (mit Malereiresten des 13. Jhs.) und die nach Osten als Choranbau am ehemaligen Kapitelsaal vorspringende Grafenkapelle aus der Zeit zwischen 1250 und 1275. Sie schließt außen eckig und innen rund, ist aber mit einem vierteiligen Gratgewölbe gedeckt. Die Bibliothek am Südende des Flügels entstand 1694 aus dem Umbau eines romanischen Baukörpers. Auch der Westflügel, in dem das Gymnasium untergebracht war, steht noch mit Teilen des Kreuzgangs. Die 1666 erbaute Prälatur westlich davon ist heute Propstei.

▶ Südöstlich des Neustädter Platzes. Die Kirche ist tagsüber außer montags und in der Mittagszeit geöffnet. Internet: www.arnsberg.de →Tourismus →Sehenswertes. Pfarrbüro: 0 29 31/ 34 03.

Dienstgebäude der Bezirksregierung, ehem. Jesuitenkloster

Der Kölner Erzbischof Maximilian Heinrich von Bayern erbat sich 1651 vom niederrheinischen Provinzial der Jesuiten zwei Patres, die im gleichen Jahr ihre Missionstätigkeit in der Grafschaft Arnsberg begannen. 1654 gelangten sie in den Besitz mehrerer Grundstücke in der Stadt. Erst die Stiftung des Paderborner Fürstbischofs Ferdinand von Fürstenberg 1682 verbesserte jedoch die finanzielle Lage in einem Umfang, dass sie um 1690 das Missionshaus und eine Kapelle bauen konnten. Es wurde um 1730 umgebaut, vergrößert und eine neue Kapelle errichtet. Sie konnte 1733 geweiht werden, doch war 1737 die Innenausstattung noch nicht abgeschlossen. Bei einer Beschießung der Stadt 1762 brannten die Gebäude ab und wurden mit der Kapelle bis 1769 wieder aufgebaut. Die Aufhebung des Ordens 1773 bedeutete auch das Ende der Niederlassung in Arnsberg. Nach mehrfachem Besitzerwechsel wurde das Gebäude schon 1804 Katasteramt, 1816 zog die preußische Katasterverwaltung ein. Noch heute ist das alte Kloster Amt für Landesvermessung und Liegenschaftskataster der Bezirksregierung Arnsberg.

Das Missionsgebäude und die parallel zur Straße stehende frühere Kapelle sind als Zweiflügelbau in schlichten Formen umgebaut erhalten. Die im Kern aus dem 17. Jh. stammende Kapelle war ein genordeter, fünfjochiger Wandpfeilersaal mit einem Dreiseitschluss, der innen halbrund ausgebildet war. Neben den Außenmauern sind im Inneren noch die Gurtbögen erhalten, die die nicht erhaltenen Kappengewölbe voneinander trennten. 1888 wurde das heutige obere Geschoss aufgesetzt und die Innenteilung des Gebäudes etwa in der heutigen Form vorgenommen. Nördlich zur Straße liegt der einer Durchfahrt ähnliche Eingang mit einem schweren Portal mit Scheitelkonsole. Er bildete früher den Zugang zu Kapelle und Haus. Das südlich rechtwinklig an die Kapelle angebaute Missionshaus mit tonnengewölbtem Keller war ursprünglich ebenfalls eingeschossig, wurde aber wohl noch zur Klos-

Arnsberg-Oelinghausen, Klosteranlage von Süden

terzeit um ein weiteres Geschoss aufgestockt. Ein am früheren Chorschluss nach Osten angebauter Flügel mit dem heutigen Eingang stammt erst aus dem 19. Jh.

➤ Das Amt für Landesvermessung und Liegenschaftskataster des Regierungspräsidiums („Schlossstraße' 14) liegt nördlich der Stadtkapelle. Eine Außenbesichtigung ist jederzeit möglich. Kontakt: Tel. 0 29 31/82-29 10 (Wickel).

ARNSBERG-OELINGHAUSEN
Pfarrkirche St. Peter, ehem. Prämonstratenserinnenkloster

Der Ministeriale des Kölner Erzbistums, Sigenand von Basthusen, und seine Frau Hathwiga übergaben ihren Hof Oelinghausen dem Prämonstratenserorden zur Gründung eines Klosters. Vom Kloster Scheda aus wurde zunächst vermutlich ein Doppelkloster eingerichtet und die Neugründung 1174 von Erzbischof Philipp von Heinsberg bestätigt. Zahlreiche Schenkungen westfälischer Adeliger und der Kölner Erzbischöfe begünstigten den Konvent; Mitgiften wie Erträge aus Landbesitz schufen Wohlstand. Bis etwa 1280 werden Mönche und Nonnen genannt (vermutlich Doppelkloster), um 1350 die beachtliche Zahl von 80 Chorfrauen, hinzu kam eine unbekannte Zahl von Laienschwestern. Die Verehrung eines Madonnenbildes führte zu einem Pilgerverkehr, dessentwegen auch eine Weinschänke eingerichtet wurde. Schließlich zerfiel der Konvent aber in Einzelhaushalte und nahm endgültig ab 1582 den Charakter eines freiweltlichen Damenstiftes an, das 1617 auch rechtlich festgeschrieben wurde. 1641 wurde „das reichste Nonnenkloster Westfalens"

jedoch nach einem nächtlichen Handstreich wieder katholisch und mit Prämonstratenserinnen aus dem benachbarten →Arnsberg-Rumbeck besetzt. Im März 1804 wurde der Konvent aufgelöst, 1807 verließen die letzten Nonnen das Kloster. Heute bewohnen Schwestern der Maria Magdalena Postel das Kloster.

Das langgestreckte Schiff der Kirche umfasst neun Kreuzrippengewölbe (das westliche einhüftig) mit Schlusssteinen auf schlanken, von Konsolen getragenen Wanddiensten und endet in einem Polygon aus fünf Seiten des Achtecks. Über dem Westjoch und auf der Westwand sitzt auf dem Dachwerk aus dem 14. Jh. ein turmartiger Dachreiter (1606), ein weiterer kleiner über dem Ostende der Nonnenempore. Diese trug mit ihrer beachtlichen Länge von fünf Jochen dem großen Konvent Rechnung. Im Kern stammt das Gebäude vermutlich aus der 2. Hälfte des 14. Jhs. Die gemalte Quaderung und die Scheinfenster stammen aus dieser Zeit, die Ranken im Gewölbe und die Engel mit Vorhängen tragen die Jahreszahl 1499. Im Westen liegt unter der Empore gegen den Kirchenraum vertieft eine romanische Vorhalle, in der heute die Gnadenmadonna untergebracht ist, daneben ein weiterer dreijochiger, in schweren Formen gewölbter Raum. Zwei Seitenkapellen schließen sich am östlichen Teil der Kirche nach Süden an: die dreijochige gotische Kreuzkapelle und eine wohl aus dem 13. Jh. stammende, unregelmäßig-zweijochige mit Wandapsis (jetzt Sakristei). Letztere gilt als Teil der ältesten Kirche des Klosters. An der Nordseite davon befindet sich eine kleine Marienkapelle.

Wichtigstes Stück der mittelalterlichen Ausstattung ist „Unsere liebe Frau von Köllen", eine spätromanische thronende Madonna; das Kind wurde frei ergänzt. Sie gilt als Geschenk von Erzbischof Engelbert von Berg (der „Heilige", 1216-1225), dessen Schwester Äbtissin in Oelinghausen war. Das romanische Triumphkreuz (mit Kreuzreliquie) wurde im Rheinland um 1150 gefertigt. Den Epitaphaltar für Ottilia von Fürstenberg in der gotischen Südkapelle fertigte Gerhard Gröninger aus Paderborn 1622. Zwischen 1711 und 1717 wurde die Ausstattung insgesamt durchgreifend erneuert: Der Hochaltar und die Apostelfiguren an den Wänden wurde von Wilhelm Splithofen aus Balve-Volkringhausen geschaffen und die Orgel von Johann Bernhard Klausing aus Herford (Gehäuse und Werk, unter Verwendung von Resten wohl von 1599). Das aus zwei Doppelreihen bestehende Chorgestühl auf der Empore aus der Zeit um 1500 (26 Sitze, Vorderreihen) und um 1715 (20 Sitze) trägt auch vier große Reliquienschreine. Der Johannisaltar an der Orgelrückwand wurde 1660 renoviert.

Arnsberg-Oelinghausen, Blick zum Chor

Zwischen 1711 und 1717 wurden die Konventsgebäude, die sich südwestlich an die Kirche um einen Innenhof anschließen, in der heutigen Form grundlegend umgebaut. Im Erdgeschoss ist noch ein offener Kamin der Zeit um 1600 erhalten. Nördlich der Kernanlage liegen Wirtschaftsgebäude und eine Gaststätte. Der ganze Klosterbezirk ist von einer Mauer mit einfachen Toren eingefriedet.

➤ Die Kirche ist tagsüber geöffnet; Gitter zum Ostteil, der Westteil mit dem Gnadenbild ist zugänglich. Internet: www.oelinghausen.de. Pfarramt Tel. 02932/31694, Kloster 02932/31882. Klostergartenmuseum Tel. 02932/29159 (Bertzen).

ARNSBERG-RUMBECK
Pfarrkirche St. Nikolaus und ehem. Prämonstratenserinnenkloster

1188 schenkte Graf Heinrich I. von Arnsberg den Hof Rumbeck seiner neuen Klostergründung → Arnsberg-Wedinghausen. Das Kloster richtete vermutlich bald danach einen Frauenkonvent dort ein, und schon drei Jahre später bestätigte Erzbischof Philipp von Heinsberg eine Schenkung an die Nonnen von Rumbeck. 1196 versetzte Erzbischof Adolph I. von Altena die Nonnen des Klosters → Marsberg-Bredelar nach Rumbeck. Die karge wirtschaftliche Situation besserte sich erst nach der Mitte des 13. Jhs. allmählich. Fischteiche wurden angelegt und mit Wasserkraft Mahlmühlen und ein Eisenhammer angetrieben. Neben den 21 Chorschwestern lebten (1680) 10 Laienschwestern im Kloster, die zusammen mit Konversen die Arbeit verrichteten. 1602 wurde durch das Kloster Knechtsteden eine Reform durchgeführt.

Auf hohem Niveau gepflegt wurde die Paramentenstickerei sowie das Abschreiben und Ausmalen von Büchern. Im 18. Jh. kam eine Art Haushaltsschule für die Töchter der Umgegend hinzu. Nach der Aufhebung 1804 durften die Nonnen Kirche und Wohngebäude des Klosters weiterhin nutzen. Die letzte verließ Rumbeck 1835.

Die im Außenbau schlichte, im Westen über der früheren Nonnenempore von einem Dachreiter bekrönte Kirche, ist eine dreischiffige

Arnsberg-Rumbeck, Seitenaltar in der Kirche

Arnsberg-Rumbeck, Kirche vom ehemaligen Kreuzhof aus

chorlose Halle von fünf Jochen Länge; die Seitenschiffe sind gangartig schmal. Die einfachen Gratgewölbe ruhen ohne eine Trennung von Transversalbögen und ohne Kapitell- bzw. Kämpferzone auf quadratischen Pfeilern. Der durch seine Vertikaltendenz ungewöhnliche Raum entstand vermutlich aus dem Umbau der älteren, romanischen Klosterkirche in gotischer Zeit, es fehlen aber Datierungsmöglichkeiten am Bau. 1698/99 erfolgte die barocke Umgestaltung. Abgebrochen wurde die große Nonnenempore im Westen, die einst bestimmend für den Raumeindruck gewesen sein muss.

Zur ältesten Ausstattung gehört das Chorgestühl mit wappengeschmückten Dorsalen. Im Kern aus der 2. Hälfte des 16. Jhs. stammend wurde es von Heinrich Stratmann aus Paderborn nach 1700 überarbeitet. In der Zeit zwischen 1696 und etwa 1725 wurden auch die prachtvollen Altäre der Kirche angefertigt: neben dem Hoch- auch der Katharinen- und der Marienaltar. Das Kruzifix im Hochaltar stammt aus dem beginnenden 16. Jh. Die Orgel erbaute Hinrich Klausing aus Herford 1700. Das Gehäuse und das erweiterte Werk sind erhalten.

Das Geviert des Klosters lag auf der Südseite der Kirche. Erhalten ist der im Kern 1519 erbaute, 1715/16 umgebaute und 1914 ausgebrannte Südflügel in der wiederaufgebauten Form als Pfarrhaus. Auch der Ostflügel von 1730 brannte ab; es blieb nur die Außenmauer mit Fensternischen als Hofmauer erhalten. Der Westflügel von 1719/20 (mit Zugang zur einstigen Nonnenempore) wurde 1832 bis auf den Archivturm mit seiner Barockhaube abgebrochen; er wurde 1955 zum Kirchturm aufgestockt. Auf der Nordseite sind die Propstei von 1724 mit repräsentativer Fassade und Freitreppe zur Straße sowie das Gästehaus von 1695 angebaut. Dem Kloster gegenüber auf der anderen Straßenseite lag der Wirtschaftshof. Reste der steinernen Umfassungsmauer um die ganze Anlage sind erhalten.
➤ Die Kirche ist tagsüber am südwestlichen Eingang geöffnet; Gitter. Pfarrbüro Tel. 0 29 31/ 1 06 14.

ASBECK →LEGDEN

ATTENDORN (Kr. Olpe. Karte: C4)
Pfarrkirche St. Johannes Baptist und ehem. Kollegiatstift
Die Kirche gehört zu den Urpfarren des Landes und wurde schon 1072 urkundlich genannt. Das Chorkapitel wurde von dem Attendorner Kaufmann Johann von der Becke an der damals neu erbauten Kirche gestiftet und im März 1396 von Erzbischof Friedrich von Saarwerden bestätigt. Das Chorkapitel hatte etwa fünf bis sieben Vikare als Mitglieder. Ein Chorfond (Einkünfte aus Ländereien und Kapitalanlagen) sicherte ihnen den Unterhalt. Die Institution blieb über die Säkularisation hinaus bestehen.
Die Kirche, die auch als „Sauerländer Dom" bezeichnet wird, ist eine siebenschiffige Hallenkirche aus der 2. Hälfte des 14. Jhs. mit Chorjoch und Polygon aus fünf Seiten des Achtecks. Während die beiden östlichen Langhausjoche etwas einspringen, zeichnen sich die westlichen durch große, gotische Fenster mit reichem Maßwerk und Maßwerkbrücken aus.

Jedes Wandsegment weist zwei kleine Rundblenden und einen Fries auf. Die Kreuzrippengewölbe ruhen auf Rundpfeilern. Der Turm gehört in den unteren Geschossen noch in die spätromanische Zeit und wurde gotisch aufgestockt. Er öffnet sich im Obergeschoss in vier Rundbögen mit Tier- und Blattkapitellen zum Schiff und fungierte als Ratskapelle der Stadt. Der schlichte Taufstein stammt noch aus dem frühen 13. Jh., ein Vesperbild aus der Zeit um 1400. Zur barocken Ausstattung gehören die beiden Seitenaltäre, die sechs Apostel im Chor und die Kanzel von Johann Sasse in Attendorn (teilerneuert) aus der Zeit um 1700. Vier weitere Figuren stammen vom ehemaligen Hochaltar des Klosters →Schmallenberg-Grafschaft aus dem Jahre 1754. Das Haus der Vikarienkommunität ist nicht erhalten.
➤ Die Kirche ist tagsüber geöffnet. www.attendorn.de →Tourismus →Sehenswürdigkeiten. Pfarramt Tel. 02722/2320, Fax -2041. Verkehrsbüro Tel. 02722/4897.

ATTENDORN-EWIG
Justizvollzugsanstalt, ehem. Augustiner-Chorherrenstift

Der reiche Kölner Hansekaufmann Heinrich Wecke und sein Bruder Theodor kauften gleichsam als Dank für ihr Lebenswerk den Adelssitz des Gottfried von Ewig, der einem seit 1258 bekannten Rittergeschlecht angehörte, samt zugehörigen Gütern mit dem Ziel, dort ein Kloster mit angeschlossenem Armenhospital zu gründen. An den Propst der Augustiner-Chorherren in Neuss trat Heinrich mit der Bitte heran, die Klostergründung vorzunehmen, sie erfolgte aber wohl durch den

Attendorn, Langhaus und Turm vom Markt her

Prior Johannes Sewaldi aus →Büren-Böddeken. Nach der Zustimmung 1420 bestätigte Erzbischof Dietrich von Moers die Gründung 1423. Das Hospital konnte nicht mehr erbaut werden: Heinrich verlor auf See sein Vermögen. Durch das Schreiben von Büchern, der Herstellung von Paramenten und einer Hostienbäckerei erwarben sich die Mönche zwar Ansehen, eine wirtschaftliche Prosperität wie in →Lichtenau-Dalheim oder →Büren-Böddeken blieb dem Kloster aber weitgehend versagt. Nach der Aufhebung 1803 wurde die Anlage zunächst

Attendorn-Ewig, Klostergebäude von der Seite der früheren Kirche her

Attendorn-Waldenburg, Kapelle

Gutsbetrieb, 1898 Försterei und schließlich Teil einer Justizvollzugsanstalt.

Das Kernkloster war eine Vierflügelanlage, wobei die zwischen 1423 und 1429 erbaute einschiffige Kirche den Nordflügel bildete (→ Lichtenau-Dalheim); sie wurde wohl bereits 1806 abgebrochen. Das zweigeschossige Kloster wurde vermutlich um 1730 vollständig barock überformt oder neu erbaut. Da Ausgrabungen gezeigt haben, dass der Chorschluss der Kirche unter dem Ostflügel-Nordende lag, dürfte auch die Kirche stark in die Maßnahmen einbezogen worden sein. Sie schloss nicht unmittelbar an den Westflügel an. Die bestehende Dreiflügelanlage wirkt eher wie ein Schloss denn ein Kloster, zumal die beiden Ecktürme des Ostflügels geradezu Kennzeichen verteidigungsfähiger Schlossbauten des 16. und 17. Jhs. sind. Portale von 1726 sind in den Außenwänden von Ost- (mit Hermenpilastern) und Südflügel erhalten. Im südlichen Turm befindet sich noch eine kassettierte Holzdecke, Brände zwischen 1923 und 1930 haben jedoch die originale Substanz der übrigen Innenräume vernichtet. Teile der Kirchenausstattung sind noch in Pfarrkirchen und Museen der Umgegend erhalten. Das Bruchstück eines Retabels wurde bei den Ausgrabungen gefunden.

➤ In der Nähe des Biggeseedamms südlich der Altstadt von Attendorn. Internet: www.attendorn.de →Tourismus →Sehenswürdigkeiten. Die Außenbesichtigung des Klosters ist nur im Bereich außerhalb der JVA möglich. Verkehrsbüro (am Rathaus Attendorn) Tel. 0 27 22/ 48 97.

ATTENDORN-WALDENBURG
Wallfahrtskapelle und ehem. Niederlassung des Deutschen Ordens

1640 gründete der Ordenskomtur Johann Dietrich von Heiden auf der 1176 erstmals genannten Waldenburg eine Kommende als Ersatz für die im reformierten Ootmarsum/Niederlande verloren gegangene Besitzung. Die Gebäude waren sehr verfallen, ein Turm drohte einzustürzen. Bald stellte sich aber heraus, dass von Heiden über Liegenschaften verfügt hatte, die nicht im Besitz der Familie waren. Nach ungünstigem Gerichtsurteil 1670 wurde der Orden 1673 vertrieben, jedoch nachfolgend entschädigt. 1692 überließ der Deutsche Orden die Kommende endgültig der Familie von Fürstenberg.

Neben den Ruinen der Burganlage ist eine kleine achtseitige Kapelle mit geschweifter Haube erhalten, die nach Osten um eine Apsis, nach Westen um ein Vordach erweitert ist. Sie könnte im Kern zwischen 1640 und 1670 erbaut worden sein, vielleicht aber auch als Ersatz für die Burgkapelle um 1700. Ursprünglich stand sie im Bereich der heutigen Biggetalsperre und wurde um 1965 an den heutigen Platz versetzt. Einzige nennenswerte Ausstattung ist ein kleines gotisches Vesperbild aus Holz. Neben der Kapelle befindet sich ein Kreuzweg mit Flachreliefs.

➤ Der Ausschilderung zum Campingplatz Waldenburg folgen, die Straße bis zum Ende durchfahren. Die Kapelle liegt fast unmittelbar am Biggesee und ist tagsüber geöffnet. Verkehrsbüro (am Rathaus Attendorn) Tel. 0 27 22/ 48 97.

BAD DRIBURG (Kr. Höxter. Karte: E2)
Ruine der Burg, der Kirche Iburg und des ehem. Benediktinerinnenklosters

Nicht lange vor 1138 gründete Heinrich von Gehrden in der vermutlich karolingischen, aber inmitten frühgeschichtlicher Wälle liegenden Iburg eine Niederlassung der Benediktinerinnen. Die Gründung dürfte nachdrücklich vom Paderborner Bischof Bernhard von Ösede veranlasst worden sein und wurde vom Kloster → Bad Driburg-Neuenheerse unterstützt, das die Baulast für die alte Peterskirche damit abgeben konnte. 1142 oder kurze Zeit vorher wurde der Konvent nach → Brakel-Gehden verlegt.

Die Nonnen übernahmen die alte, möglicherweise schon um 799 gegründete, Peterskirche auf der Burg, deren Fundamentmauern ausgegraben wurden: ein einfacher Rechtecksaal mit Halbrundapsis, der hoch über dem Tal lag. Gebäudefundamente westlich der Kirche werden als Reste des zugehörigen Klosters gedeutet.

Bad Driburg, Kirchenfundamente auf der Iburg von Südosten

➤ Von Bad Driburg der Serpentinenstrecke Richtung Paderborn bis zum höchsten Punkt folgen. Von der B 64 aus Rtg. Paderborn ist die Ausfahrt auch beschildert. Dem ausgeschilderten Abzweig bis zum Parkplatz folgen, von dort sind es etwa 150 m zu Fuß in den Wald hinein. Die Anlage ist offen. Touristikbüro Tel. 0 52 53/ 98 94-0.

BAD DRIBURG-NEUENHEERSE
Pfarrkirche St. Saturnina und ehem. Damenstift

Im Jahre 868 tauschten der Paderborner Bischof Liuthard und seine Schwester Walburga ihre Güter bei Warburg mit solchen in Heerse, um dort, wo vermutlich schon eine Pfarrkirche bestand, ein Stift zu gründen. Ludwig II. bestätigte 871 Walburga als erste Äbtissin und nahm das Stift in königlichen Schutz; der König hatte den Vogt zu ernennen. Um 887 wurden die Reliquien der hl. Saturnina aus Sains-lès-Marquion/Frankreich sowie der Leib der hl. Agatha und eine Rippe des Laurentius von Rom nach Heerse übertragen. Nach Untersuchungen gehen Teile des ungewöhnlich großen Reliquienschatzes bis in das 9. Jh. n.Chr. zurück. Die Gründung nahm einen raschen Aufschwung und entwickelte sich auch politisch zu einer der einflussreichsten geistlichen Institutionen im Paderborner Land. 1204 wirkten 12 Kanoniker an der Kirche, 10 bis (1352) höchstens 20 Kanonissenstellen waren vorhanden. Das anfänglich gemeinsame Leben der Stiftsdamen wurde wohl noch im 12. Jh. aufgegeben und Kurienhäuser errichtet. 1540 wurde eine neue Verfassung beschlossen, der katholische Glaube aber beibehalten. Wirtschaftlich verarmte das Stift zusehends. 1803 erfolgte zunächst die Umwandlung in ein katholisch-lutherisch-reformiertes Stift, das schließlich 1810 aufgehoben wurde.

Die einstige Stiftskirche ist eine zweischiffige Hallenkirche mit nördlichem basilikalen Schiff, Querhaus und zweijochigem Kastenchor über einer Krypta, ergänzt um ein Westwerk sowie eine Ostkapelle, einer Nordvorhalle und weiteren Anräumen – ein kompliziertes Gemisch von Stilen und Bauepochen. Zum ältesten Be-

Bad Driburg-Neuenheerse, Innenansicht zum Chor

Bad Driburg-Neuenheerse, Südansicht der Kirche

stand gehört das Westwerk aus einem leicht längsrechteckigen Mittelbau und seitlich angebauten, runden Treppentürmen als Aufgänge zur Stiftsempore (→ Warendorf-Freckenhorst), wohl aus der Zeit zwischen 1025 und 1050. Das Erdgeschoss des Mittelbaus war gegen das Schiff mit drei, gegen die Seitenräume mit zwei Arkaden geöffnet; das System wiederholte sich im Obergeschoss. Die Räume waren

Bad Driburg-Neuenheerse, Säulen im Nordseitenschiff

flach gedeckt, nach 1165 wurde das Erdgeschoss eingewölbt (die Wölbung wurde inzwischen entfernt) und die Obergeschosse als Glockenstube ausgebaut. Die Empore im Westwerk wurde aufgegeben. Die Säulenbasilika als die im Kern bestehende Kirche entstand um 1100. Die Säulenreihe des Nordschiffs mit mächtigen Würfelkapitellen ist erhalten. Die heute unter dem Fußboden liegenden Basen zeigen, dass die Proportionsverhältnisse des Schiffes vor der Anhebung des Bodens schlanker waren. Die dreischiffige Hallenkrypta erstreckt sich in sechs von Säulen und Wandvorlagen getragenen Jochen bis vor die Chortreppe und, als dreiteiliger, tonnengewölbter Querstollen, unter diese. Sie wird ergänzt durch die dreischiffig-zweijochige Marienkapelle (ursprünglich Georgenkapelle) im südlichen Chorwinkel (1668 stuckiert und ausgemalt), über der die alte Sakristei liegt. 1165 brannte die Kirche ab. Die geröteten Säulen zum Langhausnordschiff zeigen noch deutlich die Brandspuren. Mit dem Wiederaufbau bis etwa 1190 wurden Chor und Vierung eingewölbt (im Chor wurde die Wölbung 1693 erneuert), das Westwerk umgebaut, der Damenchor in den südlichen Querhausarm verlegt und darunter vielleicht schon damals, möglicherweise aber auch erst im 14. Jh. der Kapitelsaal eingerichtet (heute Sakristei). Östlich vor dem Chor liegt die Lambertikapelle als Grabkapelle der Stifterin Walburga (mit Grabplatte des 9. oder 11. Jhs.). Sie ist im Kern älter als der Chor und dient heute als Leichenhalle. Hier haben sich Reste von romanischen Wand- und Gewölbemalereien erhalten. Nach 1387 wurden die Querhausarme mit Rippengewölben versehen und Haupt- und Südseitenschiff über Achteckpfeiler als Hallenraum auf gemeinsame Höhe gezogen; auch der Raum des Kapitelsaals wurde überarbeitet. Aus der Barockzeit um 1700 stammen der Turmhelm, die Portale sowie das „Leichenhaus", die heutige Eingangshalle am nördlichen Seitenschiff. Im durch Gaupen belüfteten Dachraum der Kirche wurden die Getreideabgaben an das Stift gelagert. Das Dachwerk entstand 1732. Das wohl bedeutendste Stück der mittelalterlichen Ausstattung ist ein um 1400 in einer niedersächsischen Werkstatt angefertigtes Eisengitter, das das Nordschiff vom nördlichen Querarm trennt. Es ist mit ähnlichen Gittern in der Hildesheimer Domkrypta verwandt. Ein Kreuz aus dem 15. Jh. neben dem Eingang zum Kapitelsaal zeigt Inschriften in Hebräisch, Griechisch und – spiegelbildlich – in Latein. Der reich geschmückte Renaissancetaufstein von 1585 befindet sich im Westwerk. Raumprägend ist jedoch die Neuausstattung der Kirche zwischen 1701 und 1731. Dazu gehören der Choraltar und die Seitenaltäre aus der Werkstatt von Heinrich Papen aus Giershagen sowie der

Martinsaltar im nördlichen Querhausarm von Christophel Papen. Die Orgel (das Werk ist nicht erhalten) erbaute vermutlich Peter Henrich Varenholt aus Bielefeld, die Kanzel entstand 1731. Ein Christus von Gertrud Gröninger befindet sich in der Lambertikapelle.
Der Stiftsbezirk bestand aus annähernd 30 einzelnen Häusern und Höfen in lockerer Anordnung. Fast alle Stiftshäuser sind heute, soweit erhalten, in Privatbesitz. Das als Pfarrhaus eingerichtete Gebäude von 1705 ist 1978 abgebrannt und unter Verwendung des alten Deelentorbogens neu erbaut worden. Auch das Abteigebäude ("Schloss") mit dem gegenüber liegenden Wagenhaus südwestlich der Kirche gelangte 1988 in Privatbesitz. Der umgräftete Zweiflügelbau mit Viereckturm im Winkel wurde im Kern 1599 bis 1603 erbaut, 1713/14 von Lambert Friedrich von Corfey umgebaut und 1903 um ein Obergeschoss aus Fachwerk aufgestockt. Die Dechanei von 1689 mit einer spätgotischen Figur Johannes des Täufers und Wappenstein von 1788 wurde von der Stadt Bad Driburg 1988 erworben, restauriert und als Gästehaus eingerichtet. Ein Unikat besonderer Art ist der steinerne, 1738 erneuerte Damensattel auf der nördlichen Kirchhofsmauer. Bei der Einführung einer neuen Äbtissin hob der Erbmarschall des Stiftes die Dame aus dem Pferdesattel und setzte sie – zu ihrer Besitzergreifung vom Stift – auf den Steinsattel.

▶ Die Kirche ist tagsüber geöffnet. Es lohnt sich ein Gang durch den ehemaligen Stiftsbezirk; die Gebäude sind von außen zu besichtigen. Führungen: Pfarramt Tel. 05259/99900 oder Verkehrsverein Tel. 05259/512.

Beckum, Propsteikirche, Taufstein

Beckum, Propsteikirche von Südwesten

In der Abtei: Vereinigte Museen des Wasserschlosses Heerse. Internet: www.wasserschloss-neuenheerse.de, Tel./Fax 05259/930333.

BECKUM (Kr. Warendorf. Karte: C2)
Propsteikirche St. Stephanus und ehem. Kollegiatstift

Die 1188 erstmals genannte Pfarrei Beckum gilt als eine der Urpfarren des Münsterlandes. 1267 verkaufte der Vikar Heinrich von Meppen, der aus Osnabrücker Goldschmiedefamilie stammte, mit seiner Mutter und seinen drei Brüdern die väterlichen Güter in und bei Osnabrück. Das Kapital diente als Grundstock für die Einrichtung des Kollegiatkapitels, dessen erster Dechant Heinrich wurde, seine Brüder erhielten Präbenden. Als Propst fungierte derjenige Domherr in Münster, der das Archidiakonat Beckum innehatte. Die Zahl der Kanonikerstellen wuchs von den anfänglich vier auf neun im Jahre 1446 und sank schließlich wieder ab. Bei der Aufhebung des Kollegiatstiftes 1811 waren es noch drei. Die sechs Kurienhäuser wurden im 19. Jh. abgerissen.

Die heutige vierjochige Hallenkirche ohne Querschiff wurde wohl um 1274, unmittelbar nach der Stiftsgründung, begonnen und um 1342 mit den Ostteilen fertiggestellt. An den Chor schließt sich die zweigeschossige Sakristei an, deren Obergeschoss vermutlich als Kapitelsaal diente. Die Gewölbe des weiten Hallenraums ruhen auf schlanken Rundpfeilern, die am Chorbogen noch von Diensten begleitet werden. Besonders im Chor und im Ostjoch durchfenstern aufwändige geometrische Maßwerkfenster den Raum. Die nach Westen

Bielefeld, Marienkirche, Blick zum Chor

fortschreitenden Bauarbeiten fanden erst 1516 ihren Abschluss; die Gewölbe im Langhaus gehören zur späten Bauphase. Der Turmhelm wurde 1755/57 erneuert.
Die beiden bedeutendsten Ausstattungsstücke stammen aus der Zeit vor dem heutigen Kirchenbau. Der achteckige Taufstein entstand in der ersten Hälfte des 13. Jhs. Die Taufe Christi und die Majestas Domini werden von Zweiergruppen von Aposteln gerahmt, von denen einige auf liegenden Propheten stehen; sie

Bielefeld, Marienkirche, Detail vom Epitaph von Oy

werden durch Ecksäulchen rhythmisiert. Aus der Zeit um 1230 datiert der Schrein der Prudentia (ursprünglich Sebastian und Fabian), der im Chorpolygon aufgestellt ist. Die (Osnabrücker?) Goldschmiede Renefridus, Hermannus und Sifridus haben ihn nach einer Inschrift geschaffen. Um einen Eichenholzkern sind Silber und vergoldetes Kupfer getrieben. Dargestellt sind der thronende Christus, die thronende Muttergottes mit Kind, die Verkündigung und die zwölf Apostel. Ähnlichkeiten zeigt der Schrein zu rheinischen Schreinen des frühen 13. Jhs., besonders zum Marienschrein im Aachener Domschatz. Die Madonna vermutlich aus dem 14. Jh. in einer Sakramentsnische im Nordschiff stammt vom Nordostportal.
➤ Die Kirche ist tagsüber geöffnet. Internet: www.in-beckum.de/st.stephanus. Pfarrbüro Tel. 0 25 21/30 96.

BELECKE → WARSTEIN
BENNINGHAUSEN → LIPPSTADT
BENTLAGE → RHEINE

BIELEFELD (Kreis Bielefeld. Karte: D2)
Evangelische Neustädter Marienkirche und ehem. Kollegiatstift
1293 stifteten Graf Otto III. von Ravensberg und seine Gemahlin Hedwig zur Lippe an der Pfarrkirche der Bielefelder Neustadt am Fuße ihrer Burg ein Stiftskapitel, das nach dem Vorbild des → Busdorfstiftes in Paderborn eingerichtet werden sollte. Der Paderborner Bischof Otto von Rietberg, mit Hedwig eng verwandt, gab seine Zustimmung. Die zwölf Kanonikerstellen wurden von bis zu 30 Vikaren (Anfang

Bielefeld, Marienkirche, Pfeilerprofile im Langhaus

des 16. Jhs.) ergänzt. Von Beginn an war eine Schule angeschlossen, die die Hochschulreife vermittelte und aus der berühmte Gelehrte hervorgingen. Der katholische Charakter des Stiftes blieb über die Reformationszeit hinaus bestimmend. Die katholische Messe fand im Chor, der evangelische Gottesdienst im Kirchenschiff statt. Durch die Teilung in sieben evangelische und fünf katholische Präbenden 1672 änderte sich dies. Der katholische Ritus fand nun in der zugehörigen Schule statt und wurde schließlich mehr und mehr an die → Franziskanerkirche St. Jodokus verlegt. 1810 wurde das Stift aufgelöst. Von den damals genannten Kurienhäusern wurden die letzten bis 1945 zerbombt.
Die heutige Kirche entstand in der Folge der Stiftsgründung. Zu den ältesten Teilen aus der Zeit um 1300 gehört die Zweiturmfassade im Westen, es schließen sich zwei Hallenjoche, das ausladende Querhaus und der zweijochige Kastenchor an. Im Langhaus ruhen die im Formenkanon einheitlichen und leichten Rippengewölbe auf schweren Rundpfeilern, in der Vierung auf leichteren Rundpfeilern mit Alten und Jungen Diensten nach dem Vorbild des Mindener Domlanghauses. Dessen Leichtigkeit erreicht der eher gedrückt wirkende Raum jedoch nicht.
Die wesentlichen Stücke der Ausstattung konzentrieren sich auf den Chor. An beiden Chorwänden stehen Doppeltumben mit Liegefiguren aus der Werkstatt des Meisters von Cappenberg: das Stifterpaar (1305/20) auf der Nordseite sowie Wilhelm II. und Adelheid von Ravensberg auf der Südseite. In die Hochaltarwand von 1840 sind ältere Werke integriert worden. Dazu gehören 15 Sandsteinfiguren des ehemaligen Lettners: der segnende Christus, Maria, der Ritterheilige Georg sowie die zwölf Apostel. Der Lettner, der den für die Stiftsgeistlichen genutzten Chorraum vom pfarrkirchlichen Langhaus trennte, stand ursprünglich am Choreingang und stammte aus der 1. Hälfte des 14. Jhs. Der Hauptaltar der Pfarrkirche befand sich vor dem Lettner in der Vierung. Vielleicht war das heutige Triumphkreuz Teil einer Kreuzigungsgruppe über dem Lettner. Es ist jedoch etwas jünger und wurde 1840 über dem Kielbogen der Altarwand aufgerichtet. Zur Altarwand gehören auch die Mitteltafel und vier Szenen der verlorenen Seitentafeln eines Tryptichons, die dem Meister des Berswordtaltars in der Dortmunder Marienkirche (um 1400) zugeschrieben werden – der einzige Rest von ursprünglich 21 Altären der Kirche. Beiderseits der zentralen thronenden Maria unter einem Baldachin, die von Heiligen umgeben ist, sind Szenen aus dem Marienleben und der Passion dargestellt. Das mächtige Epitaph an der Chornordwand gedenkt des brandenburgischen Drosten Odo von Oy († 1621) und seiner Gemahlin. Die Kanzel fertigte der Bielefelder Meister Hattenkerl.

▶ ‚Breite Straße', am Südrand der Altstadt unterhalb der Sparrenburg. Internet: www.marienkirche-bielefeld.de. Die Kirche ist nur mittwochs nachmittags geöffnet. Gemeindebüro Tel. 05 21/6 08 54.

Bielefeld, Jodokuskirche, Klosternordflügel

Pfarrkirche St. Jodocus und ehem. Franziskaner-Observantenkloster

Angeblich auf Bitten von Adeligen und Bürgern Bielefelds verlegten vermutlich im Laufe des Jahres 1506 die Franziskaner ihr Kloster auf den Jostberg bei → Bielefeld-Quelle in die Stadt, nachdem ihnen die nötigen Grundstücke geschenkt worden waren. 1511 waren der Chor und ein Teil des Langhauses, 1515 die gesamte Anlage fertig gestellt. 1533 zählte der Konvent, der die Reformation weitgehend unbeschadet überstand, 19 Mitglieder. In der überwiegend protestantischen Stadt hatten die Franziskaner die Seelsorge für die Katholiken des Umlandes übernommen. Nach Aufnahmebeschränkungen für neue Brüder wurde das Kloster 1829 aufgelöst.

Die Kirche ist ein einschiffiger Gewölbesaal von vier etwas unterquadratischen Jochen Länge, an die sich als Chor ein weiteres Joch und ein etwas gelängtes Polygon aus fünf Seiten des Achtecks anschließen. Die Gewölbe sind stark gebust und rhythmisieren den Raum schwer. An der Langhaussüdwand mit dreiteiligen Maßwerkfenstern sind die Strebepfeiler eingezogen und mit niedrigen Durchgängen versehen; im Ostjoch ist eine Heiliggrabnische eingebaut. Eine niedrige Westvorhalle mit barockem Portal (Franziskusfigur) entstand 1711/13, im 19. Jh. wurde der südliche Kreuzgangflügel durch Maueröffnungen als eine Art niedriges Seitenschiff mit der Kirche verbunden.

Von den 1807 noch fünf Altären ist keiner erhalten. An der Chorsüdwand befindet sich ein Levitensitz mit ornamentalen und figürlichen Schnitzereien aus der Bauzeit der Kirche. Reste des Chorgestühls stehen sich im Westteil der Kirche. Von der Orgel, die vermutlich Hans Henrich Reinking aus Bielefeld 1653 erbaute und Johann Patroklus Möller aus Lippstadt 1769 um ein Pedal erweiterte, ist nur das Gehäuse verändert erhalten. Die vier Evangelistenfiguren an der Emporenbrüstung stammen von der früheren Kanzel.

Die geschlossene Klosteranlage auf der Nordseite wurde 1515 bezogen. Sie ist schlicht und wurden mehrfach verändert. Die Kreuzgänge sind auffallend schmal und mit flachen Balken-

Bielefeld, Jodokuskirche, Innenraum

decken versehen, die Decke des Südkreuzganges stammt von 1906. Von den Nebengebäuden (Bäckerei, Brauerei, Schule, Ställe) sind keine Reste erhalten.
➤ Nördlich der Fußgängerzone ‚Obernstraße'. Die Kirche ist tagsüber geöffnet, von dort aus sind auch die Kreuzgänge zu erreichen. Pfarramt Tel. 05 21/6 13 26.

Reformierte Süsterkirche und ehem. Schwesternhaus Marienthal

Herzog Wilhelm IV. von Jülich-Berg gestattete die Niederlassung der Augustinerschwestern in der Bielefelder Altstadt 1491 und nahm sie in seinen Schutz. Die genaueren Hintergründe der Ansiedlung bleiben im Dunkel. Die Zahl der Schwestern wurde bei der Gründung auf die einfache Apostelzahl begrenzt. Sie bezogen zunächst das Haus eines verstorbenen Bürgers. 1503 wurden die rechtlichen Verhältnisse geregelt und die Zahl der Schwestern auf 24 erhöht. 1616 übergaben die beiden letzten Konventualinnen die Gebäude an den Magistrat der Stadt, 1682 wurde sie der evangelisch-reformierten Gemeinde übergeben.

Die Kirche war ein kleiner Saalbau mit vermutlich nicht mehr als vier Netzgewölben auf Wandkonsolen. Er ist als Kern der heutigen Kirche erhalten, die dreibahnigen Fenster mit Fischblasenmaßwerk deuten auf eine Bauzeit um 1500. Im Westen wurde die Kapelle 1860/61 durch einen Turm, im Osten 1891/92 durch einen großen Ostbau erweitert. Die ältesten Ausstattungsstücke stammen aus der Frühzeit der reformierten Gemeinde.

Innerhalb des Klosterbezirks scheint es neben dem vermuteten und nicht weiter bekannten Schwesternhaus auch ein Paterhaus (1608) und kleine Gademen (1682) gegeben zu haben. Davon ist nichts mehr sichtbar erhalten. Der kleine Platz östlich der Kirche ist heute eine gemütliche Ruhezone in der Stadt mit Gastronomiebetrieben.

➤ Am Nordrand der Altstadt in der ‚Ritterstraße'. Internet: www.reformiert-bi.de. Die Kirche ist in der Regel geschlossen. Gemeindebüro Tel. 05 21/6 82 48.

BIELEFELD-QUELLE
Kirchenruine auf dem Jostberg und ehem. Franziskanerkloster

Auf dem Loyckhuser Berg entwickelte sich unweit des späteren Klosters vermutlich erst im 15. Jh. eine Jodokus-Wallfahrt, die zunächst von Augustiner-Eremiten betreut worden sein soll und schließlich zur Namensänderung führte (Jodokus = Jost). Ein Kloster existierte dort noch nicht, wohl aber eine Kapelle. Der Bielefelder Kaufmann Wessel Schrage veranlasste 1496 Herzog Wilhelm von Jülich-Berg dazu, Franziskaner-Observanten zur Betreuung der

Bielefeld, reformierte Kirche, Kapellennordwand

Wallfahrt zu berufen. Die Ordensoberen zögerten zunächst, da der Orden fast ausnahmslos eine Seelsorgetätigkeit innerhalb von Städten wahrnahm, nahm 1498 aber das Angebot an. Die Brüder siedelten zunächst an der Wallfahrtskirche, begannen aber bald mit dem Bau einer Klosteranlage am höchsten Punkt der nach Bielefeld führenden Passstraße. 1502 war das neue Kloster bezugsfertig, die Ordensleitung und Papst Alexander VI. hatten der Verlegung zugestimmt. Wassermangel und die ungünstige Situation für eine geregelte Seelsorge wurden als Gründe dafür angeführt, das Kloster 1505 zu verlegen. In der Stadt →Bielefeld entstand die Jodokuskirche mit Kloster. Die Gebäude auf dem Jostberg wurden aufgegeben.

Die ergrabene Klosterkirche war etwa 27 × 9 m groß, ein mit drei von Westen nach Osten tiefer werdenden Kreuzrippengewölben auf Wandvorlagen versehener Saalbau, an den sich ein Polygon aus fünf Seiten des Achtecks anschloss. Das Altarfundament ist erhalten. Die Portale in der Westwand und im Nordwand-Mitteljoch waren auf die nördlich an der Kirche vorbeiführende Passstraße ausgerichtet. Eine Chorschranke (nicht ergraben) im Bereich des mittleren Strebepfeilerpaares könnte den Konvent von den Reisenden und Wallfahrern geschieden haben.

Das Kloster dürfte sich auf der Südseite der Kirche (kleines Portal) im Bereich des heutigen Hanges befunden haben. Hier wurden jedoch nur die Fundamente eines kleinen Anbaus der

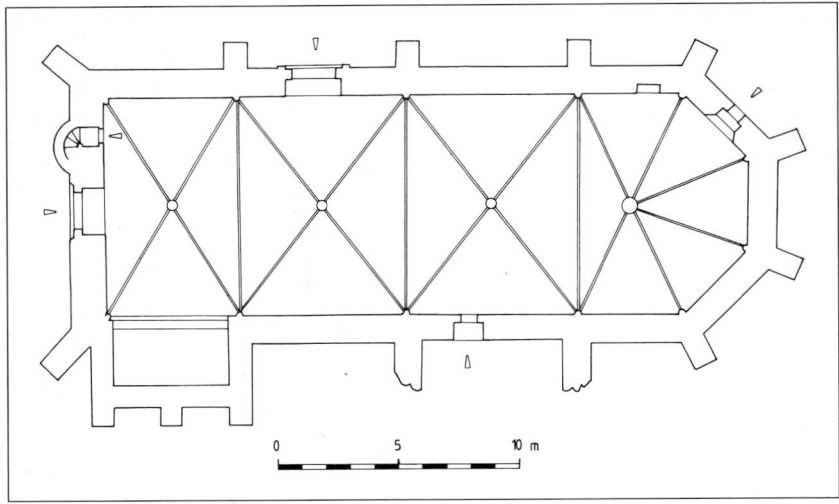

Bielefeld-Quelle, Grundrissrekonstruktion der Jostbergkirche

Kirche gefunden. Die übrigen Gebäude waren vielleicht in Fachwerkbauweise errichtet.

➤ Von der B 68 Bielefeld–Osnabrück hinter dem Ortsausgang Bielefeld-Quelle rechts in die ‚Azaleenstraße' einbiegen und rechts in die ‚Schlingenstraße' folgen. Vor dem Tagungshaus „Einschlingen" parken und der Straße etwa 700 m bergauf folgen. Die Ruine liegt am höchsten Punkt rechts der Wegekreuzung. Sie ist teilweise überwachsen und teilweise abgedeckt, aber ganzjährig zugänglich.

Bielefeld-Schildesche, Blick zum Chor

BIELEFELD-SCHILDESCHE
Ev. Kirche und ehem. Damenstift

Die kinderlose Adelige Frau Marcsvidis gründete 939 das Frauenkloster Schildesche nach dem Vorbild des Herforder Stiftes. Der Bischof von Paderborn gab seine Einwilligung, und die Stifterin selbst erlangte in Rom Reliquien Johannes des Täufers. Die erste Kirche wurde 960 eingeweiht. Zunächst unter königlichem Schutz, übernahm 1019 Bischof Meinwerk von Paderborn die Funktion. Die Grafen von Ravensberg gelangten im 13. Jh. in den Besitz der Vogtei. Damals wurde das gemeinsame Leben der Stiftsdamen aufgegeben und acht Kurien sowie die Propstei erbaut, die 1542, bedingt durch die Reformation, aufgehoben wurde. Seit 1672 wurden die 17 Präbenden unter den drei Konfessionen aufgeteilt, 1688 aber eine separate katholische Kirche erbaut. Die Auflösung des Stiftes erfolgte 1810.

Die heutige Kirche ist ein einheitlich gotischer, kreuzförmiger Saalbau, der nach den Bauformen im 14. und 15. Jh. entstand. Der etwas verzogene Grundriss dürfte mit Rücksichten auf Vorgängerbauten zu erklären sein (romanischer Türsturz im nördlichen Querarm). An zwei annähernd quadratische Langhausjoche, die vermutlich nach Osten durch eine Chorschranke abgeschlossen waren, schließt sich das ausladende Querhaus an. Im querrechteckigen Chorjoch ist ein aus fünf Seiten des Achtecks gebildetes Gewölbe eingeschrieben, das mit kleinen Zwickeln in den rechteckigen Chorschluss eingepasst ist (→ Herford, Stiftsberger Marienkirche). Der Turm wurde 1869 für den 1811 eingestürzten neu erbaut. Der Innenraum wirkt durch die weiten, mit einem verhältnismäßig leichten Rippensystem verse-

Bielefeld-Schildesche, Ansicht vom Stiftsplatz

henen Gewölbejoche großzügig. Die Stiftsempore befand sich im Nordquerarm, Spuren ihrer Wandansätze sind erhalten. Als Reste der Ausmalungen hat sich eine monumentale Christophorusfigur im Südquerarm (um 1400) sowie die Einfassung der Gewölberippen aus der Zeit um 1600 erhalten.

Der Hauptaltar ist der letzte von ursprünglich etwa 10 Altären der Kirche, ein geschnitztes Tryptichon aus der Zeit um 1500: Die Kreuzigungsszene in ganzer Höhe der Mitteltafel flankieren 2×3 Reliefs mit Szenen aus dem Marienleben, die Seitentafeln zeigen je zwei Reliefs in drei Registern (Zonen) aus dem Leben Christi und Johannes des Täufers. Ein Vermerk auf der Rückseite der Predella bezieht sich vermutlich auf eine Überarbeitung 1535. Das schlanke, weit in die Gewölbezone aufstrebende Sakramentshaus an der Ostwand des Südquerarms entstand vermutlich in einer Werkstatt in Münster und stammt aus derselben Zeit. Zwei Epitaphien und der Altar in der Sakristei sind in das 17. Jh. zu datieren.

Am stimmungsvollen Stiftsplatz südlich der Kirche ist zum Teil alte Umbauung erhalten. Nördlich der Stiftskirche steht die 1688 erbaute katholische (heute neuapostolische) Kirche, ein breiter, zweijochiger Gewölbesaal.

➤ Die Kirche ist samstags vormittags geöffnet. Gemeindebüro Tel. 05 21/7 34 42.

BILLERBECK-GERLEVE (Kr. Coesfeld. Karte: B2)
Benediktinerkirche und -abtei St. Joseph
1899 stifteten der Bauer Bernhard Wermelt, sein Bruder Hermann und seine Schwester Elisabeth, die ohne Erben geblieben waren, auf ihrem Hof in der Nähe von Billerbeck das Kloster; sie hatten dort bereits eine Hauskapelle eingerichtet. Verschiedene Orden lehnten eine Gründung ab, die schließlich Mönche der Beuroner Kongregation der Benediktiner aus Maria Laach übernahmen. Begünstigt wurde die Entscheidung durch das Ordensmitglied Wilhelm (Ludger) Rincklake, der den 1898 vom Laacher Abt geweihten „Ludgerusdom" in Billerbeck erbaut hatte. Zunächst richteten sich die Mönche im Bauernhaus ein, und Rincklake begann mit den Planungen für eine neue Abtei mit Kirche. Die Grundsteinlegung erfolgte im Juli 1901, die Benedik-

Billerbeck-Gerleve, Löwe an der Kirchentreppe

tion am 10. Juni 1904. Von Rincklake († 1927) stammen die Kirche, West- und Südflügel des Klosters sowie das Exerzitienhaus. Schon 1938 waren die Westfassaden der Kirche und des Westflügels verwittert. Dominikus Böhm aus Köln gestaltete sie als Vorblendung mit Ibbenbürener Sandstein neu. Erst 1959 wurde der Ostflügel erbaut. Zwölf Mönche sollten 1904 in Gerleve wirken, 1936 waren es 100, 1996 schließlich 58, davon waren 37 Priestermönche.

Die Anlage liegt imposant und von weither den Blick auf sich ziehend in der aufgelockerten Münsterländer Parklandschaft. Die Auffahrt fluchtet auf die strenge Doppelturmfassade der Kirche, die mit dem West- und dem nach Westen vorspringenden Pfortenflügel des Klosters einen Vorplatz bildet. Die Kirche ist eine dreischiffige, in Formen vorwiegend der Neoromanik erbaute Basilika gebundener Ordnung, an die sich über eine Stufenanlage das nach außen nicht vorspringende Querhaus anschließt. Es dient als Chorraum, denn die Kirche wurde nie fertiggestellt. Der Raum schließt noch heute nach Osten in einer provisorischen Wand mit Apsis. Das reiche architektonische Formensystem mit den ornamentierten Säulenkapitellen, die Vorlagen und Gurtbögen des Hauptschiffs und zur Turmfassade, der Fries und die Dreifenstergruppen im Obergaden und die nach dem Vorbild des Münsteraner Domes angebrachten Rippenzierscheiben geben dem Raum Volumen. 1956 wurde mit einem Sandstrahlgebläse die ursprüngliche Ausmalung entfernt; die herbe Steinsichtigkeit wirkt nüchtern.

Zur Ausstattung aus der Bauzeit der Kirche gehört der vergoldete, nur teilweise romanische Formen aufgreifende Herz-Jesu-Altar in der Nordturmkapelle, den Heinrich Seling aus Osnabrück 1912 schuf – ein besonders in seinem Aufbau ungewöhnliches Werk. Die heutige Orgel von 1972 birgt noch viele von den ursprünglich 25 Registern der 1912 durch Späth in Ennetach erbauten Orgel. Sie war im Klang ganz der französischen Spätromanik verpflichtet. Die heutige Gestaltung des Altarraums erfolgte 1971.

Das Kloster ist traditionell konzipiert, aber die Flügelschnittpunkte werden von Türmen dominiert. An den vierflügeligen, im modifiziert spätromanischen Stil gewölbten Kreuzgang schließen sich im Südflügel das große Refektorium sowie, im Westturm, der auf vier Säulen mit neun Jochen gewölbte Kapitelsaal an. Im Ostflügel liegt – in Vorbereitung zum Weiterbau der Kirche – die große Sakristei. Im Kreuzhof steht ein hohes, vom Typ her irisch-keltisches Kreuz. Über den Kopfbau des Pfortenflügels (1932 von Johannes Kunz aus Essen erbaut), das als Gästehaus und Krankenabteilung dient, vermittelt ein Gang zum Kloster. Die weitläufige, seit 1950 durch zahlreiche Häuser erweiterte Anlage atmet besonders im Bereich des Vorplatzes den architektonischen Geist der 1930er Jahre. In Gerleve kann man das Leben einer christlichen Ordensgemeinschaft nicht nur beobachten, sondern auch daran teilhaben. Nicht nur die täglichen Vigilien, auch eine Vielzahl an Veranstaltungen laden dazu ein.

▶ Von der B 67 von Nottuln nach Coesfeld hinter einer Kurve rechts abbiegen. Parkplätze sind ausgeschildert. Internet: www.abtei-gerleve.de. Die Kirche ist tagsüber geöffnet. Klosterpforte Tel. 02541/8000.

Billerbeck-Gerleve, Vorplatz und Kirchenfassade

Blomberg, Detail vom Grabmal im Chor

BLOMBERG (Kr. Lippe. Karte: E2)
Ev.-ref. Kirche und ehem. Augustiner-Chorherrenstift

1460 hatte eine Frau in der Blomberger Pfarrkirche Hostien gestohlen und aus Furcht vor ihrer Entdeckung in einen Brunnen geworfen. Zur Sühne der Tat ließen der Landesherr Bernhard VII. zur Lippe und sein Bruder Simon bis Fronleichnam 1462 über dem Brunnen eine Kapelle erbauen, die sich bald zur Wallfahrtsstätte entwickelte; im Jahr darauf wurde Simon Bischof von Paderborn. Nach einer Inschrift ist die Kapelle mit dem heutigen Chor der Kirche identisch. Die Versorgung der Wallfahrtsstätte überforderte bald die Priester. 1468 wurde deshalb ein Augustiner-Chorherrenkloster gegründet, das mit 24 Priestern aus dem Konvent im nahen Möllenbeck besetzt wurde. Zwischen 1473 und 1485 entstand das Langhaus der Kirche; sechs Altäre wurden darin geweiht. Die Sakristei auf der Nordseite stammt aus der Zeit um 1500. Mit der Einführung der Reformation verließen zwischen 1533 und 1538 die meisten Mönche das Kloster; der letzte verstarb 1570. 1583 verfügte Simon VI. zur Lippe, dass die Kirche als Grablege seiner Vorfahren erhalten bleiben solle, auch Gottesdienste sollten stattfinden. Versuche des Ordens, die Anlage zurückzugewinnen, scheiterten mehrfach. Das Kloster gelangte 1651 in Stadtbesitz und wurde Schule, Armenhaus sowie Wohnung für Lehrer und Geistliche. Nach dem Abbruch der Gemeindekirche übernahm die einstige Klosterkirche 1833 diese Funktion.

Die Kirche ist eine dreischiffige, dreijochige Hallenkirche – die einzige des Ordens in Westfalen – mit Chorjoch und einem Polygon aus fünf Seiten des Achtecks. Sie gilt als die bedeutendste gotische Kirche in Lippe. Ihre Schauseite ist nach Südosten zur Stadt hin ausgerichtet – die Assoziation eines „großen Reliquienschreins" mit Fialen auf den Strebepfeilern und in reichem Fischblasenmaßwerk aufgelösten, dreibahnigen Maßwerkfenstern ist sicherlich beabsichtigt –, während das Kloster nördlich angebaut war. Die Fachwerkgiebel der Südseite, zwei über drei Joche, sind nach der Darstellung auf der Tumba (s. u.) offenbar originaler Bestand, waren aber mit Blendmaßwerk versehen. Im Innenraum ruhen die Gewölbe auf vier Rundpfeilern und an den Wänden auf Konsolen, deren Kapitelle vegetabil oder figürlich gestaltet sind. Der ganze Raum macht

Blomberg, Südansicht der Kirche zur Stadt

Bocholt, Liebfrauenkirche, Südostansicht

einen lichten und weiten Eindruck. Im Nordseitenschiff befindet sich im Boden der Zugang zur Gruft der Herren zur Lippe, die 1586 und 1622 erweitert wurde.

Die Doppeltumba Bernhards VII. zur Lippe (†1511) und seiner Gemahlin Anna von Holstein-Schaumburg (†1495) im Chor stand ursprünglich zwischen dem westlichen Pfeilerpaar im Mittelschiff; sie schuf vermutlich Heinrich Brabender gnt. Beldensnider. Die lebens-

Bocholt, Liebfrauenkirche, alter Ostchor

echten Liegefiguren gehören zu den bedeutendsten Plastiken des spätmittelalterlichen Westfalen. An den Schmalseiten nach Osten befindet sich das Relief der Kirchensüdseite mit einer ikonographisch bemerkenswerten Darstellung des Hostienfrevels, nach Westen das des Schmerzensmanns, flankiert von zwei Heiligen, die die Verstorbenen präsentieren. Der Taufstein wurde aus der Gemeindekirche überführt, die Kanzel stammt von 1704.

Vom bis 1476 fertiggestellten Kloster sind keine Reste erhalten. Zum Klosterhof gehörte aber ein zweiflügeliger Fachwerkbau nördlich der Kirche.

➤ Die Kirche ist meist geschlossen. Internet: www.blombergref.de/klkirche.htm. Gemeindebüro Tel. 05235/7443.

BOCHOLT (Kr. Borken. Karte: A2)
St. Maria bzw. Liebfrauenkirche und ehem. Franziskaner-Minoritenkloster

1626 bat das Minoritenkloster in Bonn den Münsteraner Fürstbischof Ferdinand von Bayern um die Erlaubnis, in Bocholt eine Niederlassung gründen zu dürfen. Den Brüdern wurde im folgenden Jahr die 1310 gestiftete „Neue Kirche" der Stadt überwiesen, die keine Pfarrrechte besaß. Bis 1631 wurde diese Marienkapelle vermutlich aus dem 1. Viertel des 14. Jhs. renoviert und 1628 ein Klosterbau begonnen, an dem die Arbeiten kriegsbedingt unterbrochen werden mussten und der erst 1653 fertig gestellt werden konnte. Die Aufgabe des Ordens bestand in der Mission in der stark protestantischen Stadt Bocholt und in den Gebieten der benachbarten Niederlande. Zwischen 1785 und 1792 wurden die „Paterskirche" südlich der alten Kapelle, die zu Ende der Neubauten abgerissen wurde, und ein Gymnasium neu erbaut. Die Aufhebung erfolgte erst 1811; damals wohnten 10 Brüder im Kloster. 1912 bis 1914 wurde ein Erweiterungsbau mit Turm nach Norden errichtet, bis 1945 brannte die Kirche aus und wurde danach wieder aufgebaut.

Die Kirche des 18. Jhs. liegt parallel zur Langenbergstraße bzw. zum Liebfrauenplatz. Sie ist ein flach gedeckter Saalbau mit eingezogenem Chor und Polygon aus fünf Seiten des Achtecks. Wandpilaster trugen die früher aufwändigere Decke. Die breit gelagerte Erweiterung nach Norden erfolgte in Anlehnung an den Stil der barocken Kirche. Von der alten Kirche ist der Chor mit dem früheren Hochaltar durch eine Zwischenwand als Andachtskapelle abgetrennt.

Die Barockausstattung stammt überwiegend aus anderen Kirchen, der Hochaltar aus der 1. Hälfte des 18. Jhs. im heutigen, einer Seitenkapelle ähnlichen Chor, war bereits 1930 vorhanden. Im zweizonigen, von gedrehten Doppelsäulen flankierten Aufbau mit gesprengtem

Giebel sind unten eine Aufnahme Mariens in den Himmel, oben eine Kreuzigung als Ölbild eingefügt.
Nordöstlich der Kirche ist die 1785 erbaute, schlichte Lateinschule erhalten (Pastorat). Mit dem Erweiterungsbau wurden die letzten Klostergebäude abgerissen. Nur ein Keller von der Nordostecke des Klosters ist unter dem Kindergarten erhalten.
➤ Am Gasthausplatz. Die Kirche ist tagsüber geöffnet. Internet: www.liebfrauen.de. Pfarrbüro Tel. 02871/225691.

Agneskapelle und ehem. Schwesternhaus Marienberg
1447 kaufte der Beichtvater der Bocholter Schwestern ein Haus am Schonenberg im nordöstlichen Stadtgebiet, um ihnen eine sichere Unterkunft zu verschaffen. Die Anfänge der Gemeinschaft bleiben im Dunkeln, eine Beteiligung Heinrichs von Ahaus wird vermutet. 1455 konnte eine erste Kapelle eingeweiht werden, drei Jahre später wurde der Konvent von städtischen Diensten und Steuern befreit, 1463 nahm er die Augustinusregel an. Er zählte damals 29 Mitglieder, die Zahl stieg vor der Reformation auf 46 an. Die heutige Kapelle wurde 1484 mit drei Altären darin geweiht. Mit der Reformation brachen wirtschaftlich schlechte Zeiten an, erst ab 1673 erfolgte eine allmähliche Gesundung. 1803 wurde der Konvent aufgehoben. Die 1945 bis auf die Umfassungsmauern zerstörte Kapelle wurde wieder aufgebaut. Sie ist ein dreijochiger Gewölbesaal aus Backstein mit einem Polygon aus fünf Seiten des Achtecks als Ostschluss. Die dreibahnigen Fenster sind von gleicher Faktur und zeigen jeweils drei flammenartig stehende Fischblasen. Im Innenraum laufen die Rippen ohne Kapitelle in die Wand ein. Die reichen ornamentalen und figürlichen Malereien in der Gewölbezone und in den Fenstergewänden aus der Zeit zwischen 1510 und 1532 gingen 1945 verloren.
➤ Im nordöstlichen Winkel der Altstadt am ‚Schonenberg'. Heute Teil eines ausgedehnten Altenheimkomplexes mit Verbindung über einen verglasten Gang auf der Nordseite der Kapelle. Internet: www.bocholt.de →Bildung+Kultur →Sehenswürdigkeiten. Hospitalpforte Tel. 02871/200 (mit Pfarrer Rösner verbinden lassen). Touristeninformation Tel. 02871/5044.
➤ Südöstlich von Bocholt liegt an der rheinisch-westfälischen Grenze Hamminkeln-**Marienthal**, eine Gründung von 1256 und damit ursprünglich das älteste Kloster der Augustiner-Eremiten in Deutschland. Die einschiffige Kirche stammt von 1345. Neben der alten Ausstattung ist besonders die aus der Zeit des Spätexpressionismus (1924–1949) hervorzuheben.

Bocholt, Agneskapelle, Südansicht

BORGHORST → STEINFURT

BORKEN (Kreis Borken. Karte: A2)
Propsteikirche St. Remigius und ehem. Kollegiatstift
Die Gründung der Kirche geht in die Zeit um 800 zurück; vermutlich entstand sie auf Königsgut. Auf Bitten von Dr. Johann Walling, einem Sohn der Stadt, der in Rom promoviert worden war und dort Karriere gemacht hatte,

Borken, Remigiuskirche, Ansicht von Südosten

erhob Papst Eugen IV. 1433 die Pfarrkirche in den Rang einer Kollegiatkirche. Der zurückgekehrte Walling wurde erster Dechant des Stiftes, dem er und zahlreiche Adelige und Geistliche Pfründe in erheblichem Umfang stifteten. 1444 erfolgten die Bestätigungen von Bischof und Domkapitel in Münster. Die 14 Vikare unterhielten unter anderem eine Lateinschule. Im 16. Jh., in dem die Bürger überwiegend evangelisch-reformiert wurden, und durch die Kriege des 17. und 18. Jhs. verarmte das Stift. 1803 wurden zwei Kanonikate eingezogen und 1811 schließlich das ganze Stift aufgehoben. Durch politisch geschickte Verhandlungen gelang aber 1829 eine Wiederbelebung, bis das 1912 der letzte Dechant starb. 1945 wurde die Südhälfte des Chores weggesprengt, schwere Schäden entstanden auch am übrigen Baukörper.

Walling gilt auch als Erbauer der bestehenden, ursprünglich dreijochigen spätgotischen Hallenkirche ohne Querhaus. Jedes Schiff ist – regenwassertechnisch ungünstig – durch ein selbstständiges Satteldach gedeckt. Das östliche vierte Hallenjoch und der Chor wurden 1872–1874 angebaut. Im Inneren tragen kräftige Rundpfeiler die stark gebusten Gewölbe, die an den Wänden auf abgekragten Diensten mit Kapitellen lasten. Die Michaelskapelle (heute Marienkapelle) an der Turmnordseite wurde 1455 angebaut, die gegenüber liegende Kreuzkapelle 1468. Vor der Westfassade liegt die zweijochige Allerheiligenkapelle mit Staffelgiebel von 1517.

Neben dem reich geschmückten Taufstein des Bentheimer Typs aus der Zeit um 1200 und

Borken, Johanniskirche, Südwestansicht

dem ausdrucksvollen Gabelkruzifix aus der 1. Hälfte des 14. Jhs. sind besonders mehrere Kleinplastiken des 15. Jhs. erwähnenswert: Vesperbilder, zwei Darstellungen der Anna Selbdritt, ein Relief der Grablegung, eine Madonna aus Stein sowie ein Hl. Grab aus Baumberger Sandstein im Turm.

➤ Die Kirche ist tagsüber gewöhnlich geöffnet. Internet: www.remigius-borken.de. Propsteibüro Tel. 02861/924440.

Pfarrkirche St. Johannis und ehem. Johanniterkommende, später Kapuzinerkloster

1263 wurde von einem Mitglied der → Johanniterkommende in Steinfurt-Burgsteinfurt in Borken eine Niederlassung der schon bestehenden Ludgerikapelle gegründet, die, bedingt durch die Reformation, nach der Mitte des 16. Jhs. einging. Rechtlich wurde sie jedoch von Wesel aus weiter mitverwaltet. 1629 gelangten Kapuziner nach Borken, nachdem sich schon fünf Jahre zuvor Jesuiten in der Stadt niedergelassen hatten. Im Juni 1655 verkauften die Johanniter die Kommende ohne die zugehörigen Einkünfte an die Kapuziner, die die um 1200 erbaute Ludgeri- bzw. Johanniterkapelle 1696 durch den Ordensbruder Ambrosius von Oelde durch den im Kern bestehenden Neubau ersetzen ließen. 1777 wurde als Kapelle für das Gnadenbild „Mutter vom guten Rat" ein zweites, separates und wegen des Straßenverlaufs nach Osten schmaler werdendes Schiff angebaut, das 1895 mit der Kirche räumlich verbunden wurde. Die Kommende wurde 1806, das Kapuzinerkloster 1811 aufgehoben; der Konvent zählte damals 19 Brüder.

Die außen verputzte Kapuzinerkirche und das Kapellenschiff mit Backsteinmauerwerk liegen in beherrschender Ecklage an einer Straßenkreuzung mit kleinem Platz. Sie sind separat von Satteldächern überfangen. Über dem

Borken, Remigiuskirche, Heiliges Grab

Südportal befindet sich eine anmutige Maria Immaculata aus der Zeit um 1780. Die Kapuzinerkirche ist ein schlichter, innen von einer Holzlängstonne überfangener Saal, an den sich ein stark eingezogener und aus nur einem Kreuzgewölbejoch bestehender Chorraum anschließt. Hohe Säulen bzw. im Ostanschluss eine Wandvorlage im Stile der westfälischen Spätromanik (→ Ochtrup-Langenhorst) tragen die Bogenöffnungen zum Kapellenschiff; sie stammen von 1895.

Noch in der Kommendezeit um 1460 entstand die Hl. Anna Selbdritt mit originaler Fassung, die Doppelmadonna im Strahlenkranz zu Ende des 15. Jhs. Kanzel, Beichtstühle, Kreuzweg und der Altar im Seitenschiff stammen aus der Bauzeit der Kirche; vom Hauptaltar sind nur noch Figuren erhalten. Die Renaissanceorgel gelangte aus der zerstörten Georgskommende in Münster in die Kirche.

Die im Kern nach Zerstörungen 1623 durch die Kapuziner zum Kloster ausgebaute Kommende lag auf der Nordseite der Kirche und war vermutlich bis 1945 erhalten; Reste existieren nicht mehr.

➤ Südlich der Remigiuskirche an der Fußgängerzone. Die Kirche ist tagsüber gewöhnlich geöffnet. Internet: www.borken.de →Touristik →Urlaub/Freizeit →Sehenswertes. Propsteibüro Tel. 02861/924440.

BORKEN-GEMEN
Pfarrkirche zur Unbefleckten Empfängnis und ehem. Franziskanerkloster

Mit dem Erbgang der früheren Herrschaft Gemen an das Geschlecht von Limburg-Styrum 1635 begann eine zögernde Rekatholisierung, so dass Charlotte Amalie von Limburg-Styrum zwischen 1705 und 1708 einen ersten Kirchenbau errichten ließ. Der gleichzeitig berufene Franziskanerpater Hieronymus Ravenstein war in seiner Arbeit aber so erfolgreich, dass das Adelshaus 1719 ein Kloster an der Kirche stiften konnte, das 1724 die bischöfliche Bestätigung erhielt. Nach dem Erwerb mehrerer Grundstücke in der Oberen Freiheit begannen die Brüder 1748 unter der Leitung von zwei Ordensmitgliedern mit dem Bau eines Klosters und der Erweiterung der Kirche um eine Eingangsfassade. 1756 war die Anlage fertig gestellt, doch erfolgte nach nur wenig mehr als 50 Jahren des Bestehens 1811 die Aufhebung des Klosters.

Die fast vollständig erhaltene Klosteranlage liegt malerisch inmitten der Freiheit vor der Burg. Die genordete Kirche bildet den Westflügel. Ein Rücksprung in der Westwand zwischen dem zweiten und dem dritten Fenster der Traufseite markiert die 1708 und 1728 erbaute Kirche. Die reiche Fassade von 1756 aus Backstein mit Sandsteingliederungen zeigt

Borken, Johanniskirche, Blick zum Chor

zwischen Eckpilastern einen zweizonigen dreiachsigen Aufbau mit eingeschwungenem Portal und in Dreiecksform angeordneten Figurennischen (SS. Antonius und Nepomuk, oben Maria Immaculata), über dem Zwischengebälk befinden sich zwei Chronogramme. Unter der breit geschwungenen Giebelbekrönung ist ein Relief als Zeichen der Trinität unter einem Profil verdacht, den Abschluss bildet ein Kreuz. Der Innenraum ist ein schlichter, mit gerunde-

Borken-Gemen, Kirchenfassade

Borken-Gemen, Blick zum Chor

ten Ecken im Chor schließender Saal, der mit einer flachen Tonne über einem breiten Lastprofil gedeckt ist.
Der Innenraum wird durch seine reiche und nahezu vollständig erhaltene Ausstattung aus der Erbauungszeit bestimmt. Der filigrane, in der Hauptzone von vier Säulen getragene Hauptaltar zeigt eine Kreuzigungsgruppe, flankiert von zwei Heiligen, darüber ein figürliches Relief der Trinität. Die beiden in den Raum vorgezogenen Seitenaltäre sind mit gedrehten Säulen, Seitenfiguren und Ölgemälden traditioneller aufgebaut. Die Kanzel an der Ostwand ist vom Kloster aus zugänglich. Auch Orgelprospekt und Taufstein sind erhalten.

Das Kloster (heute katholische Bücherei und Pfarramt) schließt sich mit seiner Hauptfassade nach Osten an, in der Westachse mit bescheidenem Zugang zum Kreuzgang und Klosterinnenbereich, im Westen mit Durchfahrt in den früheren Wirtschaftshof. In der Fassadenmitte zwischen den Geschossen ist eine Nische mit einer Figur des Hl. Franziskus eingebaut.
➤ Die Kirche ist tagsüber geöffnet. Internet: www.borken.de →Touristik →Urlaub/Freizeit →Sehenswertes. Pfarrbüro Tel. 02861/3713.

BORKEN-GROSS BURLO
Pfarrkirche St. Maria und ehem. Wilhelmiten-, dann Zisterzienserkloster
1245 gestattete der Münsterische Bischof Ludolf von Holte den Wilhelmiten Gründung und Bau eines Klosters. Angeblich übernahmen sie ein etwas älteres, von einem Domherrn in Münster erbautes und schließlich verlassenes Oratorium. Die Wahl des Ordens erfolgte im Auftrag des Grundbesitzers und Ministerialen Gottfried von Oer durch den Propst des Klosters →Fröndenberg. Wilhelmiten siedelten bevorzugt in abgelegenen und landwirtschaftlich schwierig zu erschließenden Gegenden. Der Verfall des Ordens im 14. Jh. führte den Konvent in eine Isolation, aus der heraus er sich mit päpstlicher Zustimmung 1447 dem Zisterzienserorden niederländischer Prägung und damit der Reformbewegung der Devotio moderna anschloss. In die folgende Blütezeit fällt der Neubau des Klosters und der um fünf Westjoche erweiterten Kirche, die 1474 geweiht werden konnte. Nachdem der Konvent im spanisch-niederländischen Krieg zwischen 1585 und 1598 mit nur noch drei Mitgliedern fast ausgestorben war, erfolgte nach einer Neuorganisation 1620 ein langsamer Aufschwung. Eine gute Wirtschaftsführung führte zu Beginn des 18. Jhs. zum Neubau des Klosters. Die Aufhebung des Konventes erfolgte 1803. 1921 übernahmen Hünfelder Oblaten Kloster und Seelsorge und richteten eine Schule ein, die 1972 Gymnasium wurde.
Die spätgotische Klosterkirche bildet die Südseite der Anlage, ein langgestreckter Raum von acht Kreuzrippengewölben Länge (jedes im Verhältnis 2:3) und mit einem Polygon aus fünf Seiten des Zehnecks. Ein Lettner bildete bis 1835 im dritten Joch von Osten, das über einen offenen Schlussstein Verbindung zu den Glocken des Dachreiters hatte, eine Zäsur. Von hier an wird nach Westen das Mauerwerk über einen Rücksprung schwächer. Die gebusten Gewölbejoche ruhen auf Konsolen, im Westteil vor kantigen und bis zum Boden geführten

Borken-Groß Burlo, Innenraum zum Chor

Pilastern. Die zweibahnigen Maßwerkfenster sind schlicht, die beiden nördlichen im Polygon kürzer als die anderen. Der Dachstuhl stammt aus der Bauzeit der Kirche 1474 oder etwas später. Der Anbau an der Südseite birgt über einer Gruft von 1752 die Sakristei.
1474 wurden 11 Altäre in der Kirche geweiht, von denen keiner erhalten ist. Auch von der Barockausstattung aus dem 17. und 18. Jh. sind nur mehr spärliche Reste vorhanden. Dazu gehören die Kanzel (1. Hälfte 17. Jh.), die Apostelfiguren im Chor sowie der dornengekrönte Christus vor Pilatus.
Das schützende Gräftensystem um die Anlage ist noch teilweise erhalten. West- und Nordflügel des Klosters sind aus Backsteinen mit Werksteingliederungen erbaut. Der Westflügel ist an der Westwand auf 1718 datiert, hier befindet sich auch der Hauptzugang. Das Kellergeschoss ist hier zweischiffig, eine Baunaht und Zwischenwand befindet sich am Abschluss des Freitreppenpodestes vor der Westwand. Der Nordflügel ist im Kellergeschoss dreischiffig gewölbt, die Obergeschosse stammen aus der 1. Hälfte 17. Jhs. Vermutlich ist im Kellergeschoss beider Flügel, vielleicht auch im aufgehenden Mauerwerk Bausubstanz aus der 2. Hälfte des 13. Jhs. erhalten.
➤ Die Anlage ist heute Teil des Gymnasiums und Klosters Mariengaden. Die Kirche ist tagsüber geöffnet. Internet: www.borken.de →Touristik →Urlaub/Freizeit →Sehenswertes. Touristikbüro Tel. 0 28 61/939-252, Klosterpforte Tel. 0 28 62/30 20.

BRACKEL →**DORTMUND**

BRAKEL (Kr. Höxter. Karte: E2)
Pfarrkirche St. Franziskus und ehem. Kapuzinerkloster
1644 gestattete Ferdinand von Bayern als Administrator des Bistums Paderborn dem Kapuzinerorden, in Brakel ein Kloster zu gründen. Die Brüder sollten offenbar den Pfarrklerus bei den angestrebten kirchlichen Reformen im Sinne einer Rekatholisierung überwachen. Auch in Hexen- und Besessenenprozesse waren sie bald verstrickt. Die Stadt übergab ihnen das Hospital Hl. Geist mit einer größeren Kapelle, bis 1662 kauften sie mehr als 30 Häuser hinzu. Schon 1652 legte Bischof Dietrich Adolph von der Recke den Grundstein für einen neuen Chor an der alten Hospitalkirche, 1663 wurden die Flügel des Klosters erbaut und 1671 der Besitz ummauert. Zwischen 9 und 18 Brüder lebten im Kloster. 1715 begannen die Arbeiten an der neuen, von Johann Conrad Schlaun als sein Erstlingswerk konzipierten Kirche, die das städtische Patriziat, der Landadel und Fürstbischof Franz Arnold von Wolff-Metternich finanzierten. Der Fürstbischof nahm im Juni

Borken-Groß Burlo, Christus vor Pilatus

1718 auch die Weihe vor. Als das Kloster 1833 endgültig aufgehoben wurde, war der Konvent bereits durch Aufnahmebeschränkungen seit 1809 stark dezimiert.
Die Kirche ist so ausgerichtet, dass vor der Fassade, auf die die Straße stadtauswärts fluchtet, ein kleiner Platz ausgebildet wird. Die helle, mit der → Ägidiikirche in Münster eng verwandte Sandsteinfassade ist schlicht, aber von edlen Proportionen. In der betonten Mittelachse steht ein aufwändiges Portal mit ge-

Brakel, Kapuzinerkirche, Westfassade

sprengtem Giebel und Kreuz, das in das schlichten Fenster darüber hineinragt. Über dem Horizontalgebälk erhebt sich ein Ädikulaaufbau mit Okulus und bekrönendem Kreuz. Der Innenraum ist mit vier Kreuzgratgewölben zwischen breiten, an den Wänden auf Konsolen aufliegenden Gurten gewölbt. An den leicht überquadratischen, eingezogenen Kastenchor schließt sich der durch ein Fenster mit der Kirche verbundene niedrigere und tonnengewölbte Psallierchor der Brüder an. Im Raum darüber war die Bibliothek untergebracht.

Die Ausstattung aus der Bauzeit ist weitgehend erhalten. Der raumhohe, von Fürstbischof Franz Arnold gestiftete Choraltar mit einem Gemälde des hl. Franziskus wird von den beiden Seitenaltären an der Langhausostwand flankiert, die in verkleinerter Form einen sehr ähnlichen Aufbau zeigen. Sie wurden von den Familien von Mengersen und von Haxthausen gestiftet und zeigen den hl. Antonius sowie eine Verkündigung Mariens. Die Altäre, die wie die Kanzel unter Schlauns Mitwirkung gestaltet wurden, tragen Wappen und sind auf 1718 datiert. Auch mehrere Einzelplastiken sind erhalten, darunter ein Johannes Nepomuk von 1732.

Das zweigeschossige, schlichte Kloster schließt sich an der Nordseite der Kirche an. Der von einem Sandsteinwappen bekrönte, kleine Zugang liegt unmittelbar neben der Kirche. Heute ist hier vor allem das Pfarrgemeindezentrum untergebracht.

➤ Die Kirche ist tagsüber gewöhnlich geöffnet. Pfarramt Tel. 05272/5483, Toristikbüro Tel. 05272/360269.

Brakel, Kapuzinerkirche, Blick zum Chor

Brakel, Bredenkloster, Kirche und Westflügel

Bredenkloster, ehem. Augustiner-Schwesternhaus Mariä Opferungsthal (Farbtafel 1) 1483 stifteten die Brüder Bernd und Dietrich von der Asseburg, die auf der Hinnenburg oberhalb der Stadt ansässig waren, drei Bauernhöfe auf der Brede, einer kleinen Vorstadt außerhalb der Stadtmauern, zum Bau eines Augustinerinnenklosters. Neben den geistlichen Aufgaben hatten die Schwestern vor allem Wolle und Leinen für die Stifterfamilie zu weben. Mit der Weihe des Paderborner Bischofs Simon III. zur Lippe erhielt das Kloster 1490 seinen Beinamen. Sechs Jahre später konnte auch die Kapelle mit drei Altären und dem Kirchhof geweiht werden. Sie wurde 1634 wieder aufgebaut, nachdem hessische Truppen das Kloster niedergebrannt hatten. Sie war jedoch nach dem Siebenjährigen Krieg so baufällig, dass 1771/72 mit finanzieller Unterstützung des Paderborner Fürstbischofs Wilhelm Anton von der Asseburg eine neue Kapelle gebaut werden musste; anschließend wurde auch das Kloster erneuert. Damals bestand der Konvent aus insgesamt 12 Nonnen. 1810 drohte die Aufhebung, doch kaufte die Stifterfamilie den Besitz 1812 zurück.

Die Kirche von 1772 ist ganz in den Klosterostflügel einbezogen. Schräg über dem Außeneingang befindet sich das Wappen Wilhelm Antons von 1771. Der Innenraum ist ein schlichter, mit an den Ecken stark gerundeter Flachdecke versehener Saal mit eingezogenem, kleinen Kastenchor. Wand und Decke trennt ein zurückhaltendes Stuckgesims. Der Decke sind zudem flache Stuckbänder untergelegt.

Brakel, Bredenkloster, Blick zum Chor

Von den 1772 vermutlich drei geweihten Altären steht heute den Proportionen nach zu urteilen ein Nebenaltar mit dem Gemälde einer Kreuzigung im Chorraum, flankiert von zwei vielleicht gleichzeitigen Heiligenfiguren. Zwei kleine Madonnen aus unterschiedlichen Epochen befinden sich an den östlichen Stirnwänden des Langhauses.
Das heute sehr einheitlich wirkende Kloster wurde schon im 19. Jh. mehrfach umgebaut und erweitert. Vom 1774 geweihten Bau ist außer dem Wappen des Hermann Werner von der Asseburg vermutlich nur mehr wenig Substanz übrig. Der gepflegte, stimmungsvolle Innenhof lädt zum Verweilen ein. Angeschlossen sind ein Gymnasium und eine Berufsfachschule.
➤ Unmittelbar nördlich der Altstadt. Die Kirche ist tagsüber geöffnet oder durch die Klosterpforte zu erreichen. Im „Erbezimmer" Dauerausstellung zur Klostergeschichte. Klosterpforte Tel. 0 52 72/603-0 (Führungen möglich).
➤ Von Brakel aus sind die Weserklöster im niedersächsisch-hessischen Grenzgebiet nicht weit. Bad Karlshafen-**Helmarshausen** ist als Wirkungsstätte des Bronzegießers Roger von Helmarshausen bekannt, der im 12. Jh. wirkte. Von der einstigen benediktinischen Reichsabtei steht noch ein Klosterflügel. Die Kirche in Wahlsburg-**Lippoldsberg** aus der Zeit zwischen 1140 und 1150 ist wegen ihres Bauschemas mit eingebundenem Chor sowie wegen des Formenrepertoires als Hauptbau einer „Schule" vereinnahmt worden. Münden-**Bursfelde** war Ausgangspunkt der bedeutendsten benediktinischen Reform, die stark nach Westfalen ausstrahlte. Sehenswert sind das Langhaus aus der Zeit um 1100 und der um 1130/40 entstandene, nach Hirsauer Schema in Seitenschiffe eingebundene Chor.

BRAKEL-GEHRDEN
Pfarrkirche St. Peter und Paul und ehem. Benediktinerinnenkloster
1142 zog der auf der →Iburg bei Bad Driburg gegründete Konvent auf das Gut um, das Heinrich von Gehrden gestiftet hatte. Bischof Bernhard I. von Ösede, auf dessen Betreiben die Gründung erfolgte, bezeichnete Heinrich 1152 ausdrücklich als Klostergründer. Das

Brakel-Gehrden, Chor

Kloster nahm durch Schenkungen einen steten Aufstieg. Ganze Dörfer, aber auch entlegener Streubesitz und ein Salzrecht in Salzkotten gehörten dem Konvent. 1245/48 wurde dem Kloster die Gehrdener Pfarrkirche übertragen, 1319 ließ es die Siedlung Gehrden zur Stadt erheben. Die seelsorgenden Priester und die Pröpste stellten die Benediktinerabteien → Wadersloh-Liesborn, → Paderborn Abdinghof und → Marienmünster. 1474 schlossen sich die Nonnen der Bursfelder Kongregation an und reformierten in der Folgezeit Klöster in Hessen und im Münsterland. 1648 zählte der Konvent 41 Nonnen. Der wirtschaftlichen Blüte in der 2. Hälfte des 17. Jhs., die sich im Neubau des Klosters niederschlug, folgte der Niedergang, 1810 schließlich die Aufhebung. Der adelige neue Eigentümer ließ die westlich an die Kirche stoßenden Flügel des Klosters für seinen geplanten Schlossumbau abbrechen und verkaufte den Rest weiter. Heute ist in den noch erhaltenen Klosterflügeln eine Familienbildungs- und -erholungsstätte des Erzbistums Paderborn untergebracht.

Die Kirche entstand im Kern nach der Klostergründung um 1160/70 neu. Es handelt sich um eine dreischiffige zweijochige Pfeilerbasilika gebundener Ordnung, an die sich ein ausladendes Querhaus und ein dreischiffiges basilikales Chorjoch ebenfalls gebundener Ordnung (mit Säulen) anschließen. Die Kirche folgt damit der etwas älteren Benediktinerkirche in Wahlsburg-Lippoldsberg bei Hofgeismar. Von der Dreiapsidenanlage im Osten wurde die Hauptapsis 1667 durch ein Volljoch als Kastenchor ersetzt. Der Turm entstand mit seinem nördlichen Treppenturm zu Beginn des 13. Jhs.

In das Turmjoch wurde 1675 die weit in das Langhaus ausgreifende Nonnenempore eingebaut, von der nur ein dreischiffiges Joch als Orgelempore erhalten blieb. Noch vor dem Bau des barocken Klosters – das vielleicht nicht an der Stelle des mittelalterlichen liegt, eine Ansicht von 1665 zeigt dies nicht deutlich – muss die Nonnenempore damit im Westen gelegen haben, ursprünglich aber vielleicht im Südquerarm.

Herausragend sind die Eisenbeschläge und der Klopfer der Nordtür aus dem 13. Jh. Von der mittelalterlichen Ausstattung ist ein Kruzifix aus der 2. Hälfte des 15. Jhs., eine Pietá (um 1500), zwei Reliefs eines Schnitzaltars (hl. Sippe, um 1500) sowie eine Doppelmadonna erhalten. Die übrige, reiche Ausstattung stammt aus der 2. Hälfte des 17. Jhs., darunter der Hochaltar, eine Stiftung des Paderborner Fürstbischofs Ferdinand von Fürstenberg, und die beiden Seitenaltäre, die Kanzel sowie die 1677/79 von Andreas Schneider für das Kloster → Marienmünster erbaute Orgel, die 1737 in Gehrden im Nordquerarm aufgestellt wurde. Sie erhielt damals ein neues Gehäuse und wurde um ein Pedal und ein zweites Manual erweitert, doch ist der originale Pfeifenbestand weitgehend erhalten.

Das Kloster entstand zwischen 1693 und 1711 neu, der Nordflügel in unmittelbarer Verlängerung des Turms nach Westen. Erhalten ist der in seiner Ausrichtung der Kirche folgende Südflügel mit den zugehörigen acht Jochen des Kreuzgangs im Erdgeschoss sowie Teile des Refektoriums. Im rechten Winkel nach Süden schließt – ursprünglich als Verlängerung des Westflügels – das Gästehaus daran an, das

Brakel-Gehrden, Säulenkapitell

Brakel-Gehrden, Südostansicht der Kirche

im Erdgeschoss Wirtschaftsräume beherbergte, darunter die Bäckerei. Die meisten der schon 1790 vorhandenen Wirtschaftgebäude sind erhalten, so der Schafstall, die Kornscheune, die Meierei (mit Weiterverarbeitung von Milch) und der Taubenturm. Südlich des Chores liegt die Propstei (heute Pfarrhaus).
➤ Die Kirche ist tagsüber geöffnet. Pfarramt Tel. 0 56 48/380 (Führungen möglich). Eine Innenbesichtigung des Klosters ist für touristische Besucher nicht möglich.

BREDELAR → MARSBERG
BRENKHAUSEN → HÖXTER

BRILON (Hochsauerlandkreis. Karte: D3)
Gymnasialkirche St. Nikolai und ehem. Franziskanerkloster
Die Briloner Neugründung einer Niederlassung erfolgte auf Initiative des Ordens selbst, der 1619 beschloss, die Zahl von nur 10 Konventen in der Franziskanerprovinz zu erhöhen. Der Dreissigjährige Krieg vereitelte zunächst die Umsetzung des Vorhabens. 1652 wandte sich der Orden an den Magistrat mit dem Angebot von Hilfe bei der Pfarrseelsorge gegen Überlassung der vermutlich aus dem 13. Jh. stammenden Nikolaikapelle. Noch im gleichen Jahr stimmte der Kölner Erzbischof Maximilian Heinrich von Bayern zu. 1663 konnte der Grundstein zu einem Kloster gelegt werden, das erst 1703 fertig gestellt war. Ein zugehöriges Schulgebäude ließ die Stadt 1708 bis 1712 errichten. Aus dem Kapital von Stiftungen – besonders des Bürgermeisters – konnte 1772 mit dem Bau der Kirche begonnen werden.

Die Bauleitung hatten die Ordensbrüder Seraphinus Ellinger (vermutlich aus Süddeutschland) und Eleutherius (→ Recklinghausen). Als die Arbeiten 1782 abgeschlossen wurden, brach man die alte Kapelle, die sich östlich an den Klostersüdflügel angeschlossen hatte, ab. 1785 wurde die Klosterschule in ein öffentliches Gymnasium umgewandelt. Im November 1803 wurden Kloster und Schule aufgehoben; die Brüder zogen in das Kloster nach Rüthen. Das Gymnasium Petrinum belegte fortan das ganze

Brilon, Nikolaikirche, Portal

Brilon, Nikolaikirche, Seitenaltar

Gebäude, heute befindet sich die Heinrich-Lübke-Hauptschule darin.

Die Kirche liegt nahezu allseitig frei mit der Giebelseite zur auf das Tor nach Rüthen führenden Ausfallstraße in beherrschender Ecklage zu einer Gasse. Der hohe, zweigeschossige Dachreiter sitzt auf dem Ostende des Daches. In der schlichten dreiachsigen Fassade mit Blendfenstern und geschwungenem Volutengiebel befindet sich ein Rokokoportal mit Figur der Maria Immaculata, das Hauptportal

Büren, Jesuitenkirche, Blick in die Kuppel

der Kirche. Der fünfjochige Saal mündet in einem aus drei Seiten des Sechsecks gebildeten Chorschluss. Die flachen, durch Gurtbänder getrennten Kreuzgratgewölbe liegen an den Wänden auf kantigen Vorlagen mit gedoppelten Kämpfern auf. Zwischen den östlichen Strebepfeilern ist die Sakristei angebaut. Chorschluss und Sakristei sind mit einem niedrigen Grabkeller versehen.

Die bis 1798 vollendete Ausstattung ist nahezu vollständig erhalten, ergänzt um die vier westlichen Beichtstühle aus der → Jesuitenkirche Büren und Heiligenfiguren an den Seitenwänden von 1894. Der eingeschossige, von Doppelsäulen flankierte Hauptaltar von 1785 zeigt die Anbetung der Könige, ein Ölgemälde von Anton Joseph Stratmann aus Paderborn. Die in Weiß und Gold gehaltenen Seitenaltäre sind um die Länge des Chorgestühls in den Raum vorgezogen: links der Marienaltar (1780, Immaculata ergänzt), rechts der Antoniusaltar (1792). Beide Stiftungen sind mit Wappen versehen. Die beiden östlichen Beichtstühle stammen von Bruder Hubertus Grünewald und damit, wie die ganze Kirchenausstattung, aus der Klosterwerkstatt.

Das Kloster springt um fast die Länge der Kirche von der Straße in den Baublock zurück. Nur die nördliche Polygonseite der Kirche bietet eine schmale Verbindung zum Kloster, einer zweigeschossigen Vierflügelanlage um einen kleinen Innenhof. Der Westflügel ist nach Norden verlängert und steigert die Wirkung des Komplexes von der Straße aus.

➤ Nördlich des Marktplatzes. Die Kirche ist in der Regel tagsüber geöffnet. Internet: www.kirche-brilon.de →Propsteigemeinde →Geschichte. Pfarrbüro Tel. 02961/2348.

BRUNNEN → SUNDERN

BÜREN (Kr. Paderborn. Karte: D3)
Kath. Immaculatakirche und ehem. Jesuitenkolleg (Farbtafel 2)
Edelherr Moritz von Büren (1604–1661) trat in jungen Jahren zum katholischen Glauben über und studierte bei den Jesuiten unter anderem in Paderborn und Köln Theologie und Philosophie. In seinem Testament setzte er 1640 die Paderborner Jesuiten als Generalerben ein; 1644 wurde er selbst Jesuit. Die nach seinem Tod mit Brandenburg und dem Fürstbistum Paderborn einsetzenden und erst 1714 beigelegten Streitigkeiten führten dazu, dass sich die Vorbereitungen zum Bau des Kollegs als Studienanstalt des Ordens und für die Kirche verzögerten. Das Kolleg wurde 1717 bis 1728 nach Plänen von Gottfried Laurenz Pictorius als selbstständige Dreiflügelanlage erbaut. Gesamtkonzepte von Schlaun, Pictorius und Nagel gelangten nicht zur Ausführung. Der Grundstein zur Kirche

Büren, Jesuitenkolleg, Ansicht von der Stadtseite

wurde 1754 durch den Paderborner Fürstbischof Clemens August von Bayern gelegt. Die Pläne stammten von Johann Heinrich Roth, der für den Fürstbischof, der gleichzeitig Kurfürst und Erzbischof von Köln war, Aufgaben als Baumeister übernahm. Die Bauleitung hatten Franz Christoph Nagel und ein Ordensbruder. 1760 war der Rohbau, 1772 auch die Innenausstattung fertig. Die Auflösung der Niederlassung erfolgte nur ein Jahr später im November 1773 durch ein Erlass Papst Clemens XIV. Nach wechselnden Nutzungen wurde das Kolleggebäude als Gymnasium und zur städtischen Verwaltung eingerichtet.

Die ganz der süddeutschen Tradition verpflichtete Kirche gilt als „die schönste Rokokobau in Nordwestdeutschland": im Grundriss ein nach Westen ausgerichtetes griechisches Kreuz mit Zentralkuppel, verlängerter Längsachse und in die Winkel eingestellten zweijochigen, basilikalen Seitenschiffen – ein Zentralbau mit Ostfassade und westlich hinter dem Choraltar liegendem Turm mit Anräumen. Die viergeschossige Fassade aus Sandstein wird in der Hauptzone von Pilastern und Säulen gegliedert, das Mittelfenster wird von zwei Figurennischen flankiert. Darüber befindet sich eine Wappenzone und als Abschluss eine Balustrade mit Figuren auf Postamenten. Der weite, auf die Altarwand gerichtete Innenraum wird von Tonnengewölben geschlossen, die die Pendantifkuppel mit Laterne einfassen. Die Stuckdekorationen an Wänden und Gewölben, in die figürliche Medaillons eingearbeitet sind, wirkt nicht überladen. Die ausgezeichneten perspektivischen Deckengemälde erstellte Joseph Gregor Winck zwischen 1762 und 1765. Sie zeigen Szenen aus dem Marienleben sowie alttestamentarische Vorbilder Mariens.

Ausstattung und Architektur sind unmittelbar aufeinander bezogen. Der zweigeschossige Hochaltar mit Ädikula stammt vermutlich von den Brüdern Metz. Die Mensa steht mit ihrem Tabernakelaufsatz frei vor dem wuchtigen Aufbau. Auch Kommunionbank, Beichtstühle, Orgelempore sowie die mit reichen Intarsien versehenen Scheintüren am chorseitigen Abschluss der Seitenschiffe gehören zum Bestand der Kirche, während die Kanzel erst 1916 in den Raum gelangte.

Das mit dem Innenhof nach Osten geöffnete, dreigeschossige Kolleggebäude steht an der Stelle der früheren Burganlage der Edelherren von Büren. Der Mittelflügel ist mit einem sandsteingefassten, durch einen Dachreiter betonten flachen Risalit versehen, der das von der Hof- und der Gartenseite (über großer Frei-

Büren, Jesuitenkirche, Ostfassade

Büren-Böddeken, Torhaus

treppe) begehbare, zentrale Treppenhaus markiert; die geschnitzte Treppe stammt von 1727. Die kleinen Treppentürme in den Winkeln wurden zu Ende des 19. Jhs. ergänzt. Die Seitenflügel enden in wenig betonten, im Grundriss nach außen kragenden Kopfbauten, die mit den Verlängerungen des Westflügels die Seitenfassaden mit Eckrisaliten ausbilden. Der Komplex wirkt gleichermaßen von der Hof- wie von der Gartenseite beeindruckend.

➤ Am tief gelegenen Nordrand der Altstadt an der Alme. Internet: www.bueren.de →Tourismus und Freizeit →Sehenswürdigkeiten. Die Kirche ist tagsüber gewöhnlich geöffnet. Pfarramt St. Nikolaus Tel. 0 29 51/9 11 93, Bürgerbüro Tel. 0 29 51/97 01 24. Eine Innenbesichtigung des Kollegs/Gymnasiums ist nicht möglich.

BÜREN-BÖDDEKEN (Kreis Paderborn. Karte: D2)
Gutshof, ehem. Kanonissenstift, später Augustiner-Chorherrenkloster

836 übergab der Archidiakon Meinolf anlässlich der Übertragung der Reliquien des hl. Liborius von Le Mans nach Paderborn der dortigen Bischofskirche sein gesamtes Erbe zum Bau eines Kanonissenstiftes, das zunehmend mächtiger wurde und sich aus der direkten Abhängigkeit des Domkapitels herauslösen konnte. 1139/40 wurde eine romanische Basilika geweiht. Nach wirtschaftlichem Niedergang durch einen Besiedlungsrückgang in der Gegend sowie vielleicht einer Zerstörung 1390 wurde das Stift aufgegeben. 1409 löste es der gewählte Bischof von Paderborn, Wilhelm von Berg, auch juristisch auf und übertrug dem Augustiner-Chorherrenkloster in Zwolle die Neugründung eines Konvents. Zunächst wurde die damals bestehende Kirche als Schlafsaal eingerichtet, der Gottesdienst fand in der Pfarrkirche auf dem Kerkberg statt. Den Mönchen gelang mit asketischem Arbeitseifer die Rekultivierung der wüsten Ländereien, bis 1451/52 immerhin 4000 Morgen. Der Konvent bestand damals aus 28 Chorherren und 145 Laienbrüdern, sogenannten Konversen. Spätestens 1432 wurde die alte Klosterkirche wieder als solche genutzt und der Liboriusaltar der Pfarrkirche in den Nordquerarm übertragen. Zwischen 1475 und 1485 wurde der neue Chor angebaut, gleichzeitig entstand im Kern das erhaltene Kloster. Zahlreiche Neugründungen (u.a. →Lichtenau-Dalheim) gingen von dem für den Orden bedeutenden Kloster aus. Nach schweren Zeiten durch die Reformation erfolgte 1737 die „Große Reform", in der das Kloster zeitweise Dalheim unterstellt wurde. Nach der Aufhebung 1803 wurde es zunächst Staatsdomäne und gelangte später in den Besitz der Familie von Mallinckrodt.

Der Zugang zur weitläufigen Anlage mit Wirtschaftshof im Westen und Kloster im Osten erfolgt über das „gekrümmte" Torhaus, das nach der Angabe auf der Inschrifttafel 1487

Büren-Böddeken, Chorpolygon und Ansatz des Ostflügels

erbaut wurde. Als Rest der 1139/40 geweihten Klosterkirche gilt der in ein basilikales Nordschiff eingebundene, niedrige Westturm. Das Kirchenschiff mit Querhaus wurde schon im 19. Jh. abgebrochen. Eine Figur des hl. Meinolf in der Pfarrkirche zu Beverungen-Tietelsen (Kr. Höxter) trägt noch ein Modell der intakten Kirche. Der Chor, dessen Umfassungsmauern weitgehend erhalten sind, war dreijochig und schloss in einem Polygon aus fünf Seiten des Achtecks; die Gewölbe lagen auf profilierten Konsolen auf. Im Mauerwerk der Südseite sind der kirchenseitige Zugang zur Sakristei und die Dreibogenstellung eines Levitensitzes erhalten. Die westliche Tür im Chor führt in den Ostkreuzgang.

Die drei Flügel des Klosters sind ohne größere Veränderungen erhalten, der Nordkreuzgang fehlt. Die Gewölbe des Kreuzgang-Ostflügels sind stark gebust und liegen auf kleinen Wandkonsolen auf; Reste der vegetabilen Ausmalung sind erhalten. Eine Tür mit Kielbogenprofil (mit unsicherer Datierung) und Kreuzstein darüber führt in die mit Mittelsäule gewölbte quadratische Sakristei. Die Transversalbögen liegen auf kleinen, am Kapitell „haftenden" Konsolen auf. Nach Süden schloss sich der Kapitelsaal an. Im Obergeschoss über der Sakristei befindet sich, parallel zur Kirche ausgerichtet, die einzige in Westfalen erhaltene Klosterbibliothek, ein auf zwei Säulen symmetrisch-zweischiffig gewölbter Raum mit iko-

nographisch auf die Bücher Bezug nehmenden Wandmalereien aus der Erbauungszeit um 1480. Im Obergeschoss des zwischen 1432 und 1449 errichteten Westflügels hat sich unter anderem das Wandgemälde einer Kreuzigung mit der Darstellung des hl. Meinolph erhalten, von einem niederländischen Konventsmitglied zwischen 1438 und 1464 gemalt.

In der Hauskapelle befindet sich der hölzerne, mit einem Zeltdach versehene Meinolphus-

Büren-Böddeken, Sakristei

schrein, den die Nonnen in der 1. Hälfte des 13. Jh. anfertigen ließen. Nur Reste von Gravierungen, Treibarbeiten und Emailplatten sind daran erhalten.
➤ An der Straße von Haaren bzw. Henlarn und Etteln nach Wewelsburg im Tal. Einzelbesucher sind nicht willkommen; Gruppen: Gutsverwaltung von Mallinckrodt, Tel. 0 29 55/61 52.

BÜREN-HOLTHAUSEN
(**Kreis Paderborn. Karte: D3**)
Landgestüt, ehem. Zisterzienserinnenkloster

1243 stifteten die Vettern Berthold II. und Berthold III. von Büren im Dorf und bischöflichen Haupthof Holthausen, unmittelbar vor der Stadt Büren gelegen, das Kloster. Eine Beteiligung der gleichnamigen ritterbürtigen Familie ist zu erschließen. Die Nonnen übernahmen bis zum Bau eines Klosters mit Kirche zunächst die Dorfkapelle. Sie verstanden es, den Besitz stetig zu mehren und eine solide wirtschaftliche Situation zu schaffen. 1271 trat die Tochter Bernhards von Holthausen in den Konvent ein. Nur vorrübergehend war der Konvent evangelisch-reformiert, seit 1598 wieder katholisch. Bei der Aufhebung 1810 lebten 12 Nonnen im Kloster. Im Jahr darauf kaufte die Familie von und zu Brenken den gesamten Besitz als Gutshof.

Die Anlage liegt in Sichtweite der Stadt Büren im Almetal, der Zugang erfolgt malerisch über eine Allee. Die im Kern mittelalterliche, um 1700 in der heutigen Form erneuerte Kirche bildet zusammen mit einem vorgelagerten Querraum (Kapitelsaal?) den Nordflügel. An ein annähernd quadratisches West- und ein kleineres Ostjoch schließt sich ein mit einem ungleichmäßigen Sterngewölbe versehener Halbrundchor an, der außen dreiseitig ummantelt ist – ein in Westfalen an einer Klosterkirche einmaliger Chorschluss. Die hölzerne Nonnenempore nimmt fast das ganze Westjoch ein. Die Ausmalung stammt von 1773.

Der Hochaltar, im gleichen Jahr von Johann Leonhard Falter aus Schmallenberg geschaffen, zeigt schon Anklänge an den beginnenden Klassizismus. Der Erbauer der kleinen Orgel von 1764 ist unbekannt. Pfeifenwerk und Spieltisch sind weitgehend erhalten. In der Kirche und im Kreuzgang stehen mehrere Heiligenfiguren aus dem 18. Jh.

Die Klosteranlage scheint im Kern spätmittelalterlich zu sein. Darauf verweisen Befunde im Mauerwerk bei Umbauarbeiten (gotischer Zugang zur Kirche). Die heutige Gestalt entstammt der Zeit um 1700 und Umbauten 1734/38. Der Ostflügel erstreckt sich weit über die Südflügelaußenwand hinaus nach Süden. Der kleine, schmale Kreuzgang ist flach gedeckt.

➤ Von der Stadtkirche etwa 1,3 km der Straße in Rtg. Brilon nach Südwesten folgen und rechts in den Zufahrtsweg einbiegen. Die Anlage ist von außen zu besichtigen. Kontakt: Familie von Fürstenberg, Tel. 0 29 51/22 67. Die Gegend lädt zu Wanderungen ein, Wege sind ausgeschildert.

CAPPEL → LIPPSTADT
CAPPENBERG → SELM
CLARHOLZ → HERZEBROCK

Büren-Holthausen, Ostflügel und Chor

COESFELD (Kreis Coesfeld. Karte: B2)
Ev. Gymnasialkirche und ehem. Jesuiten-, später Franziskanerkloster

1627 gelangten Jesuiten nach Coesfeld und eröffneten eine Schule. Der Pfarrer beider Stadtkirchen, eine früherer Jesuit, hatte die Ratsherren der Stadt von der Notwendigkeit einer Berufung überzeugt, um Unterstützung in der Seelsorge zu erhalten. Nach einer Ausweisung 1633 erfolgte 1654 die Neugründung durch den Münsteraner Fürstbischof Christoph Bernhard von Galen, der seine Residenz nach Coesfeld verlegte. Mit der Erhebung zum Kolleg 1664 erfolgte auch die Grundsteinlegung zum Neubau des Klosters, dessen Hauptflügel 1670 bezogen werden konnte. Die Pläne dazu stammten vermutlich von Peter Pictorius dem Älteren. 1680 begann der Bau des Westflügels, fertig gestellt wurde das Kolleg jedoch erst 1725. Den Grundstein zur Ignatiuskirche legte Christoph Bernhard 1673, der Bau erfolgte bis 1692 nach Plänen des Laienbruders und Architekten Anton Hülse. In den Jahren 1698 bis 1700 wurde die Innenausstattung in der klostereigenen Kunstschreinerwerkstatt angefertigt. Nach der Aufhebung des Ordens und damit auch des Konvents 1773 wurde das Gymnasium durch die Jesuiten fortgeführt, 1782 aber Franziskanern übergeben, die auch die Gebäude bis 1803 übernahmen. Der Rheingraf zu Salm-Horstmar richtete das Kolleg als Schloss ein, die Kirche wurde simultan. Nach schwersten Kriegszerstörungen wurden Kirche und Kolleg bis 1957 – in weiten Teilen als Rekonstruktion – wieder aufgebaut. Das Kolleg ist heute Provinzialmutterhaus der Schwestern Unserer Lieben Frau.

Die Kirche ist ein sechsjochiger basilikaler Wandpfeilersaal – die Strebepfeiler sind eingezogen und bilden kleine Seitenräume aus, über denen Wandstücke mit Okuli verbleiben – mit einem Dreiseitschluss, an den sich mittig der Turm anschließt. In der rechteckigen Chorummantelung sind kompliziert gewölbte Nebenräume untergebracht. Die fünfachsige Fassade mit Mitteleingang, Wappenkartusche und hohem Maßwerkfenster wird von Pilastern gegliedert; ein Dreieckgiebel schließt sie ab. Im Innenraum sind die angeschrägten Wandpfeiler mit halben Kapitellen versehen, auf denen die Kreuzrippengewölbe aufliegen; als Schildbögen fungieren flache Bänder.

Die Ausstattung wurde restlos zerstört. Der heutige Hauptaltar stammt aus der Minoritenkirche → Neu-St. Thomae in Soest, die Kanzel aus Erwitte (Kr. Soest).

Das Kolleggebäude ist ein im Grundriss T-förmiger Bau, der südlich mit einer (1955 angelegten) Straßendurchfahrt an die Kirche anschließt. Im Westgiebel befinden sich zwei Wappen sowie zwei (leere) Nischen.

Coesfeld, Gymnasialkirche, Kirchenfassade

➤ Der Fassadeneingang ist tagsüber meist geöffnet, der Windfang geschlossen. Gemeindebüro Tel. 02541/4777.

CORVEY → HÖXTER
DALHEIM → LICHTENAU
DARFELD → ROSENDAHL

Coesfeld, Gymnasialkirche, Blick zum Chor

DETMOLD (Kreis Lippe. Karte: D2)
Wohn- und Geschäftshaus, ehem. Augustiner-Schwesternhaus Marienanger
Der Rektor der Fraterherren in Herford gründete im Jahre 1453 das Haus Marienanger in Detmold und besetzte es vermutlich mit Schwestern aus Lemgo. Bernhard VII. zur Lippe und sein Bruder Simon unterstützten die Neugründung. Hauptbetätigungsfeld der Schwestern war die Produktion von Leinen und Wolltuch für einen festen Kundenstamm, darunter den Landesherrn, den Stadtrat und mehrere Männerklöster; die Wolle lieferten die →Kreuzherren in Falkenhagen. Der Kölner Erzbischof Dietrich von Moers unterwarf den Konvent 1456 und 1459 der Augustinusregel, bis 1499 wurde er der Windesheimer Kongregation angeschlossen. Die 1463 fertig gestellte erste Kapelle wurde 1511/12 als Saalbau mit einem dreiseitigen Chorschluss erneuert, und dabei wurde auch das Kloster grundlegend umgebaut und erweitert. Nach der Einführung der Reformation in Detmold 1538 durch den Landesherrn entstand im Kloster eine Versorgungsanstalt für allein stehende Frauen. 1575 wurde gegen Naturalleistungen die Landwirtschaft eingezogen und 1602 das Kloster aufgelöst. Es erfolgte die Umwandlung der Anlage in ein Gymnasium, 1832 der Abriss der Kirche, 1982 der des Pforthauses. Es war das letzte Gebäudes des Klosters.
Der dreijochige Saalbau der Kirche mit Chorpolygon lag nach einem Plan von 1789 um etwas mehr als eine Haustiefe von der Schülerstraße zurück, quer über der heutigen Gasse und den angrenzenden Grundstücken. Die

Detmold, Rückfassade des Hauses

Dortmund, Propsteikirche von Südwest

Rückfassade des vom Keller bis zum Dachstuhl bis 1982 aus der Zeit zwischen 1506 und 1512 erhaltenen Pfortenhauses ist dem heutigen Neubau kulissenhaft ebenfalls auf der Rückseite vorgeblendet worden, eine zweigeschossige, im Obergeschoss auf Stützhölzern etwas vorkragende Fachwerkwand. Über dem Eingang der Straßenfront weist eine Sandsteininschrift auf das einstige Schwesternhaus hin.
▶ Die Schülerstraße beginnt südlich des Rathausplatzes. Die Rückseite der Häuser Nr. 23/25 ist von einer Seitengasse aus jederzeit zugänglich.

DORTMUND (Kreis Dortmund. Karte: B3)
Propsteikirche St. Johannes und ehem. Dominikanerkloster
Auf Bitten von Meister Eckehard, dem Provinzial der Dominikanerprovinz Saxonia, erteilte Heinrich VII. in Konstanz 1309 die Genehmigung zur Gründung eines Klosters in Dortmund. Die ersten Brüder gerieten aber in der mittelalterlichen Großstadt politisch gleich zwischen mehrere Fronten und der Gründungsversuch scheiterte zunächst. Besonders der Magistrat sperrte sich gegen einen zweiten Bettelorden in der Stadt, denn die Franziskaner siedelten hier bereits seit 1244. 22 Jahre dauerten die erbittert geführten Streitigkeiten an. Erst 1331 hatten sich die Verhältnisse zugunsten der Brüder gewandelt. Vermutlich noch im gleichen Jahr begannen sie mit dem Bau des Chores der Kirche, der noch vor 1344 in Benutzung genommen sein wird; die Weihe fand erst 1354 statt. Da auch

Altäre vor dem Lettner geweiht wurden, werden auch Teile des Langhauses fertig gestellt gewesen sein. Um 1362 wurden die Bauarbeiten zunächst eingestellt. Die Wölbung des Langhauses erfolgte vermutlich erst zwischen 1450 und 1475. Auch in der evangelischen Stadt konnte sich der Konvent behaupten, bis er 1816 aufgehoben wurde. 1945 erfolgte die Zerstörung der Kirche bis auf die Außenmauern. Kloster und Kirche sind heute Teil eines katholischen Gemeindezentrums.

Die Kirche besteht aus dem hoch aufragenden, aber traditionellen dreijochigen, in einem Polygon aus fünf Seiten des Achtecks schließenden und mit Kreuzrippengewölben auf Wanddiensten gewölbten Chor und dem zweischiffig-asymmetrischen Langhaus mit hohem, schmalem und nachträglich entstandenem „Gangschiff" im Norden. Nur zwei Rundpfeiler mit vorgelegten Diensten tragen die weiten Sterngewölbe des Hauptschiffs. Im südlichen Chorwinkel ist die Sakristei – heute über die frühere Seitenschiffostnische als Portal begehbar – angeschlossen. Die Kirche ist die reifste Leistung der Bettelordensgotik in Westfalen überhaupt. Den Dreiflügelaltar im Polygon schuf Derik Baegert aus Wesel etwa zwischen 1470 und 1480: Die Mitteltafel nimmt eine figurenreiche Kreuzigung ein, flankiert von einer hl. Sippe (mit ältester Stadtdarstellung Dortmunds) und der Anbetung der Könige. Auf den Außenseiten sind Christus mit Heiligen und der Prior des Klosters, Johann von Asseln, dargestellt. Auch zwei Altarflügel von 1523 im Schiff stammen aus der Kirche; auf den Rückseiten zeigen sie die Legende des hl. Dominikus. Eine Muttergottes stammt aus der Zeit um 1475. Die Plastiken von Dominikus und Thomas von Aquin an den beiden Nordpfeilern entstanden um 1480. Ost- und Südflügel des Klosters sind stark erneuert erhalten, im Ostflügel auch der zehnjochige Kreuzgang mit auf Konsolen ruhenden Rippengewölben. Vom Westflügel, der 1853 noch intakt war, steht nur noch die Arkadenwand zum Innenhof. Der nördliche, an die Kirche anschließende Kreuzgang, der auch einen Zugang zur Kanzel bot, war schon 1810 nicht mehr vorhanden.

➤ Westlich des Hansaplatzes. Die Kirche ist Mo bis Sa tagsüber geöffnet Kontakt: Kirchengemeinde Tel. 0231/143462 oder Verkehrsverein Dortmund Tel. 0231/5025666.

DORTMUND-BRACKEL
Ev. Kirche und ehem. Kommende des Deutschen Ordens

Schon vor 1290 wurde das Ordenshaus gegründet und die als Kapelle der Dortmunder Reinholdikirche unterstellte Kirche übernommen. Dem Orden gelang es in den folgenden Jahren, sich die Rechte einer Pfarrei zu

Dortmund, Propsteikirche, Innenraum

sichern. Vor allem durch Zukauf wurde der Besitz vergrößert; dazu zählte auch eine Kohlengrube. Von der Reformation bis 1646 fand der Gottesdienst nur noch im Chor statt, danach wurde die gesamte Kirche evangelisch. Die Kommende lag im Dorf ungeschützt, und nach dem Dreißigjährigen Krieg waren die Zerstörungen so groß, dass der Komtur nicht mehr in Brackel wohnte. 1809 erfolgte die Aufhebung. Die Pächterfamilie (seit 1762) kaufte die Kommende und schenkte sie 1949 dem

Dortmund-Brackel, Blick zum Chor

Dortmund-Brackel, ehem. Kommende

ohne Zwischenstützen auf das Hauptschiffniveau erhöht und die Sakristei auf der Nordseite angebaut. Vor den südlichen Pfeilern tragen eigentümliche Doppelsäulchen mit edlen Blattkapitellen in zwei Zonen die Hauptschiffgewölbe (vgl. Hohnekirche Soest). Wand- und Gewölbemalereien des 12. bis 16. Jhs. wurden an zahlreichen Stellen freigelegt.
Die Reliefs des romanischen Zylindertaufsteins mit Palmettenfries entstanden erst 1605. Die Kanzel ist auf 1673 datiert. Der Altar mit einer Kreuzigung in der Ädikula und dem Gemälde der Opferung Isaaks in der Hauptzone stammt von 1688.
Die Komturei östlich der Kirche ist im Kern mittelalterlich, wurde aber um die Mitte des 18. Jhs. grundlegend umgebaut. Das rundbogige Zugangstor trägt die Jahreszahl 1716. Das Gebäude ist heute Teil des sozialen Bildungsinstituts der Erzdiözese Paderborn.
➤ Die Kirche ist werktags nachmittags geöffnet. Internet: www.ev-kirche-brackel.de. Tel. Gemeindebüro 0231/259016. Kommende Tel. 0231/202230 bzw. 206050 (Führungen auf Anfrage).

Bistum Paderborn, das ein Sozialinstitut darin eingerichtet hat.
Die Kirche war ursprünglich eine dreischiffige zweijochige Basilika gebundener Ordnung mit nicht über die Seitenschiff-Außenwände ausgreifendem, mit Quertonnen gewölbtem Querhaus, innen halbrunder Apsis sowie starkem Westturm. Noch vor 1300 wurde die Apsis durch ein Polygon aus fünf Seiten des Achtecks und einem Vorjoch ersetzt und der Westturm verändert. 1495 wurden die Seitenschiffe

Drolshagen, Innenraum

DROLSHAGEN (Kr. Olpe. Karte: C4)
Pfarrkirche St. Clemens und ehem. Zisterzienserinnenkloster
Vermutlich noch vor 1235 wurde an der Stelle eines kleinen Kanonikerstifts und einer Pfarrkirche das Kloster gegründet; die Pfarrkirche wurde dem Kloster übertragen. Mechthild Gräfin von Sayn bezeichnete sich und ihren verstorbenen Mann Heinrich III. einige Jahre später als Klostergründer. Die kirchlich, wirtschaftlich und von der Herkunft der Nonnen zum Rheinland und Bergischen Land hin orientierte Gemeinschaft wuchs im 13. und 14. Jh. stark an (zwischen 10 und 17 Nonnen), erlebte aber im 16. Jh. durch die Reformation einen stetigen Niedergang. 1602 wurde die Äbtissin Eva von Plettenberg lutherisch, das Kloster blieb aber katholisch. Nach lange andauernden Streitigkeiten mit der Pfarrei erbaute diese dem Kloster zwischen 1763 und 1777 eine eigene Kirche. Durch Spekulationsgeschäfte verarmt, wollte die letzte Äbtissin 1792 das Kloster aufheben lassen, 1803 nahm ihr diese Arbeit das Haus Hessen-Darmstadt ab. Danach wurde die Nonnenkirche abgerissen. Zwischen 1962 und 1965 entstand an der Südseite der bestehenden Kirche ein mit ihr räumlich verbundener Erweiterungsbau.
Die Kirche ist im Kern eine im Mittelschiff zunächst flach gedeckte Pfeilerbasilika aus der zweiten Hälfte des 12. Jhs., deren gewölbte Seitenschiffe ohne Querhaus in rechteckig ummantelte Apsiden auslaufen. Die Wölbung mit fünf ungleich tiefen Jochen auf im Grundriss kleeblattförmigen Vorlagen erfolgte 1242.

Damals wurden auch das mächtige Chorquadrat und die Halbrundapsis angebaut, deren drei Fenster an der Innenwand mit ebenfalls kleeblattförmig angeordneten und zum Teil mit älteren Säulchen gegliederten Nischen versehen sind – ein angedeuteter Dreikonchenchor nach rheinischem Vorbild, wie er auch im westfälischen Teil der Erzdiözese Köln vorkommt (vgl. Pfarrkirchen in Anröchte und Plettenberg). Ein außen bündig mit dem Obergaden angefügter Westturm entstand im Kern vermutlich gleichzeitig mit dem Langhaus. Mittelalterliche Wandmalereien sind in der Nordapsis (thronende Muttergottes, um 1200) und in der Südapsis (Steinigung des hl. Stephanus, vor 1500) in Resten erhalten.

Das von freistehenden Säulchen gestützte Taufbecken im Südschiff aus rheinischem Trachyt stammt aus der Umbauzeit der Kirche um 1242, ein Vesperbild aus Holz aus dem 15. Jh. Zu einer barocken Neuausstattung gehören die Kanzel, die Peter Sasse aus Attendorn 1718 schuf, und eine Kreuzigungsgruppe mit Magdalena aus dem Ende des 18. Jhs. Das Orgelgehäuse stammt von 1787. Die Objekte sind zum Teil im neuen Anbau aufgestellt.

Von der 1679/80 neu erbauten Klosteranlage ist ein Flügel südlich der Kirche und ohne Anschluss an diese erhalten (heute Teil der Stadtverwaltung). Er wurde vermutlich gekürzt, da beide Giebelwände aus Fachwerk zwischen die Längswände aus Bruchstein eingeschoben sind. Am Südende des Klosterflügels wurde 1763/77 die Nonnenkirche angebaut.

➤ Die Kirche ist außer montags tagsüber in der Regel geöffnet. Führungen: Pfarrbüro Tel. 02761/71124 oder Bürgerbüro der Stadt Tel. 02761/970-180. Die Besichtigung des ehem. Klosters ist nur von außen möglich.

➤ Nur wenige Kilometer westlich von Drolshagen liegt die ehemalige Dominikanerkirche in Gummersbach-**Marienheide**, eine Gründung von 1421 zur Regelung einer Wallfahrt. Die dreischiffige Hallenkirche mit Querhaus entstand in der 2. Hälfte des 15. Jhs. und birgt eine sehenswerte Ausstattung.

DÜLMEN (Kr. Coesfeld. Karte: B2)
Pfarrkirche St. Viktor und ehem. Kollegiatstift

Die auf einem bischöflichen Haupthof gegründete Kirche gilt als eine der ältesten im Münsterland; als Pfarrkirche wird sie 1189 erstmals genannt. 1323 gründete der Dülmener Vikar Albert von Lethene ein Kollegiatstift mit zunächst fünf, später zwölf Präbenden. Der Münsteraner Bischof Ludwig von Hessen unterstützte die Gründung, die der Domscholaster Heinrich von der Lippe im gleichen Jahr bestätigte. Abwechselnd besetzten Bischof und Propst die Stellen. Ein Umbau (Langhaus?) erfolgte zwi-

Drolshagen, Ostansicht der Kirche

schen 1351 und 1443. In der Reformationszeit bedeutungsloser, spielte das Stift bis zu seiner Aufhebung 1811 für das kirchliche Leben kaum mehr eine Rolle. Die Kirche wurde 1945 bis auf die Umfassungsmauern zerstört und nur der Chor in alter Form wieder aufgebaut. Das Langhaus erhielt 1950 eine eisenverstrebte Holzdeckenkonstruktion, doch ist die Rekonstruktion des ursprünglichen Zustandes beabsichtigt.

Dülmen, St. Viktor, Blick in den Chor

Dülmen, St. Viktor, Südansicht

An das im Kern vermutlich in das 13. Jh. zurückgehende, ursprünglich niedrigere und dreischiffige Pfeilerlanghaus schließt sich die höhere, mit längsparallelen Dächern gedeckte Choranlage an. Der zweijochige und in einem Polygon aus fünf Seiten des Achtecks schließende Hauptchor öffnet sich beiderseits zu Seitenchören, die mit im Grundriss abgeschrägten Ecken enden. Ihre Ostjoche sind mit fünfteiligen Rippengewölben versehen, die zum Hauptchor auf kapitellosen Rundpfeilern aufliegen.

Dülmen-Weddern, Wappenstein

Die mit St. Felizitas in Lüdinghausen eng verwandte, beeindruckend lichte und weite Choranlage verweist auf den Coesfelder Baumeister Henrik de Suyr und dürfte im 1. Viertel des 16. Jhs. entstanden sein.
Die Ausstattungsstücke stammen überwiegend aus der Mitte bis 2. Hälfte des 15. Jhs.: Der zierliche Sakramentsturm und der Dreisitz im Chor aus Sandstein, das Triumphkreuz aus Holz sowie die bemerkenswerte steinerne Passionssäule mit einer Darstellung der Veronika, die im westlichen Mittelschiff steht (→ Metelen). Der Taufstein mit Arkatur und Rankenfries entstand dagegen bereits um 1250.
➤ Die Kirche ist gewöhnlich tagsüber offen. Internet: www.st-viktor.de. Pfarrbüro Tel. 02594/ 98131.

DÜLMEN-WEDDERN
Pfarrkirche St. Jakobus major und ehem. Kartäuserkloster Marienburg
1476 stiftete Gerd von Keppel, Erbmarschall des Herzogtums Kleve und über seinen Vater Erbe einer Wasserburg von den Herren von Weddern, das Kloster, nachdem er bei einer Belagerung seinen einzigen Sohn verloren hatte. Im folgenden Jahr legten Mitglieder des Konvents in Wesel den Grundstein zum Kirchenbau, denn das Kloster im Bistum Münster gehörte zur rheinischen Ordensprovinz. Gerd starb bereits 1478 als Laienbruder im Kloster. Wohltäter stifteten Häuschen und Besitz für das Kloster. Zwischen 1487 und 1507 erfolgte die Einwölbung der Kirche, aber noch 1578 war der Bau nicht abgeschlossen. Die Zerstörungen und Plünderungen im Dreißigjährigen Krieg nahmen ein Ausmaß an, dass die Mönche zur Flucht veranlasste. Die wirtschaftliche Gesundung nach dem Krieg war nur von kurzer Dauer. Nach Versuchen der Erhaltung wurde das verarmte Kloster 1804 aufgehoben und die Burg, der Kreuzgang und die Häuschen 1825 abgerissen.
Die Kirche, ein frei stehender Backsteinbau mit teilweise glasierten Ziegeln, ist ein mit sechs querrechteckigen Rippengewölben auf Wandkonsolen versehener Saalbau mit Polygon aus fünf Seiten des Achtecks. Der Turm, die Sakristei und die Grabkapelle der Herzöge von Croy an der Nordwand entstanden 1872, damals wurden auch die Fenstermaßwerke erneuert. In der Südwand des Westjochs dient ein Treppenturm als Aufgang zur Empore. Ein Kreuzganglettner trennte ursprünglich zwei Chor- von vier Langhausjochen und damit die Mönche von den Laienbrüdern.
Im Chorfußboden ist der Stiftergrabstein wohl von 1478 erhalten. Das steinerne Kruzifix, das ursprünglich im Außenbereich aufgestellt war, entstand im 17. Jh im Werkstattkreis Gerhard Gröningers. Aus der Barockzeit sind Figuren

einer Mondsichelmadonna sowie der Ordensheiligen Hugo von Grenoble und Hugo von Lincoln erhalten. Das kunstvolle Eisengitter ersetzt seit 1757 den Lettner. Die bedeutendsten Ausstattungsstücke, die reich geschnitzten Chorstühle aus der Zeit um 1350, stammen aus einem Konvent im Rheinland und wurden zu unbekannter Zeit in die Kirche gebracht; um 1700 und vor 1872 wurden sie verändert und ergänzt.

Das Kloster entstand rund um die Burg und ist in seiner zu Beginn des 17. Jhs. erneuerten Form bekannt: Ein Quadrat von 20 an einem ausladenden Kreuzgang angebauten, selbständigen Häuschen, die über diesen mit der im Süden stehenden Kirche verbunden waren. Südlich der Kirche befanden sich auch die Wirtschaftsgebäude. Das Torhaus war auf einer separaten Insel vorgelagert; Reste davon und die sogenannte Priorei sind stark umgebaut erhalten. Die Größe der in ihrer Art einmaligen Anlage lässt sich erahnen, wenn man den Fußweg am Chor vorbei nach Norden beschreitet und sich am Bildstock, der aus einem Wappenstein des Klosters und weiteren Fragmenten zusammengesetzt ist, links hält. Von dem ausgedehnten Gräftensystem sind nur mehr einige Gräben erhalten.

➤ Von Dülmen der B 51 Rtg. Münster bis zum Abzweig nach Karthaus und Darup folgen, hinter der Autobahnbrücke links nach Empte und Rorup abbiegen; die Anlage liegt dann rechter Hand. Sie kann besichtigt werden und lädt zum Wandern in der Umgebung ein. Führungen auf Anfrage im Pfarrbüro, Tel. 0 25 94/22 20.

Dülmen-Weddern, Südansicht der Kirche

ELSEY →HAGEN

ENGER (Kr. Herford. Karte: D1)
Ev. „Stiftskirche" und ehem. Kollegiatstift
(Farbtafel 3)

Die Gründung des Kanonikerstiftes in Enger geht auf eine Initiative Mathildes, der Witwe König Heinrichs I., im Jahre 947 zurück. Damals bestand dort eine kleine, angeblich vom „Sachsenherzog" und Vorfahren Mathildes, Widukind († 807), erbaute Eigenkirche. Sein Grab wurde spätestens seit dem 12. Jh. in der Kirche verehrt und 1377 von Kaiser Karl IV. besucht. Mathildes Sohn Otto der Große erweiterte in den folgenden Jahren die Schenkungen, regelte die Rechtsstellung des Stiftes und schenkte es nach ihrem Tod 968 dem Erzbistum Magdeburg. Im 12. Jh. wurde das gemeinsame Leben der Stiftskanoniker aufgegeben. Eine Marktkirche als Gemeindekirche für den Ort war 1254 vorhanden. Durch den Bau einer Burg, den Simon I. zur Lippe im Zusammenhang mit Auseinandersetzungen mit dem Bischof von Osnabrück um 1305 vornahm, erlitten alle Gebäude schwere Schäden. Damals wurde unter anderem der Kreuzgang abgerissen und der Chor der Kirche zur Scheune umgebaut. Davon erholte sich das Stift letztlich nicht. Auf Bitten der Stiftsherren wurde es 1414 mit päpstlicher Zustimmung an die → Neustädter Johanniskirche in Herford verlegt.

Die auf einer Anhöhe im Ort liegende Kirche ist eine dreischiffige zweijochige Hallenkirche mit Querhaus, Chorjoch und Apsis. Der vermutlich erst nach 1500 erbaute Turm steht frei vor der Nordwestecke und ersetzt einen älteren

Enger, Blick zum Chor

Enger, Tympanon am Südquerhaus

Westturm. Die Umfassungsmauern des Querhauses mit Nebenapsiden und des Chorjochs stammen aus dem 12. Jh. Am Außenbau ist das Tympanon des Südportals mit Christus als Weltenrichter, Maria und vermutlich Dionysius bemerkenswert. Die qualitätvolle Hauptapsis aus Werkstein mit Lisenengliederungen und teils figürlichem Dekor wurde zu Beginn des 13. Jhs. angefügt. Zwei tonnengewölbte Anbauten beiderseits des Chores sind jünger. Um die Mitte des 14. Jhs. entstand das Langhaus, den Proportionsverhältnissen nach zu urteilen auf den Grundmauern des Vorgängerbaus.

Enger, Detail des Hauptaltars

Vermutlich wurde die Ausstattung 1414 großenteils nach Herford übertragen. Als wichtiges Stück verblieb aber die Grabplatte Widukinds aus der Zeit um 1100, ein Flachrelief aus Baumberger Sandstein. In die Vertiefung waren ursprünglich Edelsteine eingelassen, zudem haben sich Reste alter Bemalung erhalten. Das Altarkreuz stammt aus der Mitte des 13. Jhs. Christus ist hier auf ein Baumstamm- bzw. Astkreuz geheftet. In der Zeit der Spätrenaissance wurde durch einen Unterbau für die Grabplatte Widukinds eine Grabtumba geschaffen, damals wurde auch die Umrandung der Platte teilweise verändert. Die übrigen Stücke entstanden nach dem Ende der stiftischen Zeit: der geschnitzte und vergoldete Flügelaltar von Hinrick Stavoer aus Braunschweig, die Taufe von 1663/77 und die Kanzel von 1703.
➤ Montags geschlossen. Internet: www.enger.de➔Besucher➔Sehenswertes (mit Öffnungszeiten/Telefonnummern). Führungen Tel. 0 52 24/ 93 88 13 oder Kulturamt der Stadt, Tel. 0 52 24/ 98 00-40.

EWIG → ATTENDORN
FALKENHAGEN → LÜGDE
FLAESHEIM → HALTERN
FRECKENHORST → WARENDORF

FRÖNDENBERG (Kr. Unna. Karte: C3)
Ev. Kirche und ehem. Zisterzienserinnenkloster
Vermutlich gehört Fröndenberg zu jenen Zisterzienserinnenklöstern, die zur Sühne für die Ermordung des Kölner Erzbischofs Engelbert von Berg durch Friedrich Graf von Altena-

Isenberg in → Gevelsberg 1225 gegründet wurden. Es fällt jedenfalls auf, dass die Grafen von Altena-Mark regelmäßig in den Zeugenreihen der mit dem Jahr 1230 beginnenden Urkundungen auftreten, und zudem Heinrich von Molenark als Nachfolger des ermordeten Erzbischofs die Gründung sehr begünstigte. Die Familie von Altena-Mark hatte von 1262 bis 1391 ihre Grablege in der Klosterkirche, eine Schwester Ottos von der Mark gehörte zwischen 1257 und 1263 dem Konvent an. Die Besetzung erfolgte aus dem Kloster Zülpich-Hoven die zunächst 12 Nonnen, Ende des 15. Jhs. waren es bereits 42 Nonnen. Die wirtschaftliche Situation des Konvents besserte sich bis zum 15. Jh. durch Schenkungen zunehmend, in der Reformationszeit nahm das Kloster den Charakter eines freiweltlichen Stiftes an. In der 1. Hälfte des 17. Jhs. wurde das Stift paritätisch mit 24 Angehörigen aller drei Konfessionen besetzt. Die Kirche wurde simultan benutzt und war zugleich evangelische Gemeindekirche. Die Aufhebung erfolgte 1812.

Fröndenberg, Alte Abtei

Die Kirche ist ein ungleichmäßig dreijochiger, kreuzförmiger Saalbau mit Kastenchor und kreuzrippengewölbter Sakristei (um 1500) an der Chornordseite. Querhaus und Chor bilden die ältesten, um 1230 begonnenen Bauteile und sind niedriger gewölbt als das sich nach Westen anschließende Ostjoch des Langhauses. Das reiche Formenrepertoire aus kantigen Pfeilern, die runde und eckige Vorlagen, teils auch vegetabil ornamentierte Kelchblockkapitelle zeigen, trägt die kuppeligen Rippengewölbe und die wulstigen Gurtunterzüge dazwischen. Kleine Fenster in der unteren Zone zeigen, dass der angrenzende Westteil der Kirche im Kern ebenfalls dieser 1262 weitgehend abgeschlossenen Bauphase angehört und der Raum unter einer Nonnenempore belichtet wurde. Die Fensterzone darüber und die Gewölbe wurden jedoch in der 1. Hälfte des 14. Jhs. zweijochig erneuert. Am Außenbau ist an der Ostwand über einer von Säulchen begleiteten Dreifenstergruppe eine Fensterrose als Maßwerkblende angebracht, darüber ein von Engeln begleitetes Muttergottesrelief mit knienden Stifterpaar. Nur Reste der Ausmalung aus der Zeit zwischen 1375 und 1400 sind im Innenraum erhalten.

Im Chor befindet sich das Hochgrab von Eberhard Graf von der Mark und seiner Frau Ermgard von Berg (†1308/1293). Die etwas spröden Liegefiguren sind reich drapiert. Möglicherweise von Conrad von Soest stammt die Mitteltafel eines Dreiflügelaltars, die Stiftung einer Äbtissin aus der Zeit zwischen 1410 und 1422: Um ein leeres Mittelfeld (Museumsbesitz) sind Szenen aus dem Marienleben angeordnet. Aus dem 15. Jh. stammen auch ein Vesperbild und eine Figur des hl. Mauritius. Die Orgel erbauten Tobias Bader aus Unna und Peter Henrich Varenholt aus Bielefeld 1690/92. Das Gehäuse und 10 der heute 25 Register sind aus der Bauzeit erhalten. Der Hochaltar stammt von 1776, die Kanzel von 1797. Es lohnt sich ein Blick auf die Grabplatten aus dem 13. bis 18. Jh.

Im unmittelbar südlich an den Kirchenwestteil angebauten Fachwerkgebäude von 1783 (ev. Gemeindehaus) sind Reste des alten Kreuzgangs erhalten: auf der Ostseite zwei unterschiedlich hohe, gotische Bögen in einem Durchgang durch das Gebäude; die Erdgeschosswand der Westseite zeigt die teil-

Fröndenberg, Relief am Chorgiebel

Geseke, Stiftskirche, Pfeilerkapitell

weise vermauerten Arkaden des Kreuzgang-Ostflügels. Nordwestlich der Kirche liegt die große Abtei (heute Bücherei), ein lang gestrecktes, teilunterkellertes Gebäude mit massivem Erdgeschoss, Fachwerk-Obergeschossen und Fachwerkgiebel. Ida von Plettenberg ließ es 1661 errichten. Stiftsdamenhäuser sind nordwestlich der Kirche erhalten (Privatbesitz).
➤ Die Kirche ist gewöhnlich geschlossen. Internet: www.ev-kirche-froendenberg.de. Gemeindebüro Tel. 02373/71939 oder 76870. Führungen: Stadt Fröndenberg, Tel. 02373/9760.

GALILÄA → **MESCHEDE**
GEHRDEN → **BRAKEL**
GEIST → **OELDE**
GEMEN → **BORKEN**
GERLEVE → **BILLERBECK**

GESEKE (Kr. Soest. Karte: D2)
Pfarrkirche St. Cyriakus und ehem. Damenstift
946 gründete der Edle Haold mit seinen Geschwistern Bruno, Friedrich und Wichburga auf seinem Eigenhof in Geseke, dem 833 erstmals erwähnten Königshof, ein Kanonissenstift, das Otto I. 952 bestätigte und als reichsunmittelbar privilegierte. Wichburga wurde erste Äbtissin; es bestanden zwischen 24 und 29 Kanonikate. Zwischen 955 und 965 wurden die Reliquien des hl. Cyriakus überführt. Hildegund, die letzte Äbtissin aus der Familie, übergab das wirtschaftlich schlecht gestellte Stift jedoch dem Erzbistum Köln. Die rechtliche Unterstellung der Geseker Petrikirche, die Erzbischof Hildolf 1077 bestätigte, sollte diese Armut lindern. In der Folgezeit wurde das gemeinsame Leben der Stiftsdamen aufgegeben, und es entstanden neun Kurien. Zudem formierte sich eine Kanonikergemeinschaft. Zwar blieb die Reformation ohne nennenswerte Spuren für das Stift, doch fungierte es nur noch als Versorgungsanstalt für adelige Damen. Die Auflösung erfolgte erst 1823, die Kanonikate der Geistlichen blieben aber erhalten. Zwischen 1878 und 1894 wurde die Bausubstanz in erheblichem Umfang überarbeitet.
Die Kirche steht städtebaulich beeindruckend auf einem Hügel am Quellteich: eine Hallenkirche mit Westturm, Chorjoch, Querhaus und Ostanlage aus unterschiedlichen Zeiten. Auf den Gründungsbau nach 952 geht das Querhaus mit Gurtbögen (zwischen jeweils zwei jüngeren sichtbar) zurück. Es wurde um 1160 in schweren Formen eingewölbt, dabei wurden die Apsiden erhöht und erneuert (im Nordquerhaus beides 1469-1474). Ende des 12. Jhs. wurde der Westturm erbaut, dessen Obergeschosse jedoch im 19. Jh. in Anlehnung an den Paderborner Domturm umgestaltet wurden. Im 12. Jh. entstand auch der T-förmige Chor: An ein Vorjoch schließt sich das kleinere Ostjoch an, dass von zwei längsrechteckigen Türmen flankiert wird. Die im Erdgeschoss zum Chor hin offenen Turmräume sind gewölbt und mit kleinen Apsiden versehen – ein von außen fast abweisender Ostbau, der in Westfalen einzig ist. Reste der alten Chorseitenwände blieben als Vorlagen für die Chorwölbung stehen, durch sie hindurch sind die Turmobergeschossaufgänge geführt. Das Langhaus entstand um die Mitte des 13. Jhs. als nur zweijochige Halle auf kreuzförmigen Pfeilern, die nach drei Seiten Vorlagen ausbilden. Die Rippen der stark kuppeligen Gewölbe

sind wulstig und zeigen zum Teil kleine Engelfiguren. Aus den mit Blendarkaden versehenen Kapitellen ragen kleine Köpfe und Büsten. Das Sakramentshaus stammt noch aus dem Anfang des 16. Jhs. Die Pietá „Maria Schuss" aus der 1. Hälfte des 15. Jhs. wurde aus einem Heiligenhäuschen am Hellweg in die Kirche überführt; eine gegenreformatorisch genutzte Legende gab ihr den Namen. Den Innenraum prägt jedoch die Neuausstattung zwischen 1712 (Neubau der Orgel, nur Gehäuse erhalten) und 1731. Die Werkstatt von Christoph Papen in Giershagen schuf den Hochaltar und zwei vor die östlichen Vierungspfeiler vorgezogene Seitenaltäre aus Marmor und Alabaster, deren Bilder als Reliefs ausgearbeitet sind. Noch im 18. Jh. standen weitere 15 Altäre in der Kirche. Von den alten Stiftsgebäuden südlich der Kirche ist nur ein Teil des Ostflügels aus dem Ende des 12. Jhs. erhalten, der mit der Kirche ein stimmungsvolles Ensemble bildet: An den Südquerarm schließt sich ein auf einer Mittelsäule vierteilig gewölbter Raum an (jetzt Sakristei), der als Kapitelsaal bezeichnet wird. Blattkapitelle zeigen Figuren von Adam und Eva sowie die Verkündigung, auch Reste zugehöriger Wandmalereien sind erhalten. Die vier Gratjoche des Kreuzgangs ohne Gurtbögen sind von Umbauten aus dem 13. Jh. eingerahmt, es schließt sich der Durchgang in den ehemaligen Kreuzhof an. Sieben im Kern barocke Kuriengebäude blieben auf dem weiträumigen Areal erhalten, dazu die Stiftsschule nördlich der Kirche mit Wappen der Äbtissin Maria von Imbsen von 1608. Die Martinskapelle wurde bereits 833 mit dem Königshof erwähnt. Der flach gedeckte, schlichte Bruchsteinsaal entstand zwischen 1686 und 1688.

➤ Südöstlich der Fußgängerzone ‚Bachstraße' am Teich. Die Kirche ist tagsüber geöffnet. Internet: www.stiftskirche-geseke.de. Pfarrbüro Tel. 02942/1223. Es lohnt sich ein Rundgang durch den ehemaligen Stiftsbezirk.

Kirche St. Johannes Baptist und ehem. Franziskaner-Observantenkloster

Im Februar 1637 empfahl der Kölner Erzbischof Ferdinand von Bayern dem Magistrat Gesekes die Franziskaner, um die Stadt, in der die Reformation Fuß gefasst hatte, für den Katholizismus zurückzugewinnen. Nachdem ein aus Geseke gebürtiger Bruder die Verhandlungen mit dem Magistrat erfolgreich abgeschlossen hatte, konnte Ferdinand im Dezember des Jahres die Zustimmung zum Kirchen- und Klosterbau geben. Der Magistrat forderte die Beschränkung der Almosensammlungen auf einen festen Termin und die Einrichtung eines Gymnasiums. Zwischen 1638 und 1651, als der Konvent selbstständig wurde, konnten

Geseke, Stiftskirche, Chorfassade

zahlreiche Häuser erworben werden. 1668 bis 1674 wurde die Kirche errichtet, 1712 konsekriert und bis 1742 ausgestattet. 1687 eröffnete das Gymnasium. Baubeginn für die Klosteranlage war 1691. Nach dem Westflügel entstand 1711 der Ostflügel, im folgenden Jahr waren die Arbeiten abgeschlossen. Die Säkularisation des Kloster wurde in Schritten vollzogen: 1804 wurde das Gymnasium geschlossen und ein Aufnahmestopp für Novizen verhängt, ab 1817 quasi alles Inventar enteignet, 1834 wurde das Kloster aufgehoben. Vor dem Umbau zu einer Heilanstalt 1839/41 zogen die letzten Brüder in das Kloster nach → Wiedenbrück. Das Klostergebäude ist heute westfälische Klinik für geriatrische Psychiatrie, die Kirche bildet eine zugehörige Kapelle.

Der fünfjochige Saalbau mit einem Chorschluss aus drei Seiten eines Achtecks bildet den Nordflügel der kleinen Anlage. Nur die Westwand ist mit einem Sandsteinportal und einer Dreibogenblende mit Marienfigur im Giebel (19. Jh.) sparsam gegliedert. Im Inneren liegen auf rechteckigen Wandvorlagen mit etwas derben Kämpfern bandartig breite Gurtbogen auf, zwischen die die Rippengewölbe gespannt sind. Abgesehen vom Chorschluss erfolgt die Belichtung von Norden.

Die qualitätsvolle Ausstattung aus der Erbauungszeit ist fast vollständig erhalten. Der Hauptaltar ist von seinem Aufbau mit plastischer Marienkrönungsgruppe und den ornamentalen Details her zuletzt entstanden, vermutlich um 1760. Die Figuren schuf J.B. Hense aus Rüthen, das signierte Gemälde einer Anbetung der Hirten stammt von Joseph Strat-

Geseke, Johanneskirche, Fassade und Westflügel

wurde später umgebaut und nach Süden erweitert. Der Westflügel bildet mit einem auffallenden, massiven Anbau nach Süden den Hauptflügel. Das Kloster ist nicht tiefer, als die Kirche ohne Dreiseitschluss lang ist.
➤ Am südlichen Teil der Bachstraße in der Nähe des Stadtkrankenhauses. Westfälisches Pflege- und Förderzentrum, Pforte Tel. 0 29 42/ 97 21-0 (nachmittags).

GESEKE-STÖRMEDE
Kath. Pfarr- und Altenzentrum, ehem. Augustiner-Schwesternhaus Nazareth
1483 gründete das ansässige Adelsgeschlecht der Herren von Hörde auf von ihnen dazu zur Verfügung gestelltem Grund ein Kloster für höchstens 20 Nonnen, das auf Initiative des Paderborner Weihbischofs Johannes Ymminck als Schwesternhaus der Devotio moderna angeschlossen und bald → Büren-Böddeken unterstellt wurde; er stattete es auch mit Vermögen aus. Nach den Zerstörungen im Dreißigjährigen Krieg wurden 1649 drei neue Altäre geweiht. Mit Übernahme der geistlichen Betreuung durch das Kloster → Attendorn-Ewig 1682 besserte sich auch die wirtschaftliche Lage. 1717 konnte der Bau einer neue Kapelle begonnen werden, die 1724 mit drei Altären geweiht wurde. 1804 erfolgte die Aufhebung, 1811 der Abbruch des Wohntrakts der Schwestern, 1823 der des Flügelmittelteils und 1850 der Umbau der Kirche zu Wohnungen (inzwischen rückgängig gemacht).
Von der 1491 geweihten Kirche sind keine Reste vorhanden. Vom Hauptflügel aus dem 18. Jh. sind die Kapelle (heute Pfarrheim) und das Pfarrhaus erhalten, die durch einen Mittelteil miteinander verbunden waren. Der Wohntrakt

mann aus Anröchte. Die beiden in den Raum vorgezogenen Seitenaltäre, Maria und Antonius geweiht, entstanden 1736 durch Laurenz Henke. Die Kanzel mit Evangelistenbüsten und großem, von Voluten bekrönten Schalldeckel gestaltete Johann Philipp Pütt aus Paderborn 1730. Noch aus der 2. Hälfte des 15. Jhs. stammt eine Muttergottes mit Strahlennimbus und Rosenkranz.
Unmittelbar an die Kirchensüdwand ist der schmale, flach gedeckte Kreuzgang mit 3×5 Achsen Größe angeschlossen. Die Anlage

Geseke-Störmede, ehem. Kirche und Pfarrhaus

Gevelsberg, Neue Abtei

der Schwestern soll rechtwinklig dazu angebaut gewesen sein. Die drei Fensterachsen lange Kapelle schließt dreiseitig. Die Giebelwand spiegelt den Umbau zu Wohnungen wider und stammt von 1850. Im Inneren schließt eine flache Stuckdecke den Raum ab. Reste der Barockausstattung sind im Pfarrhaus und zwei Statuen des Hochaltars von 1722 in der benachbarten Pfarrkirche (Katharina und Barbara?) erhalten.
Das Pfarrhaus als einziger Rest des Kernklosters ist fünf Achsen breit. Über dem Portal fasst ein gesprengter Giebel ein ovales Oberlicht ein. Von den Wirtschaftsgebäuden blieb die große Scheune (heute Gemeindesaal) im Nordteil der Anlage sowie das Zufahrtstor mit Schlupfpforte und Teilen der Umfassungsmauer erhalten, beides bezeichnet 1733.
➤ Der Pfarrkirche St. Pankratius unmittelbar benachbart. Eine Außenbesichtigung der Anlage ist möglich. Pfarrbüro St. Pankratius, Tel. 02942/1534.

GEVELSBERG (Ennepe-Ruhr-Kreis. Karte: B3)
Erholungsheim für Behinderte und Privatbesitz, ehem. Zisterzienserinnenkloster
Am 7. November 1225 wurde der Kölner Erzbischof Engelbert von Berg bei seiner Reise von Soest nach Köln in einem Hohlweg am Gevelsberg von westfälischen Adeligen überfallen und von seinem Neffen Friedrich von Isenberg erschlagen. Schon zwei Jahre später berichtete Caesarius von Heisterbach in seiner Lebensbeschreibung Engelberts von Wundern an der Mord- und inzwischen auch Wallfahrtsstätte. An der alsbald erbauten Kapelle ließ sich vor 1236 ein Zisterzienserinnenkonvent nieder – ein Sühnekloster entstand, von Engelberts Nachfolger Heinrich von Molenark für die Wiedergutmachung durch die beteiligten Adelsfamilien unterstützt. Das im Mittelalter wirtschaftlich prosperierende Kloster wurde vor 1590 evangelisch, 1657 wurden die zwölf bestehenden Pfründe unter den Mitgliedern der drei Konfessionen aufgeteilt. 1812 erfolgte die Auflösung. Die Kirche wohl überwiegend des 13. Jhs. wurde 1826 abgerissen und talabwärts 1830 die heutige evangelische Kirche erbaut.
Ein Teil der Umfassungsmauern der abgebrochenen Kirche (Chor mit Ostteilen des Haupt- und des Nordseitenschiffes) ist im Pflaster kenntlich gemacht: Es handelte sich um ein dreischiffiges Langhaus (Basilika gebundener Ordnung?) ohne Querschiff, mit Vorjoch und (halbrunder?) Apsis, im Westen eine Vorhalle. Der Westteil ist durch ein kleines Wohnhaus überbaut. Der Bautyp wirkt für die Zeit um 1230 altertümlich. Von der Ausstattung ist lediglich eine Engelbertfigur im Westfälischen Landesmuseum Münster erhalten. Die Alte Abtei ist ein zweigeschossiger Fachwerkbau auf einem Bruchsteinsockel und mit massiver Giebelwand. Der Teil zur (älteren?) Giebelwand stammt vermutlich aus dem 17., der vordere Teil nach den Fachwerkformen aus dem 18. Jh. Die zweigeschossige Neue Abtei liegt malerisch an einem kleinen Platz: ein verschieferter Bau in den schlichten Formen des Klassizismus, gleichsam am Vorabend der Säkularisation 1805 errichtet. Neben dem Korn- und Zehnthaus sind einige bescheidene Fachwerkkurien erhalten (Privatbesitz).

Hagen-Elsey, Nordansicht der Kirche

➤ Vom heutigen Stadtzentrum die ‚Mittel-' und die ‚Elberfelder Straße' hoch zum „alten Dorf", am Engelbert-Denkmal rechts. Die Außenbesichtigung der Anlage ist jederzeit möglich.
➤ Von Gevelsberg aus ist **Essen** nicht weit. Sehenswert ist die ehem. Stifts- und heutige Dom- bzw. Münsterkirche mit ihrem spätottonischen Westbau aus dem 11. Jh. Die nahe Abtei in Essen-**Werden** ist als Gründung Liudgers mit Münster verbunden. Die spätromanische, 1275 geweihte Abteikirche birgt in Krypta und Westwerk Reste des ottonischen Baus. Die Abtei, heute Teil der Folkwangschulen, ist ein Neubau aus der 2. Hälfte des 18. Jhs. auf älteren Resten.

GLINDFELD → **MEDEBACH**
GRAFSCHAFT → **SCHMALLENBERG**
GRAVENHORST → **HÖRSTEL**

GRONAU-GLANE (Kr. Steinfurt. Karte: B1)
Landwirtschaftlicher Betrieb, ehem. Schwesternhaus Marienflucht
1633 richteten die Coesfelder Jesuiten in Glane eine Missionsstation zur Betreuung derjenigen benachbarten niederländischen Kirchspiele ein, die zum Bistum Münster gehörten; bis 1665/66 waren öffentliche katholische Gottesdienste in den Niederlanden verboten. 1664 übernahmen 28 aus Almelo vertriebene „Christliche Jungfrauen" die Station und gründeten unter ihrem Geistlichen Hermann ter Hoente aus Oldenzaal das Kloster Marienflucht. Katholische Geistliche, aber auch Schätze gefährdeter Kirchen und Klöster aus den Niederlanden fanden auf der Glane eine Aufnahme, manchmal auch ein Versteck. Der apostolische Vikar der Niederlande, Johannes von Neerkassel, wirkte von hier aus; er wurde in der Kirche beigesetzt. Auf Initiative des Münsteraner Bischofs Franz Egon von Fürstenberg konnten zwischen 1755 und 1782 die Klostergebäude neu erbaut werden. 1803 kam mit den Annunziaten des aufgehobenen Klosters in Coesfeld eine weitere Ordensgemeinschaft hinzu. Unter ihnen befand sich auch Maria Clementine Martin, die Erfinderin der Rezeptur von „Klosterfrau Melissengeist". Schließlich wurde das Kloster 1814 aufgehoben und der größte Teil der Gebäude und die Kirche im gleichen Jahr abgebrochen. Das Anwesen wurde landwirtschaftlicher Betrieb.
Von der einstmals vollständig umgräfteten, aus mehreren zusammenhängenden Flügeln bestehenden Anlage existiert heute nur noch ein zu einem allein stehenden Haus umgebauter Flügel mit der Jahreszahl 1757. Er ist zweistöckig massiv und mit Halbwalmen versehen; das obere Geschoss hat auffallend kleine Fenster zur Eingangsseite. In der Kirche in Losser, drei Kilometer nördlich des Klosters in den Niederlanden gelegen, sind 12 Apostelfiguren aus der Kirche erhalten.
➤ Von Gronau aus die B 54 zur niederländischen Grenze fahren, in Sichtweite der Grenze rechts abbiegen (‚Viefhuesweg'), liegt nach ca. 1 km auf der rechten Seite. Privatbesitz: Wildering, Tel. 02562/4209.

GROSS BURLO → **BORKEN**

HAGEN-ELSEY (Kreis Hagen. Karte: B3)
Ev. Kirche und ehem. Prämonstratenserinnenkloster
Erzbischof Engelbert von Köln bestätigte dem Frauenstift Elsey 1223 eine Reihe von Schenkungen, die sein Neffe Friedrich von Isenberg zur Ausstattung des Stiftes getätigt hatte; es wird unmittelbar zuvor gegründet worden sein. Er unterstellte auch die Pfarrkirche rechtlich dem Kloster, die dadurch zusätzlich Stiftskirche und Grablege des Hauses Isenberg-Limburg wurde. Ihr Neubau scheint sich zeitlich angeschlossen zu haben. Jeweils 12 Stiftsdamen lebten in Elsey. Schon im späten 15. Jh. wurde das dem Prämonstratenserorden nahestehende Stift freiweltlich, zwischen der Reformationszeit und 1753 dreikonfessionell, danach lutherisch. Die Aufhebung wurde schon 1803 eingeleitet, aber erst 1812 durchgeführt.
Die wohl schon um 1223 im Bau begonnene Kirche ist eine dreischiffige zweijochige Hallenkirche mit einem Querhaus. An den Querarmen sind nach Osten Apsiden angefügt (die südliche ist nicht erhalten). Die mit brei-

ten Transversalbogenbändern voneinander geschiedenen, hohen Gratgewölbe ruhen im Mittel- und Querschiff auf Eckdiensten sowie auf 1881/82 vereinheitlichend erneuerten Pfeilern. Damals entstand auch die Ostanlage aus Hauptchor, südlicher Kapelle und dreiviertelrunder Sakristei. Der Turm wurde 1751 erbaut. 1619 vollendete Johann von Bocholt aus Münster das Steinepitaph für Konrad Gumprecht von Bentheim, Graf zu Limburg, das dessen künstlerisch tätiger Bruder Adolph entworfen hatte; es fand 1882 im Chor Platz. An den Wänden sind die zahlreichen Totenschilde des 17. und 18. Jhs. sehenswert, doch wurden 1972 leider mehrere gestohlen.

Das zwischen 1584 und 1587 abgebrannte Kloster wurde zunächst wieder aufgebaut, im 17. Jh. aber durch den Stiftskornboden und andere Wirtschaftsgebäude ersetzt. Im ehemaligen Stiftsbezirk westlich der Kirche sind noch mehrere schöne Kuriengebäude vorwiegend des 18. Jhs. erhalten, darunter eines von 1789 mit geschnitztem Portal.
➤ Die Kirche ist geschlossen. Schlüssel Tel. 02334/55911 (Küsterei) oder 02334/51683 (Pfarrhaus neben der Kirche).

HALLE-STOCKKÄMPEN
(**Kr. Gütersloh. Karte: C2**)
St. Johannes Evangelist und ehem. Franziskaner-Observantenkloster (Farbtafel 4)
1672 war den Franziskanern zugestanden worden, in der überwiegend protestantischen Grafschaft Ravensberg in der Nähe von Versmold eine Residenz einzurichten. Die katholischen Adelsfamilien von Korff-Schmising und von Wendt, die auch das Patronat übernahmen, einigten sich auf einen einsamen Platz zwischen ihren Schlössern Tatenhausen und Holtfeld. 1690 war der finanzielle Grundstock für den Baubeginn der Kirche vorhanden, 1696 erfolgte die Einweihung. Drei mit dem Kloster → St. Jodokus in Bielefeld eng verbundene Brüder versahen in der Diaspora Seelsorge und Unterricht in einem Gebiet von erheblicher Größe. Unmittelbar nach dem Umbau ihres Hauses 1848 gaben sie die ärmliche Niederlassung auf. Kirche, Haus und der Friedhof auf der Nord- und Ostseite liegen malerisch abgeschieden und umgeben von Wald, in dessen westlichem Abschnitt ein alter Kreuzweg steht. Die Kirche ist ein mit drei querrechteckigen Rippenjochen auf rechteckigen Wandvorlagen gewölbter Saal, an den sich östlich ein auf Konsolen gewölbtes, eingezogenes Polygon aus fünf Seiten des Achtecks anschließt. Der Hauptzugang erfolgt von Westen. Als Turm dient ein Dachreiter über dem Ostjoch.
Der aus einem einfachen, aber reich geschmückten Ädikulaaufbau mit gesprengtem Giebel und Salvatorfigur bestehende Altar aus

Halle-Stockkämpen, Südansicht der Kirche

der Erbauungszeit der Kirche zeigt eine Kreuzigung im Gemälde, darüber das Wappen der Adelsfamilien. Nur auf der Nordseite befindet sich ein Seitenaltar (vermutlich aus der Mitte des 18. Jhs.) als Rahmen für die Pietá „Maria vom guten Trost", zu der sich eine bescheidene Wallfahrt bildete. Als Pendant dient die schlichte, etwa gleichzeitig entstandene Kanzel. Der Taufstein stammt von 1704. Die Doppelfigur der Muttergottes und der Anna Selbdritt im Kirchenschiff entstand um 1530 im Umkreis

Halle-Stockkämpen, Blick zum Chor

Haltern-Flaesheim, Turm der Kirche

HALTERN-FLAESHEIM
(Kr. Recklinghausen. Karte: B2)
Pfarrkirche St. Maria Magdalena und ehem. Prämonstratenserinnenkloster

1166 schenkten Otto Graf von Ravensberg mit seiner Familie und Angehörige der mit ihm verwandten Familie von Dale ein Gut in Flaesheim, um dort einen Frauenkonvent einzurichten. Im gleichen Jahr bestätigte der Erzbischof von Köln die Übertragung an die Kölner Kirche und beauftragte den Propst des Klosters Knechtsteden mit der Gründung. Auch eine Pfarre wurde gegründet und dem Kloster rechtlich unterstellt. Im Kloster lebten zwischen 10 und 20 Nonnen. Die Wandlung in ein freiweltliches Damenstift setzte schon um 1500 allmählich ein und war 1555 vollzogen. 1615 erließ der Kölner Erzbischof Ferdinand von Bayern neue Statuten, Knechtsteden wurde später mit einer Geldsumme für seinen Verlust abgefunden. Zum wirtschaftlichen Niedergang kam 1790 ein verheerender Brand, der fast alle Stiftsgebäude an der Nordseite der Kirche vernichtete. 1808 wurde das Stift aufgehoben.

Der kleine, gewölbte Saalbau gliedert sich in drei Bereiche. Der mit mächtigem Mauerwerk versehene Turm gilt (ohne das nachmittelalterliche oberste Geschoss) als Rest des Gründungsbaus, ein dreitürmiges Westwerk mit runden Seitentürmen, ähnlich dem in → Warendorf-Freckenhorst. Die Fundamente sind im Pflaster kenntlich gemacht, und besonders an der Turmsüdseite mit ihren drei vermauerten Fenstern der ursprünglichen Glockenstube ist der Abbruch zu erkennen. Der vermauerte Bogen im Erdgeschoss verband Seitenräume mit dem noch in romanischer Zeit gewölbten Turmgeschoss. Darüber lag die des Meisters von Osnabrück; möglicherweise handelt es sich um eine adelige Schenkung an den Konvent. Die 1848 umgebaute Franziskanerresidenz, ein schlichtes Gebäude, ist auf der Südseite der Kirche erhalten.

➤ In Halle-Hörste von der ‚Versmolder Straße' in die ‚Hörster Straße' einbiegen und dem Verlauf bis zum Abzweig ‚Stockkämper Weg' folgen; von da ab ausgeschildert. Die Tür ist tagsüber offen; Gitter. Internet: www.hallewestfalen.org/historisch/stockkaempen.htm. Pfarrbüro Tel. 05201/4429.

Haltern-Flaesheim, Chorgestühl

Hamm, Agneskirche, Blick zum Chor

flach gedeckte Nonnenempore mit Rundfenster nach Westen. Die Strebepfeiler und Futtermauern stammen aus späterer Zeit. In den beiden anschließenden Langhausjochen hat sich im Kern das Mittelschiff der romanischen Basilika aus der 1. Hälfte des 13. Jhs. erhalten. Mit dem Bau des östlich angeschlossenen Chorjochs und des Polygons aus fünf Seiten des Achtecks erfolgte gegen Ende des 15. Jhs. die Gesamtwölbung.

Die Platte des Zelebrationsaltars und die Frontplatte des Ambos stammen vermutlich noch aus der Gründungszeit. Eine anmutige Holzfigur der Maria Magdalena mit Salbgefäß entstand um 1500 am Niederrhein. Die übrige Ausstattung datiert überwiegend aus dem 17. Jh. Der Altar aus Marmor und Alabaster von 1658 entstand vermutlich in der Werkstatt Gerhard Gröningers und zeigt in der Mitte des dreiteiligen Aufbaus einen Kalvarienberg. Auch das geschnitzte Chorgestühl, der Taufstein und eine Bischofsfigur gehören zur Ausstattung aus der 2. Hälfte des 17. Jhs.

Das Stiftsgelände wird heute nördlich der Kirche vom Wesel-Datteln-Kanal geteilt. Von den zahlreichen Stiftshäusern, die durch einzelne Adelsfamilien errichtet worden waren, ist keines erhalten. Das 1766 angekaufte Haus am Stiftsplatz 5 wurde 1790 als Abtei eingerichtet und ist heute Forsthaus.

▶ Die Kirche ist tagsüber geöffnet. Pfarrbüro: Tel. 02364/3540.

HAMM (Kreis Hamm. Karte: C2)
Pfarrkirche St. Agnes und ehem. Franziskaner-Observantenkloster

1455 gründete Graf Gerhard von der Mark in Hamm das erste Kloster der Observanz

Hamm, Agneskirche, Choransicht

in Westfalen und stellte dafür die 1328 erstmals erwähnte Agneskapelle der Burg zur Verfügung. Der Bruder Johann von Dalen hatte schon Jahre zuvor auf Gerhard und Adelige seines Umfeldes eingewirkt, 1453 erfolgten die ersten Grundstückserwerbungen und Tausche. Gerhard wurde 1461 in der alten Kapelle beigesetzt und später in den Neubau umgebettet. Nach einer testamentarischen Stiftung zum Bau des Chores erfolgte 1507 der Baubeginn, 1511 konnten der Chor, 1515 die vollendete Kirche geweiht werden. Die Sakristei (Bethlehemskapelle) wurde 1521 geweiht. Mit der Reformation übernahmen die katholisch gebliebenen Brüder die Seelsorge in der Diaspora von Hamm und seiner Umgebung. In der Regel lebten zwischen 12 und 27, aber auch bis zu 50 Brüder im Kloster, dessen Neubau 1653 begonnen wurde. 1708 entstand der Novizenflügel im Westen. 1824/25 erfolgte die Aufhebung des Klosters. Nach sehr schweren Zerstörungen 1945 – die Kirche wurde bis auf die Chorwände und Reste der Langhausmauern zerstört – wurde das Kloster in moderner Form als Schule wieder aufgebaut.

Die Kirche war bis 1945 eine zweischiffig-asymmetrische Halle von sechs Jochen Länge aus Haupt- und Südschiff, an die sich ein dreijochiger Chor mit Polygon aus fünf Seiten des Achtecks anschloss. Im Chorbereich wurde die alte Burgkapelle ergraben. Rundpfeiler mit kantigen Sechseckkämpfern tragen heute die Kreuzrippengewölbe, wobei der bereits 1889/90 mit dem Hauptschiff verbundene Nordseitenschiff formal angeglichen wurde. Im Chor wurden die Fenstermaßwerke mit stehen-

den Fischblasen rekonstruiert und nach Westen eine neue Vorhalle angefügt. Auch der Dachreiter ist eine Rekonstruktion.
Von der alten Ausstattung ist in Hamm nichts Nennenswertes erhalten, vermutlich stammen aber einige Stücke in der Pfarrkirche in Geithe bei Hamm-Uentrop aus dem Kloster, darunter ein Gabelkreuz aus dem 14. Jh.
Das barocke Kloster war eine kleine Vierflügelanlage mit Westerweiterung des Nordflügels um einen schmalen Kreuzgang mit flacher Stuckdecke. Reste der Kelleranlagen befinden sich unter dem Schulgebäude.
➤ Im nordöstlichen Teil der Altstadt. Mo bis Sa tagsüber geöffnet. Internet: www.hamm.de →Touristik →Sehenswürdigkeiten →Kirchen. Pfarrbüro (auch Führungen) Tel. 02381/24419.

HARDEHAUSEN →WARBURG

HARSEWINKEL-MARIENFELD
(Kr. Gütersloh. Karte: C2)
Pfarrkirche St. Mariä Empfängnis und ehem. Zisterzienserkloster
1185 gründete ein Konsortium miteinander verwandter Adeliger das Kloster Marienfeld, das von →Warburg-Hardehausen aus besetzt wurde: Unter der Führung des Münsteraner Bischofs Hermann von Katzenellnbogen wirkten Bernhard II. zur Lippe, Widukind von Rheda und Lüdiger II. von Wöltingerode-Wohldenberg dabei mit. Die päpstliche Bestätigung erfolgte 1198, und schon 1222 konnten die Bischöfe von Münster, Osnabrück und Minden sowie Bernhard II. als Bischof von Selonien die heutige Kirche weihen. Durch den raschen Aufbau eines umfangreichen Besitzes wurde Marienfeld eines der wichtigsten Klöster des mittelalterlichen Westfalens. Sein Name ist mit der Christianisierung und Kolonisation des Baltikums ebenso verbunden wie mit dem Aufbau einer eigenen Bauhütte, die für die Baukunst Westfalens, Südschwedens, der Insel Gotland, Livlands und Lettlands in der 1. Hälfte des 13. Jhs. große Bedeutung erlangte. Für das Mittelalter muss man von 50 Mönchen und einer weitaus höheren Zahl von Laienbrüdern (Konversen) im Kloster ausgehen. Ein Nachlassen von Klosterdisziplin und Wissenschaft konnte der Konvent um die Mitte des 15. Jhs. selbst ausgleichen, er wurde dabei zum Reformträger für zahlreiche andere Zisterzienserklöster, darunter für das Mutterkloster. Konnte das Vordringen der Reformation noch unterbunden werden, wirkte sich der Dreißigjährige Krieg verheerend auf den Konvent aus. Dennoch stabilisierte sich die wirtschaftliche Lage ab 1651 rasch. Die Kirchenausstattung wurde erneuert, der Lettner 1660 abgebrochen, zwischen 1710/11 und 1725 wurden das gesamte Kloster und der Wirtschaftshof neu erbaut und 1754 schließlich entstand die neue Sakristei. 1803 erfolgte die Aufhebung.

Die Kirche ist im Kern ein dreijochiger Saalbau aus Backstein mit Werksteingliederungen, an den sich das Querschiff und der eineinhalbjochige Rechteckchor mit basilikalem Umgang anschließen. Gurtbögen mit wulstigen Unterzügen sind im Langhaus auf kurzen, im Querhaus auf Diensten länger ausgezogenen Konsolen abgefangen. Sie tragen im Kreis eingewölbte Kuppelgewölbe aus Backstein, sogenannte Domikale, die feine, das Gewölbe nicht tragende und am Schlussstein in Kreisen mit Innenornamenten mündende Rippen unterlegt haben. Die Form der Vierungspfeiler – kreuzförmig mit vorgelegten Alten und in die Ecken eingestellten Jungen Diensten – ist hier für eine ganze Epoche von Kirchenbauten vorgebildet. Das in der Baukunst bereits aus Seitenschiffen bekannte halbe (einhüftige) Chorgewölbe (vgl. Soest Hohnekirche, Bad Sassendorf-Weslarn) findet in dieser Großform im Chor nur am Nonnenchor der →Stiftskirche Lippstadt eine Nachfolge; es erlaubt hohe Fenster in der Wand. Stilbildend wirkte die Plastik der Kelchblockkapitelle, die geradezu zum Kennzeichen der Baugruppe wurde. Am Außenbau erfuhren besonders die Giebelwände eine besondere Ausschmückung: die nördliche Querhauswand mit Portal und Dreifenstergruppe, die Westwand mit einer (heute durch den Abteianbau bzw. die Orgel verdeckten) großen Fensterrose. Nördlich an das Schiff waren Seitenkapellen angefügt, die im 18. Jh. zu einem Schiff verbunden wurden. Die westli-

Harsewinkel-Marienfeld, Innenraum nach Osten

Harsewinkel-Marienfeld, Südostansicht der Kirche

chen Zwischensäulen wurden um eine östliche ergänzt, hier bestand ursprünglich nur ein Spitzbogen. Damals wurden auch die Fenstermaßwerke im Obergaden eingefügt. Der Chorumgang entstand zwischen 1322 und 1344 vermutlich anstelle älterer Kapellen. 1717/48 wurden die beiden Ostkapellen in gotischen Formen ergänzt, die Sakristei wurde dazwischen eingefügt.

Von den im Chor beigesetzten Stiftern sind zwei Hochgräber erhalten: Hermann II. von Katzenellnbogen († 1203) mit trapezförmiger Platte, Ritzzeichnung und Umschrift im Süd-

Harsewinkel-Marienfeld, Kanzel und Orgel

querarm (1225/50) sowie Widukind von Rheda († 1189) als vollplastische Figur in Panzer und Waffenrock in der südlichen Chorkapelle (2. Hälfte 13. Jh.). Im Nordquerarm befindet sich eine weitere Platte mit der Liegefigur eines Ritters mit Kirchenmodell (Stifter?) aus dem Ende des 13. Jhs. Zwei weitere figürliche Grabplatten sind erhalten. Die Kirche diente auch den Grafen von Rietberg als Grablege. Die Schranke zwischen Chor und Umgang ist Teil einer Umgestaltungsmaßnahme zwischen 1498 und 1537. Mit Kielbögen, Fialen und Maßwerken überträgt sie die feine Bildhauertechnik von Sakramentstürmen und Taufsteinen auf eine Wandgliederung. Ein solches Sakramenthaus ist auch im Hauptchor erhalten. Damals wurde der Lettner des 13. Jhs. zwischen Querhaus und Schiff durch den Neubau aus einer Osnabrücker Werkstatt ersetzt. 12 Apostelfiguren aus der Zeit zwischen 1520 und 1530 sind davon im Nordschiff erhalten. Die Stellung des Lettners erklärt auch den Verbindungsgang durch den südwestlichen Vierungspfeiler. Aus dieser Zeit stammt das Chorgestühl in der Vierung, dass den verlängerten Chorbereich zu den Queramen abteilt; es wurde um 1800 teilerneuert. Adlerpult und dreiarmiger Standleuchter aus Messing wurden um 1500 angefertigt. Von dem berühmten ehemaligen Hochaltartryptichon, das Johann Koerbecke 1457 schuf, ist in Marienfeld nur die thronende Muttergottes aus dem Mittelschrein erhalten; sie befindet sich auf dem südlichen Seitenaltar. 14 gemalte Tafeln des Altares sind in verschiedenen Museen erhalten. Der Hochaltar wurde 1680 bis 1693 auf Drängen des Paderborner Bischofs Ferdinand von Fürstenberg durch den heutigen Hochaltar mit vier Wechselbildern nach Entwürfen von Johann Georg Rudolphi ersetzt. Der steinerne, ausgesprochen qualitätvolle, dreiteilige Passionsaltar mit vierteiliger Predella im Südquerarm stammt aus dem 2. Viertel des 16. Jhs. 1650 hatte die Kirche noch 25 Altäre. Die reich geschnitzten Altäre der Ostkapellen entstanden um 1720. Die Kanzel wurde 1728 gefertigt. Zu den bedeutendsten Orgeln Westfalens zählt die mit dem Gehäuse und seinem Unterbau die ganze Westwand einnehmende Westorgel, die Johann Patroklus Möller aus Lippstadt 1745 bis 1751 unter Verwendung eines älteren Bestandes erbaute. Das Werk ist mit Umbauten und Ergänzungen im wesentlichen erhalten.

Von den mittelalterlichen Klostergebäuden sind sieben Joche und Teile eines achten des nördlichen Kreuzgangs erhalten, der sogenannte Lektionsgang aus der Zeit zwischen 1294 und 1321. Die Umfassungsmauern sind aus Werkstein gefügt und die Fenster mit Maßwerken versehen. Im Inneren liegen die Kreuzrippengewölbe mit verzierten Schlusssteinen auf teilweise figürlichen Konsolen auf. Westlich schließt sich an die Kirche das zweiflügelige Abteigebäude an, ein Backsteinbau mit Werksteingliederungen, erbaut vermutlich von Peter Pictorius d.J. von 1699 bis 1702. Über dem Portal und der nördlichen Seitenfront befindet sich je eine Figurennische im Obergeschoss. Der großzügige Wirtschaftshof nördlich von Kirche und Abtei entstand – wie das abgebrochene, südlich an die Abtei und das Querhaus angeschlossene Kloster – nach Plänen von Lubbert Hagen. Das Torhaus ist auf 1725 datiert, der Flügel wurde teilweise aber erst 1930 ergänzt.
▶ Am südöstlichen Ortsausgang in Richtung B 513 und Herzebrock. Eine Außenbesichtigung der Anlage ist jederzeit möglich, die Kirche ist nachmittags geöffnet. Klösterliches Leben in Planung: www.oikos-marienfeld.de. Pfarrbüro Tel. 05247/8113 (auch Führungen).

HAVIXBECK-HOHENHOLTE
(Kr. Coesfeld. Karte: B2)
Pfarrkirche St. Georg und ehem. Benediktiner-, später Augustiner-Chorfrauenkloster
Die Gründungsgeschichte von Hohenholte weist eine ungewöhnliche Variante zu den üblichen Klostergründungen auf. 1142 stiftete der Ministeriale des Bischofs von Münster, Liudbert von Bevern, genannt von Holenbeke, auf seinem Gut ein Benediktinerkloster. Die Maßnahme scheint auf eine Initiative seines Bruders zurückzugehen, der Mönch im Benediktinerkloster St. Nicaise in Reims war. St. Nicaise wurde Mutterkloster und schickte ihn als ersten Prior zurück in die Heimat. Noch im gleichen Jahr bestätigte Bischof Werner von Steußlingen die Neugründung. Schon 1189 übergab St. Nicaise das Patronat an den Bischof von

Havixbeck-Hohenholte, Ansicht von Süden

Münster, der 1227 das – inzwischen vielleicht schon seit längerer Zeit aufgegebene – Kloster mit Augustinernonnen besetzte. 1557 erfolgte die Umwandlung in ein freiweltliches Damenstift. 16 Präbenden waren 1590 eingerichtet, 1784 wurden vier davon wegen zu geringer Einkünfte eingezogen. Nach einem Schaden durch Blitzschlag wurde die alte Kirche abgerissen und Peter Pictorius d.J. 1731 mit einem Neubau beauftragt, der bis 1738 etwa 50 m nördlich der alten Kirchstelle unter Einbezie-

Havixbeck-Hohenholte, Kruzifix

Herdecke, Häuser im Stiftsbezirk

hung des sogenannten Amtshauses ausgeführt wurde. Dazu wurde die benachbarte Pferdeschwemme verfüllt. Erst 1764 erfolgte die Einweihung, 1788/89 wurde der Dachreiter aufgesetzt. 1805 richtete Preußen das Stift zunächst als Versorgungsanstalt für adelige Damen ein, im November 1811 wurde es aber endgültig aufgehoben.

Die Kirche ist ein einfacher, vierjochiger Saalbau mit aus drei Seiten des Sechsecks gebildetem Polygon. Die Kreuzrippengewölbe ruhen auf Konsolen, die aus kleinen Voluten gebildet werden. Einfache Rundbogenfenster belichten

Herdecke, Blick zum Chor der Kirche

den Raum. Im Westen schließt mit gemeinsamem Dach der Kirche das zweigeschossige Kapitelhaus an (1932 umgebaut), über dem sich außen der Dachreiter befindet. Die Stiftsempore wurde 1888 entfernt.

Der ungefasste Eichenkorpus des Kruzifix an der Nordwand des Langhauses stammt aus der Gründungszeit des Nonnenkonvents. Vermutlich bildete er das Triumphkreuz der kleinen Vorgängerkirche. Johann Brabender aus Münster schuf um 1540 das Kreuzigungsrelief aus Sandstein, in dem der hl. Johannes dem Gekreuzigten eine Nonne als Stifterin empfiehlt; es ist dem Kreuz gegenüber angebracht. Ein Christus im Elend stammt vermutlich von Johann Wilhelm Gröninger aus der Zeit um 1720, die Figuren der hll. Joachim und Anna aus der 2. Hälfte des 18. Jhs.

Der noch teilweise umgräftete Stiftsbezirk ist gut zu erkennen, er bildet den Kern des heutigen Dorfes. Es sind nur wenige Stiftshäuser der Barockzeit stark umgebaut erhalten.

▶ Die Kirche ist tagsüber gewöhnlich geöffnet. Es lohnt sich ein Rundgang durch den Stiftsbezirk. Internet: www.havixbeck.de/hohenholte. Pfarrbüro Tel. 0251/2301089.

HERDECKE (Ennepe-Ruhr-Kreis. Karte: B3)
Ev. Kirche und ehem. Benediktinerinnenkloster

Nach einer Nachricht von 1555 soll eine Verwandte Karls des Großen namens Frederuna 810 oder 819 das spätere Kloster als Kanonissenstift gegründet haben, nach einer Tradition im Konvent als Tochtergründung von St. Maria im Kapitol in Köln. Da Schriftquellen dazu nicht existieren, wird diese frühe Gründung heute angezweifelt; die erste erhaltene Urkunde stammt von 1214. Die ältesten noch bestehenden Teile einer baulich bedeutenden Kirche werden jedoch in das frühe 9. Jh. datiert, sie wurden bei Umbauten in der 2. Hälfte des 13. Jhs. überformt. Die Umwandlung in ein freiweltliches Damenstift wurde 1488 bestätigt. Ende des 16. Jhs. hatte sich die Reformation im Stift durchgesetzt, nach 1666 wurde Herdecke Simultanstift aller drei Konfessionen. Es folgte ein geistlicher und wirtschaftlicher Niedergang, der 1812 in der Aufhebung des Stiftes mündete.

Die Kirche gehört neben →Höxter-Corvey zu den ältesten im aufgehenden Mauerwerk erhaltenen Bauten Westfalens. Der Kernbau war eine dreischiffige, flach gedeckte Basilika mit einem Chor, der von zwei längsrechteckigen Annexbauten begleitet wurde. Drei nebeneinander liegende Apsiden schlossen den Bau nach Osten ab, im Westen war eine gewölbte Halle mit (Nonnen-?)Empore darüber vorgelagert. Im 13. Jh. wurden die Annexe und die Apsiden abgebrochen und der Restbau so gewölbt, dass eine zweijochige Basilika Gebundener Ordnung mit Kastenchor entstand. Zwischen je zwei der Pfeiler wurde ein weiterer mächtiger Pfeiler gestellt, die anderen Mauerabschnitte wurden verstärkt und, wo nötig, mit Vorlagen versehen. Die Ostwand des Chores entstand einheitlich neu. Die stark überhöhten, kuppeligen Gewölbe werden durch breite Gurte getrennt, die als Vorlagen am Kapitele zum Boden geführt sind. Mit dem Neubau des Turmes 1908 wurden die Westteile stark umgestaltet. Außer Grabplatten des 17./18. Jhs. ist keine nennenswerte Ausstattung erhalten.

Nördlich der Kirche sind drei Häuser des Stiftes um einen kleinen Platz mit Brunnen erhalten (Stadtverwaltung), darunter das zweigeschossige Justitiat und Gästehaus aus Bruchstein mit Wappen über dem Portal aus dem 18. Jh. und das Back- und Brauhaus aus Fachwerk.

▶ Die Kirche ist in der Regel geschlossen. Schlüssel (nach Voranmeldung) im Gemeindebüro, Tel. 0 23 30/31 36.

HERFORD (Kreis Herford. Karte: D1)
Ev. Münsterkirche und ehem. Benediktinerinnenkloster, später Kanonissenstift

Als erstes Frauenkloster auf sächsischem Boden gründete um 789 der Edle Waltger auf seinem Eigengut in der Nähe des fränkischen Königshofes Odenhausen ein Kanonissenstift. 823 wurde es von Ludwig dem Frommen dem Männerkloster in →Höxter-Corvey als Frauenkloster zur Seite gestellt; als Vorbild diente Notre Dame in Soissons. Die Übertragung der Gebeine der hl. Pusinna aus Binson in der Diözese Soissons nach Herford 860 unterstrich die bedeutende Rolle, die dem Kloster zukam. Seit 887 Reichsabtei, erfolgte die Umwandlung in ein Kanonissenstift vermutlich im 11. Jh. Die Versorgungssiedlung des Stiftes entwickelte sich in der 2. Hälfte des 12. Jhs. allmählich zur Stadt. 1224 gründeten die Äbtissin Gertrud zur Lippe und der Kölner Erzbischof Engelbert von der Mark die Neustadt Herford. Gertrud begann um 1220 auch mit dem Neubau der heutigen Stiftskirche, die um 1270/80 fertig gestellt gewesen sein wird. Unter Mechthild von Waldeck wurde zwischen 1409 und 1442 der Chorschluss erbaut, 1490 war der Abschluss des südlichen Westturms vollendet. 1565 führte auch das Stift die Reformation ein, nachdem die Stadt schon 1532 evangelisch geworden war. Die Äbtissin Elisabeth von der Pfalz machte das Stift in der 2. Hälfte des 17. Jhs. zu einem geistigen und kulturellen Mittelpunkt. 1810 wurde es aufgehoben.

Die Herforder Stiftskirche gilt als der erste Hallengroßbau Westfalens, der an das Formenrepertoire der Großen Marienkirche in Lippstadt und der Zisterzienserkirche in →Harsewinkel-Marienfeld anknüpfte. Trotz späterer Anbauten hat die Kirche den ursprünglichen, etwas derben Charakter weitgehend bewahrt: eine dreischiffige dreijochige Halle mit Doppelturmanlage über dem Westjoch, Querhaus und Chor aus zwei Jochen, um ein weiteres Joch an Stelle einer Apsis verlängert. Am Außenbau wird deutlich, dass nur der Südturm über den Dachansatz hinaus aufgeführt wurde. Die fünf durchgehend mit Ecklisenen versehene Turmgeschosse erhielten 1860/70 ein sechstes mit auf jeder Seite zwei kleinen, dekorierten Giebeln. Jedes Joch der Seitenschiffe ist übergiebelt, die Fensteranordnung und die Dekoration wechseln von Joch zu Joch. Mit Säulchen versehene, zu mehreren zusammengefassten Fenster bereiten Maßwerk vor, wie es an der →Marienstiftskirche Lippstadt entwickelt wurde. Baubeginn war um 1220 am Chor und am Querhaus, um 1228 wechselt das Formensystem etwas, bis 1250 werden zunächst das Langhaus, danach der Westbau und die Giebelwand des Südquerarms erstellt. Die Südseite zum Stiftsplatz bildet die Schauseite der Kirche. Die vierjochig auf einer Mittelsäule gewölbte Vorhalle leitet zum Doppelportal mit Kleeblattbogen über, ein stark plastisches Stufenportal. Die kleinere Querhausvorhalle ist mit stark verwitterten Tierplastiken geschmückt; das Doppelportal ist innen kleiner als im Paradies. Unter dem Querhausfenster zusammenfassenden Spitzbogen ist der Sechspass eingelassen, dessen Öffnungen mit Kupferscheiben geschlossen wurden – das „Siebensonnenfenster". Zwischen den beiden Vorhallen wurde um 1340 der sogenannte Krämerchor angebaut, im Erdgeschoss als Beinhaus diente.

Herford, Münsterkirche, Querhaus und Chor

Mit sechsbahnigem, reichen Maßwerkfenster und dekoriertem Giebel setzt er einen deutlichen, spätgotischen Akzent. Im Winkel zwischen Querhaus und Chor lagen zwei Türme, von denen nur der nördliche teilerhalten ist. Im Erdgeschoss ist die kleine Sakristei (Pusinnenkapelle) eingebaut, die auf einer Mittelstütze gewölbt ist, darüber befindet sich die spätere Kapitelstube. Im Innenraum der Kirche ruhen die Gewölbe auf untersetzten, kreuzförmigen

Herford, Münsterkirche, Innenraum nach Osten

Pfeilern, die von Kapitellbändern mit Blattwerk, Blattknospen und Köpfen abgeschlossen werden; sie zeigen von Ost nach West eine stilistische Entwicklung. Zwischen den breiten Transversalbögen mit Unterzügen sind die kuppeligen, den Raum schwer rhythmisierenden Domikalgewölbe eingezogen. Die acht massigen, an eine große Spinne erinnernden und in einem offenen Ring mündenden Rippen mit Zierscheiben im Abschlussjoch des Langhauses sind ohne eine das Gewölbe tragende Funktion unterlegt. Die Schlusssteine in Vierung und Nordquerarm – ein offenes Viereck und ein hängender Schlussstein – sind ornamentiert. Am Gurtbogen zur Vierung befindet sich neben ihrem Wappenemblem, einer Rose, der gekrönte Kopf der Bauherrin Gertrud zur Lippe. Die Stiftsempore liegt im Nordquerarm, unter ihr ein früher als Durchgang vom Kloster in die Kirche etwas vertiefter Raum (ursprünglich vielleicht Kapitelsaal, heute Taufkapelle). Im Gewölbescheitel des Ostjochs findet sich das Sternwappen der Erbauerin Mechthild von Waldeck.

Mechthild starb 1442 und erhielt im Chor eine Tumba mit Liegefigur. Vier weitere Hochgräber stammen aus dem 16. und frühen 17. Jh.; das Epitaph für Elisabeth II. von der Pfalz befindet sich an der Nordwand. Nur die Predella eines spätgotischen Flügelaltars ist auf dem Choraltar erhalten. Acht Apostel- und zwei Heiligenfiguren von zerstörten Altären sind an den Pfeilern aufgestellt; sie stammen aus dem 15. Jh. Der reich verzierte Taufstein entstand um 1500, der hl. Christophorus, der heute innen über dem Paradiesportal steht, um 1520. Die Barockkanzel wurde um 1620/30 angefertigt, die Tür – mit dem Wappen der Äbtissin Magdalena II. zur Lippe – 1669.

Vom Kloster auf der Nordseite der Kirche sind Reste nicht erhalten, es wurde aber archäologisch erforscht. Nördlich der Westtürme steht die kleine Wolderuskapelle, angeblich die älteste Kirchengründung Herfords und Grablege des Edlen Waltger. Sie wurde 1735 abgebrochen, neu erbaut und im 19. Jh. nach Westen erweitert. Den Mittelpunkt des Stiftsplatzes auf der Südseite bildet ein steinernes Brunnenbecken der Renaissance mit schmiedeeisernem Baldachin. Die Kurien der Stiftsdamen wurden nach und nach abgerissen, an der Stelle der Abtei befindet sich das Rathaus aus dem Anfang des 20. Jhs. Nur das kleine, im 15. Jh. aus Fachwerk errichtete Kantorenhaus blieb stehen.

▶ Die Kirche ist gewöhnlich tagsüber geöffnet. Gemeindebüro Tel. 0 52 21/1 58 19.

Ev. Marienkirche Stift Berg und ehem. Damenstift

Das Marienstift auf dem Luttenberg vor den Toren Herfords ist die Gründung einer Godesta, Schwester des Sachsenherzogs Bernhard II. Billung und Äbtissin des Herforder hochadeligen Damenstifts, gleichsam als Pendant zu diesem für Angehörige des niederen Adels. Nach der Gründungslegende schnitzte ein Junge, der beim Betteln an einem Baumstamm eine Marienerscheinung hatte, ein Kreuz, auf dem sich eine weiße Taube niederließ. 1011 konnte Bischof Meinwerk von Paderborn den Gründungsbau der Kirche weihen. Die Grundsteinlegung zum Bau der heutigen Kirche erfolgte 1282, die Weihe 1325. Die Zahl der Stiftsdamen schwankte zwischen 12 und 16. Die Reformation wurde 1548 eingeführt. Das 17. Jh. ist von Spannungen zwischen der Fürstäbtissin als Patronin und dem Marienstift gekennzeichnet. 1810 wurde das Stift aufgehoben, durch den Verkauf wertvoller Ausstattungsstücke konnte der Abbruch der Kirche verhindert werden. Der romanische Turm wurde 1908 durch einen Neubau ersetzt.

Vom zwischen 1009 und 1036 erbauten Vorgängerbau sind im zweiten Joch von Osten der beiden Außenwände Reste des Querhauses erhalten – über dem Bereich sind kleinere Radfenster eingebaut –, in der Westwand des Nordschiffes befinden sich noch Teile der Stiftsempore. Der Bau, der den etwas verzogenen Grundriss der heutigen Hallenkirche bestimmt, ist ergraben. Der heutige Außenbau ist mit schlanken Maßwerkfenstern und mit Blendmaßwerk verziert, teils ist er mit geschmückten Giebeln

Herford, Marienkirche, Südansicht

Herford, Marienkirche, Relief an der Südwand

über jedem Joch der Längswände versehen und wirkt dadurch wie ein in die Großform übertragener Reliquienschrein. Dazu trägt maßgeblich die östliche Schauwand des Chores bei: Die wie ein Tryptichon aufgebaute Dreifenstergruppe mit großem Mittel- und schmalen Seitenfenstern wird durch Strebepfeiler geschieden. Der mit Blendmaßwerk geometrisch gegliederte und getreppte Giebel darüber ist mit Plastiken (Madonna mit knienden Engeln, Verkündigung und Marienkrönung) geschmückt. Bemerkenswert sind die unorganisch und ohne Bezug zueinander in die beiden Westjoche der Südwand eingelassenen Reliefs: Christus mit Lamm Gottes, Sündenfall und Noah in der Arche. Eine zweijochige Sakristei mit einem Polygon aus fünf Seiten des Achtecks schließt sich nördlich an den Chor an. Der Innenraum der Kirche, eine Weiterentwicklung des → Mindener Domlanghauses, gehört zu den schönsten des mittelalterlichen Westfalens: Eine ungemein weiträumige Halle aus drei annähernd gleich breiten Schiffen, deren 3 × 4 Joche von quadratischer Grundform von drei Paaren schlanker Rundpfeiler mit acht Diensten getragen werden. Es schließt sich der verhältnismäßig kleine Chorraum an, der aus einem querrechteckigen Vorjoch und einem Polygon aus fünf Seiten des Achtecks besteht, dessen Gewölbe mit kunstvoll durchbrochenen Rippenansätzen und dreiteiligen Zwickelstücken in einen Kastenchor eingeschrieben ist. Die Ostwand des Chores ließ sich dadurch von außen zur breiten Schauwand gestalten. Die Westempore bildet den Rest der Stiftsempore, wurde aber 1904 zu den Seiten hin erweitert.

Das Hauptausstattungsstück der Kirche ist im Chor erhalten: ein spätgotischer Reliquientabernakel aus Sandstein in der Art eines Sakramentsturms, vermutlich in der Bunickman-Werkstatt in Münster Anfang des 16. Jhs. angefertigt. Er bildet den Rahmen für den einer Schaureliquie ähnlichen Baumstamm, um den sich die Gründungslegende rankt, gleichermaßen Wurzel und Legitimation für die Existenz des Stiftes. Ein etwa gleichzeitig entstandener Reliquien- bzw. Sakramentsturm steht an der Südschiff-Ostwand nahe dem Chorbogenpfeiler (→ Bielefeld-Schildesche). Der Flügelaltar aus der Zeit um 1500 zeigt Reliefs der hl. Sippe, der Anbetung der Könige, die hl. Ursula mit ihren Gefährtinnen, das Martyrium der Zehntausend sowie Einzelheilige. Aus dieser Zeit stammt auch das Triumphkreuz. Eine beschädigte sogenannte „Schöne Madonna" und ein kleines, ausdrucksstarkes Kruzifix entstanden in der Mitte des 14. Jh., die Pietá aus Stein um 1420/30 und eine hl. Anna Selbdritt in der 2. Hälfte des 15. Jhs.

Von den sieben 1813 vorhandenen Stiftskurienhäusern ist das Haus nordöstlich des Chores am besten erhalten, ein zweigeschossiger siebenachsiger Fachwerkbau auf Bruchsteinsockel mit geschnitztem Wappenportal. Die Fachwerkhäuser westlich der Kirche sind stark verbaut.

Herford, Neustädter Johanniskirche

▶ Etwa 900 m östlich der Altstadt: Im Nordwesten der Altstadt auf der Mindener Straße die Werre überqueren, sofort rechts in die Jahnstraße abbiegen und in die ‚Stiftsberger Straße' folgen. Die Kirche ist geschlossen. Küsterei Tel. 0 52 21/8 20 31.

Ev. Kirche St. Johannes und Dionysius mit ehem. Kollegiatstift (Farbtafel 5)
Die Johanniskirche wurde als Pfarrkirche der 1224 gegründeten Herforder Neustadt erbaut. Die heutige Kirche entstand unter Verwendung eines Baus aus der Gründungszeit um die Mitte des 14. Jhs. Nach der päpstlichen Erlaubnis zur Verlegung des Stiftes von → Enger an die Neustädter Johanniskirche in Herford im Dezember 1412 vollzogen die Stiftsherren den Schritt 1414. Obwohl es ihnen dort zu laut und hektisch war und sie zeitweise an die Damenstiftskirche umzogen, richteten sie sich schließlich ab 1422 an St. Johann ein. Einen Aufschwung nahm das Stift nicht; etwa die Hälfte der Stiftsherren wohnte gar nicht in Herford. 1530 wurde die Kirche als erste der Stadt protestantisch, bis 1549 waren dies auch fast alle Chorherren, die aber am Chorgebet festhielten; nur eine Pfründe blieb katholisch. Die Aufhebung der Institution erfolgte im Dezember 1810. Die Kirche liegt mit der Südostseite städtebaulich dominant am Neumarkt. An das dreischiffige und dreijochige Hallenlanghaus, das ein Quadrat von 22 m Kantenlänge bildet, schließt sich über ein schmales Vorjoch ein Polygon aus fünf Seiten des Achtecks an. Der Turm wurde 1906 nach altem Vorbild neu erbaut. Im Innenraum liegen die die Gewölbe-

Herford, Neustädter Johanniskirche, Chorscheibe

Herford, kath. Johanneskirche, Innenraum

zone optisch verbindenden schlanken Rippen auf massigen Rundpfeilern mit Blattkapitellkränzen auf. Die Maßwerkfenster zeigen Passformen, die im Chor auch schräg gestellt sind. In den beiden Chorseitenfenstern und in etwas geringerem Umfang auch in den Langhausfenstern haben sich bedeutende Reste von Glasmalereien aus der Bauzeit der Kirche erhalten: Szenen aus dem Leben Jesu, der hl. Martin und Ornamentgrisaillen, eine Kreuzigung, der thronende Christus, Engel sowie Wappenscheiben. Das Chormittelfenster mit einer großen Kreuzigungsgruppe und Stiftern stammt aus dem Anfang des 16. Jhs. und dürfte den leuchtenden „Abschluss" eines Flügelaltars darunter gebildet haben.

Von der mittelalterlichen Ausstattung ist nur ein Dreisitz aus Stein erhalten. Die übrige im Gesamteinruck geschlossen wirkende Ausstattung stammt überwiegend aus dem 16. und 17. Jh.: die Kanzel mit aufwändig geschnitzter Treppenwange von 1602, der Taufstein von 1564 mit etwas späterem Deckel. Der Altar sowie die Amtsstühle des Rates und der Zünfte entstanden zwischen 1620 und 1669.

Von den Kurien der Stiftsherren ist nur das Gebäude Frühherrenstraße 11 (ev. Kirchengemeinde) nordöstlich der Kirche erhalten. Der zweigeschossige Massivbau entstand 1553 und erhielt 1591 den heutigen Dreistaffelgiebel mit einen Aufsatz in sogenanntem Beschlagwerk. Das Portal wurde weitgehend erneuert.

➤ Am ‚Neuen Markt' östlich der Münsterkirche. „Offene Kirche" täglich 10–18 Uhr. Gemeindeamt Tel. 05221/15409.

Pfarrkirche St. Johannes Baptist und ehem. Johanniterkommende

1231 wurde die Niederlassung eines Ritterordens in Herford erwähnt, doch ist unsicher, ob sie mit der späteren Johanniterkommende identisch gewesen ist. Gesichert ist die Existenz erst für 1285. Der Münsteraner Domherr Ludwig von Holte überließ den Herforder Johannitern damals ein Eigengut bei Spenge. Zu den in der Folgezeit auftretenden Förderern gehört auch der Neustädter Stadtrat Herfords, denn vermutlich war ein Hospital mit dem Kloster verbunden. Die wirtschaftliche Si-

Herford, kath. Pfarrhaus, Komtursaal

tuation verschlechterte sich in der Mitte des 14. Jhs. 1538 fasste der Orden mehrere Stiftungen anderer Ordenshäuser zugunsten des Herforders zusammen; das Haus und die Privatkapelle blieben katholisch. Als der schwedische Reichskanzler Axel Oxenstjerna die Kommende in Lage, von der aus Herford mitverwaltet wurde, weitervergab, brachte die Stadt Herford die Kommende gegen eine Ablöse- und Pachtsumme unter ihre Kontrolle. Erst durch gerichtliches Einschreiten des Kaisers gelangte sie 1645 an den Orden zurück. Ab 1661 fanden zunächst private, ab 1674 wieder öffentliche Messen in der Kapelle statt. Damals wurde sie auch erweitert. Nach ihrem Abbruch 1713 entstand bis 1716 der im Kern erhaltene Neubau. 1810 wurde das Ordenshaus aufgehoben. Der neoromanische Chorteil der Kirche wurde 1891 angefügt.

Die direkt an der Komturstraße stehende Kirche mit dem drei Fensterachsen langen barocken Saal ist seit 1891 gewestet; der Dachreiter sitzt über dem Ostabschluss. Die Decke ruht auf kannelierten Wandpilastern mit Kapitellen. Zwischen den Fenstern sind Ölgemälde wandfest angebracht. Den Mittelpunkt der aufwändig stuckierten Decke bildet ein Ölgemälde der Aufnahme Mariens in den Himmel, das nach Durchfeuchtung der Decke 1945 und durch Luftdruckschäden am Dach 1948 weitgehend erneuert werden musste.

Noch zur mittelalterlichen Ausstattung gehören ein Kruzifix aus der 2. Hälfte des 15. Jhs. und eine Pietá aus der Zeit um 1500, die eine stilistische Verwandtschaft mit Arbeiten des Meisters von Osnabrück zeigt.

Die Komturei (kath. Pfarramt) aus dem 18. Jh. ist südlich der Kirche noch großenteils erhalten. Im Inneren wurde der sogenannte Komtursaal nach originalem Befund wiederhergestellt: An der Außenwand befindet sich eine Kamineinfassung aus Sandstein, beiderseits davon je ein Fenster mit Holzklappläden. Die Decke zeigt das stuckierte Wappen des Komturs mit Ordenskreuzen.

▶ Südöstlich des ,Neuen Marktes' an der ,Komturstraße'. Die Kirche ist tagsüber geöffnet. Pfarrbüro Tel. 05221/56740 (Besichtigung des Komtursaals auf Anfrage).

Wohnhaus, ehem. Augustiner-Schwesternhaus auf dem Holland

Der Rektor des Fraterhauses in Herford erhielt 1442 die Erlaubnis, in der Stadt eine Niederlassung des weiblichen Zweiges der Devotio moderna zu gründen. 1449 bestand das Haus bereits, 1456 wurde auch der Bau einer Kapelle gestattet. 1459 mussten die Schwestern auf päpstliche Anweisung die Augustinerregel annehmen. 1491 wurde die Zahl der Schwestern auf 50 begrenzt, denn den Handwerkern der Stadt war die Arbeit der Frauen, besonders ihre Textilherstellung, eine unliebsame Konkurrenz. Die geistliche Leitung hatten die Fraterherren. Bedingt durch die Reformation war das Kloster 1579 bis auf eine hochbetagte Schwester ausgestorben. Die erst 1518 mit drei Altären geweihte Kapelle diente noch bis 1629 den Katholiken der Stadt als Gottesdienstraum. Der erhaltene Wandrest bildete einen Teil der Südwand der Kapelle, die ein kleiner, mit Kreuzrippengewölben gedeckter Saalbau war. Sichtbar ist davon ein Teil der Innenwand. Die Rippen – ein Bogenstein ist erhalten – lagen auf einfachen Profilkonsolen auf, von denen zwei an der Wand erkennbar sind. Bei etwas anderem Formenrepertoire wird man sich die Kapelle vom Typ her ähnlich der → Agneskapelle in Bocholt vorstellen dürfen.

▶ Nördlich des Stiftsbezirks befindet sich zwischen zwei Parkplätzen die von der ,Berliner Straße' aus etwas zurückliegende, aber gut sichtbare Bruchstein-Rückwand eines Wohnhauses.

HERZEBROCK (Kr. Gütersloh. Karte: C2)

Pfarrkirche St. Christina und ehem. Kanonissenstift, später Benediktinerinnenkloster

Herzebrock war die erste klösterliche Niederlassung für Töchter aus dem Adel, die im Bistum Osnabrück entstand. Zwischen 868 und 885 gründete Waldburg, die Witwe eines sächsischen Edlen (vermutlich aus dem Geschlecht der Ekbertiner), auf ihrem Eigengut

Herford, ehem. Schwesternhaus, Kapellenwand

Herzebrock, Südansicht der Kirche

das Stift und unterstellte es dem Bischof von Osnabrück. Erste Äbtissin wurde ihre Tochter Duda; zwischen 7 und 12 Nonnen lebten im Stift. Zwischen 885 und 918 erfolgte die Übertragung der Hauptreliquie, der hl. Christina, die Maria bald als Patronin der Kirche verdrängte. Otto II. bestätigte 976 die Privilegien des Stiftes. 1208 erfolgte die Umwandlung in ein Benediktinerinnenkloster durch Bischof Gerhard von Oldenburg. Einer Phase der inneren Erneuerung folgte nach dem Anschluss an die Bursfelder Reformkongregation 1467 eine Blütezeit für das Kloster, die sich auch wirtschaftlich positiv auswirkte. Mit der Pfarrstelle war in der Regel ein Benediktiner aus Iburg betraut. In den politischen Wirren der Reformationszeit fiel die Herrschaft Rheda, in der Herzebrock lag, an die evangelisch-reformierten Grafen von Tecklenburg bzw. Bentheim-Tecklenburg, die jedoch mit dem Versuch, die Reformation im Kloster durchzusetzen, 1565 endgültig scheiterten. 1805 wurde das Kloster aufgehoben.

An den romanischen Westturm, dessen Obergeschoss 1705 erneuert wurde, schloss sich der im Kern als Hauptschiff erhaltene Saalbau an. Er wurde 1901 durch den Anbau von Seitenschiffen und Querarmen zur Basilika mit Querhaus erweitert. Im Bereich der Empore für den Konvent im Westen war das Langhaus mit drei schmalrechteckigen Jochen aus gleichen Netzgewölben versehen, ein tieferes Joch schloss sich an. Der Dachstuhl von um 1474 ist hier erhalten. Der Chor zog gegen das Langhaus um Mauerstärke ein und setzte sich aus einem nach Süden zu einem Anbau hin

Herzebrock-Clarholz, Südwestansicht der Kirche

offenen Gewölbequadrat (heute Vierung des Querhauses) und einem etwas gelängten Polygon aus fünf Seiten des Achtecks zusammen. Durch die massiven, für die Bausubstanz dennoch verhältnismäßig schonenden Erweiterungen 1901 ist der ursprüngliche Raumeindruck heute völlig verändert. 1958 wurden spätgotische Rankenmalereien an den Gewölben freigelegt.
Von der wertvollen, spätmittelalterlichen Ausstattung ist in Herzebrock nichts erhalten. Besonders die Tafelgemälde gelangten in verschiedene Museen (Münster, London). Von der 1699 erbauten Orgel ist nur das Gehäuse zu einem Neubau wiederverwendet worden. Auf der Rückseite des Orgelschrankes war der Altar auf der Empore für die Frauen angebracht. Der Ost- und Teile des Südflügels sind nördlich des Chores als Konventshaus und Abtei erhalten. Die Gebäude wurden unter Einbeziehung des spätmittelalterlichen Kreuzgangs 1696 und 1703 als zweigeschossige Trakte in Massivbauweise neu errichtet. Über dem Südportal des Nordflügels mit kleiner, vorgelagerter Freitreppe befindet sich eine Madonna. Erhalten sind auch das Pfarrhaus von 1712 und zwei Torbögen (1712 und 1724).
➤ Die Kirche ist gewöhnlich geschlossen. Pfarramt (Schlüssel nach Voranmeldung) Tel. 05245/2370. Internet: www.herzebrock-clarholz.de →Gestern&Heute →Sehenswertes. Heimatstube (im Kloster), Tel. 05 24/27 85.

HERZEBROCK-CLARHOLZ
Pfarrkirche St. Laurentius und ehem. Prämonstratenserkloster

Edelherr Rudolf von Steinfurt stiftete 1133 seine Güter in und um Vollenhove in den heutigen Niederlanden für das Prämonstratenserkloster in →Oelde-Lette, möglicherweise stellvertretend als Sühneleistung für einen durch zwei adelige Brüder verübten Mord. Da die Kapellen in Lette und in Clarholz genannt werden, entstand vermutlich ein Doppelkloster: die Chorherren in Clarholz, die Schwestern in Lette. 1134 folgten die kaiserliche und die bischöfliche Bestätigung, 1146 eine päpstliche Schutzerklärung. Anlässlich der Weihe der Kirche in Clarholz 1175 nahm Bischof Arnold von Osnabrück das Kloster förmlich in das Bistum

Herzebrock, Ostseite des Klosters

Herzebrock-Clarholz, Blick zum Chor

auf. Die wirtschaftliche Ausstattung war gut und ermöglichte in der 1. Hälfte des 14. Jhs. den Umbau der romanischen Kirche zu einer gotischen Halle, doch belasteten Fehden das Kloster im 15. Jh. stark. Mit der Übernahme der Leitung durch Zisterzienser aus →Harsewinkel-Marienfeld 1439 konsolidierte sich die Lage. In der 1. Hälfte des 18. Jhs. stiegen Kunst und Kultur im Konvent, ab 1782 fanden auch Gedanken der Aufklärung Eingang. 1803 erfolgte die Aufhebung durch die Fürsten von Bentheim-Tecklenburg.

Der Gründungsbau des 12. Jhs. ist teilweise erhalten, teilweise noch am Baubestand ablesbar: eine dreischiffige, dreijochige Basilika mit quadratischer Vierung, aber kaum über die Fluchten der Seitenschiffe vorspringenden Querarmen, die nach Osten in Apsiden mündeten. An die Vierung schlossen sich ein Chorjoch, vielleicht auch eine Apsis an. Im Westen wurde der Kirche ein mit nur wenigen Fenstern versehener Turmriegel vorgelegt, der weitgehend erhalten ist. Die „Modernisierung" dieser Basilika zur Hallenkirche erfolgte mit sparsamsten Mitteln: Die Seitenschiff- und Chorwände wurden erhöht, die Obergadenwände entfernt und die Hauptpfeiler zu Rundpfeilertrommeln ummantelt und ergänzt. Die leichten Rippengewölbe im Hauptschiff sind mit teils ornamentierten Schlusssteinen zwischen breiten, in den Seitenschiffen und Querarmen (Gratgewölbe) stark gestelzten Gurtbögen, aber merkwürdig schwachen Scheidbögen eingespannt. Im Chor liegen die Rippen auf Wand- und Eckdiensten auf. Mit dem Umbau wurde der Westbau zur Kirche geöffnet und erhielt ein Westportal. Die Kirche wurde in der 2. Hälfte des 14. Jhs. mit einer be-

Herzebrock-Clarholz, Alte Abtei

merkenswerten, niedersächsisch beeinflussten Gewölbeausmalung versehen, die unter anderem Tiere und Fabelwesen zeigt.
Aus der 1. Hälfte des 14. Jhs. sind der Taufstein mit spitzen Blendarkaden und die Sakramentsnische erhalten. Die Pietá im Südschiff entstand im 17. Jh. Die übrige Ausstattung stammt weitgehend aus der 1. Hälfte des 18. Jhs., darunter die Kanzel mit geschnitzten Tuchdraperien und Schabracken, das Chorgestühl, die Orgelempore und das Hauptgehäuse der Orgel (das Werk ist nicht erhalten). Die Kreuzigungsgruppe an der Nordwand des Westbaus entstand um 1530.
Von der Klosteranlage südlich der Kirche steht nur noch der schlichte Westflügel im Neubau des frühen 18. Jhs. Nach Westen schließt sich die zweigeschossige Propstei von 1706 mit kurzem Ost- und siebzehnachsigem Westflügel daran an, ein Backsteinbau mit Werksteingliederungen. Im übergiebelten, dreiachsigen Mittelrisalit befindet sich ein reiches, über eine Freitreppe zu erreichendes Portal. Fünf kugelbesetzte Schornsteine akzentuieren den Bau. An Nebengebäuden sind die Zehntscheune (1759/93) und die Klosterpforte (1726) zu erwähnen.
▶ Die Kirche ist tagsüber geöffnet. Pfarramt Tel. 05245/5692. Internet: www.laurentiusclarholz.de. Führungen (auch im Kloster): Heimatverein Tel. 05245/7241 oder Freundeskreis der Kirche, Tel. 05245/5646.

HILCHENBACH-ALLENBACH, STIFT KEPPEL (Kr. Siegen-Wittgenstein. Karte: C4)
Ev.-ref. Kirche und ehem. Prämonstratenserinnenkloster

1239 gründete der Ritter Friedrich vom Hain auf seinem Eigengut das Kloster als Versorgungsstätte für Töchter des Siegerländer Adels. Die geistliche Aufsicht führte der Abt des Prämonstratenserklosters Arnstein a.d. Lahn (Rheinland-Pfalz). Friedrich verband mit der Gründung das Patronat über die Pfarrkirche in Netphen und unterstellte dem Kloster die Pfarrkirche in Hilchenbach rechtlich. Ein Brand der Anlage 1260 fügte der aufstrebenden Gemeinschaft schweren Schaden zu. 1436 erfolgten Sammlungen zum Erhalt der verfallenen Gebäude. Vom 15. bis zur Mitte des 16. Jhs. scheiterten alle Bemühungen zur Reform des geistlichen Lebens wie zur Gesundung der wirtschaftlichen Verhältnisse. 1538 wurden die Nonnen lutherisch, legten aber erst 1567 den Habit ab und wechselten 1572 zum reformierten Bekenntnis. Nach Jahrzehnten des Besitzes durch Siegener Jesuiten seit 1626 wurde Keppel 1654 als Simultanstift eingerichtet, d.h. je zur Hälfte durch katholische und reformierte Stiftsdamen besetzt. 1812 erfolgte die Aufhebung, doch entstand schon sieben Jahre später eine Versorgungsanstalt für bedürftige Adels- und Bürgertöchter, die 1871 einen Schul- und Internatsbetrieb aufnahmen.
Die Kirche ist ein gestreckter, zweiteiliger Saalbau, an den sich der eingezogene Chor aus Vorjoch und Polygon aus fünf Seiten des Achtecks anschließt. Er stammt im Kern aus der Gründungszeit und wurde zwischen 1260 und

1275 erneuert. Die Kreuzgratgewölbe des Chores, die ohne Konsolen in die Seitenwände einziehen, setzten sich bis 1908 in einer ungewöhnlich ungleichmäßigen Form in den drei Jochen des Schiffes fort und wurden durch die heutige flache Balkendecke ersetzt. Der Westteil als Nonnenkirche ist mit einem vierteiligen Gewölbe auf einer Mittelstütze versehen und öffnete sich im Emporenbereich in zwei Spitzbogen beiderseits der Orgel zum Schiff (heute mit Sichtschutz abgeteilt); ein Aufgang von der Kirche aus liegt in der Südwand. Der Dachstuhl über diesem Bereich stammt noch von kurz nach 1260. Der Zugang zur Kirche von außen erfolgt von Norden durch ein kleines Portal von 1779 und über einen Durchgang unter der Empore.

Zur mittelalterlichen Ausstattung gehört das stark umgebaute und ergänzte spätgotische Emporengestühl aus Eichenholz, teilweise mit Menschen- und Tierköpfen sowie einem springenden Hirsch geschmückt, das heute im Chor steht. Der zweigeschossige, mit zwei Ölgemälden und Seitenfiguren versehene Hochaltar von 1701 wird von einem Kruzifix des 16. Jhs. bekrönt. Die geschnitzte Kanzel entstand 1682, 1695 erbaute Johannes Sommer aus Brilon die Orgel, von der nur der Prospekt erhalten ist.

Nordöstlich der Kirche ist über Eck ein Klosterflügel von 1733 (Inschriftplatte über dem Eingang) angebaut (heute Schulverwaltung). Das „Neue Haus", das abseits der Schule hinter der Kirche liegt, wurde 1747–1752 erbaut. Im Saal mit Rokokostuckdecke befindet sich ein Wappen mit der Stiftsadministratorin von

Hilchenbach-Allenbach, Ostansicht Stift Keppel

Neuhoff genannt Ley. Nördlich und östlich entstanden seit 1871 sukzessive die Gebäude des heutigen Gymnasiums.

➤ Von der B 508 aus Richtung. Kreuztal, in Allenbach ausgeschildert (rechts ab). Internet: www.stiftkeppel.de/schule/main.htm. Die Kirche ist geschlossen. Stiftsverwaltung Tel. 0 27 33/89 41-0 (Schlüssel während der Bürozeiten; Besichtigung des Konventssaals im Verwaltungsflügel möglich).

HÖRSTEL-GRAVENHORST
(Kr. Steinfurt. Karte: B1)
Rektoratskirche St. Bernhard und ehem. Zisterzienserinnenkloster

1256 übertrug Graf Konrad von Rietberg dem Ritter Konrad von Brochterbeck und seiner Frau Amelgardis die Eigentumsrechte an den Gütern in Gravenhorst samt Wald, Wiesen und Fischteich. Noch im gleichen Jahr erfolgte durch den Osnabrücker Bischof Bruno von Isenberg die Genehmigung zur Gründung eines Zisterzienserinnenklosters, das in den folgenden Jahren durch Bischof Balduin von Rüssel sowie die Familien von Tecklenburg, von Altena, von der Mark, von Ravensberg, von Ahaus und von Steinfurt ausgestattet wurde – ein Konsortium von politisch bedeutsamen Edelfreien mit dem gemeinsamen Interesse an der Versorgung ihrer Töchter. Die Tochter des Stifterpaares namens Oda wurde erste Äbtissin. Die bis zu 14 Nonnen lebten nach der Zisterzienserregel, doch war das Kloster nicht Mitglied des Ordensverbandes. 1317 wurden die Pfarrkirchen in Riesenbeck und Westerkappeln dem Kloster rechtlich einverleibt. Tendenzen zur Umwandlung in ein freiweltliches Stift mit eigenen Kurien beendeten eine Reform des Klosters → Harsewinkel-Marienfeld 1484, gleichzeitig erfolgte der Anschluss an

Hilchenbach-Allenbach, Innenraum Kirche Stift Keppel

Hörstel-Gravenhorst, Südfront des Klosters

den zisterzienserischen Ordensverband. Westlich an die Kirche wurde erst jetzt ein Nonnenchor mit Empore angefügt. Die Reformation fand kaum Eingang im Kloster, dafür nahmen sich die Nonnen die Freiheit, die Klausur nicht strikt einzuhalten. In den ersten Jahren des Dreißigjährigen Krieges flüchteten sie nach Münster und Rheine, begannen aber 1628 mit dem Wiederaufbau des verfallenen Klosters. 1808 erfolgte die Aufhebung, 1811 verließen die letzten Nonnen die Gebäude, die zum landwirtschaftlichen Gut um- und durchgebaut wurden. 1817 brannte der westlich an die Kirche angeschlossene Flügel ab und wurde abgebrochen. Die seit 1974 dem Kreis Steinfurt gehörende Klosteranlage wurde im Vorfeld einer Restaurierung schwerpunktmäßig 2001/02 bauhistorisch und archäologisch erforscht.
Die Anlage liegt noch heute malerisch und abgeschieden am äußersten Westende des Teutoburger Waldes an einem Weiher. Innen- und Außengräfte haben sich besonders im Süden erhalten. Den Kern der Kirche bildet der vierjochige, auf Runddiensten mit mehreckigen Blattkapitellen gewölbte Ostteil des Saalbaus; nur zum Westjoch sind die Dienste durch Konsolen ersetzt. Die querrechteckigen Gewölbejoche werden durch kräftige Gurte geschieden, die Profilrippen sind im Chorjoch mit Zierscheiben versehen. Nur das Ostfenster zeigt ein frühgotisches Kreismaßwerk, die schlitzartig schmalen Langhausfenster wurden ohne Maßwerk verglast. Von der Westerweiterung um die Nonnenempore von 1484 sind die Südwand und der wahrscheinlich von einer anderen Nutzung ältere, untere Teil der Nordwand aus dem 14. Jh. erhalten. Das Holztonnengewölbe wurde bei einem Umbau 1677 eingesetzt. Damals entstand vermutlich auch der westlich angefügte zweigeschossige Verbindungsbau als Kapitelsaal und Betkapelle, der 1973/74 verändert wiederaufgebaut wurde.

Von der reichen Ausstattung seien nur die wichtigsten Stücke genannt. Die beiden auf drei Füßen stehenden Leuchter stammen noch aus der Gründungszeit des Klosters. Das Chorgestühl entstand zwischen 1500 und 1510 und befand sich ursprünglich auf der Nonnenempore. Die Wangen sind mit Fischblasenmaßwerk verziert, Dorsale scheinen nie vorhanden gewesen zu sein. Auch die Liegefigur des toten Christus von einem hl. Grab, ein Christus am Ölberg, eine Figur der hl. Katharina und die barock umkränzte Pietá aus dem Umkreis des Meisters von Osnabrück entstanden in dieser Zeit. Das auf 1777 datierte Orgelgehäuse wurde vermutlich 1769 für Gravenhorst erbaut, gelangte aber in die Kirche in Recke, bevor es wieder in Gravenhorst aufgestellt wurde. Heinrich Meierinck aus Rheine schuf 1620 den Hochaltar mit der Passion Christi als Thema, der in seinem flächigen Aufbau von zwei Zonen in drei Achsen ganz der Renaissance verpflichtet ist. Die Kanzel entstand um 1700.

Das ursprüngliche Kloster lag nordwestlich der Kirche, ab 1484 dürfte der im Kern erhaltene zweigeschossige Bau an der Kirchensüdseite aus einem West- und einem mächtigen Südflügel errichtet worden sein. Der Westflügel hatte später einen innenliegenden Kreuzgang, möglicherweise war dieser aber ursprünglich außen angebaut. Hier liegt im Anschluss an die Kirche auch ein mit vier rechteckigen Gewölben auf Mittelstütze gewölbter Raum,

vermutlich der frühere Kapitelsaal. Im älteren Westteil des Südflügels wurde im Erdgeschoss ein zweischiffig symmetrischer Raum ergraben, der mit einer Decke auf Sandsteinsäulen versehen war, vermutlich das Refektorium. Die Umbauten 1629 bis 1644 griffen aber sehr stark in die ältere Bausubstanz ein. Damals wurde auch der Südflügel nach Osten erweitert und durch eine frühbarocke Schaugiebelwand abgeschlossen; die Wappentafel nennt als Datum 1641. Besonders im Innenhof sind die Veränderungen nach 1817 spürbar. Von den Nebengebäuden ist die stark umgebaute Klostermühle von 1651 und ein restauriertes Gebäude südlich des Frühbarocktraktes aus der Zeit um 1660 zu erwähnen.
➤ Die Kirche ist tagsüber geöffnet. Ein Umbau des derzeit nach Grabungen ruinösen Klosters ist beabsichtigt. Internet: www.hoerstel.de/kloster (mit Wanderempfehlungen). Informationen: Tel. 0 54 59/80 26 72 oder 0 54 54/911-0 (Förderverein).

HÖXTER (Kreis Höxter. Karte: E2)
Ev. Marienkirche und ehem. Franziskanerkloster

Obgleich die Nachricht von einer Klostergründung 1248 durch den Corveyer Abt Hermann von Dassel auf eine Urkundenfälschung zurückgeht ist es nicht ausgeschlossen, dass dieser Fälschung ein wahrer Kern zugrunde liegt, denn schon in den 20er Jahren des 13. Jhs. war ein Sohn der Stadt Mitglied des Ordens geworden. Hermann soll auch 1250 den Grundstein zur Kirche gelegt haben. 1261 war sie geweiht. Anlässlich der Verlegung des Kirchweihfestes wird ein Franziskusaltar erwähnt. Vielleicht nach Zerstörungen 1271 waren um 1281 Baumaßnahmen im Gange, die einem Neubau gleich kamen. Auch zwischen 1300 und einer Weihe 1320 erfolgten Bauarbeiten an der Kirche. 1542 traten die Brüder ihren Besitz an den Rat der Stadt ab, 1555 verkauften sie auch das Kloster an den Abt von Corvey und verließen die Stadt. Das Kloster wurde 1573 abgebrochen. 1628 gelangten die Brüder vorübergehend zurück und errichteten das heutige Marienstift nördlich der Kirche als Kloster, aber erst ab 1662 lebten sie wieder dauerhaft in Höxter. Der Corveyer Administrator Christoph Bernhard von Galen entsandte damals Minoriten aus Beverungen-Herstelle in die Stadt und gab ihnen 1674 auch die Kirche zurück. 1804 erfolgte die Aufhebung. Die Kirche wurde nach ihrer Profanierung 1812 schließlich 1952 als Gottesdienstraum und Gemeindesaal in Nutzung genommen.

Die Kirche ist eine zweischiffig-asymmetrische Stufenhalle aus Haupt- und Südschiff von vier Jochen Länge. Die Obergadenwand liegt auf Rundpfeilern mit vier Diensten und stark profi-

Hörstel-Gravenhorst, Blick zum Chor

lierten Arkadenbögen auf. Die Rippengewölbe im Seitenschiff, durch das auch der Zugang über ein Doppelportal erfolgt, sind quadratisch, im Hauptschiff rechteckig. Der Chor setzt sich aus drei weniger tiefen Jochen und einem Polygon aus fünf Seiten des Achtecks zusammen. Die einheitlich wirkende Wölbung ruht auf schlanken Wanddiensten mit einfachen Profilkapitellen. Mehrere Hinweise am Bau deuten darauf hin, dass das Langhaus – vielleicht bis 1261 – einschiffig und sechsjochig war, bevor es um ein zunächst als Hallenschiff geplantes Südschiff erweitert und großräumiger gewölbt wurde. Die Umfassungsmauern des Chores blieben davon unberührt. Zusammen mit der →Franziskaner-Minoritenkirche Münster bildet die Franziskanerkirche in Höxter den Ursprung der vollendeten Hochgotik französisch-kathedralgotischer Prägung in Westfalen.

Im Westjoch des Chores haben sich zwei kleine Gewölbebaldachine als Rest eines Lettner erhalten. Beide Teile wurden mit Holzbohlen zu einer geschlossenen Anlage vervollständigt. Ursprünglich dürfte der Lettner weiter im Westen gestanden haben, vermutlich im Mittelschiff-Ostjoch des Langhauses. Der Taufstein stammt aus der früheren Petripfarrkirche.

Südöstlich des Chores lag ursprünglich ein Stadttor, das später verlegt wurde. Auf die darauf zuführende Straße nahm der Predigtplatz der Brüder südlich der Kirche Rücksicht, bezog sie sogar mit in den Platz ein. Reste des nördlich an die Kirche angebauten mittelalterlichen Klosters sind an der Kirchenaußenwand abzulesen, besonders des Ostflügels am Chor mit

Höxter, Marienkirche, Blick in den Kirchenraum

der gewölbten Sakristei. Das aus zwei Flügeln bestehende zweite Kloster an der Nordseite des Langhauses ist heute evangelisches Gemeindezentrum. Das mächtige Hauptgebäude von 1628/30, zwei Fachwerkobergeschosse auf einem Bruchsteinerdgeschoss, steht in paralleler Ausrichtung zur Kirche. Beide werden durch einen zweigeschossigen Trakt in Massivbauweise verbunden, der vielleicht 1695, vermutlich aber erst 1764 errichtet wurde. Die Geschosse beider Flügel werden durch einen polygonalen Treppenturm in der Nordwestecke verbunden, der auf 1770 datiert ist. Das heutige Pfarrhaus auf der Südseite der Kirche wurde im 18. Jh. als Lateinschule erbaut.

▶ Im südöstlichsten Teil der Altstadt an der ‚Bachstraße', nahe dem einstigen Tor nach Corvey. Die Kirche ist tagsüber geöffnet. Gemeindebüro Tel. 0 52 71/75 86 (keine Innenbesichtigung der ehem. Klostergebäude).

HÖXTER-BRENKHAUSEN
Pfarrkirche St. Johann Baptist und ehem. Zisterzienserinnen-, dann Benediktinerinnenkloster

Die erste Erwähnung des Klosters erfolgte 1246. Zwar ist die Gründungsurkunde von 1234 eine Fälschung, da 1246 der strukturelle Aufbau des Klosters aber weitgehend abgeschlossen war, wird die Fälschung nur unwesentlich vom tatsächlichen Gründungsdatum abweichen; man nimmt allgemein um 1240 an. Als Gründer wird 1287 der Corveyer Abt Hermann I. bezeichnet, doch zeigen die Urkunden eine starke Bindung zu → Warburg-Hardehausen; das nahe → Höxter-Corvey übte den

Schutz über die Nonnen aus. Das Nachlassen der Klosterdisziplin führte 1601 zur Umwandlung in ein Benediktinerinnenkloster durch Corvey. Nach dem Dreißigjährigen Krieg, dessen Dauer über die Nonnen weitgehend in Höxter lebten, blühte auch die wirtschaftliche Lage bald auf. Der Wirtschaftshof wurde neu erbaut, die Kirche erhielt eine barocke Ausstattung und der Süd- und der Westflügel des Klosters konnten zwischen 1710 und 1746 erneuert werden. 1803 erfolgte die Aufhebung im Zuge der Säkularisation. 1823 verließen die letzten Nonnen die Gebäude, die danach zu einem landwirtschaftlichen Gut durch- und umgebaut wurden. Der Ostflügel dient der katholischen Gemeinde, die beiden barocken Flügel bilden ein koptisches Kloster.

Die Kirche ist eine dreischiffige dreijochige Basilika gebundener Ordnung. Das zu einem früheren Zeitpunkt abgebrochene Nordseitenschiff wurde 1924 wieder ergänzt, der Turm als Westabschluss entstand schon 1872. Ein separater Chor ist nicht vorhanden. Die hohen Domikalgewölbe des Hauptschiffs werden von breiten, auf Vorlagen mit Konsolen ruhenden Gurten geschieden und von Schildbögen begleitet. Die spitzen Doppelarkaden zu den Seitenschiffen liegen auf kleinen Pfeilern auf. Der lichte Raum atmet trotz seiner bescheidenen Größe Weite.

Abgesehen von einer kleinen Strahlenkranzmadonna und weiteren Figuren des 16. Jhs. stammt die raumprägende Neuausstattung aus dem 17. Jh. Sie begann mit dem Taufstein 1606. Der zweizonige Hochaltar entstand 1690 und wurde von Johann Georg Rudolphi mit

Höxter-Brenkhausen, Blick zum Chor

Höxter-Brenkhausen, Kirche und Klosterostflügel

Ölgemälden der Himmelfahrt Mariens und der Dreifaltigkeit versehen. Figuren des hl. Benedikt und der hl. Scholastika krönen die beiden Durchgänge in die hinter dem Altar liegende Sakristei. Der Orgelbauer Johann Jakob John aus Einbeck fertigte 1707 das Instrument, von dem nur noch das Gehäuse erhalten ist. Von 1712, und damit nur wenig jünger, ist der hinter Schnitzereien verglaste, altarähnliche Reliquienschrein im Südseitenschiff; er ist Maria und der hl. Ursula gewidmet. Die Ausstattung vervollständigte Johann Christophel Papen 1717 mit der Kanzel.

Der Ostflügel des Klosters stammt noch aus dessen Gründungszeit. Das Erdgeschoss, ursprünglich drei dreijochige und ein zweijochiger Raum, ist vollständig zweischiffig symmetrisch kreuzgratgewölbt. Nur der zweijochige Raum ist durch eine Tordurchfahrt des 19. Jhs. zerstört. Nach Süden schließt sich ein fünfseitiges kleines Brunnenhaus an. Die Ostwand des Obergeschosses zeigt eine gleichmäßige Reihung kleiner Fensterchen, hinter denen die ursprünglichen Schlafzellen der Nonnen liegen. Die Hauptfassade der barocken Flügel liegt nach Westen: Zwei risalitartig vorgezogene Giebelbauten fassen den Flügel (mit Tordurchfahrt aus dem 19. Jh.) ein; Halbwalme mildern ihre Dominanz. In den Giebelwänden bilden Portale mit gesprengten Giebeln und übergiebelten Oberlichtern Zugänge über kleine Freitreppen. Die Türdurchgänge werden von Figurennischen eingefasst. Die breiten Kreuzgänge sind auf pilasterartigen Vorlagen mit Gratgewölben ohne Gurte versehen, einer der beiden Flügel ist heute als koptische Kirche eingerichtet. Auch im Obergeschoss sind bedeutende Reste der Raumaufteilung erhalten.

➤ Die Kirche ist tagsüber offen, eine Außenbesichtigung ist jederzeit möglich. Gemeindeamt Tel. 05271/72483. Koptisches Kloster, Museum und Bibelmuseum (im West- und Südflügel), Tel. 05271/18905 oder 36854, Fax 05271/36742 (Führungen nach Anmeldung möglich).

HÖXTER-CORVEY
Pfarrkirche St. Stephanus und Vitus und „Schloss", ehem. Benediktinerkloster

Corvey ist nicht allein eines der ältesten, sondern vor allem das größte und bedeutendste Kloster des östlichen Westfalens und des niedersächsisch-hessischen Weserraums, über Jahrhunderte ein politisches, geistliches und kulturelles Zentrum. 815 gründete das Kloster Corbie an der Somme eine Möchszelle, die 822 an die Stelle des heutigen Klosters verlegt wurde. Der Machtaufbau erfolgte systematisch und in Schritten: 823 verlieh Ludwig der Fromme dem Kloster die Immunität, 826 wurde es selbständig, ein zentraler Vorgang, für den Ludwig der Reliquien des hl. Stephanus aus der königlichen Kapelle schenkte. Um das Kloster entstand eine vorstadtähnliche Siedlung, der 834 Münz- und Marktrecht verliehen wurde. 836 erfolgte schließlich die Übertragung der Reliquien des hl. Vitus von St. Denis bei Paris nach Corvey. 844 konnte das Langhaus, 867 die vor 873 um eine Umgangskrypta erweiterten Ostteile und 884 das im Kern bestehende Westwerk der Kirche (Baubeginn 873) geweiht werden. Im Jahre 916 zählte der Konvent 65 Mönche. 1118 fand nach einem Brand eine Neuweihe der Krypta statt. Nach einem durch die Parteinahme für den Papst im Investiturstreit ausgelösten Bedeutungsrückgang um 1100 erfolgte unter Abt Wibald von Stablo ab 1146 ein erneuter Aufschwung, der im Umbau des Westwerks und Anbau eines Paradieses bis 1159 einen bis heute sichtbaren Ausdruck fand; es folgte ein Umbau des Querhauses. Im Spätmittelalter sank die politische Bedeutung Corveys jedoch erneut rasch ab, was auch der Anschluss an die Bursfelder Kongregation 1501 nicht verhindern konnte. Die Reformation fand keinen dauerhaften Eingang, doch hinterließ der Dreißigjährige Krieg immense Schäden am Baubestand. Die Wahl des Münsteraner Fürstbischofs Christoph Bernhard von Galen zum Administrator 1661 führte bald zu einer Konsolidierung, die den notwendigen Neubau der Klosterkirche 1667 bis 1671 nach Plänen von Niklas Dentell ermöglichte; die Weihe erfolgte 1674. Schließlich konnte 1699 die Abtei nach Plänen von Ambrosius von Oelde und Vorbild der Fürstabtei Kempten im Allgäu neu erbaut werden. Der Neubau der Klosteranlage begann 1714 mit dem zur Weser hin gelegenen Ostflügel, ab 1722 waren auch die Gebäude des Wirtschaftshofes im Bau, 1727 entstand die Chorscheitelkapelle der Kirche. Die Maßnahmen waren 1737 weitgehend abgeschlossen. Nach zähen Verhandlungen gelang 1794 die Einrichtung eines selbstständigen Fürstbistums Corvey, das aber schon neun Jahre später der Säkularisation zum Opfer fiel. Nach Übergang der Anlage an den Landgrafen von Hessen-Rotenburg 1820 erfolgte die Umgestaltung zum Schloss. Der Herzog von Ratibor als heutiger Besitzer führt den Titel eines Fürsten von Corvey.

In Corvey steht das einzige weitgehend erhaltene Beispiel für ein karolingisches Westwerk in Europa, zugleich ein reifes Beispiel für diese damals verbreitete Bauform. Der Kernbau von 884 war dreitürmig, der Umbau des 12. Jhs. zur heutigen Form hat aber die unteren Geschosse kaum verändert. Sie sind dreigeschossig angelegt. Der gewölbte Erdgeschossraum mit Zugang von Westen ist eine fünfschiffige Pfeiler- und Säulenhalle, wobei die Pfeiler den Zentralturm tragen. Die Turmnebenräume nach Süden, Norden und Osten waren ursprünglich nicht gewölbt. Beeindruckend sind die korinthischen Vorbildern nachempfundenen Vollblattkapitelle mit hohen orna-

Höxter-Brenkhausen, barocke Kreuzgangflügel

Höxter-Corvey, Schloss und Vorplatz

mentierten Kämpferblöcken. Die Seitenschiffe enden nach Westen in zwei kleineren und dem Zentralturm ursprünglich über Eck vorgelagerten Türmen, die einen niedrigeren Verbindungsbau dazwischen überragten. Die mittlere seiner drei Achsen ist risalitartig vorgezogen, übergiebelt und durchfenstert, sie betont den zunächst in eine kurze offene Halle führenden Eingang. Dem Westwerk in ganzer Breite vorgelagert war ein Atrium, ein zweigeschossig umschlossener Hof mit einem Torbau im Westen. Die Inschrifttafel zwischen den Risalitfenstern ist vom Hof aus zu lesen und empfiehlt die Stadt und ihre Mauern – das Kloster als Stadt Gottes und wohl auch die Siedlung darum herum – dem Schutz Gottes und seiner Engel; sie enthält auch die Datierung auf 884. Die Fenster belichten im Inneren den Johannischor, zu dem eine Treppe im Südturm den Zugang bildet. Der zwei Geschosse hohe quadratische Mittelraum im ursprünglichen Hauptturm wird dreiseitig von niedrigen gewölbten Nebenräumen mit Emporen darüber umfangen, nach Osten schließt eine (rekonstruierte) doppelte Bogenstellung den Mittelraum ab, auch der Altar davor entstand an alter Stelle neu. Die verlorenen Zwischensäulen im Emporengeschoss wurden modern ergänzt. Die mittlere Bogenstellung vor dem Vorbau nach außen ist durch die Größe und Gestaltung hervorgehoben. Hier wird der Sitz des Königs bei seinen Aufenthalten in Corvey vermutet, zugleich wohl der Hauptgrund für den Bau der aufwändigen Anlage, die wahrscheinlich aber auch eine konkrete liturgische Funktion hatte. Sogar Teile der zugehörigen Raumausmalung haben sich erhalten: Ornamentbänder, Akanthusranken, geometrische Muster sowie die einzigartige Darstellung des Kampfes zwischen Odysseus und dem Meeresungeheuer Skylla als Rest eines verlorenen Zyklus. Malproben darunter zeigen skizzierte Köpfe und Delphine. Auf den Kämpferplatten zum zentralen Mittelraum hin standen lebensgroße Stuckfiguren, von denen sich die Vorzeichnungen auf dem Putz und Hölzer als Anker für den Stuck erhalten haben.

Der Gründungsbau von 822 war eine dreischiffige Basilika mit Kastenchor, dessen innerer Bereich höher lag und mit einer Stollenkrypta versehen war; eine Scheitelkapelle schloss sich an. Er wurde bis 873 um ein Chorjoch mit Apsis und niedrigeren Querarmen erweitert. Sie boten beiderseits der Ostapsiden Zugang zu einer um den Chor geführten Außenkrypta mit nach Osten verlängerten Stollen und einer kreuzförmigen Scheitelkapelle. Die barocke Kirche ist ein dreijochiger Wandpfeilersaal, an den sich der ebenfalls dreijochige, außen mit Strebepfeilern versehene Chor mit einem Polygon aus fünf Seiten des Zwölfecks anschließt. Die Joche sind von gleichbleibender Tiefe, aber in

Höxter-Corvey, Blick in den Johannischor

Höxter-Corvey, Westwerk

Langhaus und Chor unterschiedlich breit. Auf den quadratischen Pfeilerplatten ruhen gerundete Gewölbe mit sehr leichten Rippen.

Die barocke, überwiegend in dunkelrot und gold gefasste Ausstattung der Klosterkirche, die in wesentlichen Teilen auf Entwürfe von Johann Georg Rudolphi aus den Jahren 1673 bis 1676 zurückgeht, prägt das Raumbild. Rudolphi fertigte auch einen Teil der Altargemälde an (die Wechselbilder des Hochaltars stammen zum Teil von anderen Malern), während die Schreinerarbeiten Johann Sasse aus Attendorn ausführte. Alle drei Altäre sind zweizonig aufgebaut, der Hochaltar recht eigentümlich: Zwei mal zwei gedrehte Säulen flankieren eine Figurennische, die mit einem kleinen Sprenggiebel versehen ist. Der Abschluss der oberen Zone folgt der Rundung der Gewölbekappe. Die Seitenaltäre zeigen die Verkündigung Mariens und die Kreuzigung Christi. Der breit um die Vorlage gezogenen Kanzel ist als Pendant das sogenannte Weihemal des hl. Vitus gegenüber gestellt. Die Kommunionbank, die Beichtstühle, die Kirchenbänke, der Taufstein und die von vier imposanten Hermen getragene Orgelempore gehören zu den weiteren Arbeiten Sasses. Die von Andreas Schneider aus Höxter 1681 erbaute Westorgel ist in Gehäuse und Werk weitgehend erhalten und auch klanglich eine der schönsten Denkmalorgeln Westfalens. Aus der Werkstatt von Johann Christophel Papen aus Giershagen stammen die qualitativ hochwertigen Alabasterepitaphe an den Chorwänden.

Das Kloster und heutige Schloss schließt sich um zwei unterschiedlich große Innenhöfe nach Norden an die Kirche an. Der großzügige Kreuzgang um den kleineren Südhof ist mit Kreuzrippengewölbern versehen, die auf Wandvorlagen ruhen und von breiten Gurtbögen geschieden werden. Vom Südkreuzgang sind nur noch zwei Joche erhalten. Der Nordhof ist nach Westen und Osten mit Durchfahrten versehen. Am westlichen Außentor verweisen Statuen von Karl dem Großen und Ludwig dem Frommen auf die lange Geschichte des Klosters. An den repräsentativen Nordflügel sind zwei Türme an den Ecken angesetzt. Im Inneren sehenswert sind u. a. die Klosterküche an der nordwestlichen Kreuzgangecke, der Kaisersaal im nördlichen Westflügel und die Biblio-

Höxter-Corvey, Kirchenraum nach Osten

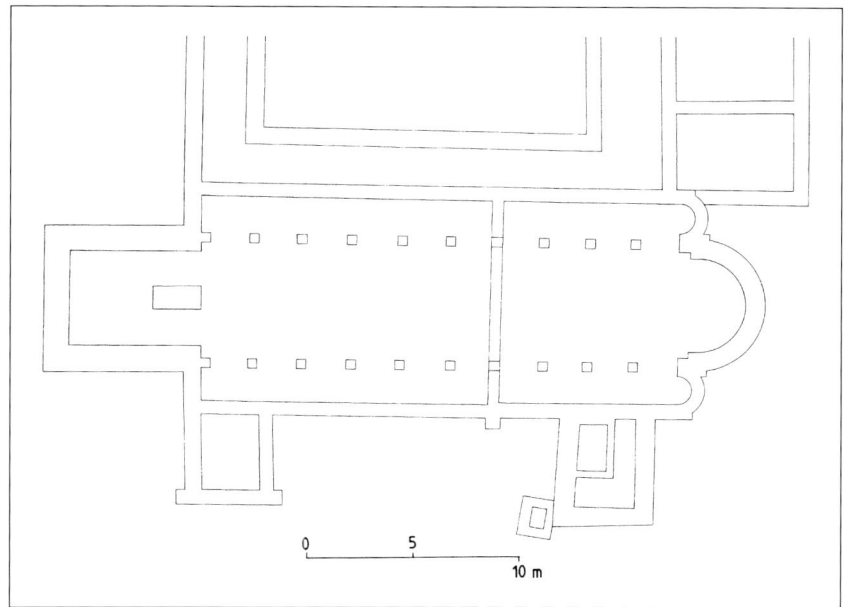

Höxter-tom Roden, Grundriss der Kirchenfundamente

thek im Nordflügel, die Hoffmann von Fallersleben betreute. Das Grab des Dichters befindet sich auf der Südseite der Kirche. Der ausgreifende dreiflügelige Wirtschaftshof südwestlich der Kirche wird nach Norden zum Zugangstor hin verlängert und mündet in einem Winkelbau mit Eckturm, in dem heute die Gastronomie eingerichtet ist.

➤ Das Schloss ist zum Museum eingerichtet, dem die Kirche angeschlossen ist; beide haben gemeinsame Öffnungszeiten und kosten Eintritt. Internet: www.corvey.de. Führungen: Tel. 0 52 71/6 81 32 und 6 81 39, Fax 6 81 40. Gastronomie.

HÖXTER-TOM RODEN
Kirchenruine St. Maria Magdalena und ehem. Benediktinerkloster

Tom Roden, in Sichtweite Corveys gelegen, ist nicht, wie man erwarten könnte, eine Gründung des mächtigen Benediktinerklosters. Wegen eines angeblich am Kloster angebrachten Wappens und zweier in der Kirche gefundenen Stiftergräber hat man das in der Gegend von Einbeck beheimatete Grafenhaus von Dassel als Gründer vermutet. Die Gründung erfolgte vielleicht schon zu Beginn des 12. Jhs., aber die erste Erwähnung und auch die ältesten datierbaren Funde stammen von 1184 bzw. etwa aus dieser Zeit. Damals gehörte das Kloster bereits zu Corvey, das es zur Propstei erhob. Ein Konventual Corveys fungierte als Propst von tom Roden, er wird 1244 erstmals genannt. 1327 zerstörten Herzog Otto von Braunschweig und die Bürger Höxters die Klosteranlage, 1455 wurde sie durch den ehemaligen Propst geplündert. Nach dem Tod des letzten Propstes von tom Roden, der 1505 aus dem Konvent ausgeschieden war, die Propstei aber behalten hatte, zog Corvey alle ihre Einkünfte ein und gab die Anlage 1538 endgültig auf. Vermutlich begann der Verfall der Gebäude schon bald nach 1505. Von 1975 bis 1980 wurde die Anlage archäologisch erforscht und die bis zu 1,5 m hoch erhaltenen Mauern gesichert.

Die Kirche bildete den Südabschluss des Klosters: Eine dreischiffige, flach gedeckte Pfeiler- oder – wahrscheinlicher – Säulenbasilika ohne Querhaus, mit dominierendem Hauptschiff und schmalen Seitenschiffen. Im Westen schloss sich ein zum Mittelschiff in einer Doppelarkade geöffneter Turm an. Im Osten endeten die Schiffe in drei Apsiden, die der Seitenschiffe könnten außen eckig ummantelt gewesen sein. Am vierten Pfeilerpaar von Osten trennte eine Chorschranke den den Mönchen vorbehaltenen Ostteil vom Westteil, der als Pfarrkirche für die Bewohner des Ortes tom Roden eingerichtet war. Er umfasste fünf Pfeilerpaare und war auf den Altar vor dem Lettner ausgerichtet; der Zugang erfolgte durch eine Vorhalle auf der Südseite. Ein weiterer, unterkellerter Anbau nach Süden befand sich an der Mönchskirche. Die Kirche tom Rodens setzt typologisch einen klaren Gegenpol zur Abteikirche Corvey und gilt als einziger Nachfolgebau der „Reformkirche" der Abtei Münden-Bursfelde (Krs. Göttingen) in Westfalen, allerdings mit „westfälischem" Westturm.

Hopsten-Schale, Nordostansicht der Kirche

Das im Laufe seiner 400 Jahre währenden Geschichte mehrfach umgebaute Kloster nördlich der Kirche bestand aus einem vierflügeligen Kreuzgang, an den sich der östliche Flügel anschloss. Er war mit einer Warmluftheizung versehen und diente im Obergeschoss zu Wohnzwecken. Ein Bach wurde abgeleitet und zur Wasserver- und -entsorgung durch den Flügel geführt. Der Kreuzgang öffnete sich zum Innenhof in Arkaden. Ein Sandsteinkapitell, das auf Grund seiner sehr nahen Verwandt-

Hopsten-Schale, Blick ins Langhaus

schaft zu Kapitellen des →Mindener Domchores auf die Zeit zwischen 1225 und 1240 datiert werden kann, könnte von den Kreuzgangarkaden stammen. Im Nordflügel deuten ein (Back-?)Ofen, ein Wasserbecken und Abfallreste aus der Küche auf Wirtschaftsräume. Der zur Siedlung gehörende Friedhof lag südlich und südöstlich der Kirche.

➤ Auf der Straße von Kloster Corvey etwa 800 m nach Norden in Rtg. Holzminden fahren, dann links abbiegen ins Industriegebiet „Zur Lüre", nach weiteren 400 m rechts in einen Feldweg einbiegen (Parken an der Straße ist jedoch empfehlenswert). Eine Besichtigung ist jederzeit möglich. Im nahen Museum Schloss Corvey ist eine Dokumentation eingerichtet.

HOHENHOLTE →HAVIXBECK
HOLTHAUSEN →BÜREN

HOPSTEN-SCHALE (Kr. Steinfurt. Karte: B1)
Ev. Kirche und ehem. Zisterzienserinnenkloster

Schale ist die letzte und jüngste Gründung von Zisterzienserinnen im Bistum Osnabrück, eine Maßnahme zur Grenzbildung zwischen der Tecklenburgischen Grafschaft Lingen und dem Bistum. Bischof Konrad II. von Rietberg übertrug 1278 den Nonnen des Klosters Börstel (Gem. Berge, Kr. Osnabrück) den Hof Große Dresselhaus nebst einem Kotten in Schale mit der Maßgabe, dort ein Kloster einzurichten. Die nach Riga ausgewanderte Ministerialenfamilie, die der Lehnsnehmer des Hofes war, verzichtete auf ihre Rechte an den Besitzungen. 1299 stellte Papst Bonifatius VIII. das Kloster unter seinen Schutz. Zu Beginn des 15. Jhs. wählte der Konvent gemeinsam mit den Grafen von Tecklenburg den Propst, der auch die Pfarrrechte ausübte; er wurde nach der Wahl dem Archidiakon präsentiert. Eine Reform des Ordens lehnte der Konvent zu Ende des Jhs. ab. Als sich die reformationsbedingte Aufhebung des Klosters abzeichnete, boten die sieben Nonnen 1533 das Kloster dem Bischof zum Kauf an, doch der lehnte ab. Zwei Jahre später schloss Graf Konrad von Tecklenburg die Klosterpforten und setzte einen lutherischen Prediger ein. Da Osnabrück den Schritt nicht anerkannte, flammten die alten Streitigkeiten erneut auf.
Nur die Klosterkirche ist im Kern erhalten: Ein zweijochiger, gewölbter Saal mit eingezogenem und niedrigem Chorquadrat in reichen, aber damals schon etwas altertümlichen Formen aus der 2. Hälfte des 13. Jhs. Die Gewölbegurte des Schiffs liegen auf Kastenvorlagen auf, die schwer und stark profilierten Rippen auf Eckdiensten, die eigentümliche Erhöhungen mit Kapitellchen zeigen. Die Kapitellzone ist zu breiten Bändern mit fleischigen Blattknos-

pen zusammengefasst, an den kleinen Kapitellchen findet sich auch stilisiertes Blattwerk. Die Schlusssteine der vierteiligen, durch gemalte Scheitelrippen optisch achtteilig „ausgebauten" Domikalgewölbe sind ornamentiert, im Ostjoch mit dem Rad als Emblem des Bistums Osnabrück. Die Architektur wurde auch an anderen Stellen durch Malerei ergänzt. Der Durchgang zur Turmhalle wurde mit „Querstäben" geschmückt, eine ebenfalls ungewöhnliche Dekoration. Turmhalle und Chor sind mit Domikalgewölben ohne Rippen geschlossen. 1899 wurde der nur wenig über der Traufenhöhe des Schiffes endende Turm aufgestockt und das Südseitenschiff angebaut. Im Innenraum erfolgte die Ergänzung der Dekoration als perfekte Stilkopie.
➤ Die Kirche ist sonntags tagsüber geöffnet. Pfarrhaus (auch Führungen) Tel. 0 54 57/10 58.

Horstmar, Südostansicht der Kirche

HORSTMAR (Kr. Steinfurt. Karte: B1)
Pfarrkirche St. Gertrud und ehem. Kollegiatstift

Vermutlich war die Pfarre eine Eigenkirche der Herren von Horstmar. 1217 wurde sie erstmals urkundlich erwähnt. Auf Bitten des Pfarrers, seiner Kapläne sowie weiterer Geistlicher und Laien richtete der Münsteraner Bischof Ludwig II. von Hessen 1325 das Kollegiatstift ein. 1360 gaben sich die Kanoniker Statuten, die Bischof Florenz von Wewelinghoven 1376 anerkannte; sechs große Kanonikate (später neun) wurden festgeschrieben. Etwa in diese Zeit dürfte auch der Baubeginn der bestehenden Kirche fallen. Für die Kapitelversammlungen existierte ein Haus. Ort, Pfarre und Stift blieben

Horstmar, Teile der Kirchenausstattung

in den Wirren der Reformationszeit katholisch. Die vermutlich schon im 12. Jh. einsetzende Wallfahrt zum Marienbild erlosch mit dessen Verlust bis 1648. 1806 erfolgte die Aufhebung. Aus den Einnahmen von drei früheren Kanonikaten wurde fortan die Besoldung der Seelsorger finanziert.
Die Kirche ist eine dreischiffige, dreijochige Halle in einheitlichem Formensystem mit wenig tiefem Chorjoch und Polygon aus fünf Seiten des Achtecks. Durch hohe Sockel und Kämpfer wirken die Rundpfeiler gedrungen, am Triumphbogen sind schlankeren Rundpfeilern Dienste vorgelegt. Die stark gebusten Rippengewölbe werden durch Transversalbögen geschieden, die nur wenig stärker sind als die Gewölberippen. Der Turm (Helm von 1861) fügt sich im Außenbau in das geschlossene, kompakte Gesamtbild der Kirche ein. Im nördlichen Winkel zwischen Schiff und Chor ist die Marienkapelle angebaut, ursprünglicher Aufstellungsort für das Gnadenbild.
Noch aus der 1. Hälfte des 15. Jhs. stammen die Pietà, der Kruzifix an der Chornordwand sowie, schon um die Jahrhundertmitte entstanden, die Plastik der hl. Gertrud. Als Teile einer Betbank haben sich zwei Wangen eines spätgotischen Chorgestühls erhalten, aus dieser Zeit stammt auch der Fuß eines spätgotischen Osterleuchters, der in das barocke Taufbecken eingebaut wurde. Um 1500 entstand der Sakramentsturm in der Bunickman-Werkstatt in Münster. Neben dem Taufbecken und seinem Eisengitter aus dem 18. Jh. stammen auch die prächtige Kanzel mit dem Wappen von Beverförde-Neuhoffs und das Orgelgehäuse von 1763 (das Werk ist nicht erhalten) aus der Barockzeit. Das große Kruzifix am Turmaußenbau war Teil eines Kalvarienbergs aus dem beginnenden 16. Jh.
➤ Die Kirche ist tagsüber in der Regel geöffnet. Pfarrbüro Tel. 0 25 58/443.

Kirchlengern-Stift Quernheim, Ansicht von Südost

JOSTBERG → **BIELEFELD-QUELLE**
KEPPEL → **HILCHENBACH-ALLEN-BACH**

KIRCHLENGERN-STIFT QUERNHEIM
(Kr. Herford. Karte: D1)
Ev. Kirche und ehem. Augustinerinnenkloster, später Damenstift
Die Klostertradition Quernheims nennt als Gründungsjahr 1147. Die Gründung erfolgte vermutlich durch die Herren von Quernheim, ein 1217 erstmals bezeugtes Ministerialengeschlecht des Damenstiftes Herford, auf Eigenbesitz, einem Haupthof. Initiator der Gründung am Ostrand des Bistums Osnabrück war Bischof Philipp von Katzenellnbogen, die erste Nennung fällt in die Amtszeit des Mindener Bischofs Heinrich (1140–1153). Die älteste Urkunde als sicherer Nachweis der Existenz des Klosters datiert von 1196. Durch Siedlungstätigkeit (heutige Klosterbauerschaft westlich des Ortes) und den Erwerb von Höfen baute sich das Kloster eine beachtliche Grundherrschaft auf. Als es dem Bistum Minden gelang, die Vogtei unter seinen Einfluss zu bringen, wurde sie 1520 dem Kloster rechtlich unterstellt; zu dieser Zeit zählte der Konvent etwa 25 Mitglieder. Nach 1532 wurde das lutherische Bekenntnis eingeführt und das Kloster in ein adeliges Damenstift überführt, das nun auch der Jurisdiktion Mindens unterstand; Minden gab dem Stift 1577 eine Verfassung. Zwischen 1548 und 1555 erfolgte der Umbau der Kirche in die heutige Gestalt. 1810 wurde das Stift aufgehoben.

Der romanische Gründungsbau aus dem 3. Viertel des 12. Jhs. existiert noch im Kern mit dem Südquerarm und dem Chorjoch sowie Resten der Mittelschiffssüdwand. Von der zweijochigen Basilika mit ausladendem Querhaus und Chorjoch sind auch noch Kreuzgratgewölbe vorhanden. In der Südostecke der Vierung hat sich ein gerundetes Palmettenkapitell des 12. Jhs. erhalten. Der in Seitenschiffe eingebundene Westturm ersetzte im 13. Jh. einen dreiteiligen Westbau; die Nordarkade ist von außen sichtbar. Im Winkel zwischen Chor und Querarm entstand im 14. Jh. der quadratische „Fräuleinchor" mit Gruft im Untergeschoss, der mit dem Südquerarm zusammengefasst ist. Nach dem Abbruch beider Seitenschiffe und des Nordquerarms wurde die Südwand geschlossen und die Nordwand bis zum Choransatz etwas weiter nördlich als die alte Arkadenwand neu erbaut, und auch das Glockengeschoss des Turms wurde erneuert oder erbaut. Die Arbeiten wurden vielleicht unter der Leitung von Cord Tönnies, einem durch Arbeiten der Weserrenaissance bekannten Steinmetzen, durchgeführt; sein Meisterzeichen befindet sich über dem Nordportal. Im Innenraum ruhen die rundbogigen, feinen Rippen ohne Schildbögen auf Wandvorlagen mit einfachsten Kämpferplatten. Der noch gotisch empfundene Raum atmet schon den Geist der Renaissance. Ein Lettner trennte den Raum mit den vier Ostgewölben vom westlichen Langhaus. Um 1520/25 vermutlich in einer Osnabrücker Werkstatt entstand der spätgotische Schnitzaltar im Chor mit Kreuzigung, Passionsszenen und Marientod. Die Außenflügel (rückseitig mit Bildnissen des Gründerbischofs und des Osnabrücker Bischofs Konrad von Rietberg) wurden wohl erst mit dem Umbau der Kirche um 1555 angefügt. Im Hochchor und auf dem Fräuleinchor sind insgesamt 12 Sitze des Chorgestühls erhalten, deren Misericordien einige schöne Masken zeigen und das etwa zeitgleich mit dem Schnitzaltar entstand, ebenso wie eine Pietà und eine Ölbergszene, die dem Meister von Osnabrück zugeschrieben werden. Epitaphien sowie Grab- und Memorialsteine von Äbtissinnen und Dienstleuten befinden sich innen und außen an der Kirche.
Im noch gut zu erkennenden Stiftsbezirk, in dem 1810 fünf Kuriengebäude gezählt wurden, ist das sogenannte „Herrenhaus" westlich der Kirche erhalten, ein später nach Westen erweiterter, zweigeschossiger Fachwerkbau mit überkragendem Obergeschoss auf einem zweischiffigen Gewölbekeller aus dem 17. Jh. Das „Richterhaus" von 1676 wurde 1968 abgebrochen.

▶ „Quernheim" und „Stift Quernheim" sind zwei verschiedene Ortsteile! Die Kirche ist geschlossen. Gemeindebüro Tel. 05223/72802

Legden-Asbeck, Kapitell am Triumphbogen

oder Küsterei Tel. 05223/73888. Biologische Station Ravensberg im „Herrenhaus", Tel. 05223/78250.

LANGENHORST → OCHTRUP
LEEDEN → TECKLENBURG

LEGDEN-ASBECK (Kr. Borken. Karte: B2)
St. Margareta und ehem. Damenstift
Der Münsteraner Bischof Werner von Steußlingen bestätigte zwischen 1132 und 1151 die Gründung eines Klosters an der bereits bestehenden Pfarrkirche von Asbeck, wobei nach einer Notiz von 1151 umstritten ist, ob es sich um ein Doppelkloster prämonstratensischer Ausrichtung handelte. Die Ordenszugehörigkeit wird 1154 nicht genannt, 1173 jedoch waren die Bewohnerinnen Kanonissen, die 1282 nach der Augustinusregel lebten. In der Amtszeit des Münsteraner Bischofs Hermann II. von Katzenellnbogen zwischen 1173 und 1203 wurden die Klostergebäude errichtet. Er verfügte auch eine Begrenzung des Konvents auf 40 Frauen und gliederte die Pfarrei St. Brigida im Nachbarort Legden dem Stift ein. Der Grundbesitz des Kloster war zwar umfangreich, lag aber sehr verstreut und bis zu 70 km von Asbeck entfernt. Nach Anfängen schon vor 1533 erfolgte 1573 die Umwandlung in ein katholisches freiweltliches Damenstift, das 1805 aufgehoben wurde.
Die im Grundriss gleichmäßig kreuzförmige Kirche setzt sich aus annähernd quadratischen Gewölbejochen zusammen: an das zweijochige Saallanghaus schließt sich das ausladende Querschiff an, das in einen Kastenchor mit über einen zusätzlichen Gurt als Schildbogen etwas nach außen gezogener Ostwand vermittelt (→ Metelen, → Ochtrup-Langenhorst). Die Formen des Langhauses weisen durch die einfachen Blockkapitelle auf eckigen Vorlagen mit Diensten auf eine Entstehung in der zweiten Hälfte des 12. Jhs., während die Ostteile in der Nachfolge von → Harsewinkel-Marienfeld fein ausgearbeitete Blattkapitelle in Kelchblockform als Teil eines differenzierten Formenapparats für die Kreuzgrat- bzw. im Chor Rippengewölbe (mit hängendem Schluss-

Legden-Asbeck, Blick zum Chor

Lemgo, Marienkirche, Chor von Süden

stein) zeigen. Der Bau dürfte im 2. Viertel des 13. Jhs. erfolgt sein. Die Gewölbe erhielten eine reiche, teils ornamentale Architekturmalerei. Der nach Südwesten versetzt angebaute Turm lässt vermuten, dass eine Doppelturmanlage geplant war. Der Unterschied der beiden Bauphasen zeigt sich auch in der Dekoration des durch eine steilere Dachneigung im 19. Jh. veränderten Außenbaus; die Fenster wurden zum Teil zu Ende des 15. Jhs. vergrößert. Die Ostwand des Chores ist mit einem eigenen Pultdach versehen.
Ältestes Ausstattungsstück ist der Taufstein aus der Bauzeit der Ostteile. Aus der 2. Hälfte des 15. Jhs. stammen noch eine Pietà sowie eine Dorothea mit Jesusknaben, aus dem 17. Jh. eine Figur des hl. Rochus und aus dem 18. Jh. drei weibliche Heilige und die lebensgroßen Figuren der Kirchenväter Ambrosius und Augustinus an der Chorostwand. Der Osterleuchter aus Sandstein entstand um 1500 in der Bunickman-Werkstatt in Münster.
Das 1984 nur ansatzweise archäologisch erfasste Kloster war südlich an die Ostteile der Kirche angebaut. Die an der Südostseite der einstigen Anlage gelegene „Kemenate" der Äbtissin ist als um 1500 umgebautes Gebäude aus Bruch- und Backstein erhalten. Der Giebel weist eine Dekoration aus zwei Kielbögen und einer Zierplatte auf. Rückseitig hat sich ein geringer Rest des Kreuzgang-Südflügels erhalten. Einzigartig in Westfalen blieb der Überführung des zweigeschossigen Westkreuzgangs 1864/66 als Fassade für das Diözesanmuseum am Domplatz in Münster; er wurde dort 1943/45 zerstört. In Asbeck, wo er an die West-

wand des Südquerarms anschloss, sind nur Reste als kleine Westvorhalle der Kirche zusammengesetzt worden. Der Kreuzgangflügel war wohl der schönste romanische in Westfalen: Ohne Wandstücke dazwischen rhythmisierten das Erd- und das Obergeschoss 10 gekuppelte, durch Drillingssäulen getrennte Fensterarkaden, im Erdgeschoss jede dreiachsig, im Obergeschoss vierachsig. Das Torhaus (sogenannte Hundepforte) in Ziegelfachwerkbauweise östlich der Kirche entstand 1630. Im Obergeschoss befindet sich ein Saal.
➤ Die Kirche ist tagsüber geöffnet. Führungen: Pfarrbüro, Tel. 0 25 66/16 12 oder Verkehrsverein, Tel. 0 25 66/95 03.

LEMGO (Kr. Lippe. Karte: D2)
Ev. Marienkirche und Damenstift, ehem. Dominikanerinnenkloster
Die Mindener Dominikaner betrieben die Gründung eines Klosters in Petershagen-Lahde (Kr. Minden-Lübbecke) seit 1242. Als Gründerin gilt Richenza, die Frau des Edelvogtes Widukind von Minden. Der Mindener Bischof Kono von Diepholz bestätigte die Gründung 1265. Die ersten Nonnen kamen unter anderem aus → Soest-Paradiese. Streitigkeiten mit den Erben der Gründerin veranlassten die Nonnen zur Bitte um Verlegung des Klosters. Nicht zuletzt wegen einer bedeutenden Summe Geldes, das sie zum Freikauf Simons I. zur Lippe aus Osnabrücker Gefangenschaft beitrugen, erhielten sie 1305 ein großes Grundstück westlich der im Bau befindlichen Pfarrkirche in der Lemgoer Neustadt. Schon im Herbst des folgenden Jahres konnte dort der vierzigköpfige Konvent erste Bauten beziehen. Durch Schenkungen der Edelherren zur Lippe, der Grafen von Pyrmont und von Hoya sowie weiterer Adeliger und Lemgoer Bürger gelangten sie an einen bedeutenden Besitz, den sie wirtschaftlich weitsichtig verwalteten und zu mehrten wussten. 1538 unter dem Vorwand sittlicher Verwahrlosung in ein „Jungfrauenkloster" umgewandelt, wurde es 1713 zum evangelischen „weltlichen Damenstift St. Marien in Lemgo" reformiert. Es wurde nie aufgehoben und nach dem Neubau der Gebäude 1969/70 mit dem Stift in → Lippstadt-Cappel vereinigt.
Die Kirche ist eine dreischiffige, vierjochige Halle mit annähernd quadratischem Chorjoch und einem Chorschluss aus fünf Seiten des Zehnecks. Ein Querhaus war vielleicht geplant, wurde aber nicht ausgeführt. Baubeginn war um 1260 mit den Ostteilen. Zwischen 1288 und 1300 wurde das Polygon, an dem sich außen Tierwasserspeier und Reliefs (u.a. der hl. Georg als Drachentöter) finden, erneuert. Gleichzeitig wurde der Bau des Langhauses nach Westen fortgesetzt und um 1320 an das Kloster angeschlossen. Es wurde in der Raumwir-

Lemgo, Marienkirche, Blick zum Chor

kung und Einzeldurchbildung am →Mindener Domlanghauses orientiert konzipiert und mit geometrischen Fenstermaßwerken mit reicher floraler Kapitellplastik versehen. Ganz ungewöhnlich sind jedoch die figürlichen Szenen an den östlichen Pfeilerkapitellen und -schäften im Innenraum: Darstellungen der Laster von Würfelspiel, Trunksucht und Rauferei sowie Szenen aus dem Leben Jesu, darunter seine Geißelung an einer Säule. An den Pfeilervorlagen der Westwand wurde der thronende Christus einem Juden mit Schwein gegenüber gestellt – Kirche und Synagoge, das Alte und das Neue Testament. Der Turm über dem westlichen Hauptschiffjoch wurde nicht vollendet und um 1630 abgebrochen, stattdessen entstand schon um 1355/60 im Winkel zwischen Chornordwand und Nordschiff ein niedriger Turm, der im auf einer Mittelstütze vierteilig gewölbtem Erdgeschoss als Sakristei dient. Die grün dominierte Raumfassung wurde nach Befund wieder hergestellt; die Rankenmalerei im Nordschiff stammt aus der Zeit um 1470. Zwischen 1350 und 1375 wurde das Südschiff um ein Joch nach Osten verlängert, mit einem prächtigen Maßwerkfenster nach Süden versehen und das Gewölbe mit einer Verkündigung und einer Marienkrönung ausgemalt. Die im 17. Jh. abgebrochene Nonnenempore wurde im Westjoch rekonstruiert.

Nur die bedeutendsten Stücke der Ausstattung können hier genannt werden. Die beiden an der Ostwand des Südschiffs aufgestellten, ursprünglichen Liegefiguren Ottos zur Lippe und seiner Frau mit portraithaften Zügen stammen vermutlich von Heinrich Parler aus der Zeit um 1376/78. Auf dem Altartisch befindet sich über Apostelfiguren ein Kruzifix aus der Zeit um 1450. Das Sakramentshaus am südlichen Triumphbogenpfeiler entstand um 1470, das Triumphkreuz um 1500. Aus der Renaissancezeit ist neben dem Taufstein von 1592 besonders die Orgel an der Ostwand des Nordschiffs beachtenswert: Vom Werk des Orgelbauers Jürgen Slegel aus Zwolle von 1587/90 sind der Prospekt mit dem sichtbaren Pfeifen eines Registers sowie Windladen im Inneren erhalten, 1933 wurden die übrigen Register mit dem Versuch ergänzt, das ursprüngliche Klangbild zu rekonstruieren. Die Kanzel schuf Hermann Voß 1644. Die Klostergebäude schlossen sich unmittelbar an die Westseite der Kirche um einen Kreuzgang an und wurden nach einem Neubau 1828 in der Mitte des Wirtschaftshofes westlich davon abgebrochen. Heute stehen hier die Neubauten des Stiftes. Nordwestlich der Kirche an der Stiftsstraße sind noch das frühere Kornhaus von 1794 stark verändert sowie die Alte Abtei (heute VHS) erhalten.

➤ Im Südwesten der Altstadt an der ‚Stiftstraße'. Internet: www.lemgo.de →Kulturell →Museen & Sehenswertes. Die Kirche ist montags geschlossen. Führungen: Gemeindebüro, Tel. 05261/2007 oder Touristikbüro, Tel. 05261/9887-0.

Ev.-ref. Johannis- oder Brüderkirche und ehem. Franziskaner-Observantenkloster
Die Initiative zur Gründung des Franziskanerkonvents ging von den Edelherren Bernhard VII. zur Lippe und seinem Bruder Simon aus, der 1463 Bischof von Paderborn wurde. 1461 genehmigte Papst Pius II. die Gründung mit Kirche, Wohngebäude, Kreuzgang, Werk-

stätten und Küchengarten. 1463 trat der lippische Droste und Ritter Johann von Molenbeck dem Guardian des → Agnesklosters in Hamm seinen Stadthof ab, auf dem vermutlich die Gebäude errichtet wurden. Er dürfte als eigentlicher Gründer der Ordensniederlassung zu bezeichnen sein. Die Nachrichten zum Kloster fließen nur spärlich, doch scheint es angesehen gewesen zu sein. Nach 1532 wurden die Repressalien gegen die Brüder immer heftiger. Nach eineinhalbjähriger Gefangenschaft hinter vernagelten und bewachten Türen im eigenen Kloster floh der Konvent 1560 in das → Franziskanerkloster nach Bielefeld. Zwei Jahre später überwies der Landesherr die Klostergebäude der Stadt zur Unterbringung der Armenhäuser St. Loyen (St. Eligius) sowie hl. Geist Altstadt und hl. Geist Neustadt. Die danach erbauten Gebäude sind inzwischen abgerissen worden. Nach der Zerstörung der alten Johanniskirche vor den Stadttoren erhielt die Gemeinde die leerstehende Kirche 1638 zugewiesen. Sie wurde 1799 klassizistisch umgebaut.

Die Kirche ist ein langgestreckter, ursprünglich vermutlich mit durchgehender Scheiteltonne gedeckter Saalbau ohne baulich kenntlichen Chor, die den Nordflügel des Klosters zur Straße hin bildete. Mit dem Umbau 1799 wurden die Giebel ab- und die Decke ausgebrochen, die Fenster vergrößert und die Strebepfeiler aus Abbruchmaterial des Klosters angesetzt – sie spiegeln also keine Jochteilung für eine Wölbung wider. Unter dem flachen, nun über den beiden Mitteljochen der Nordseite mit einem Uhrengiebel versehenen Mansarddach entstand eine flache Holzdecke; der Dachreiter wurde in die Dachmitte versetzt. Holzempo-

ren und Kanzel sind nachreformatorisch; sie stammen von 1683/84.
Als einziges älteres Gebäude ist das spätere Haus der Provisoren von St. Loyen erhalten. Es wurde im Kern noch im 15. Jh. erbaut, ist zweigeschossig und nur im westlichen Drittel unterkellert. Die archäologischen und bauhistorischen Untersuchungen 1987/89 ergaben, dass ein Teil des Kreuzgangsüdflügels in das Gebäude integriert war. Auch das zwischen 1793 und 1798 abgebrochene Kloster bzw. der Kreuzgang an der heute verputzten Südwand der Kirche wurde vor dem Neu- bzw. Nordanbau an das Provisorenhaus als heutiges Gemeindezentrum archäologisch erfasst. Zugänge vom früheren nördlichen Kreuzgangflügel sind erkennbar, ein gläserner Anbau führt vom Gemeindezentrum in die Kirche.
➤ Am Busbahnhof in der ‚Mittelstraße'. Internet (im Aufbau): www.st-johann.org. Die Kirche ist gewöhnlich geschlossen. Gemeindebüro Tel. 05261/3850.

Stadtarchiv, ehem. Augustinerinnen-Schwesternhaus St. Maria im Rampendahl
Vermutlich entstand das Kloster 1448 auf Anregung des Rektors des Herforder Fraterhauses durch die Umwandlung eines Beginenhauses, das zeitweise mit dem → Schwesternhaus in Detmold zusammen verwaltet wurde. Der Devotio moderna nahestehend, erhielt es 1456/59 durch den Paderborner Bistumsadministrator Dietrich von Moers die Augustinerregel. Die anfänglich 12, später bis zu 40 Frauen, die nur sehr eingeschränkt ihr Klosterareal vergrößern durften, lebten von der Leinen- und Tuchproduktion. Mit der Reformation starb das Klos-

Lemgo, ev.-ref. Brüderkirche, Nordseite

Lemgo, Stadtarchiv, ehem. Kapelle

ter allmählich aus. 1560 zog in einem Teil eine Buchdruckerei ein, 1576 starb die letzte Schwester. Die Kirche wurde 1583 zu einer Schule und 1989/90 zu einem modernen Stadtarchiv umgebaut.
Die im Kern erhaltene Kirche des Schwesternhauses wurde zwischen 1504 und 1507 erbaut und ersetzte eine ältere Kapelle. Der kleine, zweijochige und in einem Polygon aus fünf Seiten des Achtecks schließende Bau wurde mit Kreuzrippengewölben versehen, deren Schub außen durch Strebepfeiler abgefangen wurde. Die vermutlich einst vorhandenen Maßwerkfenster sind ersetzt. Der Zugang erfolgt von der Westseite. Im Inneren, das heute durch eine Zwischendecke geteilt ist, waren 1507 vier Altäre vorhanden. Von den Wohnhäusern und Stallungen, die westlich der Kirche das Kloster bildeten, sind keine Reste erhalten.
➤ Westlich der ‚Breiten Straße' zwischen ‚Reihertstraße' und ‚Rampendahl'. Eine Außenbesichtigung ist eingeschränkt möglich. Stadtarchiv „Süsterhaus", Tel. 05261/213413 oder 213414.

LETTE → OELDE
LEVERN → STEMWEDE

LICHTENAU-DALHEIM (Kr. Paderborn. Karte: D3)
Klostermuseum, ehem. Augustinerinnen-, später Augustiner-Chorherrenkloster
Der Zeitpunkt der Gründung eines Augustinerinnenklosters an der schon bestehenden Pfarrkirche des Dorfes Dalheim ist nicht bekannt. Da die Nonnenempore darin aber noch im 12. Jh. eingebaut wurde, ist eine Initiative des Paderborner Bischofs Bernhard von Oesede um die Jahrhundertmitte denkbar. Erst 1264 erfolgte die erste gesicherte Erwähnung. Das Ende des Frauenklosters ist so unsicher wie sein Anfang: Irgendwann zwischen 1389 und 1429 wurde es nach mehrfacher Zerstörung in Fehden verlassen. Es teilte dieses Schicksal mit zahlreichen Dörfern der Gegend. 1429 wurden die Augustiner-Chorherren in → Büren-Böddeken auf das Kloster und die untergegangenen Dörfer in seiner Nähe aufmerksam. Es gelang ihnen vor allem durch ihre bereits erzielten Erfolge in der Landwirtschaft, zunächst einen Außenhof zur Bewirtschaftung der Ländereien zu gründen, den sie 1452 schließlich nach langen Streitigkeiten in die Selbständigkeit entlassen mussten. Die „Stadt auf dem Berge des himmlischen Jerusalem" dürfte 1485 weitgehend, aber nicht vollständig fertig gestellt gewesen sein. Zwei Inschriften zufolge wurde die Kirche 1460 begonnen und 1470 geweiht. In den Jahren ab etwa 1685 wurde zunächst das alte Kloster modernisiert und von 1711 bis etwa 1737 die westlichen Flügel an- und umgebaut. Damals entstand auch der Wirtschaftshof völlig neu. Nach der Aufhebung 1803 wurde eine dem König in Berlin unterstellte Domäne als „Musterökonomie" für das Paderborner Land eingerichtet, die diesem Anspruch jedoch kaum gerecht und 1926 schließlich privatisiert wurde. Schon im 19. Jh. wurden Kloster und Kirche zu Ställen umgebaut und nach einem Großbrand 1838 der Baubestand radikal reduziert. Seit 1979 ist der Landschaftsverband Westfalen-Lippe Besitzer der einstigen Klosteranlage, der sie nach und nach zu einem Klostermuseum umbaut.

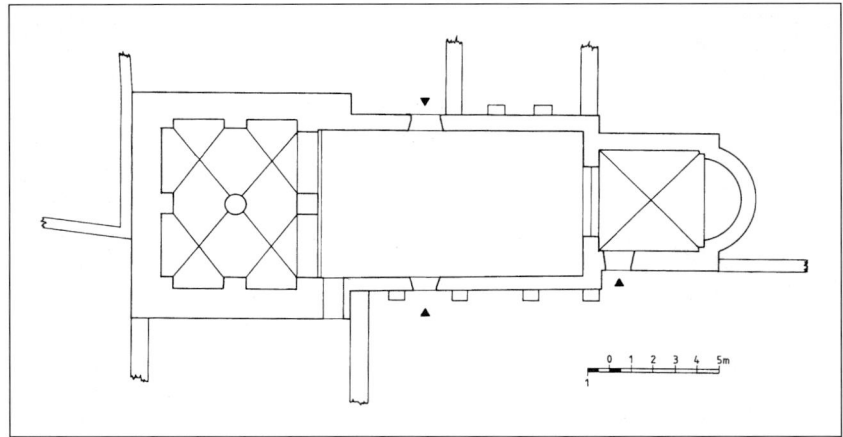

Lichtenau-Dalheim, Pfarr- und Nonnenklosterkirche

Die Ruinen der alten Pfarr- und Klosterkirche im Tal wurden ergraben und sichtbar gelassen: Es handelte sich um einen flach gedeckten, kleinen Saalbau mit etwas eingezogenem, gewölbten Chorquadrat und Apsis. Im Westen wurde spätestens nach der Klostergründung ein mächtiger, über die Flucht der Langhausmauern ausspringender Turm angebaut, in dessen Innenraum über einem vierteiligen Gewölbe mit Mittelsäule eine steinerne Nonnenempore errichtet wurde. Die Klostergebäude lagen südlich der Kirche. Beides wurde von den Mönchen zunächst wiederaufgebaut, bevor sie nach 1452 den heutigen Neubau begannen, für den sie die Säule der Nonnenempore in der Sakristei wiederverwendeten.

Die Kirche des spätmittelalterlichen Klosterkomplexes bildet dessen Nordflügel: Ein lang gestreckter, mit gleichmäßig rechteckigen Kreuzrippengewölben gedeckter Saal, der in einem Polygon aus fünf Seiten des Achtecks schließt. Im sechsjochigen Langhaus sind die Strebepfeiler in den Raum einbezogen und bilden schmale Nischen, an deren Ostseiten jeweils ein Altar stand. Unter dem östlichen Joch des Langhauses – mit offenem Schlussstein für die Glockenseile in dem bis 1838 erhaltenen Dachreiter – stand der Lettner, dessen Aufgang im Kreuzgang erhalten ist. Im Chor zeichnen sich das gemalte Zifferblatt einer Uhr und der Hintergrund des Sakramentshauses ab. Die Fenstermaßwerke sind modern ergänzt. Von der Ausstattung wurden Teile des Sakramentshauses, des Lettners und des barocken Hochaltars gefunden. Die übrige Ausstattung gelangte in Kirchen der Umgegend – allem voran die berühmte große Westorgel aus dem 18. Jh., die heute in Borgentreich (Kr. Höxter) steht.

Ost- und Südflügel des Klosters sind im Kern mittelalterlich, wurden aber um 1700 außen und innen modernisiert, schließlich wurde nach dem Brand 1838 das Obergeschoss abgebrochen. Die drei erhaltenen Kreuzgangflügel – der südliche wurde ebenfalls abgebrochen – blieben dagegen in ihrer Form des ausgehenden 15. Jhs. erhalten, besonders im Ostflügel, der eine eigentümliche Gewölbeform zeigt, auch mit der großflächigen Ausmalung der Zeit. Sie unterstützt die Architekturgliederungen, fügt aber in den Gewölbekappen auch Figuren und Szenen hinzu. Die motivischen Schlusssteine sind, wie auch ein Teil der Gewölbegrate, mit Stuck angeputzt. Im Ostflügel ist die Sakristei mit ihrem vierteiligen Gewölbe erhalten (jetzt kath. Kapelle),

Lichtenau-Dalheim, Kirche nach Osten

Lichtenau-Dalheim, Chorschluss der Kirche

daran schließt sich der frühere Kapitelsaal an; er war mit einem offenen Kamin heizbar. Im vollständig zweischiffig unterkellerten Ostflügel befindet sich auch der Rest einer Warmluftheizung, mit der zunächst eine Wärmestube darüber, nach einem Ausbau auch weite Teile von Erd- und Obergeschoss geheizt werden konnten. Im Südflügel lagen die Speisesäale, die von der Küche im Westflügel aus beschickt werden konnten. Der Westflügel bildet nach Westen den Mittelbau (1737) einer schlossähnlichen barocken Dreiflügelanlage um einen Hof, der durch eine Durchfahrt in der Prälatur (1714), dem Nordflügel in der Verlängerung der Kirche, erreicht werden kann. Der Südflügel (1727) als Pendant dazu wurde als Gästehaus sowie als Wirtschaftsgebäude genutzt. Hier befand sich unter anderem die Brauerei des Klosters.

Der Besucher betritt die Anlage durch das Tor neben der früheren Orangerie des Prälaturgartens, das heute als Gastronomie ausgebaut ist. Die vier in einem rechten Winkel zueinander geländeabwärts stehenden Scheunen stammen aus der 1. Hälfte des 18. Jhs., die funktionsfähig eingerichtete Schmiede östlich des Chores der Kirche vermutlich noch aus dem 17. Jh. Die Scheune westlich des Klosterteiches, die ebenfalls funktionsfähige Wassermühle mit der Stellmacherei sowie die beiden Gebäude südlich des Gästeflügels im früheren Lustgarten des Konventes wurden im 19. Jh. erbaut, in der Zeit als Staatsdomäne. Das Gelände ist mit einer hohen Mauer umgeben, in die nur an der Westseite zwischen Prälaturgarten und dem mit uralten Bäumen bestandenen Eichgarten ein Mauerturm eingebaut ist. Er diente im 18. Jh. vermutlich auch zu astronomischen Beobachtungen. Das Tor etwas südlich des Turms markierte lediglich die optische Achse für die barocken Flügel, es hatte kaum eine praktische Bedeutung. Die Umgebung Dalheims lädt übrigens zu ausgedehnten Wanderungen ein, Wege sind ausgeschildert. Es lohnt sich aber in jedem Fall ein Blick vom östlich gelegenen Paschenberg auf die einstige Klosteranlage.

▶ Geöffnet April bis Oktober Di bis So 10–18 Uhr; im Winterhalbjahr nur Außenbesich-

Lichtenau-Dalheim, Blick in den Ostkreuzgang

tigung. Ein Rundgang über das Gelände ist beschildert. Internet: www.kloster-dalheim.de. Führungen: Tel. 05251/10510. Offene Führungen an Sonn- und Feiertagen um 14.00 Uhr. Klosterladen. Gastronomie.

LIESBORN → WADERSLOH

LIPPSTADT (Kr. Soest. Karte: D2)
Stiftskirchenruine und ev. Damenstift, ehem. Augustiner-Kanonissenstift
Auf dem Gelände seiner ererbten Stadtburg wandelte der Gründer Lippstadts, Bernhard II.

zur Lippe, etwa zeitgleich mit der Stadtgründung um 1185 die Burg in ein Kanonissenstift um. An der Lippe blieb bis in das 17. Jh. hinein das „Haus auf der Mauer" als Residenz bestehen. Um 1190 wurde mit dem Bau des Nonnenchores begonnen und dieser provisorisch mit einer Apsis nach Osten geschlossen. Zwischen 1207 und 1244 lag die Hauptbauzeit der Kirche, die gleichzeitig städtische Pfarrkirche war. 1325 wurde der frühere Chor durch das Chorpolygon ersetzt. Dank reicher Schenkungen hielt eine Blüte bis ins 15. Jh. an, schließlich begannen aber die Damen damit, einzelne Kurienhäuser zu beziehen. 1486 lebten 46 Damen im Stift. Um 1600 war der Übergang zu einem freiweltlichen adeligen Damenstift vollzogen. Nach dem Neubau der Abtei 1740 wurden Kreuzgang und Klausur bis auf einen Gebäuderest abgebrochen und einzelne Fachwerkgebäude errichtet. Die Aufhebung des Stiftes 1812 wurde 1826 rückgängig gemacht. 1831 wurde die Kirche wegen Baufälligkeit geschlossen. Die Gewölbe stürzten nach und nach ein, die Umfassungsmauern wurden jedoch erhalten. Geschickt konnte der Stiftsbesitz im 19. Jh. vermehrt werden. Anstelle von Preußen und dem Land Lippe, die im 19. Jh. die Stellen vergaben, erfolgt dies heute durch die Bezirksregierung in Arnsberg und den Landesverband Lippe in Detmold. Auf dem westlichen Teil des Geländes befindet sich der Neubau eines Altenheims.
Die Kirche ist bzw. war eine dreischiffige, vierjochige Halle mit längsrechteckigem Westbau in Mittelschiffsbreite, Chorpolygon aus fünf Seiten des Achtecks und Seitenschiffen, die in quadratischen Chorflankentürmen mündeten (nur der 1846 abgebrochene Südturm wurde

Lippstadt, Stiftsruine, Südwand

Lippstadt, Stift, Remter

ausgeführt). Dadurch ist das Hauptschiff-Ostjoch stark querrechteckig, während die anderen Hauptschiffjoche quadratisch sind. Pfeiler und Kapitelle entsprechen dem in →Marienfeld und der Großen Marienkirche Lippstadts vorgeprägten Typ: Einem Pfeiler von kreuzförmigem Grundriss sind in den Ecken Junge Dienste für die massigen Diagonalrippen der Gewölbe, vor den Flächen Alte Dienste vorgelegt, die in der Gewölbezone in Transversalbogen-Unterzüge übergingen. Berühmt sind die Fenstermaßwerke, die die Entwicklung vom „Lochblendenfenster" zum logisch hierarchisch gegliederten Maßwerk von Ost nach West erkennen lassen. Das Chorpolygon aus dem 14. Jh. ist dagegen einfach gehalten. Der in den Formen noch spätromanisch aufgefasste Nonnenchor war vermutlich mit eineinhalb Domikalen gewölbt: Das Westjoch stieß als gehälftetes Gewölbe an die Westwand (→ Marienfeld, Chor). Da die Stiftsempore nicht auf einer massiven Wölbung, sondern auf einer flachen Holzbalkendecke ruhte, musste der Altar St. Maria Magdalena darauf durch einen in filigrane Säulchen aufgelösten Unterbau gestützt werden, der am Übergang zum Schiff erhalten ist. Auch im Westjoch des Nordschiffes war eine Empore eingebaut. Beide Emporen waren über einen doppelgeschossigen Kreuzgangflügel zu erreichen, der sich nach Westen anschloss.

Vom Kloster des 13. Jhs. ist nur ein später verkürzter Rest des Westflügels erhalten, der sogenannte Remter. Archäologisch wurde jedoch ein großer Teil des Klosters erfasst. An der Ostwand des Erdgeschosses sind noch die Schildbögen der Kreuzganggewölbe erkennbar, im Obergeschoss die kleinen durch Säulchen geteilten Fenster der Schlafräume der Nonnen, davon in der Westwand eines mit Lippischer Rose. Die Toreinfahrt entstand erst mit der Einrichtung zum Kornspeicher um 1780. Im Fachwerkgebäude nördlich des Westbaus ist ein kurzer Teil des Kreuzgangs erhalten. Drei Fachwerkkurien aus dem 18. Jh. stehen im ummauerten Stiftsbezirk, der im Treiben der Stadt einen Ort der Ruhe bildet.

Im Remter befindet sich eine Sammlung von interessanten Fragmenten aus dem Gewölbebereich der Kirche, darunter Rippen und Schlusssteine sowie Fragmente der Chorgestühls und weitere Ausstattungsreste.

► Im Baublock westlich von Großer Marienkirche und ‚Cappelstraße'. Der Zugang zum Stiftsbezirk erfolgt von der Straße ‚Stiftsfreiheit' südwestlich der Kirche. Internet: www.lippstadt.de → Entdecken+Erleben →Lippstadt Sehenswertes →Lippstadt Impressionen. Eine Besichtigung des Geländes ist jederzeit möglich. Ruine und Lapidarium sind mit Führung zu besichtigen: Verkehrsverein Lippstadt, Tel. 0 29 41/5 85 15.

Ev. bzw. griech.-orth. Brüderkirche und ehem. Augustiner-Eremitenkloster

Im Jahre 1280 oder 1281 gründete der erzbischöflich-kölnische Kanzler Friedrich von Hörde das Augustiner-Eremitenkloster vermutlich auf dem Stadthof des Adelsgeschlechtes – trotz eines Erlasses der Edelherren zur Lippe von 1269, keine weiteren Klöster in der Stadt zuzulassen. In der grenznahen Stadt zwischen den Bistümern Köln und Paderborn dürfte der Wechsel auf dem Paderborner Bischofstuhl 1277 von Simon zur Lippe zu Otto von Riet-

Lippstadt, Brüderkirche, Langhaus nach Westen

berg entscheidenden Anteil daran gehabt haben. Von Hörde richtete im Chor der neuen Kirche die bis zur Reformationszeit hinein belegte Familiengruft ein. Als Friedrich 1317 starb, wurde er hier bestattet. Die vermutlich 1282 begonnene Kirche dürfte zu diesem Zeitpunkt weitgehend, 1320 vollends fertig gestellt gewesen sein. Als 1524 zwei Brüder vom Studium aus Wittemberg in ihr Kloster zurückkehrten, leiteten sie mit ihren Predigten die Reformation in Lippstadt ein. 1542 übergaben die letzten von ihnen das Kloster der Stadt. Zeitweise durch Jesuiten genutzt, wurde die Kirche 1661 der evangelisch-reformierten Gemeinde übertragen. 1706 wurde das Kloster abgebrochen und ein Gouvernementsgebäude errichtet. Der Chor der Kirche wurde nach dem Einsturz 1724 stark verkürzt wiederaufgebaut. Schließlich wurden Anfang des 20. Jhs. auch die Gebäude von 1706 durch die Wilhelmsschule und seine an die Kirche stoßende Turnhalle ersetzt. Die der evangelischen Gemeinde Lippstadts gehörende Kirche ist an die griechisch-orthodoxe Kirche verpachtet.

Die Kirche ist eine zweischiffig-asymmetrische, dreijochige Hallenkirche aus Haupt- und Südseitenschiff, die weit im Baublock von Brüderstraße und Markt zurückliegt. Die Hauptansicht nach Südwesten zeigt jedes Joch des Seitenschiffes übergiebelt, ein weiterer Giebel über der Westwand des Hauptschiffs wurde im 17. Jh. abgebrochen. Im durch große Maßwerkfenster lichten und weiten Innenraum tragen zwei stämmige Rundpfeiler mit Profilplatten die im Hauptschiff quadratischen, stark gebusten Kreuzrippengewölbe; alle Schlusssteine sind mit Masken oder Ornamenten versehen. Der Chor, von dessen ursprünglich zweieinhalb in der Grundform stark querrechteckigen Jochen (→ Stiftskirche Lippstadt, → Harsewinkel-Marienfeld) nur mehr das westliche

Lippstadt, Brüderkirche, Südansicht

1. Brakel, Bredenkloster, Kirche und Westflügel

2. Büren, Jesuitenkirche, Blick in die Kuppel

3. Enger, Detail des Hauptaltars

4. Halle-Stockkämpen, Südansicht der Kirche

5. Herford, Neustädter Johanniskirche, Chorscheibe

6. Marienmünster, Detail des Chorgitters

7. Münster, Clemenskirche, Blick zum Altar

8. Vreden-Zwillbrock, Innenraum nach Osten

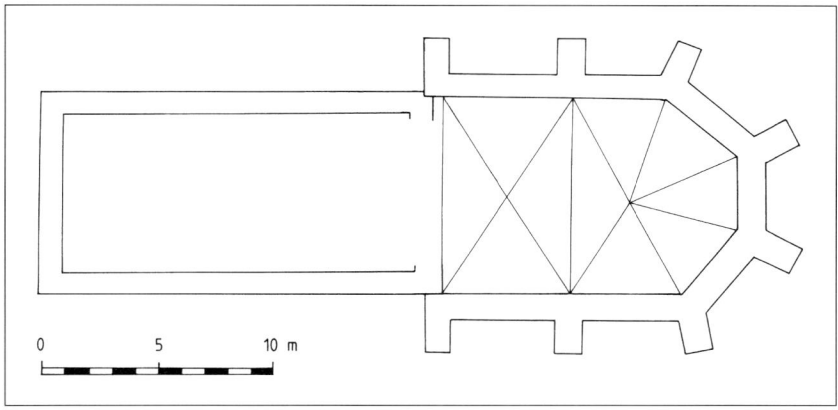

Lippstadt, St. Annen Rosengarten, Kapellenfundamente

erhalten ist, zeigt schon am Triumphbogen auffallend altertümliche Formen, die weit in das 13. Jh. zurückweisen, aber nicht vor 1285 entstanden sein können. An den Kapitellen stehen Blattwerk und Blattknospen spröde aufrecht. Hinter der Anlehnung an ‚Lippische' Bautraditionen ist politisches Kalkül zu vermuten. An die fensterlose Nordwand war das Kloster angebaut, von dessen Südkreuzgang aus man auf die Kanzel etwa in der Wandmitte des Langhauses gelangen konnte. Großflächige, aber schlecht erhaltene Reste von Wandmalereien zeigen, dass die Wand zur Visualisierung der Predigten diente. An der unteren Westwand hat sich noch eine Kreuztragung mit weinenden Frauen erhalten, an der westlichen Nordwand der Rest einer Ölbergszene, neben dem Ostfenster des Seitenschiffes befindet sich die älteste Darstellung des Ordensheiligen der Augustiner-Eremiten in Deutschland, Nikolaus von Tolentino.

➤ Zu Fuß östlich der Marienkirche bzw. des Marktplatzes in die ‚Brüderstraße' einbiegen, nach etwa 50 m links in der Gasse zurückliegend. Die Kirche ist geschlossen. Internet: www.lippstadt.de und www.evkirchelippstadt.de. Gemeindebüro (Niemöllerhaus südlich der Kirche) Tel. 02941/3043.

Rosengarten an der Klosterstraße, ehem. Schwesternhaus St. Annen Rosengarten

1435 gründete der Prior des Augustiner-Chorherrenklosters in →Büren-Böddeken, Arnold Hüls, das der Devotio moderna nahe stehende Schwesternhaus St. Annen an der Stelle des Hofes eines Volbert Stahlen. Mit der Umwandlung in ein Augustinerinnenkloster 1453 durch den Kölner Erzbischof Dietrich von Moers wurde es zunächst Böddeken, ab 1461 →Lichtenau-Dalheim unterstellt; er erlaubte auch den Bau einer Kapelle und die Anlage eines Friedhofes. Die Kapelle wird 1469 als bestehend bezeichnet, eine Kirchenerweiterung konnte 1528 geweiht werden. St. Annen blieb nach der Einführung der Reformation in Lippstadt 1524 unter Dalheimer Schutz das einzige Gotteshaus der Katholiken in der Stadt, war aber pfarrrechtlich der ev. Nikolaikirche angegliedert. Nachdem diese 1807 wieder katholisch geworden war, wurde das Kloster 1814 aufgehoben und die Gebäude bis 1818 mit Ausnahme eines Fachwerkbaus an der Klosterstraße abgebrochen. Auch dieses Haus verschwand noch im 19. Jh. Der Neubau der Nikolaischule von 1876 wurde 1980 entfernt und an der Westseite des Geländes nach umfassenden archäologischen Forschungen 1982/84 eine neue Wohnanlage erbaut.

Die Kirche entstand in zwei Bauabschnitten: Das ältere, zwischen 1453 und 1469 erbaute Langhaus, die erste Kapelle, war in ungewölbter kleiner Rechtecksaal, an den ein um Mauerstärke breiterer, dreiseitiger Chor angebaut wurde, über ein Vorjoch vermutlich ein Polygon aus fünf Seiten des Achtecks. Strebepfeiler belegen, dass er gewölbt war. Drei Altäre wurden in diesem Chor 1528 geweiht (im Chorscheitel und in Höhe der mittleren Seitenwand-Strebepfeiler), ein vierter befand sich auf der vielleicht erst damals eingerichteten Nonnenempore im älteren Langhaus. Mehrere Gräber wurden in der Kirche gefunden. Nur wenige Ausstattungsstücke sind bekannt geworden, darunter die 1753/65 erbaute und 1945 in Warstein zerstörte Orgel. Der St. Nikolaigemeinde gehört eine barocke Figur der hl. Anna aus der Kirche.

Das langgestreckte Klostergebäude war westlich an die Kirche angebaut. Es war in Fachwerkbauweise errichtet und wies im Erdgeschoss den Speisesaal und den Remter als Räume auf. In letzterem wurde Zwirn hergestellt, dessen Verkauf die Haupteinnahmequelle der Frauen war. Nur der Remter war vermutlich heizbar. Nach den Ausgrabungen wurden die Mauern der Kirche und der an-

Lippstadt-Benninghausen, Haupteingang des Klosters

schließenden Klostergebäude etwas aufgemauert und gepflastert. Ein Rosengarten bildet einen kleinen, natürlich zur Rosenblüte besonders beschaulichen Park.

➤ Zwischen Nikolaikirche und katholischem Krankenhaus in der ‚Klosterstraße'. Das Gelände ist tagsüber offen. Sonderführungen Tel. 02941/58515 und im Internet unter www.lippstadt.de.

LIPPSTADT-BENNINGHAUSEN
(Kreis Soest. Karte: D2)
Pfarrkirche St. Martin und Klinik, ehem. Zisterzienserinnenkloster

Benninghausen wird schon im 9. Jh. erwähnt. Nach archäologischen Zeugnissen entstand vielleicht schon damals, spätestens aber im 11. Jh. der Vorgängerbau der heutigen Kirche. Das Kloster geht auf eine Stiftung des Ritters Johann von Erwitte und seiner Frau Hildegunde zurück, die ihren Hof mit Eigenkirche 1240 dafür zur Verfügung stellten. Nachdem sie die Gründung den Nonnen zu → Gevelsberg übertragen hatten, bestätigte sie Erzbischof Konrad von Hochstaden im gleichen Jahr. Noch im 13. Jh. erlangte das Kloster einen bedeutenden Grundbesitz, der vor allem zwischen Erwitte und Soest, aber auch im Münsterland lag. Die Zahl der Nonnen betrug im Mittelalter etwa 50. 1479 erfolgte eine Klosterreform durch den Abt des Klosters Kamp (Kr. Moers) und die Edelherren zur Lippe. Die Reformation blieb ohne nennenswerte Folgen, doch nahm Benninghausen im 17. und 18. Jh. zunehmend den Charakter eines adeligen Damenstiftes an. 1804 erfolgte die Aufhebung, 1820 wurde im Kloster ein Landarmen- und Arbeitshaus eingerichtet. Zusammen mit zahlreichen Neubauten auf dem Gelände sind die Klostergebäude heute Teil des Landeskrankenhauses für psychisch Kranke.

Von der romanischen Vorgängerkirche ist nur der gedrungene Westturm erhalten, der vermutlich aus der 1. Hälfte des 12. Jhs. stammt und an eine bereits bestehende Kirche angesetzt wurde. Die Kirche, die Äbtissin Anna von Ketteler 1514 erbauen ließ, ist ein vierjochiger, gewölbter Saalbau mit einem Polygon aus fünf Seiten des Achtecks als Chorschluss. Während die drei westlichen Joche stark querrechteckig sind, ist das östliche erheblich tiefer – gerade so, als sei der Anbau von Querarmen beabsichtigt gewesen. Nach Norden wurde aber nur eine kleinere Sakristei angefügt, die heute in einem großen Bogen als Seitenkapelle zum Schiff geöffnet ist. Die schlanken Gewölberippen liegen auf Blattkonsolen auf, die Fenstermaßwerke zeigen Fischblasen. Die feine Rankenmalerei stammt aus der Erbauungszeit. Die Nonnenempore war im Westen der Kirche eingebaut und wurde im Untergeschoss durch separate Fenster an der Südseite belichtet. Die Erweiterung nach Süden entstand 1892.

Das bedeutendste Stück der Ausstattung bildet der fast lebensgroße Korpus des Triumphkreuzes, der in den Jahren um 1070 bis 1080 entstand. Streng stilisiert und mit bärtigem, gesenktem Haupt am Kreuz mehr stehend als hängend, gehört er zur spätottonischen Nachfolge des Gero-Kreuzes in Köln – eine frühe

Lippstadt-Benninghausen, Blick zum Chor

Darstellung des toten Christus. Das Sakramentshaus und der Taufstein aus der Bunickman-Werkstatt, der Dreisitz im Chor und die Doppelmadonna im Strahlenkranz aus Holz stammen aus der Bauzeit der Kirche, ebenso die Kreuzigungsgruppe an der Choraußenseite. Die Kanzel, die an der Rückwand ein Gemälde der Verspottung Christi trägt, ist auf 1693 datiert.

Das Kloster wurde 1725/26 mit leichter Achswendung nach Osten unmittelbar westlich an den Kirchturm angebaut: Eine mit Wappenportal und Freitreppe am dreiachsigen, übergiebelten Risalit nach Norden als Schauseite ausgerichtete Vierflügelanlage um einen schmalen Kreuzgang, die an der Südwestecke um den Zweiflügelbau der Propstei erweitert wurde. Die Vestibültreppe im Inneren stammt von 1725.

➤ Am Ende der ‚Dorfstraße' vor dem Ortsausgang nach Göttingen und Liesborn. Die Turmtür ist in der Regel tagsüber geöffnet; Gitter. Internet: www.lippstadt.de →Entdecken+Erleben →Lippstadt Sehenswertes →Sehenswertes in den Stadtteilen. Pfarrbüro Tel. 02945/5640, Klinik Tel. 02945/9810.

LIPPSTADT-CAPPEL (Kreis Soest. Karte: D2)
Ev. Kirche und ehem. Prämonstratenserkloster, später Damenstift

Um 1140 siedelten sich an einer bereits bestehenden Kapelle Nonnen an, möglicherweise aus →Wadersloh-Liesborn 1131 vertriebene Kanonissen. Schon zur Grundausstattung gehörten Güter der Edelherren zur Lippe, die später weitere Schenkungen hinzufügten. 1153/54 erfolgte die päpstliche Bestätigung des Wechsels der Bistumszugehörigkeit von Münster nach Köln. In dieser Zeit dürfte der weitgehend erhaltene Westbau mit der Nonnenempore an die ältere Kirche angebaut worden sein. Der Neubau der übrigen Kirche erfolgte schließlich um 1160/70. Sie bot Raum für eine genannte Anzahl männlicher Kleriker, doch ist die Existenz eines Doppelklosters für Männer und Frauen, wie es im Orden häufig eingerichtet wurde, nicht zu belegen. 1551 führten die Edelherren zur Lippe die Reformation ein, 1588 erfolgte die Umwandlung in ein freiweltliches adeliges Damenstift. In den Wirren der Gegenreformation löste der Orden das Kloster 1639 auf und gründete eine Propstei in Erwitte-Eikeloh zur Verwaltung der restlichen Besitzungen, während das Stift eine enge Bindung an die Lippische Landesregierung bzw. das Haus zur Lippe in Detmold erfuhr. Dadurch entging das Stift der Säkularisation und wurde erst 1971 durch den Landtag von Nordrhein-Westfalen aufgelöst. Die Stiftsdamen siedelten in das →Marienstift in Lemgo um.

Lippstadt-Cappel, Relief am Klostergebäude

Die Kirche war eine dreischiffige, zweijochige Basilika gebundener Ordnung mit einem Querhaus mit Ostapsiden und einem Chorquadrat; Seitenschiffe und Apsiden wurden um 1700 entfernt. Im Innenraum ruhen schwere Kreuzgratgewölbe auf starken Wandvorlagen – ein Raum von großer Schlichtheit, den nur eine zurückhaltende, architekturunterstützende Malerei gliedert. Das Schiff setzt sich nach Westen im Außenbau in gleicher Höhe fort und wird von einer westriegelartigen Zweiturm-

Lippstadt-Cappel, Innenraum nach Osten

fassade abgeschlossen. Im Innenraum ruht die Nonnenempore auf einer dreischiffigen, fünfjochig mit Kreuzgratgewölben versehenen Unterkirche, deren Mittelschiff nach Osten auf Säulen mit ornamentierten Kapitellen um ein Joch erweitert ist – ein Altan für den Altar der Nonnen. Die Empore ist nicht gewölbt, sondern wird durch eine Flachdecke abgeschlossen. Die schmalen Verlängerungen der Seitenschiffe an die Türme heran wurden ebenfalls um 1700 abgebrochen, nur das Südwestjoch ist erhalten; sie waren zur Unterkirche hin geschlossen.

Bei den Ausgrabungen 1980 wurde der runde Treppensockel für ein Taufbecken im Westjoch der Kirche vor der Empore ergraben und erhalten. Der heutige schlichte Taufstein stammt aus der → Stiftskirchenruine in Lippstadt. Aus spätgotischer Zeit erhalten sind die Holzkanzel, das Lese- bzw. Betpult – beide mit Maßwerkschnitzereien – sowie der Leuchter in der Vierung. Das Chorgestühl mit Flachschnitzereien gehört stilistisch bereits der Renaissance an und entstand in der 2. Hälfte des 16. Jhs.

Von der geschlossenen Vierflügelanlage um einen Kreuzgang westlich der Kirche steht nur mehr das zweigeschossige spätere Äbtissinnengebäude als Südflügel, das Propst Johannes von Brencken 1522 errichten ließ. Es bezieht den mit Fischblasenmaßwerk versehenen Kreuzgangflügel mit ein und lässt die nach Süden und Norden erhaltenen Fensterchen der Schlafkammern im Obergeschoss erkennen. Im gleichzeitigen Verbindungsbau nach Norden zur Kirche liegt der frühere Kapitelsaal. Das Gebäudeinnere wurde 1886 vollständig umgebaut, dabei wurden zwei reich dekorierte

Lübbecke, Triumphkreuz

Lübbecke, Blick in die Kirche nach Westen

Kaminstürze aus der Bauzeit im Flur eingemauert. Im Giebel der Ostwand der Abtei befindet sich über einer Inschrift über den Bau des Gebäudes und einem Wappen eine breite Kielbogennische mit Figuren: Eine Madonna auf der Mondsichel und im Strahlenkranz wird von vier Figuren symmetrisch gerahmt, darunter Johannes und Christophorus. 1787/89 wurden West- und Nordflügel abgebrochen und die erhaltenen Fachwerkhäuser für Stiftsdamen neu erbaut. Unter Naturschutz steht der beeindruckende Mammutbaum im früheren Kreuzhof.

➤ Von Lippstadt aus vor dem Ortsausgang Cappel an der katholischen Kirche links in die Stiftsallee einbiegen. Internet: www.lippstadt.de →Entdecken+Erleben →Lippstadt Sehenswertes →Sehenswertes in den Stadtteilen sowie www.evkirchelippstadt.de. Eine Außenbesichtigung des Stiftsbezirks ist jederzeit möglich, die Kirche ist während der Schulzeit tagsüber gewöhnlich geöffnet. Gemeindebüro Lippstadt, Tel. 0 29 41/30 43.

LÜBBECKE (Kr. Minden-Lübbecke. Karte: D1)

Ev. Andreaskirche und ehem. Kollegiatstift

Die Andreaskirche gilt als eine der Urpfarrkirchen des Bistums Minden. Das Kollegiatstift, dass 1274 in Ahlden an der Aller (Kr. Soltau-Fallingbostel), einem Archidiakonatssitz Mindens, von einem Priester namens Reinhold gegründet worden war, wurde zunächst nach Neustadt am Rübenberge und schließlich 1295 in die kurz zuvor gegründete Stadt Lübbecke verlegt. Pfründe für sechs Kanoniker waren eingerichtet worden, von denen vier Anwesenheitspflicht hatten und jeder von ihnen eine Kurie bewohnte; zeitweise kamen zwei kleine Kanonikate hinzu. Mit der Einführung der Reformation blieb nur eine Stelle katholisch. 1810 wurde das Stift aufgehoben.

Die Kirche aus dem letzten Viertel des 12. Jhs. war ein kreuzförmiger, gewölbter Saalbau von drei Jochen Länge mit quadratischer Vierung, Chorjoch und fast wandhoher Apsis. Er ist im Kern erhalten, wurde aber um 1350 durch den Anbau von Seitenschiffen in Querarmbreite zu einer dreischiffigen Hallenkirche umgebaut (→ Minden, Martinikirche). Die romanischen Raumteile sind mit schweren Kreuzgratgewölben abgeschlossen, die auf Kämpfern mit Köpfen, Fabelwesen oder Profilen und Klötzchenfriesen ruhen. Die gotischen Gewölbe sind steiler und die Wände mit dreiteiligen Maßwerkfenstern versehen. Das große Satteldach entstand vermutlich nach dem Brand von 1519. Im ersten Obergeschoss des Westturms befindet sich die gewölbte, zum Schiff hin geöffnete Laurentiuskapelle. Reste von Wandmalerei aus dem 13. Jh. haben sich erhalten, darunter Apostel im Chor.

Das älteste Ausstattungsstück ist der überlebensgroße Korpus eines Triumphkreuzes im Chor aus der Zeit um 1200. Er zeigt den aufrecht stehenden, gekrönten, lebenden Christus mit erhobenen Kopf – kein qualvoll Gestorbener, sondern der Sieger als König, der durch seine Passion den Tod überwunden hat. Der Taufstein in Pokalform entstand vermutlich um 1300, die thronende Madonna aus Holz etwas früher. Aus dem 16. Jh. stammen ein Abendmahlsrelief sowie die Tafelbilder der Taufe Christi und Daniels in der Löwengrube, aus dem 17. Jh. der Schmerzensmann. 1628 wurde die Orgel erbaut, von der nur das Gehäuse teilrekonstruiert erhalten ist. Die Kanzel ist auf das Jahr 1666 datiert, die beiden Kronleuchter sind nur wenig jünger. Im Innenraum und außen sind zahlreiche Epitaphien und Grabsteine aufgestellt, die überwiegend aus dem 16. Jh. stammen.

➤ Die Kirche ist gewöhnlich geschlossen. Gemeindebüro Tel. 05741/5552 (Schlüssel/Führungen).

LÜGDE (Kr. Lippe. Karte: E2)
Gemeindezentrum mit Bibliothek, ehem. Franziskanerkloster

1708 entsandte der Paderborner Bischof Franz Arnold von Wolff-Metternich Franziskaner zur Missionstätigkeit nach Lügde. Der aus dem Ort gebürtige Kanoniker Melchior Wolfgang Nüber aus Brünn in Mähren schenkte 1720 dem Orden zwei ererbte Häuser in Lügde mit der Maßgabe, eine Niederlassung darin einzurichten. 1735 wandten sich die Brüder an den Paderborner Bischof Clemens August von Bayern mit der Bitte, eine Klostergründung zu genehmigen. Das Domkapitel stimmte im folgenden Jahr zu, und das → Franziskanerkloster in Paderborn nahm die Gründung vor. 1749 begannen die Ordensbrüder mit dem Neubau einer Residenz nach Plänen von Franz Christoph Nagel an der Stelle der Nüberschen Häuser; die Kirche konnte 1756 geweiht werden. 1810 wurde das Kloster aufgehoben. Danach wurde die Gebäude durchgebaut: Zunächst zum Krankenhaus, dann zu einem Alten- und Pflegeheim und schließlich 1976/77 zu einem Pfarrgemeindezentrum.

Lügde, ehem. Franziskanerkloster, Kirchenfassade

Als schlichter, dreijochiger Saalbau mit eingezogenem, aus einem Quadrat und aus einem aus drei Seiten des Sechsecks gebildetem Polygon bestehendem Chor schließt die Kirche das Klostergeviert als Nordflügel am Niederen Tor zu einer Seitengasse hin ab. Die dreiachsige Kirchenfassade mit nur leicht geschweiftem Giebel steht zur Hauptstraße gewandt. Über dem hohen, von Johann Jakob Pütt aus Paderborn geschaffenen Mittelportal befindet sich eine auf den Kirchenpatron und Bistumsheiligen St. Liborius bezogene Inschrift mit dem Datum 1755; eine Figur des Heiligen als Bischof steht in der Nische über dem Portal. Der Innenraum ist durch Zwischendecken eingeteilt.

Das Kloster schließt sich als schlichter, zweigeschossiger Flügelbau südlich an die Kirche an. In der straßenseitigen Fassade steht in einer Nische eine Figur des hl. Bonaventura in Franziskanerkutte und mit Kreuz.

➤ Am Nordausgang des historischen Stadtkerns nach Bad Pyrmont. Eine Außenbesichtigung ist jederzeit möglich.

LÜGDE-FALKENHAGEN
Ev. Kirche und ehem. Zisterzienserinnen-, später Kreuzherrenkloster

Der seit 1231 bezeugte Zisterzienserinnenkonvent im vermutlich außerhalb der Diözese Paderborn gelegenen Burchagen gelangte 1247 nach Falkenhagen. Papst Innozenz IV. bestätigte die Gründung zwei Jahre später. Möglicherweise wurde das Kloster von Adolf und Volkwin von Schwalenberg zur Sühne für Übergriffe auf den Paderborner Bischof Bernhard IV. zur Lippe gegründet. 1251 konnte ein Marienaltar geweiht werden, doch waren die Nonnen wirtschaftlich schlecht gestellt, bis um 1263 Schenkungen verschiedener Adelshäuser einsetzten. 1358 waren Dormitorium und Refektorium baufällig und sollten erneuert werden – aber das Kloster verschwindet unerwartet aus der geschichtlichen Überlieferung. Vermutlich wurde es 1407 zerstört, die letzten Nonnen gingen nach → Höxter-Brenkhausen. 1432 nahm Erzbischof Dietrich von Moers Kontakt mit Kreuzbrüdern aus Köln auf, aber erst zehn Jahre später erwirkte der Orden den Verzicht der Zisterzienserinnen auf den Besitz. Trotz mehrerer Rückschläge entwickelte sich das Kloster zum größten und reichsten des Ordens. 1479 brannten Kirche, Dormitorium, Backhaus und Gästehaus nieder, doch konnte 1483 der Chor der Kirche und 1487 die ganze Kirche geweiht werden. Der enorme wirtschaftliche Aufschwung zu Beginn des 16. Jh. erlaubte auch den Neubau des Wirtschaftshofes. 89 Brüder zählte das Kloster in dieser Zeit. 1533 wurde der Kreuzgang neu geweiht. Die Mönche blieben katholisch, doch wurde der Konvent 1596 wegen angeblicher „sittlicher Verwahrlosung" aufgelöst.

Die zwischen 1479 und 1487 erbaute Kirche ist ein sechsjochiger, gewölbter Saalbau, der in einem Polygon aus fünf Seiten des Achtecks schließt. Die Bauleitung lag bei einem Meister Goellert, der zuvor an der → Augustiner-Chorherrenkirche in Blomberg tätig war. Schlicht im äußeren und nur durch einen Dachreiter betont, bildet die Kirche den Nordflügel der Anlage. Im Innenraum ruhen die in Gurt- und Diagonalrippen gleich gebildeten, gebusten Gewölbe auf kleinen, hochsitzenden Konsolen mit trockenem Blattwerk. Nordseite und Polygon sind durch Fenster mit Fischblasenmaßwerk belichtet. In den Chorfenstern sind die Scheiben aus der Zeit um 1500 mit Kreuzigung, Ausgießung des hl. Geistes sowie Maria mit den hll. Barbara und Katharina erhalten. Das spätgotische Chorgestühl umfasste noch 1877 vier Reihen zu je 16 Sitzen und galt in dieser Form als eines der besterhaltensten und schönsten Westfalens. Es wurde leider so umgebaut, dass es heute ringsum an den Wänden steht. Die Seitenwangen zeigen als Stützen für die Dorsale C-Voluten, die in der Entstehungszeit um 1520 schon nicht mehr ganz aktuell waren. Der geschnitzte Zelebrantenstuhl, der nur über seine Bekrönung als Dreisitz eingeteilt ist, entstand um 1500; er ist kastenartig geschlossen.

Nur der Ostflügel des Klosters, dessen Dachstuhl auf 1466 datiert wurde, sowie der nördliche, an die Kirche stoßende und mit ihr un-

Lügde-Falkenhagen, ehem. Kloster, Ostflügel und „Dormitorium"

Lügde-Falkenhagen, kath. Kirche

ter ein Dach gezogene Kreuzgang mit flacher Holzdecke, sind erhalten. Im Ostflügel liegen im Erdgeschoss Sakristei (Gerkammer) und der zweijochige, mit tief herunter gezogenen Rippengewölben versehene Kapitelsaal, in dem auch ein Altar stand. Weitere große Räume sind im Anschluss daran anhand der Fenster zu erschließen, doch wurde der südliche Teil später als Remter genutzt. Im Obergeschoss sind die kleinen Fensterchen der Schlafräume erhalten. Im rechten Winkel dazu nach Osten steht das

Lügde-Falkenhagen, ev.-ref. Kirche, Blick zum Chor

sogenannte Dormitorium (heute ev. Pfarrhaus) aus Fachwerk, 1509 erbaut. Es führt die Boden- und Deckenhöhen aus dem Ostflügel fort. Erd- und Obergeschoss sind mit viertelkreisförmigen Fußbändern versehen, das Obergeschoss kragt auf Stützhölzern vor.
➤ Die Kirche ist im Sommerhalbjahr ganztägig geöffnet. Gemeindebüro Tel. 05283/948080.

St. Michael und ehem. Jesuitenresidenz
Als der Paderborner Bischof Dietrich von Fürstenberg und Graf Simon VI. zur Lippe 1596 in gegenseitigem Einvernehmen das Kreuzherrenkloster aufhoben, teilten sie dessen Besitz auf, wobei aber Kirche und Kernkloster an das Haus zur Lippe fielen. Dietrich schenke 1604 seinen Teil dem Paderborner Jesuitenkonvent. Der Orden konnte aber erst in Falkenhagen Fuß fassen, als nach Erbgang im Hause zur Lippe auch die andere Hälfte an eine katholische Linie gefallen war. Die Kirche blieb jedoch evangelisch-reformierte Pfarrkirche, und so richteten sich die Jesuiten in einem Nebengebäude eine Kapelle ein. Im juristischen Tauziehen um die lippische Hälfte unterlagen sie schließlich sogar und mussten 1720 einen Teil des Besitzes gegen Geld ablösen. Nach der Auflösung des Ordens und damit auch der Residenz 1773 konnte man sich erst 1794 auf ein Nebeneinander beider Konfessionen in Falkenhagen einigen.

Das heutige Gebäude entstand als Neubau für die entzogene Gemeindekirche 1695: Ein lang gestreckter, zweigeschossiger und verputzter Einflügelbau mit Dachreiter und einer Freitreppe an der schmalen Giebelseite. Über dem

Marienmünster, Kirche von Südwesten

Haupteingang befindet sich ein Spruch mit der Datierung 1695, über dem Seiteneingang ein Sandsteinrelief mit „IHS" in einem Sonnenkranz mit lateinischem Spruch. Die Kapelle lag ursprünglich im Erdgeschoss, das Obergeschoss diente den Patern zu Wohnzwecken. 1929 wurde die Zwischendecke entfernt und 1932 das Gebäude erweitert. Das große Fachwerkgebäude gegenüber (heute kath. Pfarrhaus) stammt von 1585 und zeigt mit seinen kleinen und großen Andreaskreuzen in den Gefachen eine Anlehnung an hessische Bautraditionen.
➤ Die Kirche ist geschlossen. Pfarrbüro Tel. 05283/390 (ab Aug. 2003).
➤ Östlich von Lügde liegt auf der anderen Seite der Weser das zu Niedersachsen gehörende ehemalige Kanonissenstift **Bodenwerder-Kemnade**. Zwischen 959 und 965 von den Billungern gegründet, ist der 1046 durch Bischof Bruno von Minden geweihte Kirchenbau, eine dreischiffige Pfeilerbasilika, noch etwa zur Hälfte erhalten.

MARIENFELD → HARSEWINKEL

MARIENMÜNSTER (Kr. Höxter. Karte: E2)
St. Jakobus und Christoph und ehem. Benediktinerkloster (Farbtafel 6)
In der Nähe ihrer Stammburg, der Oldenburg, gründeten Graf Widukind von Schwalenberg und seine Frau Lutrudis von Itter das Benediktinerkloster, das der Paderborner Bischof Bernhard von Oesede 1128 bestätigte. Bernhard, mit Widukind verwandt, war an der Ausstattung des neuen Klosters beteiligt, hat die Gründung vielleicht sogar angeregt. Die Besetzung des schon mit der Gründung ausgezeichnet ausgestatteten Klosters erfolgte von →Höxter-Corvey aus; es nahm bald eine Vorrangstellung ein. Der Versuch, ein eigenes Klosterterritorium zu schaffen, scheiterte jedoch an den Fehden zwischen den Schwalenbergern und den Bischöfen von Paderborn, die schließlich 1324 Vögte des Klosters wurden. Auch die wirtschaftliche Situation verschlechterte sich erheblich. 1480 erfolgte der Anschluss an die Bursfelder Kongregation. In der Reformationszeit festigte sich der innere Zusammenhalt des Klosters erheblich, was sich auch auf die wirtschaftliche Lage positiv auswirkte. Unter Abt Ambrosius Langen wurde die gesamte Anlage seit 1661 baulich „durchsaniert", viele Gebäude entstanden neu. 30 Mönche lebten damals im Kloster, später sogar bis zu 40. Einer letzten geistlichen und geistigen Blüte folgte 1803 die Aufhebung des Klosters. Zwischen 1845 und 1855 wurden der ganze Westbau der Kirche sowie das Südseitenschiff mit dem romanischen Südquerarm weitgehend in den alten Formen neu aufgebaut. Die Quersatteldächer über den Seitenschiffen wurden durch ein breites Längssatteldach ersetzt. Die Klostergebäude sind heute Sitz einer Passionistenkommunität, teils aber auch privat genutzt.
Die bestehende Kirche entstand in den Jahren nach 1661 durch den Umbau der romanischen Gründungsanlage: Eine dreischiffige zweijochige Basilika im doppelten, sogenannten sächsischen Stützenwechsel, an die sich ein gewölbtes Querhaus mit Nebenapsiden

Marienmünster, Orgel

und Vierungsturm sowie ein Chorquadrat mit Hauptapsis anschlossen. Im Westen flankiert die Doppelturmfassade einen quadratischen Westchor; Ausgleichsjoche verbanden Türme und Seitenschiffe miteinander. Von dieser Kirche blieben die Westanlage (1845/55 erneuert) sowie die Vierung ohne Apsiden, aber mit Gewölben und dem ins Achteck überführten Turm erhalten (oberstes Geschoss nach 1661). Von bemerkenswerter Qualität sind die sogenannten Haubenblattkapitelle an den eingestellten Säulchen der Triumphbogenpfeiler im Innenraum. Auch die beiden Gewölbe des Hauptschiffs blieben erhalten, doch wurden Vorlagen und Unterzüge entfernt. Die Profilplatten der Kämpfer wurden geflickt, nicht jedoch die Basen. Die Seitenschiffe wurden abgebrochen und entstanden in der Breite des Querhauses und mit Kreuzgratgewölben (Südschiff 1845/55) neu – eine dreischiffige, Hallenkirche mit stimmigem Raumbild wurde geschaffen. Die Mönchskirche entstand als Raum ganz anderer Faktur: Nach Abbruch der Choranlage wurde ein breiter, dreijochiger Chor erbaut, der in einem Polygon aus drei Seiten des Sechsecks schließt; eine Scheitelkapelle wiederholt die Form verkleinert (→ Höxter-Corvey). Die Rippengewölbe liegen hier auf Wandkonsolen auf. Das Dachwerk von 1679 ist erhalten.

In den Chorwänden sind zwei Grabreliefs des frühen und des späten 13. Jhs. eingebaut, angeblich Widukind I. und Volkwin von Schwalenberg. Die Pietá ist noch spätgotisch. Die Barockausstattung prägt aber das Bild der Kirche: Paul Gladbach aus Rüthen schuf 1683 bis 1685 den Hauptaltar im Chor, der in bei-

Marienmünster, Detail des Chorgitters

den Zonen mit Gemälden von Anton Berning aus Warstein-Kallenhardt bestückt ist, und die beiden Nebenaltäre mit Reliefs in den oberen Zonen. Das schmiedeeiserne Chorgitter, eines der schönsten in Westfalen, schuf der Klosterschmied Hans Pieperling 1693. Berühmt ist die dreimanualige Westorgel, die Johann Patroklus Möller aus Lippstadt 1736/38 erbaute. Sie ist mit dem zwischen die Westpfeiler gespannten Gehäuse wie im Pfeifenwerk erhalten. Ihr

Marsberg-Bredelar, Klosterwestflügel

Marsberg-Bredelar, Nordansicht der ehem. Kirche

ganz unverwechselbarer Klang macht sie zu einer der schönsten Denkmalorgeln Westfalens. Auch das Taufbecken im Westen der Kirche und die Heiligenfiguren im Raum stammen aus dem 18. Jh.
Das im Wesentlichen nach 1669 erbaute Kloster schließt als einfache, zweigeschossige Dreiflügelanlage nördlich an die Kirche an. Der nördliche Flügel ist nach Westen verlängert, der östliche nach Norden. Die Gebäude des Wirtschaftshofes entstanden zwischen 1717 und 1732. 1848 wurde das Dormitorium abgerissen. Ein Wappenstein davon aus der Zeit zwischen 1682 und 1712 ist erhalten und bildet den Sockel für die Benediktstatue im Garten. Der gesamte Klosterbezirk ist ummauert, von Westen erfolgt der Hauptzugang durch ein barockes Einfahrtstor.
➤ Die Kirche ist tagsüber geöffnet. Internet: www.marienmuenster.de →Touristen →Sehenswürdigkeiten. Pfarramt, Tel. 0 52 76/10 19 oder Touristikinformation, Tel. 0 52 76/98 98-18.

MARSBERG-BREDELAR
(Hochsauerlandkreis. Karte: D3)
Ruine bzw. Industriebrache, ehem. Prämonstratenserinnen-, später Zisterzienserkloster
An einer im Tal der Hoppecke bereits bestehenden Laurentiuskirche stiftete Erzbischof Philipp von Heinsberg 1170 ein Prämonstratenserinnenkloster. Den Besitz hatte er im Tausch von Gottschalk von Padberg erhalten, dessen Familie auch die Vogtei über das Kloster übertragen wurde. Spätestens 1196 wurden die Nonnen aus unbekanntem Grund nach → Arnsberg-Rumbeck versetzt und Zisterzienser aus → Warburg-Hardehausen nach Bredelar berufen. 1201 weihte der Paderborner Bischof Bernhard von Oesede den Kirchhof der Mönche. Die Herren von Padberg, die ihre Grablege in der Kirche einrichteten, mehrten durch Schenkungen den Besitz. Bedingt durch Zukäufe von Land zwischen Marsberg und Brilon, in Waldeck, bei Paderborn und Soest sowie im Rheinland führte die gute wirtschaftliche Situation zu einer Blüte

Marsberg-Obermarsberg, Westansicht der Kirche

des Klosters. Sie endete durch Fehden und einem starken Bevölkerungsrückgang im 14. und 15. Jh., der die Aufgabe vieler Ortschaften nach sich zog. Um 1500 war immerhin bereits eine Erweiterung von Kirche und Klostergebäuden möglich. Nach den Wirren der Reformationszeit und zeitweiser Aufgabe des Klosters im Dreißigjährigen Krieg konnte die Kirche noch vor 1648 wieder hergestellt und ausgestattet werden. Das Kloster entstand ab 1737 neu. 1787 brannte die gesamte Anlage ab und wurde in den folgenden Jahren, vermutlich unter Wiederverwendung, aber Überformung von bis in mittelalterliche Zeit zurückreichender Bausubstanz, wieder aufgebaut. Die Bauarbeiten wurden um 1800 beendet, doch schon 1804 erfolgte die Aufhebung des Klosters. Zunächst als staatliche Domäne verpachtet, wurde 1842 eine Eisengießerei in der Anlage eingerichtet. 1884 zerstörte ein Brand die Dächer und den Südflügel des Klosters, der bis auf den Kellerbereich abgebrochen wurde. Bis vor kurzem befand sich im größten Teil der Anlage ein Zulieferbetrieb für die Terrazzo-Produktion. Vorliegende Sanierungs- und Nutzungskonzepte konnten bislang nicht realisiert werden.

Die Kirche, die den nordwestlichen Abschluss der Klosteranlage bildet, war ein Saalbau von vier Querjochen Länge, an den sich ein eingezogener Chor aus Chorjoch und Dreiseitschluss sowie eine Verbindung zum Ostflügel anschlossen. Nur das Langhaus ist desolat erhalten, mit einer Decke im Innenraum und ohne Gewölbe; der Chor wurde abgebrochen. Die Gewölbe ruhten auf Wandvorlagen, deren östliches Paar breiter ist und zum tieferen Ostjoch überleitete.

Die dreiteilige Westfassade mit gequaderten Lisenen und breit geschweiftem Giebel weist ein Mittelportal auf, das von einer Figurennische bekrönt wird.

Das Kloster ist im Kern vermutlich mittelalterlich und aus den Jahren nach 1737. Es zeigt sich in der ab 1787 wiederaufgebauten Form: Eine Dreiflügelanlage, die ursprünglich vom Chor der Kirche nach Norden geschlossen wurde. Die Schauseite zeigt nach Westen und wird von den flügelartig vorgezogenen Bauten der Kirche und eines Südwestpavillons eingefasst. Der dreiachsige Risalit mit gerundeten Ecken weist ein Portal mit Datierung und eine schon in den beginnenden Klassizismus überleitende Nische darüber auf. Der Ostflügel stößt zur Straße hin nach Süden ebenfalls an einen Pavillon als Kopfbau. Die Innenaufteilung ist stark verändert, Reste des westlichen Kreuzgangflügels dürften aber im Bestand erhalten sein. Teile des Wirtschaftshofes lagen auf der anderen Straßenseite südlich des Kernklosters.

➤ Eine Besichtigung ist derzeit nur ausnahmsweise und mit Führung möglich: Stadt Marsberg, Tel. 02992/602215. Vom nördlich an das Kloster grenzenden Berg aus (Fußweg) hat man einen guten Überblick über die Anlage.

➤ Auf der Strecke von Bredelar ins hessische Korbach gelangt man nach Diemelsee-**Flechtdorf**. Die sehenswerte Kirche des 1101 gegründeten Benediktinerklosters stammt aus dem 12. und 13. Jh.

MARSBERG-OBERMARSBERG
St. Peter und Paul und ehem. Benediktinerkloster

Die Annalen des Klosters Lorsch überliefern den Bau einer Kapelle in der Eresburg 785, die nach der Ortstradition 799 geweiht sein soll. König Ludwig der Fromme und sein Sohn Lothar übergaben 826 die Burg dem Benediktinerkloster → Höxter-Corvey, das dort vor – vielleicht lange vor – 1146 eine Propstei mit Konvent einrichtete. Marsberg blieb von Corvey abhängig – der Propst war Konventual von Corvey – und schloss sich daher auch erst 1505 der Bursfelder Kongregation an. Im Mittelalter lebten jeweils acht bis zehn Mönche im Kloster. Die Reformation konnte sich nicht durchsetzen. Den Höhepunkt der Ereignisse im Dreißigjährigen Krieg bildete die Sprengung des Kirchturms und die Zerstörung der Propstei. Die Schäden konnten erst zwischen 1664 und 1689 beseitigt werden, im Anschluss daran entstand die erhaltene Barockausstattung der Kirche. 1803 erfolgte die Aufhebung.

Die heutige dreischiffige, dreijochige Hallenkirche mit in Seitenschiffe eingebundenem Chorjoch, Polygon aus fünf Seiten des Achtecks, Krypta und Westturm orientiert sich an einer romanischen Basilika. Bei Ausgrabungen 1990 wurde unter dem heutigen Turm ein Westwerk aus dem 11. Jh. entdeckt, dessen zwei Türme einen Mittelbau flankierten (→ Höxter-Corvey). Dem Westwerk wurde ein Westriegel mit zwei Türmen vorgelegt, der ein Atrium einschloss; es entstand ein dem

Marsberg-Obermarsberg, Blick zum Chor

Medebach-Glindfeld, Klostergebäude

→ Mindener Dom ähnlicher Bau. Das Westwerk wurde abgebrochen und die Basilika bis an den Westriegel herangeführt. Die bestehende Kirche wurde vermutlich ab 1240 an den Westriegel angebaut. Der breit gelagerte Raum wirkt gedrückt und lässt das Formensystem erkennen, das mit → Harsewinkel-Marienfeld vorgeprägt war und wenig später an der → Stiftskirche Lippstadt ausgereift wurde: Kreuzförmige Pfeiler mit in die Ecken eingestellten Jungen und vorgelegten Alten Diensten tragen Transversalbögen mit wulstigen Unterzügen und hoch aufsteigende Domikalgewölbe mit Zierrippen und abgehängten Schlusssteinen im Hauptschiff; in den Seitenschiffen wurden Kreuzgratgewölbe eingebaut. Die reichen Blattkapitelle lassen erkennen, dass die Hauptbauzeit um 1260 lag. Chorjoch und Apsis entstanden gegen Ende des 13. Jhs. in den Formen gereifter Hochgotik. Die Krypta ist quadratisch und mit vier Kreuzgratgewölben auf einem Achteckpfeiler geschlossen; die Datierung auf 1240 befindet sich an der Westwand. Der stark erneuerte, vermutlich 1410 fertig gestellte Turm wird von Eckstrebepfeilern gestützt; das Portal und das Fenster darüber sind zusammengefasst. Von Figuren begleitet ist das Blendfenster darüber.
An der Ostwand des Nordschiffes sind innen zwei etwas überlebensgroße Köpfe aus dem 13. Jh. eingemauert, die als Karl der Große und Papst Leo III. gedeutet werden. Eine Anna Selbdritt stammt aus dem Beginn des 16. Jhs. Die übrige Ausstattung entstand im 18. Jh., darunter die Orgel (mit sieben originalen Registern) durch Peter Henrich Varenholt 1707, der Haupt- und die beiden Nebenaltäre 1718 bis 1724 sowie die Kanzel, das Gestühl und weitere Figuren in der Werkstatt Papen im nahen Giershagen.

Das schlichte H-förmige Klostergebäude (Pfarramt und Stiftungsbesitz) liegt auf der Südseite der Kirche. Bedingt durch den Geländeabfall ist es zur Kirche hin eingeschossig und mit zwei gewölbten Kellern versehen, zum Garten zweigeschossig. Über einen Fachwerkanbau war der Westflügel mit dem Kirchturm verbunden, und auch der Ostflügel schloss ursprünglich an die Kirche an. Man betritt das Gelände westlich des Klosters, wo auch noch eine alte Scheune erhalten ist, durch den sogenannten Benediktusbogen von 1759 mit einer Figur des hl. Benedikt. Dahinter, schon im Stiftsbezirk, steht die heute einzige in Westfalen erhaltene, kleine Rolandsstatue, die 1757 erneuert wurde.

▶ Die Kirche ist tagsüber offen. Pfarramt Tel. 02992/2270. Führungen in der Kirche und den Klosteraußenanlagen: Stadt Marsberg, Tel. 02992/602-1.

MEDEBACH-GLINDFELD
(Hochsauerlandkreis. Karte: D3)
Privatbesitz, ehem. Augustinerinnen-, später Kreuzherrenkloster

Das vermutlich kurz vor 1177 durch das → Stift in Meschede gegründete Kloster Küstelberg wurde 1297 von Erzbischof Wigbold von Holte wegen unzumutbarer Lebensumstände für die Frauen nach Glindfeld verlegt. Die Umsiedlung war aber von langer Hand geplant, denn 1284 erhielten die Nonnen die Kapelle und die Vogtei in Glindfeld übertragen, und 1294 überließ das Kloster in → Schmallenberg-Graf-

Meschede, St. Walburga, Südansicht

schaft den Nonnen seinen Haupthof, zu dem sie 1299 umzogen. Sofort wurde der Bau einer Kirche als Ersatz für die verfallene Kapelle durch einen Almosenbrief und durch Ablässe eingeleitet. Die wirtschaftlichen Verhältnisse blieben jedoch schwierig, und 1499 übergab Erzbischof Hermann IV. von Hessen das Kloster mit Zustimmung der beiden letzten Nonnen dem Orden der Kreuzherren, die die Niederlassung in →Lügde-Falkenhagen mit der Neueinrichtung beauftragten; sie wurde 1501 bestätigt. Die Reorganisation gestaltete sich jedoch schwierig. In der Reformationszeit verhinderten die Brüder, die nahe der Grenze zu Waldeck und Hessen zahlreiche Pfarrstellen (darunter die in Medebach) besetzten, das Vordringen lutherischer Einflüsse. 1804 erfolgte die Aufhebung. Die Kirche wurde gesprengt und später der Ostflügel abgebrochen. West- und Südflügel waren bis vor kurzem Forstamt und sollen künftig als Tagungsstätte einer Firma genutzt werden.

Nur die West- und der Ansatz der Südwand der zwischen 1299 und 1338 erbauten Kirche sind erhalten. Danach handelte es sich um einen einschiffigen gotischen Saalbau, der vermutlich mehrfach im 17. und 18. Jh. umgebaut wurde. Zahlreiche Stücke der vorwiegend barocken Ausstattung sind in Kirchen der näheren und weiteren Umgebung erhalten, darunter der Hoch- und die beiden Seitenaltäre sowie die Kanzel in Hallenberg-Hesborn unmittelbar südwestlich von Medebach.

Der West- und der nach Osten verkürzte Südflügel (datiert 1694) sind Reste einer Dreiflügelanlage, deren Nordabschluss die Kirche bildete. Der Kreuzgang ist in umgebauter Form erhalten, ebenso die Fensterchen der Schlafzellen im Obergeschoss darüber. An die Kirchenwestwand schließt sich der sogenannte Neue Flügel an, der im 18. Jh. über einem an die Kirche grenzenden mittelalterlichen Gewölbekeller errichtet wurde. Der Wirtschaftshof (privat, mit neuerem Gutshaus) liegt westlich des Klosters an der Straße.

➤ Von Medebach aus Rtg. Olsberg, nach etwa 1,5 km dem Schild lks. nach Glindfeld folgen. Einfahrt gegenüber der Glindfelder Kapelle auf den ehemaligen Wirtschaftshof; das Kloster liegt separat hinter diesem. Die Außenbesichtigung ist möglich; es ist jedoch der Umbau des Klosters zu einem Firmen- und Tagungszentrum geplant. Auskünfte: Touristik Medebach, Tel. 02982/40048 oder Tel. 02984/301-0 (Eigentümer).

➤ **Haina** südöstlich von Medebach unweit von Frankenberg war einstmals das bedeutendste Zisterzienserkloster Hessens. Die als psychiatrische Klinik genutzte Anlage liegt auch heute noch in einem abgeschiedenen Tal und ist wegen der Kirche in der Nachfolge der Elisabethkirche in Marburg berühmt. Im Kloster, einem der am besten erhaltensten des Ordens in Deutschland, befindet sich ein Museum.

MESCHEDE (Hochsauerlandkreis.
Karte: C3)
St. Walburga und ehem. Kanonissen-, später Kollegiatstift

Die Gründung des Kanonissenstiftes liegt im Dunkel. Die ältesten Reste der bestehenden Kirche konnten auf bald nach 893 datiert werden. Als Stifterfamilie werden die Vorläufer der Grafen von Werl-Arnsberg angenommen, die Familie des Grafen Ricdag, der seinen Haupthof zur Gründung gestellt haben soll. 913 erhielten die Frauen durch König Konrad das Recht der freien Äbtissinnenwahl, 958 durch Otto I. den Zoll und Einkünfte aus dem örtlichen Fleischmarkt – die Wurzel der späteren Stadt Meschede. Bis 1309 wurden die Vermögensverhältnisse durch ein hoffähnlichadeliges Leben derart zerrüttet, dass der Kölner Erzbischof Heinrich von Virneburg das Stift im folgenden Jahr mit Kanonikern besetzte; es erhielt die Statuten von St. Andreas in Köln. Im 14. und 15. Jh. blühten mit den wirtschaftlichen Verhältnissen auch Kunst und Kultur auf. 1663/64 wurde die heutige Kirche errichtet. Nach der Reformation blieb das Kanonikerstift bis zu seiner Auflösung 1804 katholisch. Die Kirche wurde 1965 im Chorbereich nach Süden erweitert.

Der Bau der heutigen Kirche erfolgte unter Einbeziehung erheblicher Teile karolingischer Bausubstanz aus der Zeit vor 900. Unter dem Chor befinden sich die beiden Zugangsstol-

Meschede, St. Walburga, Ringkrypta

len einer Ringkrypta, deren nach Osten unter der Hauptapsis erweiterter Scheitelraum in romanischer Zeit eine auf einen Pfeiler vor der Westwand zentrierte Wölbung erhielt. Hinter der Wand mit dem Pfeiler ist ein über drei Stufen zugänglicher, tonnengewölbter Stollen erhalten, der zur Aufnahme eines Reliquiars oder Reliquienschreins der hl. Walburga diente. Über dem Stollen steht ein gemauerter Altartisch, unter dem heutigen Chorfußboden liegen die Umfassungsmauern eines zugehörigen Chorquadrats. Das heutige westliche Pfeilerpaar ist als Rest des karolingischen Triumphbogens erhalten, an den sich beiderseits Querarme mit Apsiden anschlossen (der nördliche wurde ergraben); im Dachraum sind Reste der alten Außenwände sichtbar. Die Pfeiler des heutigen Langhauses stehen auf karolingischen Fundamenten, das Westjoch des Hauptschiffs ist bis in den Dachraum hinein karolingisch, und hier sind auch Obergadenfenster erhalten. Ein vermutlich im 12. Jh. eingebautes Emporengewölbe anstelle einer älteren Holzempore wurde 1880 entfernt. Nach Norden war eine zangenförmige Vorhalle angebaut, die im heutigen Straßenpflaster ebenso wie der Querarm sichtbar gemacht ist. Auch der ursprünglich portallose Turm stammt bis unter das Glockengeschoss aus der Zeit um 900. Um die Akustik zu verbessern waren in das Mauerwerk zahlreiche Schallgefäße eingelassen, die heute zum Teil durch Kopien ersetzt sind (→ Warburg, Dominikaner). Der barocke Umbau zur fünfjochigen Hallenkirche mit sehr schmalen Seitenschiffen erfolgte im Hauptschiff mit Rippengewölben mit durchgehendem Scheitel, in den Seitenschiffen mit Gratgewölben; sie liegen auf Achteckpfeilern auf. Es sind weder Gurt- noch Scheidbögen vorhanden. Auf der Nordseite bildet ein reiches, mit Figuren besetztes Säulenportal von 1664 den Zugang; in der Mitte steht unter einem gotisch anmutenden Baldachin die hl. Walburga mit Äbtissinnenstab. Jeder Strebepfeiler der Nordseite ist mit einer Heiligenfigur besetzt. – Von der barocken Ausstattung hat sich die Altargruppe erhalten; als Hauptaltarbild dient eine Kreuzigung.
➤ Die Kirche ist tagsüber geöffnet. Internet: www.st-walburga-meschede.de. Die Schatzkammer ist nur mit Kirchenführung zu besichtigen: Pfarrbüro Tel. 0291/1820, Fax 2801.

Benediktinerkirche und -abtei Königsmünster

Die Benediktinerniederlassung Königsmünster wurde 1928 gegründet und vier Jahre später zum Priorat erhoben. Das Kloster wurde 1932 bis 1934 erbaut. Nach der Schließung des Klosters 1941 lebte es ab 1946 wieder auf, 1956 wurde Königsmünster zur Abtei erhoben. 1957 begann der Bau des Gymnasiums neben der Kirche, der 1960 beendet werden konnte. Hans Schilling aus Köln entwarf die Abteikirche, die nach zweijähriger Bauzeit 1964 eingeweiht wurde. Die Ausstattung erfolgte durch eine international besetzte Gemeinschaft von Künstlern und Handwerkern.
Die Kirche von wuchtiger Strenge weist zur Eingangsfront einen Vorhof auf. Schiffbugartig, von kleinen Fenstern fast zufällig durchbrochen und von schmalen, vertikalen Lichtbändern begleitet, wirft sich die Kirche dem Besucher geradezu entgegen. Zwei nach vorn

Meschede, Abtei Königsmünster, Kirche

gerichtete, niedrige Anbauten bilden einen auf das Portal führenden Trichter. Die Seitenfronten sind in additiv zusammen gesetzten Kuben aufgelöst, zu denen auch die beiden Chorflankentürme zählen. Roter Ziegel ist das vorherrschende Material. Der ebenfalls ziegelsichtige Innenraum wirkt durch seine klare Teilung in einen in der Mitte helleren und mit einer Decke mit ungleichmäßigem Fischgrätmuster versehenen, fünfseitigen Gemeinderaum und einen dunklen, höheren Chorbereich von pa- rabelförmigem Grundriss in seiner Grundkonzeption erstaunlich konservativ. Der Altar steht an der Stelle, wo er durch hohe Fenster Seitenlicht erhält. Der Chor wird von zwei Seitenkapellen zum stillen Gebet begleitet. Aus der Marienkapelle führt eine Treppe hinab zur Kreuzwegkapelle und weiter zur Krypta, in der die Äbte die letzte Ruhe finden.

Einige Stücke der Ausstattung sind hervorzuheben: Den Hauptaltar entwarf P. Reinhold Oslender OSB aus der Abtei Maria Laach. Der Kruzifix stammt von E. Suberg aus Elleringhausen, die Krone aus Münzen, Steinen und Gemmen von L. Riffelmacher aus Menden. Das Gestühl für die Mönche befindet sich in einem Halbkreis um den Altar. Unter den Apostelleuchtern liegen zwölf Salbsteine von bedeutenden Stätten aus aller Welt: Aus Jerusalem (aus der Nähe des Abendmahlssaales), aus Taizé in Frankreich, aus der Hagia Sophia in Konstantinopel, aus dem Konzentrationslager Dachau, aus dem Paderborner Dom, aus Guadalupe in Mexiko (eine der ersten christlichen Gemeinden in Amerika), vom Monte Cassino (Ursprung der Benediktsregel), vom Jordan (Taufe Christi), aus Coventry in England (Zerstörung durch deutsche Flieger), aus Zululand in Afrika, vom Kolosseum in Rom sowie aus Trier (Grab des Apostels Matthias). Die gotische Sitzmadonna in der Chorseitenkapelle stammt aus dem Spanien des 14. Jhs. Dass unter einem Altar Bruchsteine aus dem Fundament der ehemaligen Benediktinerkirche in →Schmallenberg-Grafschaft eine neue Verwendung fanden, symbolisiert die Kontinuität benediktinischen Mönchtums im Sauerland.

Meschede, Abtei Königsmünster, Blick zum Chor

Meschede, ehem. Kloster Galiläa

➤ Außerhalb des alten Stadtkerns auf einem Hügel gelegen; die Zufahrt ist ausgeschildert. Internet: www.koenigsmuenster.de. Die Kirche ist tagsüber geöffnet. Informationen: Tel. 0291/2995-210 oder -2995-0 (Klosterpforte).

Landwirtschaftlicher Betrieb, ehem. Dominikanerinnenkloster Galiläa
Auf dem heutigen Klausenberg bei Meschede, dem früheren Keppelsberg, siedelten sich bei der wahrscheinlich aus dem 12. Jh. stammenden Kapelle zwischen 1430 und 1450 Einsiedlerinnen an, die gute Kontakte zum →Dominikanerkloster in Soest unterhielten. 1472 baten sie offiziell um die Aufnahme in den Orden, die jedoch erst 1493 erfolgte. Zehn Jahre zuvor erhielten die Frauen das Dorf Huckelheim vom Ritter Henneke von Berninghusen und seiner Frau Margaretha Huckelhemes geschenkt. Schon 1484 erfolgte die Genehmigung zur Verlegung der Gemeinschaft, wobei der neue Name Galiläa (ein Ort auf dem Ölberg bei Jerusalem) angenommen wurde. 1484 wurde der Bau einer neuen Kirche mit Dachreiter, eines Klosters mit Refektorium und Dormitorium sowie eines eigenen Friedhofs gestattet, der unverzüglich in Angriff genommen sein wird. Um 1490 wurde der erhaltene Hauptaltar angefertigt. 1503 erfolgte ein Ablass zur Wiederherstellung der Kirche. Um 1721 konnten zumindest Teile des Klosters erneuert werden. 1810 erfolgte die Aufhebung des Konvents und der Verkauf der Gebäude. 1860 wurden die Kirche sowie Ost- und Nordflügel des Klosters abgebrochen.
Die Kirche war vermutlich ein schlichter, einschiffiger, chorloser Saalbau aus der Zeit zwischen 1485 und 1490. Der Schnitzaltar der Kirche aus der Zeit um 1490 steht in der Michaelskapelle auf dem Klausenberg, dem Ausgangspunkt der Gründung.
Nur der Westflügel, den ein Chronogramm am Portal auf 1721 datiert, ist als Wohnhaus erhalten. Er ist ein zwölf- bzw. dreizehnachsiger, symmetrischer Bruchsteinbau auf hohem, mit kleinen quadratischen Fenstern und recht breitem Tor versehenem Kellersockel. Eine Freitreppe führt zum einflügeligen Profilportal mit durchfensterter Lünette als Oberlicht (→Lichtenau-Dalheim, Gästeflügel Südseite). Im Inneren sind Stuckdecken erhalten. Südlich neben dem Tor bzw. an der südlichen Giebelwand schloss sich die Kirche an; hier fehlt daher eine Fensterachse. Zwei Fachwerkscheunen vermutlich aus dem 17. Jh. sind westlich des Klosterflügels erhalten.

➤ Vom Ortskern Meschede aus führt auf der B 7 Rtg. Arnsberg rts. ein Abzweig ins Industriegebiet Meschede-Ernste. Nach ca. 1000 m zweigt linker Hand eine kleine Straße auf und über das ehemalige Klostergelände ab. Eine Außenbesichtigung des Privatbesitzes ist unangemeldet nur für Einzelreisende möglich. Kontakt: Graf von Westphalensche Verwaltung, Tel. 0291/9528660. Internet: www.meschede.de →Bildung & Kultur →Sehenswürdigkeiten und Kulturdenkmäler. (auch zur Michaelskapelle).

METELEN (Kr. Steinfurt. Karte: B1)
St. Cornelius und Cyprian und ehem. Damenstift
Eine Angehörige des Geschlechtes der Billunger, Friduwi oder Fredewigis, gründete das Stift

Metelen, Stiftskirche von Südosten

auf ihrem Gut, auf dem bereits eine Vituskirche stand. König Arnulf von Kärnten bestätigte die Gründung 889 und gestand ihr Reichsunmittelbarkeit zu. Die Äbtissin des Stiftes sollte so lange aus der Stifterfamilie hervorgehen, wie eine geeignete Person dafür gefunden werden könne. Die Gründerin und ihre Tochter Wilburg wurden selbst Äbtissinnen. Der Versuch des Bischofs von Münster, die Gerichtsbarkeit an sich zu ziehen, unterband Otto III. auf dem Reichstag zu Dortmund 993. Der Äbtissin stand später auch die Gerichtsbarkeit im Wigbold Metelen zu, den sie nach mehreren Überfällen vor 1591 erneut befestigen ließ. 1532 war die Umwandlung in ein freiweltliches Damenstift vollzogen; im 16. Jh. lebten zwischen 10 und 15 Damen im Stift. 1798 wurde die kleine Pfarrkirche St. Vitus abgebrochen und die Stiftskirche alleinige Pfarrkirche des Ortes. Die Aufhebung des Stiftes erfolgte 1803, sie wurde aber erst 1811 vollzogen. Das Südseitenschiff wurde 1856/58 nach Abbruch einer Kapelle und der kleinen Sakristei ergänzt und dabei das Südportal versetzt.

Die ursprünglich zweischiffig-asymmetrische dreijochige Hallenkirche gebundener Ordnung ohne Querhaus schließt im Osten in einem annähernd quadratischen Chor, dessen Ostwand über einen breiten Gurtbogen nach außen gerückt ist (→ Ochtrup-Langenhorst, → Legden-Asbeck); ein Südseitenschiff war bis 1856 nicht vorhanden. Im Langhaus ruhen einfache Domikalgewölbe auf einem Stützensystem, wie es in der Zisterzienserkirche → Harsewinkel-Marienfeld für die „münsterländischen Hallen gebundener Ordnung" zugrunde gelegt wurde, allerdings in seiner reifsten Ausprägung und daher in die Zeit zwischen 1240 und der Jahrhundertmitte zu datieren. Schon von der Gotik französischer Prägung beeinflusst sind die schräg gestellten Jungen Dienste in den Pfeilerecken, die damit in logischer Konsequenz in die Diagonalrippen überführt werden. Die Kelchblockkapitelle sind überwiegend mit stehendem, verschlungenem Blattwerk geschmückt. Der erst nach 1250 erbaute Chorraum erfuhr eine besondere Ausbildung. Die Chorwände wurden ringsum mit Arkaden versehen (die Fensterrose stammt aus dem 19. Jh.). Die Kapitelle des nordöstlichen Gurtbogens wurden reich mit Rittern und Heiligen als „gute Ordnung" dekoriert, denen Vögel mit Frauenköpfen als Symbole der Habsucht am südöstlichen Kapitellband gegenüber stehen. Das Domikalgewölbe erhielt acht mit Zierscheiben versehene, einen großen Ring tragende Rippen, in den eine kleine Kalotte mit Christuskopf als Schlussstein eingesetzt ist. Das Dachwerk entstand nach dem Brand von 1396 neu. Den ältesten, aus dem Ende des 12. Jhs. stammenden Teil bildet der Westbau: Zwei Türme (der nördliche fehlt) flankieren bündig mit der mit Blendarkaden dekorierten Westwand das Westjoch des Mittelschiffs (→ Lippstadt-Cappel). Eine Dreifenstergruppe belichtet die Stiftsempore im Inneren, die eine dreischiffige, nach Teilabbruch noch zweijochige Eingangshalle bildet.

Eine reiche Ausstattung aus mittelalterlicher Zeit ist erhalten. Noch aus dem 11. oder dem frühen 12. Jh. und damit wohl aus der Vorgängerkirche stammt das fast lebensgroße Kruzifix, dessen Korpus in der Nachfolge des Korpus aus → Lippstadt-Benninghausen entstand (Arme ergänzt). Der Taufstein des sogenannten „Bentheimer Typs" im Nordseitenschiff und die Figur eines Johannes mit Buch aus der Werkstatt des → Münsteraner Domparadiesportals sind Arbeiten aus der Bauzeit des Langhauses. Die steinerne Pietà entstand um 1430, die Gregorsmesse auf dem südlichen Seitenaltar zwischen 1475 und 1500, die hl. Anna Selbdritt aus Holz um 1500. In der Turmkapelle (ursprünglich im Außenbereich) stehen interessante Äbtissinnenkreuze aus dem 16. und 17. Jh. Mehrere Holzfiguren des 18. Jh. könnten vom früheren Hochaltar stammen. Die Verkündigungsszene ist die Kopie einer zerstörten Gruppe aus dem → Dom zu Minden von 1911.

Das Kloster war im Chorbereich der Kirche angebaut: Vier Kreuzgangflügel, an die sich Gebäude anschlossen. Das Hauptgebäude dürfte der Südflügel gewesen sein, von dem das Gebäude südöstlich der Kirche ein Rest bildet. An dessen Außenwand zeichnen sich noch die Schildbögen der Kreuzgewölbe ab. Als Pfarrhaus dient heute eine Stiftskurie nordöstlich der Kirche. 1720 in niederländischer Art gebaut, trägt das strenge Pilasterpor-

Metelen, Stiftskirche, Kapitellzone an der Chorostwand

tal das Wappen der Äbtissin Cornelia Anna Droste zu Vischering. Eine kleine Fachwerkkurie ist ebenfalls erhalten. Reste der ringförmigen Umbauung des Stiftsplatzes haben sich im Südwesten und Westen der Kirche erhalten, darunter auch die Schule.
➤ Die Kirche ist tagsüber geöffnet. Schatzkammer an der Kirche. Pfarramt Tel. 0 25 56/9 88 17, Fax 9 88 18.

**MINDEN (Kr. Minden-Lübbecke.
Karte: D1)
Propsteikirche SS. Petrus und Gorgonius und ehem. Domstift**
Die Bistumsgründung Mindens dürfte um oder nach der ersten Erwähnung des Ortes in den Reichsannalen zum Jahr 798 erfolgt sein, wahrscheinlich 799 durch Papst Leo III. bei seinem Aufenthalt in Paderborn. Die Besetzung erfolgte vom Bonifatiuskloster in Fulda aus, die ersten Bischöfe waren Benediktiner aus Fulda und Lorsch. Die frühen Domkirchen wurden ergraben, doch ist die Baugeschichte nicht vollständig geklärt. Der Chor des karolingischen Gründungsbaus lag in der heutigen Vierung. 952 erfolgte die Weihe des im Kern erhaltenen Westwerks. Unter dem 1036 gestorbenen Bischof Sigebert blühte besonders die Buchmalerei auf, das Skriptorium. Ein Brand zerstörte die Domkirche im 3. Viertel des 11. Jhs., mit dem Wiederaufbau entstand das im Kern erhaltene Querhaus sowie das Erdgeschoss der Westvorhalle. Spätestens um 1150 wurde der Hauptbau des Westwerks abgerissen und die beiden Westtürme zum heutigen Westriegel aufgestockt und umgebaut. Es folgte der Bau des Obergeschosses der West-

vorhalle als von außen zugängliche Kapelle. Um 1220 begann man mit einer Gesamterneuerung vom Chor her, die mit dem um 1260 begonnenen Langhaus vermutlich um 1280 beendet wurde; der bereits in Ansätzen vorbereitete Neubau der Westanlage unterblieb. In dieser Zeit wurde auch das gemeinsame Leben der Domherren aufgegeben und es entstanden die beiden Domhöfe: Der große nördlich und östlich der Kirche mit den Kurien der Domherren, der kleine westlich zum Marktplatz hin überwiegend mit Bedienstetenkurien. Um 1340

Minden, Dom, Blick zum Chor

Minden, Dom, Westwerk

musste das Chorpolygon wegen Baufälligkeit erneuert werden, auch Fenster wurden in dieser Zeit vergrößert. Damit gewann die Domkirche eine Gestalt, an der man sich auch nach den sehr schweren Zerstörungen 1944/45 mit dem 1956 zunächst abgeschlossenen Wiederaufbau orientierte. Das Bistum, dessen bis weit in die Lüneburger Heide hinein reichendes Gebiet evangelisch geworden war, wurde mit dem Westfälischen Frieden 1648/50 aufgelöst und das Domstift gemischtkonfessionell besetzt. Es wurde 1810 aufgehoben. Die Bebauung der Domhöfe ist teils an Privatleute verkauft, teils für öffentliche Einrichtungen verwendet und nach Grundstückstauschen im Ost- und Südostteil zum Teil für die Belange der Domgemeinde eingerichtet, die 1859 in den Rang einer Propsteigemeinde erhoben wurde. Im Domkloster entstand eine Niederlassung der „Armen-Schwestern vom hl. Franziskus", die darin heute ein modernes Altenheim führen.

Der Hauptteil des ottonischen Zentralwestwerks als weiter entwickelter Typ von → Höxter-Corvey lag im heutigen Westteil des Langhauses als Hauptturm mit Abseiten: Im Erdgeschoss eine quadratische, hohe Pfeilerhalle, von der zwei Wandvorlagen beiderseits des Eingangs an der Westwand erhalten sind. Auf ihnen ruht heute ein Teil des Orgelgehäuses, und die übrigen Pfeiler sind im Pflaster kenntlich gemacht. Darüber befand sich ein zweigeschossiger Hauptraum mit dreiseitig umlaufenden Emporen, deren westliche von zwei Türmen flankiert wurde. Ein Zugang zu den Emporen erfolgte vom an den Nordtturm grenzenden Bischofspalast sowie von der Kirche aus über den Südturm. Nach dem Abbruch des Hauptbaus entstand der heutige, schmale Querriegel: Zwischen den Türmen wurde über dem alten Giebel ein Entlastungsbogen gemauert, die Türme um ein Fenstergeschoss und der neue Mittelbau um zwei Geschosse aufgestockt. Das untere ist Glockenstube, das oberste heute ein offenes Galeriegeschoss. Die Westvorhalle (Westwand 1950 neu erbaut) wird im Erdgeschoss des 11. Jhs. von einem Tonnengewölbe geschlossen; die Eingangssituation wurde nach Befunden rekonstruiert. Die Kapelle darüber (heute Lapidarium) mit schönen

Minden, Dom, Detail vom Choraltar (Replik)

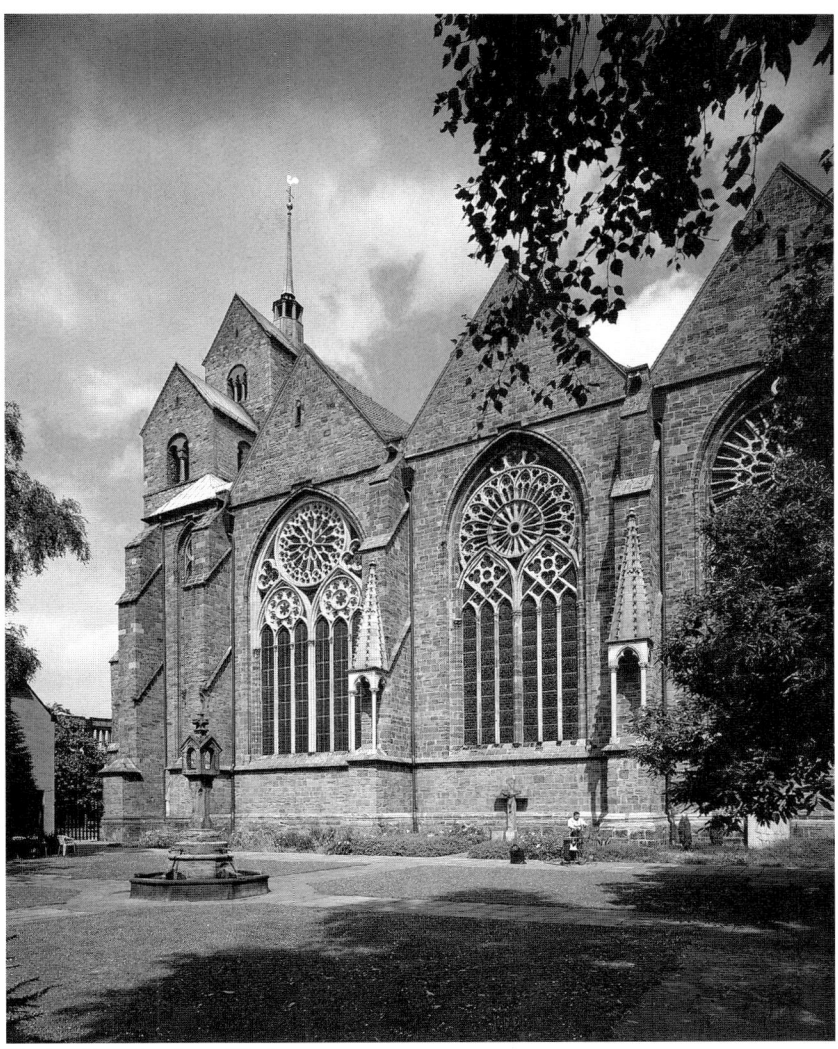

Minden, Dom, Langhaussüdseite

Kapitellen auf der Südseite war von Norden her über eine Außentreppe zugänglich (heute von der Orgelempore aus). Das Chorjoch ist in drei Zonen mit Bögen aufgelöst; als Vorbild diente das Bonner Münster. Von geplanten Chorflankentürmen sind noch die Reste des nie fertig gestellten südlichen von außen erkennbar, im doppelgeschossigen Anbau auf der Nordseite scheinen sich Reste einer karolingisch-ottonischen Außenkrypta stark umgebaut und erneuert erhalten zu haben. Die reich geschmückten Kapitellbänder des Chorjochs setzen sich in das Querhaus fort. Dessen Haupteingang vom Großen Domhof auf der Nordseite war als „Bischofsportal" hochrangigen Anlässen vorbehalten. Die am Nordquerarm erhaltene Apsis wurde am Südarm durch ein Maßwerkfenster ersetzt. Das Hallenlanghaus von drei Volljochen und einem schmalen Gelenkjoch zum Westbau hin wurde besonders seiner breiten, hohen Maßwerkfenster wegen berühmt, die höchst kunstvolle Kombinationen von Stabwerken mit Fensterrosen bilden. Im Innenraum sind nur die Blattkapitelle an den Außenwänden erhalten, die der Freipfeiler sind Neuschöpfungen von 1954/56. Runde Kernpfeiler mit vier Alten und vier Jungen Diensten leiten logisch in das Gewölbesystem aus starken Transversal- und schwächeren Diagonalbögen über. Obwohl die Gewölbe nicht original wiederaufgebaut wurden – die ursprünglichen waren mit scharfen Scheitelgraten versehen – strahlt die zum Vorbild zahlreicher Raumlösungen besonders in Westfalen und Niedersachsen gewordene Halle auch heute noch eine ruhige Weite aus. Im Chorpolygon werden die schlanken Gewölberippen elegant und ohne Kapitele zum Boden geführt. Durch seine dunkle Verglasung ist der Raumeindruck heute umgekehrt zum mittelalterlichen: Die dunklen Langhausfenster, die ganze Bildprogramme leuchtend dargeboten haben werden, zentrierten den Blick – über den Lettner zwischen den westlichen Vierungspfeilern hinweg – auf das heller verglaste Chorhaupt.

Bemerkenswert ist das gemalte Altarretabel an der Westseite des südwestlichen Vierungspfeilers, das in zwei Zonen Heilige darstellt, bekrönt von einer großen Marienfigur; es entstand um 1290.

Das Triumphkreuz (Kopie, das Original im „Haus am Dom") stammt aus dem Vorgängerdom und entstand nach neuerer Untersuchung erst zu Beginn des 12. Jhs. Korpus und Kreuz sind in einzelnen Teilen aus Bronze gegossen, montiert, vergoldet und teilweise mit Glasschmelz versehen worden. In strenger Symmetrie steht der lebende, aber still leidende Christus am Kreuz. Das in vielem noch rätselhafte Werk gilt als herausragend in der Großplastik des Mittelalters und entstand in der Werkstatt des 1125 verstorbenen Roger von Helmarshausen. Zu einem vermutlich in Verbindung mit dem Querhausbau um die Mitte des 13. Jhs. erbauten Lettner gehört der sogenannte Apostelfries im Südquerarm mit Christus und Maria im Zentrum; rechts steht der Kirchenpatron Gorgonius als Ritter. Der Rest einer Holzschnitzerei aus Eiche auf der Rückseite des Choraltars gehört zu den ältesten Möbelstücken Deutschlands. Es wird allgemein auf die Zeit zwischen 1200 und 1230 datiert und bildete offenbar – die Beine wurden abgesägt – die Rückwand eines Stuhls, vielleicht eines Thronsitzes. Der Dreiflügelaltar mit 13 Figuren und dem hl. Matthias in der Mitte entstand im 1. Viertel des 16. Jhs. in Niedersachsen. Die Emerentia Selbviert, die zu einem Altar aus der gleichen Zeit gehörte, ist die seltene Darstellung der um die legendäre Mutter der Anna ergänzten Gruppe der Anna Selbdritt; das Jesuskind ist verloren. Das Altarbild des Gert van Loen aus Geseke im Südseitenschiff wurde für den Dom angekauft. Der Schorlemer- und Heiliggeistaltar in der Apsis des Nordquerarms stammt von 1622, die Epitaphien an der Hallenwestwand entstanden in den Jahren um 1620 und um 1629.

Vom Domkloster auf der Südseite der Kirche sind noch Ost- und Südflügel in der teils reduzierten und teils erweiterten Form nach 1945 erhalten. In den Ostflügel ist der Kreuzgang mit Gratgewölben einbezogen, die ohne Gurte durchlaufen. Im Obergeschoss haben sich gekuppelte Fenster in Reihung erhalten (→ Legden-Asbeck), im Anschluss an das Querhaus die Hälfte einer gotischen Kapelle, die um ein Joch nach Westen verlängert war. Im Obergeschoss des Südflügels, dessen Kreuzgang dem Bau vorgelegt wurde, haben sich nach Süden romanische Doppelfenster erhalten. Die beiden Gebäude entstanden Ende des 12. Jhs. bis um 1200. Der Westflügel und der Anschluss des Südflügels an diesen wurden 1950/55 ergänzt.

Aus der Zeit vor der Auflösung des Stiftes 1810 sind die drei Kurien Großer Domhof 8, 10 und 12 südöstlich des Chores erhalten, letztere mit einem älteren Keller. Der Bischofpalast, seit 1650 Sitz der brandenburg-preußischen Regierung, wurde 1842 durch den bestehenden Bau ersetzt. Er ist jetzt Teil des Rathauses am kleinen Domhof.

▶ In der Unterstadt nahe der Weser. Internet: www.dom-minden.de. Die Kirche ist tagsüber geöffnet. Domschatzkammer im „Haus am Dom" (Eingang südlich des Westwerks vom Kleinen Domhof aus). Kontakt: Pfarramt Tel. 05 71/83 76 41 00, Fax 83 76 41 11.

▶ Das ehemalige Kanonissenstift in **Obernkirchen** ist besonders wegen der im Kern aus der Mitte des 12. Jhs. stammenden Kirche, die im 14. Jh. gotisch umgebaut wurde, sehenswert. Auch Teile des Klosters sind erhalten. In Rehburg-**Loccum** liegt das früher bedeutendste Zisterzienserkloster des Bistums Minden. Die Kirche aus dem 13. Jh. entspricht dem Idealtyp des Ordens, aber auch das in verschiedenen Jahrhunderten erneuerte, im Kern aber aus dem 13./14. Jh. erhaltene Kloster, das heute eine evangelische Akademie beherbergt, lohnt einen Rundgang.

Ev. Marienkirche und ehem. Benediktinerinnenkloster

Die Nonnen des 992/93 gegründeten Klosters auf dem Wittekindsberg bei → Porta Westfalica-Barkhausen siedelten sich nur wenige Jahre später an der Marienkirche in Minden an. Dank der Förderung durch die Mindener Bischöfe konnte zwischen 1036 und 1055 das Kloster geweiht werden. Es scheint sich auch wirtschaftlich gut entwickelt zu haben, da auch an der Kirche bald eine rege Bautätigkeit begann. 1421 wurde die Umwandlung in ein Kanonissenstift vollzogen. 1529/30 wurde die evangelische Kirchenordnung der Pfarrei eingeführt, Propst und Rektor des Stiftes blieben aber bis 1600 katholisch. 1660 war nur eine von 14 Stiftsdamen katholisch. 1810 wurde das Stift aufgehoben.

Den Kern der bestehenden Kirche bildet ein Saalbau mit Querhaus und Chor aus der 2. Hälfte des 12. Jhs. Von ihm sind im Langhaus die zu Pfeilern umgebauten Seitenwandreste mit Vorlagen erhalten, die für kastenartige Unterzüge unter den Gurtbogen abgekragt sind, sowie die zugehörigen schweren Kreuzgratgewölbe. Das System setzt sich über das Querhaus bis zum Chor, dessen Ostschluss nicht bekannt ist, fort. Im 14. Jh. erfolgte die Erweiterung zur dreischiffigen dreijochigen Halle in Querhausbreite, indem die Seitenmauern des Saalbaus und die Westmauern der Querarme durchbrochen und von Bögen unterfangen wurden. Die kräftigen Schildbögen erlaubten diese Maßnahme vermutlich ohne statische Schwierigkeiten. Die Seitenschiffe erhielten Rippengewölbe, außen Giebel (Blenden aus dem 19. Jh.) und Quersatteldächer. Das Polygon aus fünf Seiten des Achtecks wurde, ähnlich wie das des →Mindener Domes, auf Rippen gewölbt, die bis zum Boden ohne Kapitelle durchgeführt werden. Am Nordquerarm ersetzt ein kleines Ostjoch vermutlich eine frühere Apsis, nach Süden wurde eine Sakristei mit vierteiligem Gewölbe auf einer Mittelsäule angebaut. Der hohe, die Stadtsilhouette bestimmende Westturm mit schlanken Maßwerkfenstern und -blenden in den oberen drei der vier Geschosse und nur schmaler Öffnung zum Hauptschiff entstand vermutlich in der 2. Hälfte des 14. Jhs., der Helm wurde im 19. Jh. erneuert. Die Ausstattung wird durch die Renaissance geprägt. Zu den älteren Stücken gehören die Epitaphien von Gladbeck (1564) am Kanzelpfeiler und von Holle (1576) im Chor. Der reich verzierte, achteckige Taufstein von 1598 zeigt am Becken den Christus als Erlöser sowie Apostel. Die Kanzel schuf Johann Schwarte aus Minden 1605. Die reliefartigen, fast naiv wirkenden Evangelistenfiguren am Korb, der auf einer Figur Mose ruht, bildet einen Gegensatz zum reich dekorierten Schalldeckel.

Minden, Marienkirche, Blick zum Chor

Minden, Marienkirche, Südansicht

Das Kloster lag westlich der Kirche und bezog den Turm (und schon dessen Vorgänger als Nonnenchor) mit in die Anlage ein. Im heutigen Neubau des Gemeindezentrums wurden die Arkadenwände des Südflügels und des nach Norden abbrechenden Westflügels einbezogen. Weitere Gebäude schlossen sich ursprünglich nach Norden und Westen an.
➤ In der nordwestlichen Ecke der Altstadt. Internet: www.kirchenkreis-minden.de. Die Kirche ist tagsüber meist geöffnet. Gemeindebüro (auch Führungen): 05 71/2 96 95.

Ev. Martinikirche und ehem. Kollegiatstift

Im Jahre 1029 bestätigte König Konrad II. die Gründung der Martinikirche und die Einrichtung eines mit ihr verbundenen Kollegiatstiftes durch Bischof Sigebert. Dieser stattete die Neugründung großzügig aus und wurde nach seinem Tod im Chor der Kirche beigesetzt. Unter seinem Nachfolger Bruno wurde die Kirche vor 1055 vollendet und 1142 ein Turm angebaut. Die Statuten von 1230 legen die Zahl der Kanonikate auf 12 fest. Den Schenkungen der Bischöfe folgten seit dem 13. Jh. solche der Bürgerschaft, so dass das Stift auch eine Art Kreditbank zur Aufnahme von Geld wurde. Der Einführung der evangelischen Kirchenordnung durch Rat und Gemeinde widersetzten sich die Kanoniker. Nachdem man ihnen Kirche, Güter und Einkünften genommen und schließlich auch die Häuser geplündert hatte, verließen fast alle die Stadt. Die nach 1650 verbliebenen neun Kanonikate wurden im Verhältnis 2:1 mit katholischen und evangelischen Pfründnern besetzt. 1810 erfolgte die Auf-

Minden, Martinikirche, Turm

hebung. Remter und Kreuzgang wurden von der Stadt 1859 gekauft, im Jahr darauf abgebrochen und durch eine Mädchenschule ersetzt, die jetzt als Pfarrhaus dient.

Die im Kern erhaltene romanische Kirche ist eine kreuzförmige dreijochige Gewölbebasilika aus der 2. Hälfte des 12. Jhs. mit Vierungsturm und, wie in → St. Marien, mit Kastenvorlagen im Innenraum, deren Vorlagen für die Gurtunterzüge abgekragt sind. Ebenfalls St. Marien ähnlich erfolgte auch hier – nach Abbruch der romanischen Seitenschiffe – die Erweiterung um gotische Seitenschiffe annähernd in Querhausbreite um 1338 (Bauinschrift an der Nordseite). Kämpferplatten der früheren Arkaden zu den Seitenschiffen stecken noch in den Pfeilern. Hier wurden den Wanddurchbrüchen im früheren Obergaden als Scheidbögen jedoch Rippen unterlegt, wie sie auch für die Gewölbe verwendet wurden. Auch das Chorjoch und das Polygon aus fünf Seiten des Achtecks entstanden neu, der gotische, breit profilierte und auf den älteren Vorlagen aufliegende Triumphbogen markiert den Übergang. Fenstergewände und Dienste im Chor sind mit feinen Blattkapitellen versehen. Der Vierungsturm wurde nach 1657 abgebrochen. Der Westturm entstand im Kern nach 1142, wurde aber mehrfach umgebaut. Im Geschoss über der Eingangshalle liegt die Nikolauskapelle, die über den südlichen, eckigen Treppenturm zu erreichen ist. Sein Pendant musste einem Kapellenjoch weichen, das heute als Eingangshalle dient.

Im Chor befindet sich die älteste Darstellung des Mindener Domwestwerks als Ritzzeichnung auf einem Gedenkstein für Bischof Sigebert. Zwar starb Sigebert 1036, da aber der Stein aus dem 13. Jh. stammt, zeigt er die Domansicht bereits in heutiger Form. Das Chorgestühl mit seinen Maßwerk- und Rankenfüllungen sowie den Tierdarstellungen (Nashörner und Drachen) entstand in der Zeit um 1500. 1583 stiftete Bürgermeister Thomas van Kampen die Taufanlage am Choreingang, die – im Grundriss einem Dreipass folgend – mit einem Deckel mit Baldachin, Kerzenleuchter und Datierung versehen ist, der an einem Ausleger an der Wand zur Seite geschoben werden kann. Die Orgel setzt sich aus dem barocken Hauptgehäuse vermutlich von 1749 und dem bereits 1591 erbauten Rückpositiv zusammen, das möglicherweise ein Werk Jürgen Slegels ist (→ Lemgo, Marienkirche). 10 historische Register sind im heutigen Neubau erhalten. Die reich verzierte Kanzel stammt von 1608. Grabsteine und Epitaphien – im Querhaus u. a. von Adam Stenelt nach 1615 – ergänzen das Inventar.

▶ Die westlich des alten Rathauses beginnende ‚Martinitreppe' führt auf den Kirchplatz. Internet: www.martinigemeinde.de. Die Turmtür ist tagsüber in der Regel geöffnet; Gitter. Tourist-Information: Tel. 05 71/8 29 06 59 (Schlüssel für Gruppen auf Anfrage).

Kulturzentrum BüZ, ehem. Johanniskirche mit Kollegiatstift

Um 1200 gründeten Bischof Dietmar von Stromberg und der Domherr Ramward das Johannisstift. Papst Innozenz III. nahm es 1210 in seinen Schutz. Als Propst fungierte stets ein Mitglied des Domkapitels. 1319 erteilte Papst Johannes XX. einen Ablass, vielleicht zur Finanzierung von Baumaßnahmen. Eberhard von Cersne verfasste hier 1404 seine berühmte Minneregel. Nachdem das Stift 1529 geschlossen und verlassen wurde, konnten die Kanoniker 1548 zurückkehren. St. Johann blieb fortan katholisches Stift in der evangelischen Stadt Minden. 1795/96 beschlagnahmte die preußische Armee die Kirche als Magazin, der Chor konnte jedoch wieder zu gottesdienstlichen Zwecken zurückgewonnen werden. 1810 erfolgte die Aufhebung. Die Kirche wurde zunächst Landwehrzeughaus und dient seit 1981 als Bürgerzentrum und Cafe.

Das heutige Langhaus der Kirche ist das Mittelschiff als Rest einer zweijochigen, dreischiffigen Basilika im gebundenen System mit einem Querhaus, an dessen Arme vermutlich Apsiden angefügt waren. Dieser Bau stammte aus dem 13. Jh. Zugehörig sind die beiden unteren Geschosse des Westturms mit rundbogigen Portalen. Ein Schlussstein im Chor gibt einen Hinweis auf die Umgestaltungen zwischen 1473 und 1508. Damals entstanden das Chorjoch und – in einer weiteren Bauetappe –

das Polygon, die Seitenchöre sowie die beiden in das Achteck überführten Obergeschosse des Turmes aus Backsteinen. Zwischen 1810 und 1829 erfolgte der Abbruch der Seitenschiffe und der Querarme.

Südlich und östlich der Kirche sind Kuriengebäude überwiegend aus Fachwerk erhalten, darunter eines aus dem 18. Jh. mit einem Erdgeschosssockel aus Bruchstein und zwei Wappen über den Fenstern zum Johanniskirchhof.

➤ Im nordöstlichen Teil der Altstadt, rückseitig des Kaufhauses in der Bäckerstraße. Kulturzentrum BüZ, Tel. 05 71/2 39 39 (geöffnet zu Veranstaltungen und Ausstellungen, sonst nur auf Anfrage).

St. Mauritius und Schwesternhaus, ehem. Benediktinerkloster

Der Mindener Bischof Bruno von Merseburg gründete das Benediktinerkloster 1042 auf einem häufigen Überschwemmungen ausgesetzten Werder in der Weser vor der Stadt. Er wählte nicht nur den Patron des Bistums Magdeburg, Mauritius, als Patron für die neue Gründung, sondern besetzte sie auch mit Mönchen aus Magdeburg und Gorze. Nach seinem Tod 1055 wurde er in der Kirche beigesetzt. Zwar wurde 1318 und nochmals 1334 die Verlegung des Klosters in die Stadt genehmigt und danach Grundstücke erworben, aber erst Bischof Wulbrand erwirkte 1435 dazu die Erlaubnis des Baseler Konzils. Zunächst diente die westlich benachbarte Kirche St. Simeon, die dem Kloster rechtlich unterstellt wurde, als Pfarr- und Klosterkirche. Nach dem Anschluss an die Bursfelder Kongregation, der erst nach mehrjährigen, teils tumultartigen Auseinandersetzungen im Konvent 1458 erfolgte, konnte der Bau der Kirche – finanziert mit Krediten – 1464 begonnen werden. 1474 erfolgte eine Weihe, doch noch 1491 waren die Bauarbeiten nicht abgeschlossen. Die 1529 aus der Stadt vertriebenen Mönche konnten erst 1573 endgültig zurückkehren. 1594 wurde ein Kirchturm erbaut, der nur 200 Jahre Bestand hatte. Seine Finanzierung trug zur erdrückenden Schuldenlast des Klosters bei. Sie führte dazu, dass das Kloster 1696 rechtlich dem Abt von Huysburg bei Halberstadt unterstellt wurde. Nachdem die Kirche schon 1796 durch Einziehen von Decken und Vermauerung der Fenster zum Magazin umgebaut worden war, erfolgte 1810 die Aufhebung des Klosters. Seit 1950 dienen die wieder hergestellten Gebäude von Kirche und Kloster den „Schwestern der christlichen Liebe" (→ Paderborn, Mutterhaus) und als Nebenkirche der Domgemeinde.

Die Kirche setzt sich zusammen aus einem dreijochigen, in einem Polygon aus fünf Seiten des Achtecks schließenden Chor und einem dazu kürzeren, dreijochigen Langhaus mit

Minden, Johanniskirche, Ansicht zur Stadt hin

nördlichem Seitenschiff. Dessen abknickende Westwand dürfte mit alten Grundstückssituationen zusammen hängen. Die Kreuzrippengewölbe liegen auf zwei schlanken Rundpfeilern bzw. an den Wänden auf kleinen Konsolen auf. Scheidbögen und Triumphbogen sind als breite Rippe gestaltet, alle anderen folgen einem einheitlich leichten Rippentyp. Die Maßwerke der Fenster fehlen bzw. sind neu gestaltet (Westfenster). Im Chorpolygon hat sich Rankenmalerei aus der Bauzeit der Kirche er-

Minden, Mauritiuskirche, Blick ins Langhaus

halten, die stark überarbeitet wurde. Die ältere Ausstattung wurde von der Domkirche übernommen.

Das Kloster schließt sich als Rest der älteren Anlage südlich an die Mauritiuskirche und westlich an die Simeonskirche an; es lässt die ursprüngliche Gesamtsituation erahnen. Erhalten sind der nördliche, an die Kirche stoßende Kreuzgang sowie Reste des östlichen. Im Nordostwinkel liegt die zweijochig gewölbte Sakristei quer zur Kirchenachse. Der Ansatz des Westflügels, der heute den Zugangsflur zur Kirche bildet, befindet sich eingebaut in einem Flügel bzw. Haus, dass im Kern aus dem 17. oder 18. Jh. stammen dürfte. Neben der Tür befindet sich an der Stelle nicht originales Epitaph von 1439 mit dem Relief einer Kreuzigungsgruppe.
➤ Zu Fuß von der Fußgängerzone ‚Obermarktstraße' in die ‚Königstraße' einbiegen; hinter dem lang gestreckten Gebäude des ehem. Zeughauses links im Baublock. Täglich außer in der Mittagszeit geöffnet. Touristen-Information Tel. 05 71/8 29 06 59.

Privatwohnungen und Lager, ehem. Dominikanerkloster

Angeblich erfolgte die Gründung des Bettelordenskonvents in der Stadt 1236. Schon 1231 waren Brüder des Ordens im Auftrag der römischen Kurie in der Stadt tätig. In der Regierungszeit der Bischöfe aus dem Hause Diepholz zwischen 1237 und 1253 erfuhr der Konvent eine besondere Unterstützung, die Gründungsinitiative ist aber vermutlich von Rom bzw. vom Orden ausgegangen. Das Grundstück erhielten sie von Johann von Beldersen, der ohne Erben und dessen Haus kurz zuvor abgebrannt war. Erst 1260 wird der Konvent anlässlich einer Schenkung erwähnt, einzelne Brüder aber schon seit 1241. Das Kloster genoss höchstes Ansehen: 1293 wurden Bischof Volquin von Schwalenberg, 1368 Otto II. von Wettin in der Kirche beigesetzt. Der im Mittelalter verehrte Geschichtsschreiber Heinrich von Herford lebte im Mindener Kloster. Auch die wirtschaftlichen Verhältnisse scheinen gesichert gewesen zu sein; die Brüder wurden, wie eine alte Chronik berichtet, „reiche Bettler". 1260 wurde die Kirche geweiht. 1530 übergaben die Brüder gegen Wohnrecht in einem Flügel das Kloster der Stadt, die es schließlich aufteilen ließ und im östlichen Bereich das Gymnasium einrichtete. Die Kirche wurde 1736 der reformierten Gemeinde überwiesen, doch stand 1769 nur noch ein Teil des Gebäudes. Der Abbruch erfolgte noch vor 1800.

Die Grundstückssituation ist heute durch den Bau der Alten Kirchstraße über das einstige Klostergelände stark verunklärt. Die Kirche, die neben der des Konvents in →Soest die älteste Bettelordenskirche in Westfalen und ein gewölbter Saalbau war, lag etwa an der Stelle des heutigen Schulgebäudes. Das noch erhaltene Gebäude dürfte ein Teil des Klosterwestflügels mit einer Erweiterung nach Westen sein. Im Erdgeschoss des Westflügels sind Gewölbejoche des Kreuzgangs erhalten, im Obergeschoss auf der Westseite kleine rechteckige Fensterchen, die zu Schlafräumen der Brüder gehört haben dürften. Zwar fand eine kleine Grabung statt, eine genaue Untersuchung des Baubestandes steht aber noch aus.

Minden, ehem. Dominikanerkloster

Münster, Dom, Westfassade

➤ Vom ‚Königswall' gelangt man rechts in die ‚Alte Kirchstraße', vor dem Straßenknick rechts auf den Parkplatz. Eine Außenbesichtigung ist von dort aus jederzeit möglich. Innenbesichtigung nur für Gruppen: Bettengeschäft Benker, Tel. 05 71/83 74 90.

MÜHLHEIM → WARSTEIN

MÜNSTER (Kreis Münster. Karte: B2)
Domkirche St. Paulus und Domstift
Möglicherweise kamen die ersten Mönche des Klosters, dass der Missionar Liudger 792/93 am Ort Mimigernaevor auf einem Hügel über der Aafurt gründete, aus Utrecht und befolgten die Benediktinerregel. Nach der Gründung des Bistums vermutlich auf der Reichsversammlung in Paderborn 799 wurde Liudger 805 zum ersten Bischof geweiht. Nördlich neben der Klosterkirche St. Paulus ließ er eine Domkirche St. Maria erbauen, aber noch vor 850 wandelte sich das Kloster zum Domkapitel und die Pauluskirche zur Domkirche. Bischof Erpho weihte 1090 einen Neubau, der schon sieben Jahre später abbrannte. Bei der Einnahme der Stadt durch Lothar von Süpplingenburg 1121 gingen Stadt und Dom erneut in Flammen auf. Bischof Hermann II. von Katzenellnbogen

Münster, Dom, Paradies und Salvatorgiebel

gliederte die Diözese 1193 in Archidiakonatsbezirke und begann den Bau des im wesentlichen heute erhaltenen Domes mit dem Westwerk; die Hauptbauzeit lag etwa zwischen 1224 und 1264. Die Täufer verwüsteten 1535 den Dom und zerstörten zahlreiche Kunstwerke. Nach der raschen Wiederherstellung ab 1537 drangen lutherische und, aus den nahen Niederlanden, auch kalvinistische Tendenzen in das Domkapitel ein. Schließlich wurde der Kölner Kurfürst Ernst von Bayern mit Waffengewalt 1585 auch zum Bischof von Münster postuliert, was – unterstützt durch Ordensgemeinschaften wie den → Münsteraner Jesuiten – zu einer allmählichen Rekatholisierung von Stadt und Bistum führte. 1811/12 wurde das adelige Domkapitel durch die französische Regierung aufgelöst und ein bürgerlich-priesterliches Kapitel eingesetzt, das 1821 nochmals neu organisiert wurde. 1941/45 erlitten die Domkirche und die Bebauung am Domplatz schwerste Zerstörungen. Am Dom hielten nur die Gewölbe im Ostquerhaus und Chorjoch Stand, die Westwand des Westbaus, die Nordwand des Westquerhauses, das Nordseitenschiff, Teile des Chores mit Umgangskapellen und der westliche Kreuzgangflügel wurden bis in die Fundamente hinein zerstört. 1956 waren die Wiederaufbauarbeiten abgeschlossen.

Der Dom in Münster gilt als das bedeutendste Bauwerk Westfalens. Im Grundriss wird eine nur zweijochige Basilika von zwei annähernd gleich großen Querhäusern eingefasst. Nach Westen schließt sich ein von zwei Türmen flankierter Westchor an, nach Osten ein querrechteckiges, basilikales Chorjoch mit einem Chorschluss aus fünf Seiten des Zehnecks, der radial von den trapezförmigen Jochen eines Umgangs umschlossen ist. Vier der fünf Außenwände sind von Kapellen im Grundmaß eines Polygons aus fünf Seiten des Achtecks durchbrochen. Die nordöstliche entstand um 1512, die übrigen wurden zwischen 1663 und 1678 erbaut. Der Zugang erfolgt durch das Paradies am südlichen Querarm des Westquerhauses. Zu den ältesten erhaltenen Bauteilen gehört das Westquerhaus, in dessen Westwänden sich Reste des Querhauses von 1090 erhalten haben (Bögen sichtbar belassen). Der teilweise ergrabene, zugehörige Dom schloss nach Osten etwa im Bereich des heutigen Chorinnenpolygons ohne zweites Querhaus in einer Dreiapsidenanlage (→ Paderborn, Dom). Etwa zwischen 1190 und 1203 entstand im Anschluss daran der heutige Westbau. Die beiden im inneren doppelgeschossig gewölbten Türme flankieren den etwas über ihre Flucht nach Westen vorkragenden Westchor und öffnen sich nach Osten. Die Chorwände werden im Erdgeschoss von großen Bogenblenden, darüber von einer ursprünglich umlaufenden Zwerchgalerie mit Gang und im Obergeschoss durch ein dreiteiliges Fenster gegliedert; im von den angebauten Türmen freien Bereich liegen Fenster. Die zugehörige Kapitellzone – die untere von den beiden erkennbaren – vertritt noch die Stilstufe der „münsterländischen Hallen gebundener Ordnung" mit ihren breiten, spitzen Profilplatten. Diese Wölbung wurde mit dem Neubau der Kirche nach 1225 aufgegeben und Aufhöhungen mit einer zweiten Kapitellzone eingebracht, um alle Großgewölbe des Raumes auf einer Höhe realisieren zu können. Die Westwand mit ihrer in der Münsteraner Volkssprache „Seelenbrause" genannten Lochblende ersetzt seit 1956 eine Wand, in die im 16. Jh. ein großes Westportal eingebaut wurde. Die Erneuerungen der alten Kirche von 1090 beginnen um 1225 mit dem Chor. Hier sind die Wände des Chorinnenpolygons in der Erdgeschosszone spitzbogig, aber glatt durchbrochen, während die obere Zone zwischen den Vorlagen für die Gewölberippen auf die Maueraußenschale reduziert ist. So ergibt sich ein schmaler Gang, der durch die Wand geführt ist. Die Kapitellzone liegt hier höher als in der übrigen Kirche. Das eigentliche Chorjoch führt dieses System fort und schließt statt der Umgangsjoche basilikale gebundener Ordnung an. Allerdings wird hier der Entschluss zum Wölbungssystem für den größten Teil des Domes deutlich: Breite Kastenvorlagen werden von Diensten in den ausgeklinkten Ecken begleitet und von einem Kapitellband abgeschlossen. Die Kastenvorlagen tragen breite Transversalbögen, während die aus Stäbebündeln gebildeten Gewölberippen auf den Diensten ruhen. Außer im Chor sind alle Großgewölbe achtteilige Domikalgewölbe mit unterlegten Rippen. Im Ostquerhaus (Südarm weitgehend gotisch erneuert) ist der Wandaufbau des Chores fortgeführt, an der Ostwand als Dreibogengliederung. Die Nordwand ist durch Blendbögen aufgelockert und mit einem großen, spätgotischen Maßwerkfenster versehen worden. Sind die Gurt-, Blend- und Fensterbögen des Chores und des Ostquerhauses noch fast rund oder we-

Münster, Dom, Langhaus nach Osten

nig spitz, so ändert sich dies nun mit dem Weiterbau nach Westen: Alle konstruktiven Bögen sind nun spitz. Die Basilika verzichtet auf die gebundene Ordnung. Breite Bögen vermitteln zu den Seitenschiffen mit ihren Wölbungen auf gezahnten und mit Zierscheiben versehenen Rippen. Ein Triforium ist nur in den Bogenzwickeln gleichsam als Rudiment in Form von dreiteiligen Fenstern mit Säulchen angedeutet. Die Obergadenzone darüber ist mit dreiteilig gestaffelten Fenstern versehen. Die Ost- und die Stirnwände des Westquerhauses verzichten in der oberen Zone schließlich ganz auf eine Wandinnenschale mit einer Fenstergliederung. Der Laufgang wird offen geführt und eine massiv wirkende Fensterrose in die Außenwand eingepasst. An das Westquerhaus ist nach Süden, also zum Domplatz hin, das Paradies angebaut. Es ist zweiteilig: Der offenen, dreiachsigen Vorhalle wurde vor 1522 in ganzer Breite eine weitere Achse vorgelegt, die nur in Portalen geöffnet ist. Dabei wurde auch ein Obergeschoss mit zwei sich kreuzenden Giebeln aufgesetzt. Der prächtige Radfenstergiebel des Querarms erhielt damals einen Maßwerkkamm. Im Inneren teilt ein Portalpfeiler mit Paulusfigur (nach 1535 erneuert) die beiden Eingänge voneinander, im Bogenfeld thront Christus. Der Türsturz des linken Eingangs zeigt die Anbetung der Könige, der rechte den Sturz des Paulus vor Damaskus. Unter Baldachinen stehende, überlebensgroße Apostelfiguren bilden in den beiden Seitenjochen einen Rahmen für das Portal. Sie stehen auf einem Rankenfries mit Jägern, Musikanten, Handwerkern und Weinlesern. Möglicherweise

Münster, Dom, Kreuzgang

wurden die Apostel für einen anderen Zusammenhang geschaffen, denn es sind nur zehn, sie sind etwas zu groß für den Standort und sie sind auch nicht alle vollendet worden. Aus der Bildhauerwerkstatt, die mit der Kathedrale in Reims in Zusammenhang stand, stammt auch der Pauluskopf und weitere Skulpturen an der südwestlichen äußeren Querarmgiebelwand. Hinzu kommen vier Figuren in Säulennischen an den inneren Paradiesseitenwänden, die keine Apostel und stilistisch etwas jünger sind: An der östlichen Seitenwand Bischof Dietrich von Isenburg, der den Grundstein zum Domneubau legte, aber in den Komplott von → Gevelsberg verstrickt gewesen sein soll, und der hl. Laurentius mit Stifterfigur; gegenüber an der Westwand ein Ritter, der als Gottfried von Cappenberg (→ Selm-Cappenberg) gedeutet wird, sowie die hl. Maria Magdalena ebenfalls mit Stifterfigur. Neben dem Paradiesportal des → Domes in Paderborn gehört das in Münster zu den großartigsten Leistungen der Bildhauerei im mittelalterlichen Westfalen.

Der größte Teil der mittelalterlichen Ausstattung ging in der Täuferzeit verloren; nur das Bronzetaufbecken aus dem 14. Jh. am Eingang zum Westchor hat sich erhalten. Das Sakramentshaus (Aufbewahrung für hl. Öle) und die Chorschranken zwischen Chorhaupt und Umgang entstanden zwischen 1520 und 1536. Aus dieser Zeit stammt auch die große bronzene, noch ganz spätgotische Lichterkrone von drei Metern Durchmesser im Chor und die Seitenwangen eines Chorgestühls im Westchor. Einem den Dom durch das Paradiesportal betretenden Besucher steht die massige Statue des hl. Christophorus unvermittelt gegenüber. Sein Anblick soll vor einem jähen Tod schützen, was ihn nicht zuletzt als Patron der Autofahrer prädestiniert. Berühmt ist die astronomische Uhr im südlichen Chorumgang. Ein Mathematiker, ein Franziskaner-Minorit und ein Schmied wirkten zu ihrer Erbauung bis 1540 fruchtbar zusammen, Ludger tom Ring d.Ä. schuf die Malereien der Holzfassade. Die Uhr ist ein technisches Meisterwerk ihrer Zeit mit vielfältigen Ablesemöglichkeiten, unter anderem der Zeit, der Monate, von Sternenkonstellationen und des Heiligenkalenders, ergänzt um das täglich um 12 Uhr ablaufende, optisch-akustische Schauspiel des Zugs der Drei Könige um die Muttergottes. Der ehemalige Hochaltar steht jetzt im Westchor. Gerhard Gröninger schuf ihn 1619 bis 1622 aus Marmor mit geschnitzten und bemalten Flügeln. Unter den weiteren Altären sticht der Stephanusaltar im Nordarm des Ostquerhauses hervor, gleichzeitig Epitaph für den Domdechanten Heidenreich von Letmathe; Gerhard Gröninger schuf ihn um 1630. Vollplastisch sind die Liegefigur des Verstorbenen und die Ecce-Homo-Gruppe darüber. Die zahlreichen Epitaphien des Domes bilden einen Kosmos der Sepulchralkultur zwischen 1521 und der Mitte des 18. Jhs., die sich zu erschließen lohnt. Erwähnt seien noch die beiden Prunkepitaphe für die Fürstbischöfe Christoph Bernhard von Galen († 1678) in der Scheitelkapelle des Umgangs und Friedrich Christian von Plettenberg († 1706) im Nordarm des Ostquerhauses.

Der zwischen 1377 und 1395 erbaute Kreuzgang verbindet mit drei Flügeln die beiden Nordquerarme des Domes miteinander. Er ist mit in die Wände einlaufenden Rippengewölben gedeckt und zum Innenhof mit verglasten Maßwerkfenstern geschlossen. Die Marienkapelle an der Nordostecke neben dem Eingang vom Horsteberg entstand 1395 als eineinhalbjochiger Gewölbebau mit einem Polygon aus fünf Seiten des Achtecks. Nach Süden schließt sich die Sakristei und, an der Chorjochnordseite, der um 1550 erbaute Kapitelsaal mit seiner bedeutenden, geschnitzten Wandvertäfelung an. Reste älterer gemeinsamer Gebäude der Domherren wurden nordöstlich des Domes ausgegraben. Die Fundamente des ehemaligen Refektoriums wurden etwas aufgemauert; sie liegen an der Treppe vom Horsteberg zum Kiepenkerl. Am Horsteberg, der Gasse nördlich des

Domkreuzgangs, ist noch ein Vikariatsgebäude erhalten. Nach Westen schließt sich die Kettlersche Kurie an, heute Dompropstei und Kurie des Weihbischofs – eine Art herrschaftlich-barockes Doppelhaus. Lambert Friedrich von Corfey erbaute zwischen 1712 und 1718 einen mächtigen Gebäudeflügel mit niedrigen Seitenflügeln. Die Kurie westlich in der Achse des Domes war die Domdechanei und ist heute bischöfliches Palais. Peter Pictorius d.J. war vermutlich 1732 der Architekt, er bezog geschickt Teile des Vorgängerbaus aus dem 16. Jh. in die Neukonzeption ein. Der stattliche Dreiflügelbau schirmt den Hof vom Domplatz mit einem schmiedeeisernen Gitter ab. Eine Durchfahrt im Hauptgebäude führt in den rückwärtigen Garten zur Aa. Eine weitere, in Resten erhaltene Kurie liegt östlich des Domchores und nördlich des Denkmals für Kardinal Clemens August von Galen, den „Löwen von Münster" († 1946), der in einer Chorkapelle des Domes bestattet ist.

➤ Domkirche und Kreuzgang sind tagsüber geöffnet. Führungen für Gruppen nach Vereinbarung: Tel. 02 51/4 24 71. Domkammer (Nordflügel des Kreuzgangs), Tel. 02 51/49 53 33, Fax 51 97 96. Öffnungszeiten: Di–So und feiertags 11–16 Uhr.

St. Mauritz und ehem. Kollegiatstift

Das Mauritzstift, nach dem Domstift das bedeutendste der Stadt, wurde vermutlich von Bischof Friedrich I. 1064 gegründet. Friedrich war zuvor Dompropst in Magdeburg gewesen, und so wählte er das Patronzinium des dortigen Bistums auch für die Stiftung in Münster; er wurde im Ostteil des Langhauses bestattet. Unter sei-

Münster, St. Mauritz, Obergeschoss des südlichen Chorturms von Osten

Münster, St. Mauritz, Westansicht

nem Nachfolger Erpho wurde zwischen 1085 und 1097 das Langhaus vollendet, bis 1118 folgten unter Bischof Burchard unter anderem der Kreuzgang und die Stiftsgebäude. Auch diese beiden Bischöfe fanden ihre letzte Ruhestätte in der Kirche. 1177 wurde die Dechanei gestiftet und kurze Zeit später der Westturm und die Erphokapelle errichtet. Der Chor wurde 1476 geweiht. Der Stiftskaplan Bernhard Rottman trug 1529 die Reformation in die Stadt, fünf Jahre später wurden Kirche und Stiftsgebäude durch die Täufer verwüstet und in Brand gesetzt. 1811 wurde das Stift aufgehoben und die Kirche 1859/61 nach Abbruch des Langhauses aus dem 11. Jh. durch ein neuromanisches dreischiffiges Langhaus von Emil von Manger aus Oelde vergrößert.

Vom Gründungsbau des 11. Jhs. sind noch die beiden Chorflankentürme mit den Ansätzen der Chormauer erhalten. Eine Datierung nach Holzfunden ergab als Bauzeit die Jahre um 1069. Sie weisen über dem Dachansatz auf jeder Seite eine Gliederung aus Zweierarkaden mit Seitenblenden und darüber liegenden Dreierarkaden auf, die zum Helmansatz hin zwei Muldenreliefs beiderseits eines Rundfensters zeigen. Sechs Ritterheilige und sechs Frauen sind dargestellt. Ob sie ursprünglich einen Platz in der Kirche hatten – z.B. an einem Lettner – oder original an den Türmen eingebaut sind, konnte nicht eindeutig geklärt werden. Jedenfalls gehören sie zu den ältesten Großreliefs in Deutschland überhaupt (teils Kopien, teils überarbeitet; Originale im Landesmuseum für Kunst und Kulturgeschichte Münster). Im Turminneren liegen gewölbte

Münster, Überwasserkirche, Turm

Kapellenräume. Auch das Chorjoch zwischen den Türmen war – in dieser Zeit noch ganz unüblich – mit einem Gewölbe versehen. Das gewölbte Langhaus schloss mit einem etwas schmaleren Gelenkjoch, wohl dem Rest einer Vorhalle, an den Turm an. Unverkennbar nimmt der Westturm auf die Gliederung der Osttürme Bezug, verdoppelt sie etwas einfacher in einer Lisenenrahmung. Im Inneren liegen zwei Gewölberäume übereinander, eine Treppe in der Mauerstärke der Südwand bildet den Zugang. Die Erphokapelle wurde vermutlich noch im 12. Jh. an den Turm angebaut. Der Chor ist innen mit Rippengewölben versehen, die auf Ansätzen von Diensten ruhen. Die Dienste gehen in Figurenbaldachine über. Die Fenstermaßwerke zeigen elegante, zentrierte Fischblasenformen.

Das Ölgemälde des Altares stellt eine Kreuzigung mit Stifter dar; es stammt aus dem früheren Hochaltar von 1664. Hermann tom Ring schuf 1547 die Stiftertafel mit Christus am Kreuz und Heiligen an der Chorsüdwand. Im Chorgestühl von 1866 sind Teile des 1539 geschaffenen wiederverwendet worden. Die beiden Grabtumben mit Liegefiguren in der Erphokapelle stellen den Stiftsgründer Friedrich (1576 hierhin versetzt und erneuert) und Bischof Erpho (Inschrift von 1620) dar. An den Ostwänden befinden sich Reliefepitaphe von nach 1489 und nach 1534, weitere am Außenbau der Kirche. Die große Kalvarienberggruppe an der äußeren Chornordseite stammt von Gerhard Gröninger um 1630.

Der in Ost-West-Richtung längliche Stiftsbezirk wird heute westlich der Kirche vom Hohenzollernring geteilt. Von Osten her erfolgt der Zugang durch zwei barocke Torpfeiler, die den Anfang des Prozessionswegs nach Telgte markieren. Nur der Ostflügel der Stiftsgebäude ist auf der Südseite der Kirche noch existent. Teile der Umfassungsmauern des Gründungsbaus sind erhalten geblieben und wurden 1996 bei Restaurierungsarbeiten sichtbar gemacht. Von den barocken Kuriengebäuden ist das heutige Pfarrhaus am Nordrand des Stiftsplatzes zu erwähnen, das vermutlich Johann Conrad Schlaun 1758 erbaute, sowie die nordöstlich der Kirche etwas abgelegene Dechanei (Stiftsstraße 15) aus Steinwerk und Vorderhaus, die 1632 und 1710 umgebaut wurde und im 18. Jh. das heutige Obergeschoss erhielt.

➤ 1 km östlich des historischen Stadtkerns, am ‚Hohenzollernring' zwischen ‚Warendorfer Straße' und Franziskushospital. Die Erphokapelle ist außer in der Mittagszeit tagsüber geöffnet; Gitter zum Langhaus. Pfarramt Tel. 02 51/3 64 65.

Pfarrkirche Liebfrauen Überwasser und ehem. Benediktinerinnenkloster

Vermutlich bald nach 1032 gründete Bischof Hermann I. eine Pfarre mit angeschlossenem Damenstift auf der vom Domberg gesehen anderen Seite der Aa: über das Wasser hinweg. Erste Äbtissin wurde seine Schwester. 1040 konnte eine erste Kirche geweiht werden, die nach einem Brand 1071 einen 1085/88 geweihten Nachfolgebau erhielt. Zwischen 1340 und 1346 (Inschrift) entstand die heutige Kirche, der 1363 begonnene Turm wurde erst zu Beginn des 15. Jhs. fertig gestellt. Die Um-

Münster, Überwasserkirche, Taufstein

wandlung in ein Benediktinerinnenkloster mit Anschluss an die Bursfelder Kongregation erfolgte schließlich 1483 nach lang andauernden und massiven Widerständen des Konvents. Anschließend wurden Teile des Klosters erneuert, darunter das Dormitorium und das Refektorium. 1518 lebten 18 Nonnen im Kloster. 1534 verließen es die letzten von ihnen, nachdem die Täufer die Herrschaft in der Stadt übernommen hatten; alle Bildwerke in und an der Kirche wurden verwüstet. 1536 erfolgte ein Neubeginn in der Art eines freiweltlichen Damenstiftes, das 1617 wieder zur Bursfelder Observanz geführt wurde. Die Belagerungen der Stadt 1657 und 1660/61 richteten großen Schaden an, 1671 machte ein Brand das Wiederaufbauwerk zunichte. Der langsame Niedergang fand mit der Aufhebung des Klosters 1774 ein Ende. Kapitalien und Liegenschaften wurden zur Gründung der Universität verwendet. Die Kirche erlitt im Zweiten Weltkrieg sehr schwere Zerstörungen und wurde in der alten Form wieder aufgebaut.

Von der 1088 fertig gestellten Kirche, einer dreischiffigen Basilika mit Westquerhaus und Doppelturmanlage, ist der Nordturm im Kern nördlich des heutigen Turms erhalten, ebenso ein Teil der alten Nordseitenschiff-Außenwand im unteren Teil der heutigen. Die gotische Hallenkirche ist dreischiffig sechsjochig mit Chorjoch und einem Polygon aus fünf Seiten des Achtecks – ein längs gerichteter Raum zum Schreiten: Die schlanken, eng stehenden Rundpfeiler mit vier Diensten und einfachen Kelchkapitellen lassen die späte Orientierung an der → Franziskaner-Minoritenkirche der Stadt erkennen. Die leichten Rippen sind in allen Teilen des Gewölbes ähnlich gebildet und nur wenig in der Stärke differenziert. In den mit Blattwerk dekorierten Schlusssteinen zeigen sich zum Teil Masken. Die Raumfassung mit der Quaderung von Pfeilern und Wänden wurde nach Befund rekonstruiert. Zwei Seitenkapellen flankieren den Chor, die nördliche mit einer komplizierten Wölbung auf zwei Stützen. Der Erdgeschossraum des massigen Turmes dient als Eingangshalle. Er ist mit einem Achteckgewölbe versehen, wobei die verbleibenden Eckzwickel durch kleine dreiteilige Gewölbe geschlossen sind. Der Turm ist im Außenbau in drei der vier unteren Geschosse mit Maßwerkblenden geschmückt, das Eingangsportal (Figuren aus dem 19. Jh., Originale im Landesmuseum für Kunst und Kulturgeschichte am Domplatz) ist mit einem hohen Wimperg versehen. Das oberste, innen gewölbte Geschoss wird in ein durchfenstertes Achteck überführt, das vierseitig auf den Ecken von offenen Türmchen umgeben ist. Der Außenbau des Langhauses ist schlicht und nur das westliche Südportal mit angesetzten Reliefs versehen.

Münster, St. Ludgeri, Ansicht von Südosten

Am südwestlichen Strebepfeiler außen befindet sich ein verwittertes Relief aus der letzten Viertel des 12. Jhs., das den Stiftsgründer Hermann I. darstellen soll. Die Innenausstattung ist ausschließlich nachmittelalterlich. Das Chorgestühl aus der Zeit um 1540 wurde 1874 stark überarbeitet. In der Turmhalle befinden sich zwei Gedenktafeln für Mitglieder der Malerfamilie tom Ring von 1548 und 1592. Von den Epitaphien im Südschiff werden zwei Gerhard Gröninger zugeschrieben, 1618 und 1626 entstanden. Aus dem 17. Jh. stammt auch das Alabasterrelief der Himmelfahrt Mariens mit dem Rosenwunder. Den Taufstein schuf Johann Wilhelm Gröninger um 1720. Als Zeichen für die Erbsünde ruht das Becken auf dem Baumstamm mit der Schlange, auf dem geschnitzten Deckel finden sich in den Blattranken zwei Kinderköpfe. – Die Klostergebäude auf der Nordseite der Kirche wurden durch das Priesterseminar ersetzt.

➤ Westlich des Domes. Die Kirche ist tagsüber in der Regel geöffnet. www.muenster.org/uewasser. Pfarramt Tel. 02 51/4 49 87.

St. Ludgeri und ehem. Kollegiatstift
Vermutlich aus den Jahren zwischen 1178 und 1189 stammt die Urkunde, in der Bischof Hermann II. von Katzenellnbogen bekundet, er habe den Pfarrbezirk der Stadtkirche St. Lamberti in weitere Bezirke aufgeteilt, darunter einen Bezirk St. Ludgeri. Eine Kirche, die zum domkapitularischen Brockhof gehörte, stand an der Stelle der heutigen schon 1170. Das Kollegiatstift wurde vermutlich im Anschluss an den Bau dieser Kirche eingerichtet und die wundertätigen Reliquien des ersten Bischofs

von Münster, Liudger, in die Kirche übertragen. Die Hauptausstattung des Stiftes mit Gütern stammte von Franco von Wettringen. Zwischen 1173 und spätestens 1185 wird der im Kern erhaltene Bau der Kirche begonnen worden sein. Nach dem Brand 1383 erfolgte ein Wiederaufbau mit Veränderungen. Um 1420/30 ersetzte man den alten Chor durch das heutige Polygon, vor 1450 wurden die beiden oberen Vierungsturmgeschosse vollendet (das oberste 1900 erneuert). Nach den Täuferunruhen mussten 1535/37 das Chorgewölbe und das Südportal erneuert werden. Auch die Maßwerkfenster im Querhaus wurden damals eingebaut. Die Aufhebung des Stiftes erfolgte 1811. 1874/75 entstanden die über dem Dachansatz liegenden Geschosse der Westtürme und das Westportal. Bombentreffer 1944/45 führten zum Verlust aller Gewölbe, danach wurde die Kirche in den alten Formen wieder aufgebaut.

Der Kernbau des heutigen dreischiffigen zweijochigen Langhauses gilt als die Wiege der Hallenkirchen in Westfalen, die älteste bislang bekannte „Halle gebundener Ordnung", die eine ganze Baugruppe des 13. Jhs. begründete. Die Zwischenstützen zwischen den Pfeilern wurden 1383 entfernt und die Seitenschiffe neu gewölbt, aber an den Seitenwänden blieben die Vorlagen für die Gurtbögen in den Seitenschiffen erhalten. Die starken, kreuzförmigen Pfeiler tragen über einem auf einheitlicher Höhe liegenden Kämpferprofil breite Transversalbögen, während die schweren, profilierten Kreuzrippen auf eingestellten Eckdiensten mit floralen und figürlichen Kapitellen ruhen. Die Fortsetzung des Mittelschiffs im

Münster, St. Ludgeri, Blick zum Chor

westlichen Schmaljoch der Doppelturmfassade wurde mit einer kurzen Tonne gewölbt; die Zwischengewölbe der Turmhallen sind verloren. In der Vierung ruht eine runde Kuppelkalotte auf Pendantifen und einem Lastring als Rundstab, der von ebenfalls runden Rippenansätzen unterfangen ist. Der Raum strahlt Ruhe aus. Wie anders ist die Raumwirkung im Chor! Zwei netzgewölbte Joche leiten im Grundriss in ein hufeisenförmiges Polygon aus sieben Wänden des Zehnecks über, das damit eine Tendenz zum Zentralraum zeigt. Ganz in Fensterflächen mit Maßwerken aus Fischblasensternen aufgelöst, gilt er als eines der reifsten Werke der Spätgotik in Westfalen. Zwischen den reichen Profilgewänden der Fenster stehen nur schmale, von Figurenbaldachinen unterbrochene Dienste mit kleinen Kapitellen, die die sternförmig auf einen offenen Schlussstein zentrierte Wölbung stützen. In der Form offene Laubwerkschlusssteine markieren die Rippenknoten. Auch in der Außenwirkung ist der das Schiff weit überhöhende Chor spannungsreich und dominant. Die dreijochige Kapelle südlich des Chores mit nach Osten vorgezogenem Fenster bildete das Kapitelhaus des Stiftes.

Die Sandsteinfiguren in den Diensten des Chorpolygons schuf Bernt Katman zwischen 1603 und 1607. Der achteckige Taufstein stammt aus dem 1. Viertel des 16. Jhs. und trägt noch die Beschädigungen der Täuferzeit. Das Chorgestühl entstand um 1535 und gilt als reifstes seiner Art, mit Figuren, Tieren und Ornamenten teils nach Kupferstichvorlagen dekoriert; leider wurde es im Krieg beschädigt. Die beiden Tafelbilder der Auferweckung des Lazarus und der Grablegung Christi, teilweise mit Stifterwappen, schuf 1598 vermutlich Nikolaus tom Ring. Die Figur eines Schmerzensmanns und einer Madonna stammen nicht aus der Kirche und wurden angekauft, das Orgelgehäuse wurde aus der Neuen Kirche in Warendorf hierher versetzt. – Von den Stiftsherrenkurien ist kein Bestand erhalten.

➤ Am Ende der Fußgängerzone ‚Ludgeristraße'. Internet: www.st-ludgeri-aegidii.de. Das Nordportal ist tagsüber mit Ausnahme der Mittagszeit in der Regel geöffnet. Pfarramt Tel. 0251/44405.

St. Martini und ehem. Kollegiatstift

Die Pfarrei St. Martini entstand mit der Teilung der Marktpfarre St. Lamberti durch Hermann II. von Katzenellnbogen zwischen 1178 und 1189. Das Kollegiatstift mit zunächst fünf, um 1350 bis zu 17 Kanonikerstellen wurde um 1187 eingerichtet. Humanistische Kanoniker trugen schon seit 1520 durch Briefwechsel mit Luther die neue Lehre in das Stift. In der Zeit der Täuferherrschaft wurde gerade das

Martinistift besonders stark verwüstet, von der Kirche blieben nur die Umfassungsmauern stehen; 1574 erfolgte die Neuwölbung. Ende des 16. Jhs. wurde das Stift katholisch restituiert. Bei der Beschießung der Stadt 1759 wurde die Kirche wiederum beschädigt und danach die Turmhaube nach einem Entwurf von Johann Conrad Schlaun aufgesetzt. 1811 wurde das Stift aufgehoben. Nach den Zerstörungen 1943 erfolgte bis 1954 der Wiederaufbau in alter Form.

Vom romanischen Ursprungsbau ist nur der Turm weitgehend erhalten: Auf einem Sockelgeschoss aus Bruchstein und mit Stufenportal folgen zwei Geschosse mit Sandsteinverblendung, ein niedrigeres mit Dreibogenblende und ein höheres mit einfacher Lisengliederung. Das hohe Glockengeschoss mit zwei Schallfenster auf jeder Seite stammt aus der 1. Hälfte des 15. Jhs. (1911 nach Brand erneuert), es ist mit Blenden, Bögen und Figuren reich dekoriert. Der jeweils in der Eingangshalle und der Empore gewölbte Turm ist zur Hälfte in das Mittelschiff des dreischiffigen, vierjochigen Langhauses aus der Zeit um 1350 eingeschoben. Das in der Breite abgestufte Gewölbesystem aus Scheidbögen, Gurtbögen und Gewölberippen ruht auf schlanken, vielleicht erst 1574 errichteten Rundpfeilern. Den Chorbogen trägt ein Rundpfeiler mit vorgelegten Alten Diensten. An ein tieferes Chorjoch schloss sich ein Polygon aus fünf Seiten des Achtecks an, von dem noch die Seitenwände und die schräg gestellten Strebepfeiler außen erhalten sind. Auf der Nordseite ist das gewölbte Kapitelhaus angebaut. Um 1400 wurde ein extrem in die Länge gezogenes, dreiseitiges Polygon angebaut, das mit einem und zwei Ostrippen erweiterten Sterngewölbe versehen ist; anschließend wurden die drei alten Ostwände abgebrochen. Die Chorwölbung liegt auf Wanddiensten auf. Besonders die breiten Wandabschnitte des Chores erhielten ein reiches, zentriertes Maßwerk, eine Variante von dem von →St.Ludgeri. Während die Chorerweiterung der größeren Klerikergemeinschaft Rechnung trug, fungierte die Empore wohl als Sitz für Honoratioren des Stadtviertels; das Maßwerk stammt allerdings erst von 1861.

Von der Ausstattung sind nur zwei Gemälde von zerstörten Barockaltären aus der Zeit zwischen 1655 und 1668 erhalten. Auf dem mit der Martinsmesse hat sich der Maler und Kanoniker an St. Martini, Jan Boeckhorst, selbst dargestellt. Der kleine Hauptaltaraufbau stammt von 1773, das Altarkreuz darin ist etwas älter.

▶ In der ‚Neubrückenstraße' neben dem Stadttheater. Internet: www.muenster.org/martini. Die Turmtür ist tagsüber in der Regel geöffnet; Gitter. Pfarramt Tel. 0251/47477.

Münster, St. Martini, Westansicht

Ev. Apostelkirche und ehem. Franziskaner-Minoritenkloster

Angeblich erfolgte die Gründung des Klosters um 1247, nachdem schon seit 1233 Brüder in Münster tätig waren. 1256 lassen sie sich im engsten Umfeld des Bischofs Otto II. zur Lippe ausmachen, doch die Nennung eines Klosters erfolgt erst 1271. Die Hauptbauzeit der Kirche lag unter Bischof Gerhard von der Mark zwischen 1261 und 1271. Er gilt nach einer chronikalischen Nachricht geradezu als Gründer des

Münster, St. Martini, Langhaus nach Osten

Konvents. Mehrfach traten Brüder als politische Vermittler auf. Für die Zeit des Mittelalters fehlen Informationen auf breiter Ebene. Möglicherweise um 1508 erfolgte die Erweiterung der Kirche um zwei Joche nach Westen und weitere zwei im Nordschiff nach Osten. Noch um 1600 stand ein Predigtstuhl außen an der Südwand der Kirche, auf dem der Täufer Jan van Leyden seine erste Predigt in Münster hielt. In der Zeit der Täuferherrschaft verließen die Brüder Münster, konnten jedoch nach der Rückkehr wirtschaftlich nur schwer wieder Fuß fassen. 1579 wurde der Chor renoviert, der heutige Dachreiter stammt von 1624. Nicht zuletzt auf Initiative von Fürstbischof Christoph Bernhard von Galen wurde 1654 der Südkreuzgangflügel abgebrochen und die Kirche zur Dreischiffigkeit erweitert. Schon 1804 wurde sie Garnisonskirche, die Brüder mussten in das →Dominikanerkloster übersiedeln; 1811 wurde der Konvent aufgelöst. Um 1860 war das Kloster bis auf einen kleinen Rest abgebrochen. Bombentreffer zerstörten bis 1945 den Westteil der Kirche, der Wiederaufbau erfolgte in alter Form.

Neben der Kirche des Ordens in →Höxter gilt die in Münster als die älteste erhaltene Bettelordenskirche Westfalens und Ursprung hochgotisch-kathedraler Bauformen französischer Prägung: Eine ursprünglich zweischiffig-asymmetrische Hallenkirche aus breitem Haupt- und schmalerem Südschiff von sechs querrechteckigen Jochen Länge; im Südseitenschiff sind die Joche quadratisch. Auf Rundpfeilern mit vier vorgelegten Alten Diensten, die Kelchkapitelle mit spitzen Deckplatten tragen, ruhen massige Scheidbögen, aber ein im übrigen einheitliches System gleicher, leichter Rippen, die in den Seitenschiffen über den Kapitellen stark aufgehöht sind. Der Chor setzt das Hauptschiff ohne Bruch dreijochig fort und schließt in einem Polygon aus fünf Seiten des Achtecks. Die Westerweiterung von 1508 führt die Pfeiler der Südreihe fort, verwendet für die Nordreihe aber starke Rundpfeiler, die wiederum Vorbilder für das östliche Nordseitenschiff mit seinen vier Jochen wurden. Sogar die meisten Fenster orientieren sich an den zweibahnigen, in Dreipässen auslaufenden des Kernbaus, einige sind breiter und zeigen reichere Maßwerkformen. Zwar wirkt der für Westfalen frühe, hochgotische Raum in den Proportionen mit der Erweiterung etwas gedrückt, aber durch die Anpassungen im Formenkanon erstaunlich einheitlich. Dazu tragen auch die Gewölbemalereien aus der 2. Hälfte des 15. Jhs., von 1540 und von 1632 bei, die ursprünglich eine im Südschiff an einer Stelle erhaltene, dunkle Quadermalerei der Wände aus der Erbauungszeit ergänzten.

Südlich der Kirche liegt zur Neubrückenstraße hin der Predigtplatz der Brüder, der gleichzeitig Kirchhof für die Bestattungen von Bürgern der Stadt war. Das Kloster schloss sich auf der Nordseite der Kirche an, wobei die heutige Straße ‚An der Apostelkirche' östlich und

Münster, Apostelkirche, Blick nach Osten

Münster, Apostelkirche, Chor

nordöstlich erst nach 1945 angelegt wurde. Nur das spitzbogige Portal, das heute neben dem Chor den Zugang zum Kreiskirchenamt bildet, wurde aus dem einstigen Kloster in den Neubau übernommen.
➤ In der ‚Neubrückenstraße', dem Stadttheater schräg gegenüber. Internet: www.apostelkirche-muenster.de. Die kleine Tür an der Nordseite (Innenhof, Spielplatz) ist tagsüber in der Regel geöffnet. Gemeindebüro Tel. 02 51/4 21 27.

Ev. Johanneskapelle und ehem. Johanniter-, später Franziskaner-Observantenkloster
Die Niederlassung der Johanniter in Münster war eine Dependance der Kommende in →Steinfurt-Burgsteinfurt. 1282 tauschte der Orden sein Haus in der Jüdefelderstraße gegen ein Grundstück an der Bergstraße, ganz in der Nähe der früheren, damals bereits verschwundenen Turmhügelburg der Herren von Steinfurt. 1311 oder kurze Zeit später errichteten sie dort eine Kapelle mit Haus. Nach einer Verwüstung des Anwesens 1450/57 erfolgte die Ausbesserung und Erweiterung. 1487 konnte die Kapelle neu geweiht werden. Nach erneuter Zerstörung in der Zeit der Täuferherrschaft wurde Münster zunehmend Ausweichresidenz für die Ordensleute aus dem evangelisch-reformierten Steinfurt. 1614 übergaben die Johanniter die Liegenschaft den Franziskaner-Observanten zur Nutzung, die 1629 mit der Errichtung einer neuen Klosteranlage auf der anderen Seite der Bergstraße südlich und südwestlich der Kapelle begannen. Vermutlich Johann Conrad Schlaun errichtete 1773 das neue Ordenshaus an der Kapelle. Nach der Aufhebung der Johanniterniederlassung 1810 diente

die Kirche zu Lagerzwecken und wurde nach der Zerstörung 1943 bis 1948 wiederhergestellt. Das barocke Gebäude wurde 1952 als Gesellenhaus des CVJM neu aufgebaut.
Der kleine, vierjochige Saal von 1311/1487 schließt in einem Polygon aus drei Seiten des Achtecks. Das östliche der querrechteckigen Joche ist nicht vollständig, sondern die Kreuzrippen lehnen sich an einen Gurtbogen an, der mit dem Dreiseitschluss und dessen Rippenwölbung entstanden ist. Der Chorschluss, der früher an die Aa grenzte, wurde wohl we-

Münster, Johanneskapelle von Südwesten

Münster, Observantenkirche, Westfassade

gen Fundamentproblemen nach 1683 anstelle eines älteren errichtet. Die Gewölbe ruhen auf kleinen Laubwerkkapitellen des 15. Jhs., die teilweise auch Masken zeigen. Die Form der Fenstermaßwerke macht es wahrscheinlich, dass die Umfassungsmauern von 1311 erhalten blieben. Allgemein zugänglich und mit einer Schranke oder einem Gitter gegen den Ostteil abgeschlossen war vermutlich das tiefere und ursprünglich mit einem Eingang von Süden versehene Westjoch. Der Westeingang, vielleicht auch das Fischblasenmaßwerk des Fensters darüber, entstanden 1620. Die Inschrift am Portal ist stark gestört.

Das im Krieg zerstörte, nördlich an die Kirche angebaute Gebäude war eine rechtwinklige Zweiflügelanlage. Während der Neubau von 1952 auf den Fundamenten bzw. Kellern und in den alten Dimensionen des an die Kirche grenzenden Flügels erfolgte, wurde der nördliche Querflügel abgetragen.

▶ An der ‚Bergstraße' neben dem ev. Studentenwohnheim „Volkeningheim". Die Kirche ist tagsüber gewöhnlich offen. Gemeindebüro Tel. 0251/42127.

Ev. Universitätskirche und ehem. Franziskaner-Observantenkloster

Nach der Gründung eines Klosters 1613 erhielt der Orden im folgenden Jahr die Gebäude der → Johanniter mit der Johanneskapelle an der Bergstraße zur Nutzung überwiesen. Zwischen 1629 und 1634 erbauten die Brüder ein neues Kloster, das nach Norden durch die Bergstraße und nach Osten durch die Aa bzw. den Mühlengraben begrenzt wurde; bis 1647 erfolgten Erweiterungen. Das Kloster wurde als Hauptkloster der Sächsischen Franziskanerprovinz Sitz des Provinzialministers und Studienkloster für Philosophie. Der Bevollmächtigte Spaniens in den Friedensverhandlungen 1645 bis 1648 überließ den Brüdern bei seinem Auszug aus dem Kloster eine hohe Geldsumme, die nicht nur den Wiederaufbau nach einem Brand bis 1684 ermöglichte, sondern auch als Grundkapital zum 1687 unter dem Jesuiten Anton Hülse begonnenen Kirchenbau diente. 1698 konnte er geweiht werden. 1807 erfolgte die Teilbeschlagnahmung der Gebäude, 1811 die Aufhebung des Klosters. Die Kirche diente als Stall, Kaserne und ab 1913 städtisches Magazin, bevor sie evangelische Universitätskirche wurde. Nach schweren Zerstörungen bis 1943 wurde die Kirche 1956 bis 1961 in alter Form wiederaufgebaut, das Kloster jedoch abgetragen.

Die Kirche bildete den Westabschluss der Klosteranlage, über deren westliche Grundmauern hinweg die heutige Schlaunstraße führt. An den mit dem Chor genordeten Backsteinsaal aus sechs Querjochen mit eingezogenen Strebepfeilern schließt sich ein zweijochiger Chor mit einem Polygon aus fünf Seiten des Achtecks an; die Strebepfeiler liegen hier außen. Die einfachen, von flachen Gurten getrennten Rippengewölbe ruhen im Langhaus auf Konsolen an den Strebepfeilern, schmale Scheidrippen trennen sie von den raumhohen, kurzen Tonnen zwischen den Strebpfeilern. Nur die Hauptfassade aus hellem Baumberger Sandstein zum kleinen Vorplatz nach Süden spiegelt mit breiten Pilastern und aufliegendem Gebälk die Innengliederung mit den eingezogenen Strebepfeilern wider. Zu den beiden Figurennischen beiderseits des Fensters gesellt sich im Ädikulaaufbau mit gesprengtem Segmentgiebel eine dritte. Das Portal entstand nach den Zerstörungen des Krieges neu. Der heute überaus nüchterne Raum war einst durch die reiche barocke Innenausstattung geprägt.

▶ Zwischen Überwasserkirche und Buddenturm an der ‚Schlaunstraße'. Die Kirche ist gewöhnlich geschlossen. Kontakt (Gruppen): Westfälische Wilhelms-Universität Münster, FB 1 (Evangelische Theologie), Tel. 0251/ 831.

„Dominikanerkirche" St. Joseph und ehem. Dominikanerkloster

Dominikaner aus Osnabrück waren schon seit 1346 in Münster. 1649 erhielten sie gegen den Widerstand der Stadt von Fürstbischof Ferdinand von Bayern die Genehmigung zu Gründung und Bau eines Klosters, und zwei Jahre später konnte das Grundstück dafür erworben werden. Nach weiteren Grundstückskäufen im gegenüberliegenden Baublock (heute Kaufhaus Karstadt) und

Planungen zu einer Kirche dort 1675/76 erfolgte der Bau der heutigen Kirche und der Neubau der Klosteranlage zwischen 1705 und 1725 dennoch an der ursprünglich vorgesehenen Stelle. Die Leitung der Arbeiten, die 1731 mit dem Südflügel abgeschlossen wurden, hatte Lambert Friedrich Corfey. 1763 erfolgten weitere Baumaßnahmen. Nachdem 1803 das Kloster den → Franziskaner-Minoriten übergeben worden war und sich die Brüder ein Ausweichquartier gesucht hatten, erfolgte 1811 die endgültige Aufhebung des Klosters. Die Klostergebäude waren zeitweise für schulische und behördliche Zwecke genutzt, in der Kirche fanden seit 1889 wieder Gottesdienste statt. Nach den Zerstörungn bis 1945 wurde nur die Kirche in den alten Formen 1961/64 wiederaufgebaut. Die Kirche ist eine symmetrisch um ein kaum über die Flucht der Außenwände ausladendes Querhaus mit Vierungskuppel angeordnete Basilika von jederseits zwei im Hauptschiff schmalrechteckigen Jochen Länge. Sie wird nach Osten ergänzt um einen (heute durch eine Wand mit Durchgang vom Schiff getrennten) kurzen zweijochigen und von kleinen Türmen flankierten Chor mit einer Rundapsis, die außen dreiseitig ummantelt ist. Die Kreuzgratgewölbe liegen auf starken kreuzförmigen Pfeilern auf und werden durch breite Gurtbänder getrennt; die Querarme decken kurze Tonnengewölbe. Ein breites Gebälk über den Seitenschiffarkaden markiert den Gewölbeansatz im Hauptschiff und nimmt dem Raum die Höhentendenz. Im Außenbau beherrschen die Chorflankentürme und besonders der achteckige Kuppeltambour mit Haube die Ostansicht der Stadtsilhouette. Die Westfassade aus Baumberger Sandstein, die sich dem vom ‚Prinzipalmarkt‘ dem Kommenden immer weiter aufschließt, spiegelt die Dreischiffigkeit wider. Der hohe Ädikulaaufbau über dem von Pilastern getragenen Gebälk schließt ein Fenster ein und mündet über einem weiteren Gebälk in einem flachen Giebeldreieck. Der zentralisierte und sich ganz von der überkuppelten Vierung aus erschließende Raum überträgt das Schema römischer Barockkirchen in bescheidenen Dimensionen nach Westfalen.
Das Kloster schloss sich nördlich an die Kirche zum ‚Alten Steinweg‘ hin an (heute Neubau und Parkplatz des Sozialgerichts), der Wirtschaftshof war westlich daran angebaut und bildete den noch erhaltenen kleinen Platz vor der Kirche. Die nur gesicherte und jetzt frei stehende, dreiachsige und dreigeschossige Fassade aus Backstein mit Sandsteingliederungen gehörte zum südlichen Torhaus des Klosters (ein nördliches führte auf den ‚Alten Steinweg‘) mit Durchfahrt in den Wirtschaftshof. Inschriftlich ist sie auf 1731 datiert und trägt mit-

Münster, Dominikanerkirche, Hauptansicht

tig einen Zwerchgiebel mit einem Relief der heiligen Familie.
➤ Östlich des ‚Prinzipalmarktes‘ etwa in der Mitte der Fußgängerzone ‚Salzstraße‘, dem Kaufhaus „Karstadt" gegenüber. Die Kirche hat sehr eingeschränkte Öffnungszeiten. Touristik-Information Tel. 0251/492-2710.

Universitätskirche St. Petri und ehem. Jesuitenkolleg
Domdechant Gottfried von Raesfeld vermachte dem Paderborner Jesuitenkolleg bei seinem Tode 1586 Kapital für Errichtung einer Niederlassung in Münster, ein Vorhaben, dass Kurfürst Ernst von Bayern als Administrator des Bistums Münster gegen den Widerstand des Domkapitels unterstützte. 1588 übernahm der Orden das Gymnasium Paulinum und erwarb als Kern des späteren Kollegs zwei Vikarienhäuser. Zwischen 1590 und 1598 konnte die Kirche unter der Leitung von Johannes Roßkott erbaut werden, bis 1618 das Kolleggebäude. Weitreichende Befugnisse ermöglichten es dem Orden, seine Mitglieder im ganzen Bistums zu Predigt und Seelsorge einzusetzen. Die Ordensniederlassung trägt entscheidenden Anteil daran, dass mit dem Ende der Friedensverhandlungen 1648 das Bistum Münster als rekatholisiert galt. Im Niederstift wurden Missionsstationen eingerichtet, 1627 von hier aus das → Coesfelder Kolleg gegründet. Unter Bischof Christoph Bernhard von Galen erlebte die Förderung des Ordens einen Höhepunkt, was die Stadtbevölkerung gegen das Kloster aufbrachte. Zwischen 1655 und 1699 wurde dennoch das neue Kolleg erbaut. Die Missionsstif-

Münster, St. Petri, Ostansicht

tung „Ferdinandea" dotierte 1682 Missionare in 15 Stationen, vorwiegend in Norddeutschland. Bei der Aufhebung des Ordens 1773 wurden Liegenschaften und Kapital dem Studienfonds überwiesen, der Keimzelle der heutigen Universität. 1873 und 1897 wurden die Gebäude der Schule abgerissen, 1943/45 Kirche und Kolleggebäude zerstört, aber nur die Kirche wurde bis 1956 in alter Form wiederaufgebaut.

Die Kirche aus Backstein mit Werksteingliederungen ist eine dreischiffige, sechsjochige

Münster, St. Petri, Nordportal

Emporenbasilika mit einem gedrückten, unregelmäßigen und von kleinen Achtecktürmen flankierten Chor mit Dreiseitschluss. Das Hauptschiff dominiert den Raum durch seine bis in den Chor durchlaufenden Netzgewölbe, während die Emporenschiffe im Erdgeschoss mit Rippengewölben zwischen breiten Gurten gedeckt sind. Kurze, stämmige Rundpfeiler vermitteln zwischen den Schiffen. Die flachen Korbbögen der Emporenöffnungen und die Obergadenwand mit den hochsitzenden Fenstern tragen dazu bei, dass die Emporenschiffe in der Raumwirkung zurücktreten. Die flach gedeckten Emporen sind über kleine Treppentürme zu erreichen, die mittig vor den Seitenschiffwänden Strebepfeiler ersetzen. Von den rund- und korbbogigen Fenstern mit Fischblasenmaßwerk ist das westliche aus 2×3 Bahnen mit Kreisformen das prächtigste. Gerade hier wird die Besonderheit dieser „Nachgotik" deutlich. Das südliche Säulenportal zum früheren Hof zeigt mit seinem flächigen Beschlagwerk dagegen die Formen der Renaissance und schließt über dem Emblem des Ordens mit einer Madonnenfigur. Das Westportal mit ovalem Oberlicht ist einfacher gehalten. Ein ungewöhnliches Detail bilden die Chorstrebepfeiler mit steinernen Evangelistensymbolen und Büchern als Abdeckungen.

Die Apostel an den Langhauspfeilern, die alle zum Chor blicken, stammen von Johann Kroeß. Er schuf auch den ehemaligen Hochaltar 1599/1601, doch sind nur Figuren der Apostel Petrus und Paulus im Chor sowie vier kleine der Kirchenväter davon erhalten. Die Beichtstühle entstanden 1708/11, die Kanzel mit den vier Evangelisten 1715.

Das Hauptgebäude der heutigen Universität am Domplatz, das „Fürstenberghaus", entstand nach den Kriegszerstörungen bis 1945 zum Teil auf den Fundamenten des Kollegs, es vermittelt noch einen Eindruck von der Größe der Anlage. Sichtbar erhalten ist kein historischer Bestand. Der nördlich der Kirche den Jesuitengang und die juristische Fakultät miteinander verbindende Weg führt über den Hof der Schule und die Fundamente des „Spanischen Flügels". Die Gebäude bildeten einen separaten und mit einer Mauer abgeschlossenen Teil der Gesamtanlage.

➤ Südwestlich des Domplatzes führt hinter dem Fürstenbergdenkmal die Treppe des ‚Jesuitengangs' zur Kirche hinab. Sie ist gewöhnlich geschlossen. Kontakt: Katholische Studierenden-Gemeinde, Tel. 0251/4130-0.

St. Aegidii und ehem. Kapuzinerkloster
Der Kölner Nuntius Antonio Albergati und der Kurfürst und Fürstbischof Ferdinand von Bayern förderten die Einrichtung eines Kapu-

Münster, St. Ägidii, Detail vom Kanzeldeckel

zinerkonvents in Münster. 1616 erfolgte nach Widerständen in der Stadt die Erlaubnis zur Klostergründung, 1619 die Grundsteinlegung für eine erste Kirche, ihre Weihe 1626. 1643/44 wurde auch das Kloster fertiggestellt. Münster wurde Noviziats- und Studienkloster des Ordens, zahlreiche Provinziale gingen aus dem Kloster hervor. 1724 war der Neubau der Kirche nötig – die Brüder hatten die alte zu sparsam errichtet. Johann Conrad Schlaun konnte dafür gewonnen werden. 1728 erfolgte die Einweihung. Der Kirchenneubau zog 1721 bis 1731 auch Umbauten und Erweiterungen an der Klosteranlage nach sich. Der Rückhalt der Brüder in allen Teilen der Bevölkerung wuchs und wurde schließlich deutlich, als 1802 erste Schritte zur Aufhebung des Klosters erfolgten, die 1811 aber dennoch durchgeführt wurde. 1823 wurde die Kirche der Gemeinde St. Ägidii nach dem Einsturz ihres Gotteshauses in unmittelbarer Nähe des einstigen Klosters überwiesen. Die Klostergebäude wurden 1828 abgerissen. Der Kölner Dombaumeister Vinzenz Statz besorgte die bemerkenswerte Neuausmalung und -ausstattung im 19. Jh. Die Kirche gehört zu den wenigen der Stadt, die die Bombennächte bis 1945 ohne große Schäden überstanden. Die Kirche ist ein vierjochiger Wandpfeilersaal mit Kreuzrippengewölben zwischen massiven Gurtbögen; glatte Bögen füllen den Raum zwischen den Wandpfeilern. Der stark eingezogene, etwas niedrigere und ebenfalls gewölbte Chor schließt sich an, dahinter liegt nach Osten der mit einer Längstonne gewölbte Psallierchor (heute Marienkapelle). Die Nebenräume auf der Südseite sind einfach, die gewölbten auf der Nordseite stammen aus dem 19. Jh. Von hier aus erfolgt auch der Zugang zur Kanzel

über einen Gang und durch einen Wandpfeiler von hinten her. Nicht nur der Kirchentyp, auch die Fassade aus Baumberger Sandstein entspricht der Lösung Schlauns für die Kirche des Ordens in →Brakel: Eine dreiachsige Wandteilung mit – hier einfacherem – Portal und Fenster darüber, über dem sich auf einem Gebälk eine geschwungene Ädikula mit seitlichen Flammen und Giebelschrägen erhebt. Die Leidenswerkzeuge Christi bilden den Abschluss.

Einziges erhaltenes Ausstattungsstück aus der Klosterzeit ist die Kanzel, die vielleicht der

Münster, St. Ägidii, Kirchenfassade

Rüthener Kapuzinerbruder Stephan nach Entwürfen Schlauns 1710 – vor dem Kirchenneubau – schuf. Sie wurde der Ägidiigemeinde zum Umzug in die Kirche geschenkt. Sie ist ein ungewöhnliches Stück: Die Äste eines Baumes fassen den ganzen Kanzelkorb ein, unter dem Christus dem knienden Franziskus die Ordensregel überreicht. Eine von Engeln gehaltene Draperie mit Goldfransen rahmt nicht allein den Kanzelzugang in der Rückwand, sondern bedeckt auch den von einem Seil an der Wand gehaltenen Schalldeckel mit dem Zeichen des hl. Geistes an der Unterseite – alles in Eiche geschnitzt. Ein weiterer Engel hält das Kanzelkreuz. Der Taufstein von 1557 stammt aus der alten Ägidiipfarrkirche.
➤ Zwischen ‚Königs-‘ und ‚Aegidiistraße‘ neben dem Oberverwaltungsgericht. Internet: www.st-ludgeri-aegidii.de. Die Kirche hat sehr eingeschränkte Öffnungszeiten: Pfarrbüro St. Ludgeri und Aegidii, Tel. 02 51/4 44 05.

Stadtarchiv, ehem. Kirche und Kloster der Lotharinger Chorfrauen
Der Schwesternorden ist ein um 1600 im französischen Lothringen gegründeter Mädchenschulorden nach der Augustinusregel, der 1628 die päpstliche Bestätigung erhielt. Sechs durch die Kriegswirren vertriebene Schwestern fanden Aufnahme in Münster, die 1644 gegen die viele Jahre andauernden Widerstände des Stadtrates eine kleine Schule gründeten. Erst nach Intervention des Kurfürsten und Fürstbischofs von Münster, Ferdinand von Bayern, und der Fürsprache mehrerer Friedensgesandten wurde die Niederlassung 1647 unter Auflagen genehmigt. 1655 kauften die Schwestern zwei Häuser am Hörstertor, und unter Fürstbischof Christoph Bernhard von Galen konnte sich der Konvent weiter vergrößern. 1753 erfolgte die Grundsteinlegung zum Kirchenbau, doch schon bei der Stadtbelagerung 1759 brannten alle Gebäude ab. Nach dem Erwerb von zwei weiteren Grundstücken wurde 1764 bis 1768 das Kloster und 1771 bis 1773 die Kirche nach Plänen von Johann Conrad Schlaun errichtet. 1811 erfolgte die Aufhebung des Klosters und die Schließung der Schule. Im Krieg stark zerstört, wurden die Reste des Klosters 1961 abgerissen und die Kirche im Außenbau wiederhergestellt. Seit 1978 ist sie Sitz des Stadtarchivs.
Die Kirche ist bzw. war ein genordeter Quersaal mit gerundeten Ecken, vertieften Wandfeldern, sanft ausschwingendem Mittelrisalit und Mansarddach in dominierender Straßenecklage, ein Backsteinbau mit Sandsteinelementen. Eine kleine Freitreppe führt zum Portal mit Inschriftspiegel und Fenster darüber. Doppelte Lisenen tragen ein Gebälk mit dem Wappen des Propstes an St. Ägidii, Bernhard Anton Deitermann, der den Neubau hauptsächlich finanzierte. Eine von Voluten eingefasste Ädikula mit Rundbogen betont den Risalit zusätzlich. Die ursprünglich vorhandenen kleinen Flammenkandelaber (→ Münster, Ägidiikirche) auf den Postamenten und der Dachreiter fehlen. Innen sind heute Zwischendecken eingezogen.
➤ Von der Lambertikirche aus in den ‚Alten Fischmarkt‘ und geradeaus weiter in die ‚Hörsterstraße‘ gehen; das Gebäude liegt linker Hand noch vor dem Grüngürtel der ‚Promenade‘. Eine Außenbesichtigung ist jederzeit möglich.

Münster, Stadtarchiv

Münster, Clemenskirche, Eingangsseite

St. Klemens und ehemaliges Hospitalkloster der Barmherzigen Brüder, später Schwesternhaus (Farbtafel 7)
Die Klemenskirche gehört zu einer Hospitalstiftung des Kurfürsten und Fürstbischofs von Münster, Clemens August von Bayern. 1731 wurden vier Armenhäuser auf den Orden übertragen, im Jahr darauf legte Clemens August den Grundstein zum Kirchenbau im nordwestlichen Stadtviertel, der kaum über die Fundamente hinaus wuchs. 1744 konnte das Domkapitel die Niesingsfreiheit kaufen, im Jahr darauf erfolgte eine neue Grundsteinlegung und bis 1753 der Bau der heutigen Kapelle nach Plänen von Johann Conrad Schlaun. 1754 konnte auch das Hospital eingeweiht werden. Die für die damalige Zeit vorbildliche Wohlfahrtsanstalt – mit eigener Apotheke, Brauerei und Bäckerei sowie mit einem Chirurgen – war aber zu kostenintensiv im Unterhalt, und schließlich fehlte auch der Ordensnachwuchs. Seit 1809 in städtischer Verwaltung, verließen 1818 die letzten beiden Brüder das kurze Zeit später aufgehobene Kloster. Die Einrichtung blieb als Krankenhaus bestehen. In den Bombennächten des Zweiten Weltkriegs wurden die Gebäude schwer zerstört und nur die Kirche seit 1956 wiederaufgebaut. Der kleine Park neben der Kirche markiert das frühere Kloster und Hospital.

Die nach Südwesten ausgerichtete Kirche bildet gleichsam Schlauns konvexe Baublock-Ecklösung als Pendant zur konkaven des benachbarten Erbdrostenhofes. Der Grundriss der überkuppelten und mit einer hohen, schlanken Laterne versehenen Kirche ist aus dem Kreis heraus gewonnen. Der Eingangskonche steht die Altarnische gegenüber. Der Altar bildet kein selbständiges Ausstattungsstück mehr, sondern zwei Doppelsäulen neben der Nische tragen einen in die Kuppel reichenden, gesprengten Giebel mit Putten und Stuckrelief. In der Nische hängt das Altargemälde mit der Marter des hl. Clemens von Giovanni Battista Pittoni aus Venedig. Die Nebenaltäre sind in zwei Seitennischen zurückgezogen und ähnlich, aber niedriger und etwas einfacher gestaltet. Ein kleiner Orgelprospekt ist als Ädikula-Ersatz in den rechten Altar integriert. Der Lastring für die hoch durchfensterte Kuppel ist als Gebälk mit Klötzchenfries umlaufend gestaltet und ruht auf Pilastern mit Kapitellen. Das Kuppelgemälde von 1750 (Kopie) zeigt die Verherrlichung des hl. Clemens und den Ordenspatron, den hl. Johannes von Gott bzw. von Granada (1495–1550). Zwei Nischen für Beichtstühle flankieren die Eingangskonche. Frei in den Raum greift nur die Kanzel aus, deren Baldachin mit Figuren belebt ist. Der Raum, farblich in Rosé, Türkis, Weiß und Gold gehalten, gilt als der bedeutendste des westfälischen Barock, inspiriert durch Kirchen des römischen Hochbarock von Bernini und Borromini. Der kompakte Außenbau aus Backstein mit Sandsteinelementen ist auf den Eingang ausgerichtet: Eine rückschwingende, durch Pilaster dreigeteilte Fassade mit Gebälk und wappengeschmücktem Sprenggiebel bildet den Rahmen für den Eingang mit Rundfenster darüber. Eine Inschriftkartusche nennt in einem Chronogramm das Datum 1751. Der Turm hinter dem Chor war ursprünglich aus Holz und in das Hospital integriert. Er wurde mit dem Wiederaufbau der Kirche als Ziegelbau erneuert. In der Hauptansicht wirken jedoch nur die Kuppelfenster und die wegen der ursprünglich engen Gassen des Stadtviertels hohe Laterne.

➤ An einem kleinen Park im östlichen Altstadtbereich unweit der ‚Salzstraße' neben einem großen Kaufhaus. Die Kirche ist tagsüber geöffnet; Gitter. Kontakt: Bischöfliches Generalvikariat, Tel. 0251/495-553.

Münster, Clemenskirche, Blick zum Altar

Nottuln, Nordansicht der Kirche

NOTTULN (Kr. Coesfeld. Karte: B2)
St. Martin und ehem. Damenstift

Nottuln gehört zu den Urpfarren des Bistums Münster. Die Stiftsgründung ist durch spätere Überlieferungsverzerrungen etwas verunklärt und dürfte nach neuen Erkenntnissen kurz vor 860 erfolgt sein, vermutlich von einem Verwandten des Bischofs, dem Grafen Liutbert, dessen Totengedenken im Stift feierlich begangen wurde. 860/62 fand eine Nonne aus „Nutlon", vermutlich Nottuln, Heilung am Grabe der hl. Pusinna in der → Damenstiftskirche Herford. 1195 gestattete Bischof Hermann II. von Katzenellnbogen dem Kloster, einen Dechanten als Archidiakon frei wählen zu dürfen, ein Recht, das 1731 durch Gerichtsbeschluss auf die Äbtissin überging. Zwischen 1489 (Inschrift am Nordostportal) und 1494 erfolgte der Bau der bestehenden Kirche, und in diese Zeit fällt auch die Umwandlung in ein freiweltliches Damenstift. Das gemeinsame Leben der Stiftsdamen wurde 1527/29 aufgegeben und das Gesamtvermögen in 25 Pfründe geteilt; Kurienhäuser wurden errichtet. 1748 vernichtete ein Ortsbrand einen Teil der Gebäude und das gesamte Kirchendach. 1803 bestand das Stift aus 25 Damen und vier Geistlichen, die wohl ihren Sitz im „Herrenchor" im nördlichen Seitenschiff der Kirche hatten. Die Aufhebung erfolgte 1811.

Von einem Vorgängerbau sind nur die unteren Geschosse des Westturms aus der 1. Hälfte des 13. Jhs. erhalten. Das oberste Geschoss stammt aus der Zeit des Kirchenbaus, die Haube von 1754. Bis zum Abbruch 1809 war auch noch eine selbständige Kapelle St. Ludgerus im Südseitenschiff erhalten, die als stehen gebliebener südlicher Querschiffarm dieser spätromanischen Kirche mit einem Nonnenchor gilt. Die spätgotische Kirche ist eine dreischiffige, siebenjochige Hallenkirche mit einem Polygon aus fünf Seiten des Achtecks, in das der entsprechende Teil eines Sterngewölbes eingeschrieben ist. Im Hauptschiff ruhen Netzgewölbe jochweise auf schlanken, eng gestellten Rundpfeilern, die zu den Sterngewölben der Seitenschiffe durch breite Scheidbögen abgeteilt sind. Der Raum gewinnt dadurch in der Nachfolge der → Überwasserkirche in Münster eine starke Längentendenz, orientiert sich aber im Formenkanon an der dortigen Marktpfarrkirche St. Lamberti. Das gilt für den Rundpfeiler (in St. Lamberti ein Paar), für das Blattwerk der Kapitelle und vor allem für das gesamte Gewölbesystem (in St. Lamberti um 1475). Die feingliedrige Ausmalung der Gewölbe aus der Bauzeit der Kirche wurde nach 1748 in den damals erneuerten Gewölbebereichen angeglichen. Die dreibahnigen Fenstermaßwerke enden in flammenartigen Fischblasen. Die auch im Außenbau wuchtige, aber einheitliche und schlichte, mit mächtigem Dach über allen Schiffen versehene Kirche gilt zu Recht als eine der reifsten und schönsten Hallenkirchen Westfalens. Die beiden den Chor flankierenden Sakristeien wurden nach 1748 angebaut.

Nur der achteckige Taufstein stammt noch aus mittelalterlicher Zeit, der Opferstock aus Sandstein entstand um 1600. Neben mehreren Holzfiguren aus dem 18. Jh. ist auch der von Heinrich Mencke aus Beckum 1719/21 geschaffene Orgelprospekt erhalten, das Werk ist verloren. An der südlichen Außenwand sind im Bereich des früheren Nordkreuzgangs mehrer Epitaphe aus dem 16. Jh. eingelassen.

Das 1748 abgebrannte Kloster stand südlich der Kirche auf dem heutigen Stiftsplatz, dessen Neugestaltung auf Johann Conrad Schlaun zurück geht. Einige der damals erbauten Kurien sind in Gemeinde- oder Privatbesitz südlich der Kirche um den Stiftsplatz herum erhalten: Die Kurie Stiftsplatz 7 aus Baumberger Sandsteinquadern mit Brücke über den Nonnenbach, ein zweigeschossiges Gebäude, das mit Eisenankern auf 1748 datiert ist. Westlich daneben schließt sich ein schlichtes fünfachsiges Gebäude von 1749 an. Die Kurie von Ascheberg (Stiftsstraße 4) erbaute Johann Conrad Schlaun 1750, ein Ziegelbau mit Portalwappen. Der Wirtschaftshof, der die Keimzelle des Ortes bildete, lag nördlich der Kirche.

➤ Die Kirche ist tagsüber offen. Internet: www.bistum-muenster.de/pfarren →Kreisdezernat Coesfeld → Pfarren im Dezernat Dülmen. Pfarrbüro Tel. 02502/9296, Führungen Tel. 02502/25270.

OBERMARSBERG →**MARSBERG**

Nottuln, Blick zum Chor

OCHTRUP-LANGENHORST (Kr. Steinfurt. Karte: B1) St. Johannes der Täufer und ehem. Damenstift

Der Münsteraner Domdechant Franco von Wettringen wurde nach dem kinderlosen Tod seiner Brüder Alleinerbe eines umfangreichen Besitzes im nordwestlichen Münsterland. Er stiftete ihn überwiegend zur Gründung des Damenstiftes in Langenhorst. Bischof Hermann von Katzenellnbogen bestätigte die Gründung

Ochtrup-Langenhorst, Eckkapitell

1178, und er scheint der eigentliche Initiator gewesen zu sein, denn 1203 ordnete er auch die innere Verfassung des Stiftes und legte die Zahl der Schwestern auf 24 fest. 1462 nahm der Konvent eine neue, erst 1492 päpstlich bestätigte Satzung an, und es erfolgte 1488 der Anschluss an die Windesheimer Kongregation unter der Aufsicht des Augustiner-Chorherrenklosters Nordhorn-Frenswegen. Nach dem Brand des Kloster und eines Teils der Kirche 1556 wurde Langenhorst 1576 in ein katholisches, freiweltliches Damenstift umgewandelt. Schon zu Ende des Jahrhunderts nahmen die Kriegshandlungen in der Gegend kein Ende und zogen sich im Dreissigjährigen Krieg bis 1639 hin. Dennoch blieb die wirtschaftliche Lage verhältnismäßig gut. 1811 erfolgte die Aufhebung des Stiftes, 1814 kamen die Gebäude in den Besitz des Wild- und Rheingrafen zu Salm-Horstmar.

Ochtrup-Langenhorst, Innenraum nach Osten

Die Kirche gilt als eine der schönsten der Spätromanik in Westfalen: Eine zweijochige Halle gebundener Ordnung mit querschiffartiger Verbreiterung des Westjochs (auf der Nordseite im 14. Jh. abgebrochen), östlichem Querhaus mit Seitenapsiden sowie von Türmen flankiertem Chorquadrat mit nach Osten über einen breiten Gurtbogen ausgeschobener Ostwand (→ Metelen, Legden-Asbeck). Das in → Harsewinkel-Marienfeld vorgeprägte Formensystem ist hier konsequent entwickelt: Kreuzförmige Pfeiler mit vorgelegten Alten und in die Ecken eingestellten Jungen Diensten. Die für die → Ludgerikirche in Münster nur zu erschließenden runden Zwischenstützen sind hier erhalten. Neben dem streng stilisierten, stehenden Blattwerk finden sich auch Köpfe und Büsten von Rittern, Masken sowie Tiere, aus deren Mäulern Ranken sprießen. Im Chor und in den Turmobergeschossen, die noch zu Ende des 12. Jhs. entstanden, wurden Kreuzgratgewölbe verwandt, im zwischen 1225 und 1240 erbauten Westteil sind nicht tragende Rippen unterlegt. Bemerkenswert ist die Gestaltung der Querarm-Ostwände mit Nischenziborien und Wandblenden. Die heute verkürzte Empore nahm ursprünglich beide Westjoche ein, was die doppelgeschossige Wandgliederung in den Seitenschiffen erklärt. Der Außenbau wirkt besonders von der Ostseite mit seinem kastenartigen, separat verdachten Vorbau und den Dreibogenblenden, die nur im unteren Wandteil zu Fenstern geöffnet sind, oben sind die beiden seitlichen geschlossen. Eine getreppte Arkatur aus sieben Bögen löst den Giebel optisch auf. Die Türme (Nordturm 1966 teilweise ergänzt) sind viergeschossig angelegt und mit Lisenen gegliedert; die Ostanlage folgt dem Westbau des → Doms in Münster.

Möglicherweise ältestes Stück in der Kirche ist eine archaisch wirkende Steinfigur an der Westempore. Sie wird als Johannes der Täufer identifiziert und in die 1. Hälfte des 12. Jhs. datiert. Der zylindrische Taufstein stammt aus der Bauzeit der Kirche nach 1225. In der 1. Hälfte des 14. Jhs. entstand der Kruzifix auf dem südlichen Seitenaltar, im 15. Jh. die Pietà, eine hl. Anna Selbdritt und der Osterleuchter, um 1500 ein hl. Franziskus. Vier Chorstuhlwangen haben sich aus dem beginnenden 16. Jh. erhalten. Der von Johann Koerbecke 1445 geschaffene Hauptaltar befindet sich heute im Landesmuseum für Kunst und Kulturgeschichte in Münster.

Das Stift steht auf einer umgräfteten Insel der Vechte, dem früheren Haupthof der Herren von Wettringen. Die Stiftsgebäude sind westlich der Kirche als Dreiflügelanlage aus Baumberger Sandsteinquadern um einen Innenhof herum weitgehend erhalten, allerdings fehlen die Anschlüsse an die Kirche. Die Formen, besonders die der Kreuzfenster, deuten auf eine Erbauung im 15. Jh. Nach dem Brand von 1556 erfolgte vermutlich der Umbau sowie der Neubau des Flügels mit Treppenturm im Nordwesten. Die Abtei von 1722 ist südlich der Kirche erhalten, ein Ziegelbau mit Werksteingliederung und dreiachsigem, flach übergiebelten Mittelrisalit. Zwei Torpfeiler davor markieren den Zugang zum inneren Stiftsbezirk.

▶ Die Kirche ist tagsüber geöffnet, die Klostergebäude in privater Nutzung sind von außen zu besichtigen. Eine Besichtigung der Stiftskammer (in der Kirche) ist nur auf Anfrage möglich: Pfarramt Tel. 02553/98035.

Oelde-Geist, Rückseite des Hauptflügels

➤ Wenige Kilometer nördlich von Ochtrup liegt das zur niedersächsischen Stadt Nordhorn gehörende ehemalige Augustiner-Chorherrenkloster **Frenswegen**, heute eine ökumenische Besinnungs-, Bildungs- und Begegnungsstätte. Frenswegen war Mutterkloster der westfälischen Klöster der Devotio moderna, allen voran Büren-Böddeken. Eine Besichtigung der Anlage und der (modernen) Kirche ist möglich und lohnend.

OELDE-GEIST (Kr. Warendorf. Karte: C2)
Schloss, ehem. Jesuitenkloster
Laurenz von Brachum erbaute zwischen 1560 und 1568 Haus Geist für Franz von Loe. Durch Heirat gelangte es 1593 an die Edelherren von Büren. Moritz von Büren, der auch auf dem Gelände seiner elterlichen Burg in →Büren ein Kolleg der Jesuiten gründete, vermachte das Schloss dem Orden 1640 gegen den Willen seiner Familie. Es diente den Jesuiten als Erholungs- und Studienhaus, die Gottesdienste in der Kapelle wurden auch von der Bevölkerung der Umgegend besucht. Sie wurde 1667 durch Bischof Christoph Bernhard von Galen geweiht und 1710/11 erweitert, brannte aber 1813 durch Blitzschlag aus und wurde danach abgebrochen. 1750 bis 1755 erfolgte der Neubau des Nordflügels nach Plänen von Franz Christoph Nagel unter der Bauleitung eines Jesuitenbruders. 1773 gelangte das Gebäude nach der Auflösung des Ordens an den Studienfonds der späteren Universität Münster. West- und Ostflügel wurden 1806 bis 1809 weitgehend abgetragen.

Der Schlossbau von Laurenz von Brachum war vermutlich eine große Dreiflügelanlage in den Formen der Lipperenaissance mit ungleich großen Bastionstürmen am Torflügel. Das Fundament dieses Schlosses ist als Hausinsel erhalten und sichtbar, ferner ein Torbogen und ein Erkeransatz. Der heutige Backsteinbau mit Sandsteingliederungen ist schlicht und mit einem Mansarddach gedeckt; die drei äußeren Fensterachsen sind risalitartig vorgezogen. Der Flügel steht ebenso auf den alten Fundamenten wie das Torhaus. Auf der Vorburg ist noch ein Flügel mit einer Beschlagwerksgliederung aus dem 16. Jh. erhalten.

➤ Die Zufahrt erfolgt ausschließlich über einen Wirtschaftsweg, der von der Straße Oelde–Ennigerloh abzweigt; der Beschilderung folgen. Eine Außenbesichtigung ist möglich. Kontakt: Forum Oelde, Tel. 02522/920027. Gute Wandermöglichkeiten im Geisterholz.

OELDE-LETTE
St. Vitus und ehem. Prämonstratenserinnenkloster
Edelherr Rudolf von Steinfurt stiftete 1133 seine Güter in und um Vollenhove in den heutigen Niederlanden dem Prämonstratenserkloster in Lette, möglicherweise stellvertretend als Sühneleistung für einen durch zwei adelige Brüder verübten Mord. Da die Kapellen in Lette und in →Herzebrock-Clarholz genannt werden, entstand vermutlich ein Doppelkloster: Für die Chorherren in Clarholz, für sechs Schwestern in Lette an einer schon vorher bestehenden Vituskapelle. Das Kloster war immer Clarholz unterstellt. Schon vor der Mitte

Oelde-Lette, alte Kirche nach Westen

Wände zeigen, dass sie abgebaut und durch eine Flachdecke ersetzt werden mussten. Im Westjoch war eine Nonnenempore eingebaut, die von Norden über eine noch sichtbare Tür erreicht werden konnte. Zwei ungewöhnliche Rundfenster belichteten den darunter liegenden Raum von Süden. Das Ostjoch und der merkwürdig in Stufen einziehende und flach schließende Chor wurden 1921 abgebrochen. Das Südportal erlaubt eine Datierung: Die Kapitelle mit Bischöfen, Grotesken und einer Frau, an deren Brüsten Schlangen saugen entstanden etwa zwischen 1210 und 1230.
Der zylindrische Taufstein mit Blendarkaden stammt aus der 2. Hälfte des 13. Jhs. In der Kirche sind eine Reihe von Figuren aus nachklösterlicher Zeit erhalten.
➤ Die Kirche ist tagsüber offen. Internet: www.st-vitus-lette.de. Gemeindeamt Tel. 0 52 45/ 56 97.

OELINGHAUSEN → **ARNSBERG**

OSTBEVERN-RENGERING
(**Kr. Warendorf. Karte: C2**)
Landwirtschaftlicher Betrieb, ehem. Zisterzienserinnenkloster
Ritter Hermann von Rengering gründete vermutlich 1247 das Zisterzienserinnenkloster in unmittelbarer Nachbarschaft zu → Warendorf-Vinnenberg, das Bischof Ludolf von Holte bestätigte. Zwistigkeiten führten 1253 zur Zerstörung erster Gebäude. Zwar war 1256 eine Kirche im Bau, die wirtschaftliche Grundlage des Konvents war allerdings dürftig; um 1300 hatte sich diese Situation gebessert. Im 15. Jh. nahm das Kloster den Charakter eines ade-

des 15. Jhs. waren die Gebäude in Lette verfallen, 1473 erfolgt auch die letzte Erwähnung einer Schwester; das Kloster scheint einfach erloschen zu sein. 1858 wurde der Westturm erneuert, 1921 und 1971 wurde im Osten eine neue, größere Kirche angebaut.
Vom dreijochigen, ursprünglich gewölbten Saalbau stehen noch die beiden westlichen Joche, die innen mit Wandschilden für Gewölbe versehen sind. Sie wurden ursprünglich von breiten, vermutlich auf Vorlagen ruhenden Gurten getrennt. Die nach außen geneigten

Oelde-Lette, Detail vom Südportal

Ostbevern-Rengering, Brücke des Klosters

ligen Damenstiftes an. Gepflegt wurden besonders textilhandwerkliche Arbeiten. 1810 erfolgte die Aufhebung und der sofortige Abriss der Gebäude.
Nur die Dreibogenbrücke aus Bruchstein mit Backsteinwangen ist inmitten von Feldern und Wiesen und als Teil einer öffentlichen Straße erhalten; sie stammt von 1754. Kleine Eisbrecher sichern die beiden Pfeiler. Zu Füßen des Nepomuks schaut ein kleiner Putto zu ihm auf. Das nach außen auf einer Profilkonsole vorkragende Postament trägt eine inzwischen nicht mehr lesbare Inschrift.
➤ Von der B 51 hinter dem letzten Abzweig nach Ostbevern rts. nach Milte abbiegen und nach etwa 600 m im Gebiet der Bauerschaft Schirl lks. ab. Die Brücke ist als Teil eines Wirtschaftswegs jederzeit zu besichtigen.

PADERBORN (Kreis Paderborn. Karte: D2)
Dom St. Maria, St. Liborius und St. Kilian mit dem Domstift
Zwischen 772 und 777 ließ Karl der Große in Paderborn in seiner Pfalzanlage oberhalb der warmen Quellen der Pader eine Salvatorbasilika errichten, an der vermutlich bereits eine Gemeinschaft von Geistlichen bestand. Die Bistumsgründung war vielleicht schon vorbereitet, als Papst Leo III. im Sommer 799 in Paderborn weilte und eine Kirche einweihte, die als Pfalzkapelle zu groß war und nur als Domkirche gedacht gewesen sein kann. Vermutlich wurden damals auch die Bistümer Minden und Münster eingerichtet. Erster Bischof wurde Hathumar aus dem Domstift in Würzburg. Die Überführung der Reliquien des Bistumsheiligen St. Liborius aus Le Mans/Frankreich nach Paderborn erfolgte 836. Damals wurde die 799 geweihte Basilika um ein doppeltürmiges Westwerk mit Westchor erweitert, dabei aber die Kirche nach Osten orientiert und dort eine Choranlage mit Apsis und Rinkrypta (→ Meschede, Stiftskirche) errichtet. Zwischen 1009 und 1015 erfolgte unter Bischof Meinwerk ein Neubau des Domes, der 1058 abbrannte und der bis 1068 unter Bischof Imad fast vollständig erneuert werden musste. Dieser Neubau bestimmte die Konzeption und die Dimensionen noch der heutigen Domkirche. Um 1100 wurde in den rechteckigen Ostchor die erhaltene Krypta eingebaut. Nach einem weiteren Brand 1133 erfolgte mit dem etwa zehn Jahre dauernden Wiederaufbau auch eine → St. Patrokli in Soest ähnliche Wölbung und dadurch eine Anlage des Langhauses als Basilika gebundener Ordnung. Die im 19. Jh. um ein Joch verkürzte Paradiesvorhalle gilt als Rest dieser Kirche. Um 1220 begannen mit dem Bau des Westturms und vermutlich eines Vierungsturms den bestehenden Bau ergänzende An- und Umbauten, doch scheint der Einsturz des Vierungsturms mit der Zerstörung mehrerer Gewölbe der Anlass für den bestehenden Neubau gewesen zu sein. Er war nach den Bauformen zwischen 1270 und 1280 vollendet. Noch vor der Mitte des 13. Jhs. lösten die Domherren das gemeinsame Leben im Domkloster auf und führten fortan eigene Haushalte. 24 große Kanonikate bestanden seit 1231. Nach 1343 wurde die Chorostwand der Domkirche erneuert und im Südarm des Westquerhauses ein großes Maßwerkfenster eingesetzt. Bereits 1585 und endgültig 1648 konnten protes-

Paderborn, Dom, Südostansicht

tantische Tendenzen im Domkapitel zurückgedrängt werden. In den Archidiakonaten des Bistums waren von 200 Pfarreien 100 verblieben. Im 17. Jh. erfolgte die Umgestaltung des Dominnenraums auf einen neuen Hochaltar hin, verbunden mit der Absenkung des Fußbodens im Westchor und dem Bau der noch bestehenden Seitenkapellen im Langhaus. 1810 wurde das Domkapitel aufgehoben und 1821 neu eingerichtet. Seit 1930 ist Paderborn Erzbistum. 1945 brannte das gesamte Dachwerk

Paderborn, Dom, Innen nach Ost

des Domes ab, doch hielten fast alle Gewölbe stand. Der Brand im Dominnenraum vernichtete fast die gesamte barocke Ausstattung. Ein Luftminenvolltreffer führte auch zu erheblichen Schäden am Domkreuzgang. Die Wiederaufbauarbeiten wurden 1961 beendet. Besonders der obere Abschluss des Domwestturms wurde dabei verändert.

Der Dom ist eine dreischiffige, vierjochige Hallenkirche mit wenig ausladendem West- und ungleichmäßig geweitetem Ostquerhaus, Westturmanlage, zweijochigem Chor mit Krypta, Paradiesvorhalle und Nebenräumen. Der mächtige, von halb hohen, runden Treppentürmen flankierte und im Bereich über deren Abschlüsse mit zahlreichen schematisch-regelmäßig angeordneten Doppelfenstern versehene Turm wurde bis vor kurzem für ein Werk des 11. Jhs. gehalten, tatsächlich entstand er aber erst um 1220. Die 1945/55 rekonstruierten Ecktürmchen finden sich auch an → St. Patrokli in Soest. Kapitelle des 12. Jhs. wurden für die Teilungssäulchen der Fenster wiederverwendet. Der Turm ist zum Innenraum der Kirche als Westchor angelegt, also ohne Eingang. Daran schließ sich ein schmaleres, basilikales Joch an, das als Teil der ganzen Westanlage angesehen werden kann. Mit dem Ansatz des Querhauses entschied man sich für ein Formensystem, wie es auch an der → Marienstiftskirche in Lippstadt und der → Münsterkirche in Herford Anwendung fand, und damit für den Bau eines Hallenlanghauses. Besonders die Südwand bildet von außen eine regelmäßige Reihung von einzeln übergiebelten und durch breite Strebepfeiler geschiedene Wandjoche, die den nicht vortretenden Querhausarm einschließen. Die Fenstermaßwerke zeigen eine ablesbare Entwicklung von Westen nach Osten. In der Paradiesvorhalle mit ihrer Giebelwand aus dem 19. Jh. befindet sich das neben dem im → Dom in Münster zweite große Figurenportal in Westfalen. Es entstand in den Jahren nach 1230 und wirkt in der herben, an die Architektur der Säulen gebundenen Strenge der Anordnung, besonders aber durch den mit Archivolten und Schaftwirteln versehenen Portalbogen noch sehr romanisch. Die Baldachine über den Figuren, teilweise auch die Kapitellplastik weisen stilistisch schon in die Gotik der Kathedrale von Reims. Im Bogenfeld über den Durchgängen ist über der Madonna am Portalpfeiler ein Holzkreuz angebracht, das Engel mit Weihrauchfässern flankieren. Die Figuren des Portals sind erst entstanden, als das Portal schon fertig war, sie sind etwas jünger. Auch die beiden Holzfiguren an den Türflügeln gehören zum Portal des 13. Jhs. Am ausladenden Südarm des Ostquerhauses sind Szenen aus dem Leben Jesu sowie törichte und kluge Jungfrauen in zwei Reihen übereinander an-

Paderborn, Dom, Ausschnitt aus dem Fürstenberg-Epitaphaltar

gebracht. Sie stammen aus der zweiten Hälfte des 13. Jhs., wurden aber nicht für die heutige Stelle angefertigt. Die flache Chorostwand aus dem 14. Jh. wurde im 19. Jh. stark überarbeitet und vieles daran sehr frei ergänzt. An der Nordseite tritt der Arm des Westquerhauses etwas vor die Seitenschiffwände heraus. Die „Rote Pforte" ist als trichterförmig über eine vorspringende Mauerplatte in den Dom führendes Portal gestaltet. Der östliche Querarm ist von polygonal Grundform und setzt sich aus sieben Seiten eines Zwölfecks zusammen. Der Innenraum des Domes wirkt in seinen Proportionen schlanker als der in Münster, nähert sich mit der Wuchtigkeit der Einzelformen aber der → Münsterkirche in Herford, ohne sie darin zu erreichen. In Paderborn stehen die Freipfeiler etwas enger und rhythmisieren den Raum dadurch und durch die querrechteckigen Joche des Mittelschiffs. Im Grundriss kreuzförmige Pfeiler mit Alten Diensten vor den Stirnflächen und Jungen Diensten in den Ecken bilden das architektonische Trägersystem für die kuppeligen, von breiten Transversalbögen mit Unterzügen geschiedenen Gewölbe. Nur das vorletzte Gewölbe vor der Ostvierung erhielt einen Kranz von plastischen Säulchen, die als gemalte Rippen fortgesetzt wurden. Das einzige weit in die Gotik französischer Prägung weisende Gewölbe mit Rippen, dass im nordwestlichen Querarm eingebaut und auch mit einer optisch unterstützenden Malerei versehen wurde, blieb als „Pilotprojekt" für die übrige Wölbung ein Einzelstück. Im Bereich der Ostvierung ist noch das ältere, an den Westteilen zu beobachtende Stützensystem verwendet worden, woraus man schließen kann, dass die Westteile und die Ostvierung mit dem Chor etwa gleichzeitig entstanden sind. Vermutlich existierte bis zu einem Einsturz 1233/41 hierüber ein Vierungsturm. Das ganz durchfensterte, mit einer Blendbogengliederung versehene Polygon des nordöstlichen Querarms ist das jüngste selbständige Bauglied des Domes. In der Groß- und den Einzelformen wie den Kapitellen und Gewölberippen ist es hochgotisch und orientiert sich letztlich an der Elisabethkirche in Marburg, wenngleich das Formensystem in den Jahren zwischen 1270 und 1280 auch in

Paderborn, Dom, Detail vom Paradiesportal

Westfalen weite Verbreitung fand. Neben nur sehr geringen Mauerresten des 1068 geweihten Domes am Südarm des Westquerhauses ist die Krypta aus der Zeit um 1100 der älteste erhaltene Teil des heutigen Domes. Sie reicht als dreischiffige Hallenkrypta bis unter die Vierung, doch sind hier die Kapitelle nach dem vermuteten Einsturz des Vierungsturms angleichend erneuert worden. Schlichte Würfelkapitelle tragen die gurtlosen Tonnengewölbe mit Stichkappen. Die Seitenzugänge zur Krypta wurden ebenso mehrfach verändert wie der Raum, der sich als Vorraum zur Bischofsgruft anschließt (Mosaike von 1935). Zu den wichtigsten Gestaltungen des Barocks gehören die zwischen 1653 und 1706 entstandenen Seitenkapellen des Langhauses. Reich dekorierte Portale mit einem in diesem Umfang seltenen Kanon von bemalten und meist perspektivischen Eisengittern vermitteln in kleine und niedrige, oft mit einem Altar ausgestattete Kapellenräume.

Von der mittelalterlichen Ausstattung ist im Dominnenraum wenig erhalten geblieben. Das Reliquienretabel im Hochchor stammt aus der Zeit zwischen 1420 und 1440 und war schon vor der Barockisierung des Domes Hochaltar; zwischenzeitlich stand es im Nordarm des Ostquerhauses. Es war unter anderem Standort für den Liboriusschrein. Reste des spätgotischen Chorgestühls befinden sich noch auf dem Hohen Chor. Der Flügelaltar in der Turmhalle stammt von Gert van Loen aus Geseke aus der Zeit um 1500. Die noch ganz gotisch anmutenden Apostelfiguren an den Langhauspfeilern zum Hauptschiff sind eine Stiftung von 1608, und die Kanzel entstand 1736. Unter den zahlreichen Grabdenkmälern des Domes hervorzuheben ist das des Fürstbischofs Dietrich von Fürstenberg († 1618) im nordwestlichen Querhausarm. Mit einer Höhe von 13 m bildet es mit seinen Hell-Dunkel-Kontrasten im Steinmaterial ein Hauptwerk der Spätrenaissance in Westfalen, geschaffen von Heinrich Gröninger. Als Relief im Bild festgehalten sind auch die wichtigsten Bauwerke, die Dietrich errichten ließ, darunter das →Paderborner Jesuitenkolleg. Im Diözesanmuseum sind berühmte Stücke des Domschatzes ausgestellt, unter anderem die berühmte Imad-Madonna.

Ein dreischiffiges Hallenatrium vermittelt einerseits vom östlichen Domhof und andererseits aus dem Kreuzgang in den Dom. Es stammt aus den Jahren um 1160/70, entstand aber aus einer karolingischen Kapelle. Das Portal als Zugang zum Dom aus der Zeit um 1260 ist neben dem heutigen von 1619 in der Wand freigelegt und sichtbar gelassen worden. Der Chor des Atriums, dessen Fußboden aus dem 1015 geweihten „Meinwerkdom" hierhin übertragen und ergänzt wurde, trägt noch das alte Patrozinium der hl. Brigida. Der heutige, gegen die Kirche auffallend weit nach Osten versetzte Kreuzgang hatte einen weiter westlich liegenden Vorgänger, von dem Reste ergraben wurden. Dazu gehören die Mauer neben dem Brunnen nördlich des Domes an der Treppe zur Pader und die Reste der sogenannten Geroldskapelle unter dem benachbarten Küsterhaus mit einer karolingischen und einer darüber ansetzenden ottonischen Apsis aus der Zeit Bischof Meinwerks; zur jüngeren Apsis gehört auch der sichtbare Fußbodenrest. datierenden Fußboden. Der heutige Kreuzgang, der sogenannte Pürting, wurde im 14. Jh. in der heutigen Form erneuert und die Arkaden im 16. mit Maßwerk geschlossen. Damals entstand auch das „Hasenfenster", dessen drei in einem Kreis laufende Hasen auch nur drei Ohren haben – aber jeder hat dennoch zwei. Mit der Verlegung und dem Neubau des Kreuzgangs wurde die Geroldskapelle als „Architekturkopie" an vergleichbarer Stelle 1386 als „Westphalenkapelle" in den Hof hinein neu errichtet. Der romanische Nordflügel des Domklosters wurde 1945 zerstört, vom Südflügel sind die im heutigen Generalvikariat aber zwei zweischiffig-symmetrisch gewölbte Erdgeschossräume im Kern aus der Zeit vor 1155 erhalten. Einer davon war der Kapitelsaal.

Der frühere Dombezirk mit dem Großen und dem Kleinen Domhof zeichnet sich noch heute gut im Straßenbild der Stadt ab. In der Nähe des Domes sind mehrere Kuriengebäude meist aus der Barockzeit erhalten, darunter die Domdechanei nördlich der Pfalz an der Pader, ein im Kern 1676/78 von Ambrosius von Oelde erbautes Palais (heute Stadtbücherei) sowie die schon in den Klassizismus überleitende Schorlemer-Kurie (Domplatz 26) von 1792. Im weitesten Sinne zugehörig weil geschichtlich mit dem Dom eng verknüpft sind auch die Pfalzen auf der Domnordseite. Die ältere karolingische wurde durch Aufmauerung der Fundamentmauern sichtbar gemacht, während die jüngere aus dem 11. Jh. als Teil des „Museums in der Kaiserpfalz" rekonstruiert wurde. Der Hauptbau des Gebäudes ist der 46 m lange und 16 m breite Saalbau. Die Bartholomäuskapelle neben dem Eingang zum Museum ist der älteste nicht als Krypta erbaute Hallenraum Westfalens. Griechische Werkleute errichteten um 1017 den dreischiffigen Sakralraum mit Gewölbekuppeln auf filigranen Säulen. Transversalbögen trennen die Kuppeln voneinander. Die mit hohen Kämpferblöcken versehenen Kapitelle sind zwar in ihrer Darstellung ungewöhnlich – besonders das Mittelpaar –, aber handwerklich eher von mäßiger Qualität und erst nach dem Versetzen bearbeitet worden. Der faszinierende Raum selbst blieb in Westfalen ohne Nachfolge.

➤ Der Dom ist tagsüber geöffnet. Internet: www.erzbistum-paderborn.de. Führungen: Touristeninformation Tel. 0 52 51/88 29 80 0. Domendantur Tel. 0 52 51/12 52 27. Erzbischöfliches Diözesanmuseum u. Domschatzkammer Tel. 0 52 51/125-400 und -403, Öffnungszeiten: Di–So und feiertags 10–18 Uhr (auch Domführungen). Museum in der Kaiserpfalz (Nordseite des Domes) Tel. 0 52 51/105 10 (auch Anfragen zur Besichtigung der Geroldskapelle).

Abdinghofkirche und ehem. Benediktinerkloster
Bischof Meinwerk von Paderborn rief 1014 mit kaiserlicher Hilfe das Kloster ins Leben, das der Tradition nach mit Mönchen aus dem französischen Cluny besetzt wurde, und stattete es mit Gütern aus Familienbesitz aus. Eine Benediktuskapelle konnte er zwei Jahre später weihen, die Krypta 1023 bei einem Besuch Heinrichs II. Der Westchor stürzte allerdings während der Bauarbeiten ein, doch konnte 1031 die Kirche in Anwesenheit hochrangiger Würdenträger geweiht werden; Schenkungen folgten. Nach einem Brand 1058 dauerten die Neubauarbeiten bis 1088. Der Wiederaufbau nach einem weiteren Brand 1163 erfolgte mit starken Veränderungen in der Bausubstanz, unter anderem wurde das Langhaus gewölbt. Vermutlich unter dem Einfluss von → Höxter-Corvey wurde die Hirsauer Reform eingeführt. Nach einer Umverteilung des Besitzes zwischen Abt und Konvent und einer „Verwaltungsreform" wurden 1374 alle Besitzungen aufgezeichnet und den Klosterämtern zugeordnet. Das Kloster war

Paderborn, Abdinghofkirche, Westansicht

zwar reich, aber zunehmend innerlich zerrissen; erst 1476 konnte die Bursfelder Kongregation eingeführt werden. Der Konvent blieb in der Reformationszeit katholisch, und auch die Besitzverluste in den evangelisch gewordenen Gebieten waren nicht einschneidend, dennoch verschlechterte sich die Finanzlage noch vor dem Ausbruch des Dreißigjährigen Krieges. Sein hohes Ansehen konnte Abdinghof auch im 18. Jh. bis zur Aufhebung 1803 halten. Die Kirche wurde 1867/70 im Vorfeld der Nutzung als evangelische Gemeindekirche stark restauriert (unter anderem wurden die Gewölbe im Hauptschiff entfernt) und 1944/45 bis auf die Grundmauern zerstört. Der Wiederaufbau war 1951 nach Grabungen, die trotz Fehlinterpretationen zur Klärung der Baugeschichte beitrugen, weitgehend abgeschlossen.

Nach den Rückbauten im 19. und 20. Jh. zeigt sich die östlich oberhalb der Paderquellen liegende Kirche in nüchtern-herber Strenge. An das dreischiffige, im Mittelschiff flach gedeckte Langhaus der Pfeilerbasilika schließt sich nach Osten ein eingezogenes, ebenfalls mit einer Flachdecke versehenes Chorquadrat über einer Krypta an. Der tonnengewölbte Westbau setzt sich aus zwei Seitentürmen mit verbindendem Mittelbau zusammen. Die Pfeiler der durchlaufenden Arkadenreihe – mit einer Unregelmäßigkeit im Ostteil durch ein hier im 11. Jh. eingefügtes Querhaus – zeigen eine einfache Profilplatte als Kämpfer, ein Horizontalgesims darüber verstärkt die Fluchtlinien des Auges zum Chor. Die übliche Rhythmisierung durch Gewölbejoche – die Gewölbe von 1165 gehörten zu den frühen Großwölbun-

Paderborn, Abdinghofkirche, Langhaus nach Osten

Paderborn, Busdorfstift, Kreuzgang

gen in Westfalen – reduziert sich hier auf Arkaden und Obergadenfenster. In den Seitenschiffen (das nördliche wurde im 19. Jh. erneuert) sind die auf starken Vorlagen ruhenden Kreuzgewölbe ohne Gurte erhalten geblieben. Die Chorwände sind durch Arkaden mit Profilkämpfern gegliedert; auch hier wurde das durch Eckvorlagen vorbereitete Gewölbe nicht wieder aufgebaut. Die dreischiffige, niedrige Hallenkrypta – im Kern von 1023, aber die Baugeschichte ist nicht abschließend geklärt – ist durch Stollen aus den Seitenschiffen zugänglich und erstreckt sich bis unter die Chortreppe. Im Grundriss vierpassförmige Bündel von Säulen mit teils verzierten Blockkapitellen und an den Wänden eckige Vorlagen tragen vier durchlaufende Tonnen mit die Schiffe verbindenden, niedrigeren Stichkappen. Die massiven Mauerblöcke gehören zu den Eckvorlagen im Chorjoch darüber. Den Außenbau dominiert die Westfassade, die im Kern von 1088 stammt: Die hohe Bogenblende mit heutigem Eingang aus dem 19. Jh. markiert noch den einstigen Durchgang in die Westapsis (im Pflaster markiert), die Fenster darüber gehören zu einer in der Öffnung nach Osten mehrfach veränderten Emporenanlage, die über einen südlich angebauten Treppenturm begehbar ist. Die Gestaltung der Türme stammt weitgehend aus dem 19. Jh., die Satteldächer aus der Wiederaufbauzeit.

Die Ruinen des Kloster südwestlich der Kirche wurden 1953 für den bestehenden Verwaltungsneubau der Stadt Paderborn weitgehend abgerissen. Teile der Keller, des Kreuzgangwest- und -südflügels und das ehemalige Refektorium (Remter) wurden in den Neubau integriert. Die Abtskapelle südwestlich des Südturms ist auch von außen sichtbar; innen ist das Obergeschoss vierteilig auf einer Mittelstütze und mit eingestellten Säulchen gewölbt; die Ornamentik weist in die Zeit nach 1163.

▶ Westlich des Domes. Internet: www.abdinghof.de. Juni bis Oktober gewöhnlich täglich geöffnet 11–18 Uhr. Küsterei Tel. 05251/25372, Pfarrbüro Tel. 05251/50020.

Busdorfkirche und ehem. Kollegiatstift

Wenige Tage vor seinem Tod im Jahre 1036 weihte Bischof Meinwerk die Anfänge der noch im Bau befindlichen Kirche und stattete das Kanonikerstift mit umfangreichem, eigenem Besitz aus. Der hohe Rang der Gründung wird durch die bei der Weihe assistierenden Würdenträger deutlich: Neben Kaiser Konrad II. die Erzbischöfe und Bischöfe von Mainz, Köln und Würzburg. Zwischen 1060 und 1071 wurde der Zentralbau von 1036 um eine Basilika nach Westen erweitert, im 12. Jh. entstand der heutige Westturm in den beiden Untergeschossen. Ein Brand im letzten Viertel des 13. Jhs. richtete Schäden an der Kirche, dem Kloster und der Ausstattung an. Um 1300 war der Wiederauf- bzw. Neubau weitgehend abgeschlossen, Stiftungen im 14. und 15. Jh. vermehrten Altäre und Benefizien. Bei einer Neufassung der Statuten 1468 wurde die Zahl der Domherren um einen auf 11 reduziert, später auf 10. Versuche, die Reformation in Stift und Pfarre einzuführen, scheiterten; nach dem Dreißigjährigen Krieg kam dem Stift sogar besondere Bedeutung in der Wiederherstellung des Katholizismus im Bistum zu. Zwischen 1664 und 1667 konnte mit Unterstützung des Fürstbischofs Ferdinand von Fürstenberg die Westvorhalle erbaut und die Innenausstattung erneuert werden. 1810 erfolgte die Aufhebung des Stiftes. 1847 wurden zwei der Kreuzgangflügel abgerissen, aber 1944/45 blieb die Kirche von größeren Schäden verschont.

Der Zentralbau von 1036 lag östlich der heutigen Kirche, ein Oktogon mit kreuzförmig angebauten, hohen Annexen von quadratischem Grundriss, dem ein Westbau aus zwei Rundtürmen mit einem apsisartig nach Westen eingenischten Verbindungsbau vorgelegt wurde. Das Konzept entstand nach einer Studienreise zur Grabeskirche in Jerusalem, und ein hl. Grab sollte auch einen zentralen Platz in der neuen Kirche erhalten. Dieser Teil des Gründungsbaus existiert im Kern noch im Bereich des heutigen Chores: Die Rundtürme (der südliche 1964/65 wiederhergestellt), die mit dem Anbau der Basilika 1071 mit einem Tonnengewölbe versehene Verbindungshalle und, in den Chormauern, der Westannex. Er wurde im 12. Jh. gewölbt und später um ein querrechteckiges Joch nach Osten erweitert. Die zweijochige Sakristei an der Chornordseite entstand im 15. Jh. Die heutige Kirche ist eine dreischiffige, dreijochige Halle, deren breite Transversalbögen und Kreuzgratgewölbe mit scharfen Scheiteln auf achteckigen Freipfeilern und analog gestalteten Wandvorlagen ruhen. Die Raumfassung betont die tragenden Glieder mit einer Art Backsteinmalerei; sie wurde nach Befund wiederhergestellt. Nach Norden schließen sich zwischen den Strebepfeilern zwei Kapellen mit eingebauten Totenleuchten für den angrenzenden Friedhof an. Das gewölbte Turmjoch bildete bis 1667 einen Westchor ohne Eingang. Die Hauptansicht von Westen bestimmen die spätgotischen Obergeschosse des Turms mit den vier Giebeln (Haube von 1629), die schmale Vorhalle mit einem Portalwappen des Fürstbischofs Ferdinand von Fürstenberg und der Ziergiebel als Abschluss. Das alte Hauptportal am Nordseitenschiff entstand um 1400.

Aus der Zeit um 1280 stammt der Kruzifix, der meist in der Sakristei steht, der siebenarmige Standleuchter mit durchbrochenem Fuß ist nur wenig jünger. Der Taufstein entstand in der Bunickman-Werkstatt zu Beginn des 16. Jhs., vielleicht auch der Sakramentsturm am Choreingang. Im Chor sind einige Figuren aus der Barockzeit erhalten. Eine Sakramentsnische, ein Kreuzigungsrelief und andere Stücke stammen aus der → Abdinghofkirche.

Südöstlich der Kirche schließt sich der stimmungsvolle Kreuzgang an, der sogenannte Pürting. Nur der Nord- und der Ostflügel sind aus dem beginnenden 13. Jh. erhalten, die beiden anderen Flügel wurden unter Verwendung von originalen Resten 1964/65 neu erbaut. Die Gliederung der beiden alten Arkadenwände ist regelmäßig: Gekuppelte Dreifacharkaden werden von je zwei Säulchen gestützt, die sorgfältig ausgebildete Blattkapitelle mit auf die Mauerstärke überleitenden Kämpfern tragen. Durchlaufende Tonnen mit hohen Stichkappen zu Arkaden und Innenwänden bilden die Wölbung; sie ruhen an den Wandstücken zwischen den Arkaden auf kleinen Konsolen. Das mit Blendmaßwerk geschmückte Wandsegment im Ostkreuzgang ziert den Zugang zur Dreikönigen- bzw. Dechantenkapelle. Der Nordflügel ist nach Westen als Zugang von außen und aus der Kirche verlängert. Zwischen Chor und Kreuzgang-Nordflügel liegt der gotische Kapitelsaal (heute Sakristei) mit seinem vierteiligen Gewölbe auf einer Mittelstütze. Die Profilrippen wachsen hier ohne Kapitelzone aus dem Pfeiler bzw. spitz aus den Wänden. Am Eingang der Gasse nördlich der Kirche ist das mit Schiefer verkleidete kleine Doppelhaus eines Benefiziums von vor 1713 erhalten geblieben.

➤ Östlich des Domes gelegen. Kloster und Kreuzgang sind tagsüber geöffnet. Pfarrbüro Tel. 05251/23554. Führungen: Touristikbüro Tel. 05251/882980.

Paderborn, Busdorfkirche, Blick zum Altar

Gaukirche und ehem. Zisterzienserinnen-, später Benediktinerinnenkloster

An der schon 1183 als Pfarrkirche belegten Gaukirche siedelten sich vermutlich 1228 Zisterzienserinnen aus dem Ägidiikloster in Münster an, die im folgenden Jahr das Haus des Johannes Spilebrot südlich der Gaukirche vom Dompropst übertragen bekamen. 1231 erfolgte die rechtliche Übertragung der Pfarre an die damals vermutlich 30 bis 40 Schwestern; 1434 wurde ihre Zahl auf 26 beschränkt. Als Reform des Hauses gilt die Umwandlung in ein Benediktinerinnenkloster der Bursfelder Kongregation 1500 mit päpstlicher Bestätigung 1515; zwei Nonnen aus → Willebadessen übernahmen die Leitung des Klosters. Weder in die Gemeinde noch in das Kloster drang die evangelische Lehre ein. Noch vor 1700 begann die Barockisierung der Anlage mit der Kirchenausstattung, gefolgt vom Neubau der Klostergebäude (1743–1752) und der Westfassade der Kirche (1746–1749) nach Plänen von Franz Christoph Nagel. Nach der Aufhebung des Klosters 1810 blieben

Paderborn, Gaukirche, Ansicht von Südosten

einfachen Profilkämpfern tragen breite Gurt- und Scheidbögen, zwischen die die Kreuzgratgewölbe eingespannt sind; die Wölbung des Südseitenschiffes erfolgte ohne Gurtbögen. Die Formen des Hauptschiff-Westjochs sind noch kräftiger ausgeführt worden, da hier der über Dach ins Achteck überführte Turm aufsitzt. Das Nordschiff wurde später um ein gewölbtes Emporenschiff erhöht, das sich weit zum Mittelschiff öffnet. Die Blendbögen im Chor sind etwas gröber als die in der → Abdinghofkirche. Die Raumfassung wurde nach romanischen Resten ergänzt. Am Südseitenschiff wurde die Ursulakapelle angebaut, im Winkel zwischen Chor und Nordarm im 14. Jh. die Kreuzkapelle. Dem rundbogigen, mit Palmettenringbandkapitellen geschmückten Westportal wurde die im Erdgeschoss tonnengewölbte Kapelle vorgelegt, deren Fassade in die barocke Häuserzeile eingebunden ist: Leicht nach vorn geschwungen, befindet sich in der Mitte des dreiachsigen, zweigeschossigen Aufbaus eine Nische mit einer Figur des hl. Ulrich von Johann Philipp Pütt, betont durch einen in eine Balustrade eingebundenen kleinen Dreiecksgiebel.

die Nonnen noch bis 1825 im Westflügel wohnen. 1944/45 wurden zwar die Dächer, nicht aber die Kernsubstanz des Baus beschädigt. Danach erbaute man die heutige flache Konstruktion anstelle des hohen, gotischen Turmhelms.
Die Kirche ist eine dreischiffige, zweijochige Pfeilerbasilika gebundener Ordnung mit ausladendem Querhaus und Kastenchor aus der Zeit um 1170/80. Gestufte Wandvorlagen mit

Paderborn, Gaukirche, Langhaus

Zur ältesten Ausstattung gehört ein Gabelkruzifix in der Kreuzkapelle aus der Zeit zwischen 1350 und 1375. Die Muttergottes entstand um 1420, in der Ursulakapelle befindet sich ein nur wenig jüngeres Kalvarienbergrelief, und das Altarbild dort stammt von 1675. Der Wandtabernakel im Chor datiert aus der Zeit um 1480. Taufbecken, Kommunionbank, Stein- und Holzplastiken sowie Grabplatten stammen aus dem 18. Jh.
Von dem Zweiflügelbau des Klosters von Nagel auf der Südseite der Kirche ist nur ein Teil des Westflügels im Kern nach dem Wiederaufbau erhalten, das übrige Gebäude wurde abgetragen und durch Neubauten ersetzt, darunter auch die an der Südseite umlaufenden Anräume der Kirche. Ein Portal ist jetzt in der Domherrenkurie Domplatz 6 eingebaut.
▶ Liegt dem Dom auf der Südseite gegenüber. Die Kirche ist tagsüber gewöhnlich geöffnet. Pfarrbüro Tel. 05251/23554.

St. Michael, Kirche und Kloster der Augustiner-Chorfrauen
Fürstbischof Dietrich Adolph von der Recke gestattete 1652 den → Lotharinger Chorfrauen aus Münster die Gründung einer Niederlassung auch in Paderborn. Er bezahlte die Miete für ein Haus, in dem sie zwei Schulen eröffneten. Fürstbischof Ferdinand von Fürstenberg erwarb ein Haus an der Pader und schenkte es dem Konvent 1669. Durch eigene Neubauprojekte gerieten die Schwestern aber in Not, und so ließ Fürstbischof Hermann Werner von Wolff-Metternich mit seiner Stiftung von 1696

die Klostergebäude errichten. Baumeister war Ambrosius von Oelde: 1691 bis 1693 wurde das Kloster, 1694 bis 1698 die Kirche errichtet. Das Kloster entging der Säkularisation durch seine Unterrichtstätigkeit und erwarb sich durch Handarbeiten, besonders durch Stickereien, hohes Ansehen und bescheidene Einnahmen. 1893 erfolgte eine Westerweiterung der Kirche um einen Nonnenchor. In der Zeit des Kulturkampfes zwischen 1878 und 1887 sowie zwischen 1940 und 1946 waren Kloster und Schule geschlossen. 1945 brannte die Kirche völlig aus, zwei Gewölbejoche stürzten ein. Der Wiederaufbau der historischen Bereiche erfolgte mit Veränderungen bis 1954. Der Konvent ist Schulträger eines Gymnasiums und einer Realschule für Mädchen und zählte 1992 28 Mitglieder.

Die Kirche ist ein einfacher, fünfjochiger Gewölbesaal mit einer Schaufassade nach Osten. Kreuzgratgewölbe mit breiten Trenngurten setzen auf kleinen Wandkonsolen hoch an. Der Zugang erfolgt vom südlich der Kirche gelegenen Innenhof her. Die dreiachsige Fassade ist von renaissancehafter Strenge: Vier Pilaster teilen drei Wandfelder mit Fenstern ab, darüber befinden sich Rundfenster und in der Mitte eine Inschriftkartusche. Über dem hohen, dekorierten Gesims ist die Mittelachse nach oben fortgeführt und mit einer Lünette geschlossen. Eingefasst durch Blendbalustraden und Voluten sind das Wappen des Fürstbischofs von Wolff-Metternich und eine Michaelsfigur zentral angeordnet.

Von der Barockausstattung sind Reste im Kloster vorhanden, von denen aber nur ein sehr

Paderborn, Marktkirche, Fassade

geringer Teil in der Kirche zu sehen ist. Dazu gehören ein Altarkreuz und drei Madonnen von Gertrud Gröninger.

Die Klostergebäude gruppieren sich in zwei Flügeln um die Südseite der Kirche und werden zur Straße durch das Torhaus mit Durchfahrt geschlossen. Das Obergeschoss besteht aus dekorativ mit Backsteinen gefülltem Fachwerk.
➤ Nordwestlich von Dom und Pfalz an der Pader gelegen. Glaswindfang vom Innenhof aus. Internet: www.michaelskloster.de. Die Kirche ist täglich von 7–9 und 14.30 bis 18 Uhr geöffnet. Führungen: Kloster Tel. 05251/29063-0 oder Touristikbüro Tel. 05251/882980.

Marktkirche und kath. Fakultät, ehem. Jesuitenkloster

Nachdem Jesuiten 1580 zu ersten Tätigkeiten nach Paderborn berufen worden waren, schenkte Fürstbischof Dietrich von Fürstenberg ihnen das Gelände des alten Franziskaner-Minoritenklosters zur Gründung eines Konventes. 1596 begannen sie mit Wiederauf- und Neubauarbeiten, 1604 konnte die alte gotische Klosterkirche wieder eingeweiht werden. 1605 bezog der Konvent das neue Kolleggebäude am Kamp. Fürstbischof Dietrich richtete schließlich 1614 eine Universität zur Bildung des Diözesanklerus ein. Nach Rückschlägen durch den Dreißigjährigen Krieg entfaltete der Konvent in der 2. Hälfte des 17. Jhs. seine gegenreformatorische Tätigkeit. Zwischen 1682 und 1692 konnte nach Plänen des Jesuitenbruders Anton Hülse die Kolleg- und Universitätskirche errichtet werden, 1709 bis 1714 wurde ihr Vorplatz gestaltet. 1728 brach man die alte Minoritenkir-

Paderborn, Michaelskloster, Straßenfassade

che ab und errichtete 1733/34 Um- und Erweiterungsbauten am Kloster. Mit der Auflösung des Ordens 1773 wurde die baufällige Marktkirche St. Pankratius nahe des Klosters abgebrochen und alle Rechte an die ehemalige Jesuitenkirche übertragen. Die Universität blieb bestehen. 1944/45 wurden der Turm und die Flügel durch Sprengbomben schwer beschädigt, die ganze Anlage brannte aus. Der Wiederaufbau war bis 1958 weitgehend abgeschlossen. Die Räume dienen heute als Klassenräume des Gymnasiums Theodorianum sowie als Vorlesungsräume und Professorenwohnungen der Theologischen Fakultät.

Die mit dem Chor gesüdete Kirche ist eine dreischiffige, sechsjochige Emporenbasilika mit dreijochigem, von Anräumen umgebenem Chor. Die Kirche, die nach der in Köln als bedeutendste des Ordens in Norddeutschland gilt, folgt dieser in der an gotischen Vorbildern angelehnten Grundkonzeption, zeigt aber auch Parallelen zu der in → Münster: Die stark querrechteckigen Rippengewölbe im Hauptschiff liegen auf Konsolen auf, die Seitenschiffgewölbe sind annähernd quadratisch, Langhauswest- und Chorostjoch sind etwas tiefer. Hohe toskanische Säulen mit großen Kapitellen tragen die mit Stuck eingefassten Arkadenbögen. Die Seitenschiffgewölbe bzw. Emporenböden wirken wie zwischen den Säulen eingehängt, und die Rippen laufen in die Säulenschäfte ein; im Gegensatz zu Münster sind auch die Emporen überwölbt. Man erreicht sie über vier Treppenhäuser: Zwei seitlich der Fassade und zwei weitere am Choransatz. Die gewölb-

Paderborn, Marktkirche, Kanzel und Seitenschiff

Paderborn, ehem. Jesuitenkolleg

ten, durch die Chorstrebepfeiler etwas beengten Anräume des Chores bilden einen von der Kirche getrennten Umgang und erlauben – ein ungewöhnliches Detail – den Zutritt zu einem kleinen Treppenturm im Chorscheitel hinter dem Altar. Die Fassade zum Rathausplatz hin wirkt breit und flächig, wird aber durch die terrassenartige Vorplatzanlage noch erheblich gesteigert: Drei durch Pilaster getrennte Achsen werden durch ein Gesims abgeschlossen, das durch ein Rundfenster in der Mitte in das Giebelfeld hinein gebogen wird. Unter dem Fenster befinden sich das Säulenportal und ein separates Wappen. Der durch ein flaches Dreieck mit Jesuitenemblem und Kreuz darüber abgeschlossene Giebel wird von kleinen Voluten mit Aufsätzen flankiert. Aufwändige Pfostentore und eine Mauer mit schmiedeeisernem Gitter schließen den Vorplatz nach Norden und Westen ab.

Das älteste Ausstattungsstück bildet die Madonna des Seitenaltars aus dem 15. Jh. (Köpfe ergänzt), die beiden Seitenaltäre selbst stammen aus einer sauerländischen Kirche. Die 1960 neu zusammen gesetzte Kanzel erstellte Heinrich Gröne 1704. Die Kommunionbank und die hängend von Engeln getragene Madonna im Mittelschiff entstanden ebenfalls im 18. Jh. Einzigartig war der die gesamte Chorwand einnehmende Hochaltar, einer der größten Altäre Norddeutschlands. Seine Rekonstruktion nach der Totalzerstörung ist im Bereich über der Emporenhöhe derzeit weitgehend abgeschlossen: Die untere Zone mit Altarbild und Jesuitenemblem nimmt mit dem Rundbogen die Fassadengestaltung auf, die obere Zone mit Bild und flankierenden Figuren wird von einer Ädikula mit gesprengtem Giebel abgeschlossen – eine theaterartige Bühnenwand für das Geschehen am Altar davor.

Das Kolleg schließt sich nach Osten an Kirche und Vorplatz an. Es wird bestimmt durch den Turm, der einst den Westturm der alten Minoritenkirche bildete – man kann ihre Lage auf dem Vorplatz noch heute erahnen. Mehrere Renaissanceportale bilden die Zugänge zum Kolleggebäude: Mit Jesuitenemblem (neben dem Turm), zwei mit Wappen sowie das Hauptportal mit der Standfigur Fürstbischof Theodor von Fürstenbergs mit Mitra und Bischofskrümme, darunter eine erklärende Inschrift und über ihm sein Wappen. Die nach Osten sich anschließenden Fakultätsgebäude sind schlichter und wurden mit dem Wiederaufbau teilweise auch verändert.

➤ Unmittelbar südlich des Rathauses am ‚Kamp'. Die Kirche ist tagsüber geöffnet. Pfarrbüro Tel. 0 52 51/2 35 54. Führungen: Touristikbüro Tel. 0 52 51/88 29 80.

St. Joseph, Franziskanerkirche und -kloster

Das erste Franziskanerkloster der Stadt war in den Wirren der Reformationszeit untergegangen und die Besitzungen von den → Jesuiten übernommen worden. Der Versuch einer Neuansiedlung stieß auf erhebliche Widerstände in der Stadtbevölkerung, aber auch der bereits in Paderborn bestehenden Orden. Dennoch setzten sich die Fürstbischöfe von Paderborn aus dem Hause von der Recke und von Fürstenberg sowie Osnabrück (von Wartenberg) 1658 mit der Neugründung durch. Fürstbischof Ferdinand von Fürstenberg erwirkte schließlich einen päpstlichen Schutzbrief für die Brüder in Paderborn, der 1664 die Grundlage für einen Vertrag zwischen dem Domkapitel, der Stadt und der Sächsischen Franziskanerprovinz bildete. Auf dem von einem Bürger zur Verfügung gestellten Grundstück erfolgte die Grundsteinlegung für das Kloster 1663 und für die Kirche 1668 durch Fürstbischof Ferdinand selbst; er stiftete auch die Baukosten. Als Architekten konnte Ferdinand vermutlich Antonio Petrini aus Trient gewinnen, 1671 vollzog er die Weihe. 1755 wurde eine Seitenkapelle angebaut. Als einziges Männerkloster des Bistums wurde es nach 1803 nicht aufgehoben, aber im Kulturkampf 1875 bis 1887 vorübergehend aufgelöst. 1909 wurde der Chor der Kirche verlängert. Nach einem Bombenangriff 1945 blieben nur die Außenmauern von Kirche und Kloster stehen, der Wiederaufbau der Kirche erfolgte bis 1948 in etwas vereinfachter Form, vom Kloster blieben im wesentlichen die Fassade und – verändert – Teile des Kreuzgangs stehen.

Die 1668/71 erbaute Kirche ist ein vierjochiger Saal mit Kreuzgratgewölbe zwischen breiten

Paderborn, Franziskanerkirche, Fassade

Gurtbögen, die auf Wandvorlagen mit Kapitellen ruhen. Der Chor ist stark eingezogen und endet heute nach drei Jochen in einem Dreiseitschluss, bis 1909 schloss sich an das einzige Joch ein gezogener Ostabschluss aus fünf Seiten des Achtecks an. Die Gewölbe im Chor sind und waren ohne Gurte aufgeführt. Der Hauptzugang erfolgt über eine breite Freitreppe an der Fassadenseite nach Nordwesten. Die Fassade selbst wird durch kräftige Pilas-

Paderborn, Franziskanerkirche, Blick in den Innenraum

Paderborn, Kapuzinerkirche, Fassade

aufgänge und Balustrade ein rundes Brunnenbecken mit Schale rahmen. Auch dieser Flügel ist durch eine Figurennische mit Maria Immaculata ausgezeichnet. Das Bauensemble bildet trotz Veränderungen im 19. und 20. Jh. eine der wohl reizvollsten Einheiten aus Kirche und Kloster in Westfalen.

➤ In der Fußgängerzone ,Westernstraße' westlich des Rathausplatzes. Die Kirche ist tagsüber geöffnet. Klosterpforte 0 52 51/20 19-0 oder -44.

St. Franziskus Seraph und ehem. Kapuzinerkloster

Domdechant Arnold von der Horst hatte den Orden während seines Studiums in Rom kennen gelernt. 1612 berief er Kapuziner zur Mithilfe in der Rekatholisierung von Stadt und Bistum nach Paderborn und finanzierte ihnen den Bau von Kloster und Kirche, die schon 1616 bis auf die Grundmauern abbrannten. Der 1617 begonnene Neubau erwies sich als instabil und musste zwischen 1674 und 1677 durch einen Klosterneubau und 1680 durch die heutige Kirche ersetzt werden. Die Pläne dazu lieferte der Kapuzinerbruder Ambrosius von Oelde. 1683 konnte Weihbischof Niels Stensen die Kirche weihen. Zwei der Brüder waren zeitweise Dompastoren, im übrigen widmete sich der Konvent der Seelsorge besonders in den unteren Bevölkerungsschichten und bei den Kapuzinerinnen, hinzu kamen Seelsorgeaushilfen und Wallfahrtsbetreuungen. 1825 wurde verfügt, dass keine weiteren Mitglieder in den Konvent aufgenommen werden durften, 1834 erfolgte die endgültige Aufhebung. 1944/45 wurden die Gebäude bis auf die Grundmauern

ter dreiteilig gegliedert und durch ein Hauptgebälk in Traufhöhe im unteren Teil abgeschlossen. Das Portal ist mit einem gesprengten Giebel versehen. Das Wappen sowie ein Rundfenster bilden eine Trias in der Mittelachse, die in den Seitenachsen durch Figurennischen (hll. Joseph und Paulus) und Fenster darüber gerahmt wird. Eine Madonna mit Kind steht in der Ädikulanische im Giebel.

Mehrere Ölgemälde im Besitz des Konvents fertigte Johann Georg Rudolphi an, drei vom früheren Hochaltar hängen an der Rückwand des Chores, ein weiteres mit der Geißelung Christi in der Beichtkapelle an der Klosterseite. Eine Beweinung Christi von Rudolphi befindet sich über dem Beichtstuhl im Langhaus. Aus dem 18. Jh. stammen die Figuren der hll. Joseph und Franziskus sowie eine Maria mit Leichnam Jesu. Das Triumphkreuz ist eine Leihgabe der Diözese. Auch die Herkunft einer Johannesfigur im Chorraum aus der Zeit um 1380 ist ungeklärt. Fürstbischof Ferdinand von Fürstenberg fand seine letzte Ruhestätte im Chor der Kirche. Das Epitaph wurde 1945 zerstört, aber die Grabplatte aus Bronze ist im Chor erhalten.

Die Kirche bildet den Eckabschluss eines Baublocks zu einer Seitengasse hin und ist Teil einer Fassade in der Art einer Dreiflügelanlage. Ihr Pendant bildet der wie ein Wohnhaus aufgebaute Flügel mit einer fast schmucklosen Giebelwand, zwischen deren beiden Erdgeschossfenstern eine Figurennische eingetieft ist. Das hohe Kellergeschoss des Klosters erlaubte die Anlage einer Terrasse vor dem zurücktretenden Verbindungsflügel, dessen beide Treppen-

Paderborn, Kapuzinerkirche, Innenraum

zerstört und die Kirche in der alten Form bis 1951 wiederaufgebaut. Heute ist das Bildungswerk des Erzbistums, das „Liborianum", im Kloster untergebracht, die Kirche ist als Hauskirche daran angegliedert.

Die Kirche entspricht ganz den Baugewohnheiten des Ordens und steht der in → Werne am nächsten: Ein vierjochiger Gewölbesaal mit stark eingezogenem Chorquadrat. Die rechteckigen Gewölbejoche mit Kreuzgratgewölbe (bis 1945 Rippen) werden von breiten, flachen Gurtbögen geschieden und liegen auf Rollwerkkonsolen auf, die von Figurennischen unterfangen werden (bis 1945 nur an einigen Konsolen). Über dem Chorbogen ist das Wappen Fürstbischof Ferdinand von Fürstenbergs angebracht. An der Chorrückseite schließt sich der mit einer flachen Tonne gewölbte Psallierchor an, unter dem 1721 ein Totenkeller angelegt wurde; über dem Psallierchor befand sich die Bibliothek. Mehrere Seitenräume nach Süden lassen die Kirche von Südosten wie auf einem Sockelgeschoss erbaut erscheinen. Die Fassade ist nach Westen auf die Heiersstraße ausgerichtet: Zwei massige, Postamente bildende Seitenlisenen fassen die bis zum Firstpostament ungegliederte Fassade mit zwei Rundbogenfenstern und dem Portal ein. Das Portal bildet den aufwändigsten Teil der Kirche, ein Säulenportikus mit gesprengtem Giebel, in den eine Inschriftafel und darüber das Wappen von Fürstenbergs eingelassen ist.

Die üppige Barockausstattung von Paul Gladbach aus Rüthen wurde 1944/45 zerstört; nur wenige Figuren blieben erhalten. Der heutige Hochaltar stammt aus → Bielefeld-Schildesche (um 1680) und trägt nicht zugehörige Gemälde von Anton Willemsen aus Antwerpen (1658). Die Herkunft des barocken, um 1700 entstandenen Orgelgehäuses ist unbekannt.

Das Kloster bildet eine ausgedehnte Anlage und schließt sich an die Kirche und den kleinen Vorplatz nach Norden an. Das Portal ist noch stark von den Formen der Renaissance bestimmt: Kannelierte Pilaster tragen einen kleinen Volutengiebel, in den eine Tafel mit dem Doppelwappen Arnold von der Horsts und Johann Heinrich von Sintzigs mit Inschriften eingesetzt ist. Ankereisen an der Wand bilden die Jahreszahl 1674. Die flurartig engen Flügel des Kreuzgangs tragen Kreuzgratgewölbe zwischen kastenartigen, auf breiten Konsolen abgefangenen Gurtbögen. 1857 und 1904 erfolgten An- und Umbauten des Klosters.

➤ Im nordöstlichen Stadtbezirk zwischen Heiersstraße und Giersmauer. Die Kirche ist tagsüber gewöhnlich geöffnet. Auf Anfrage an der Pforte des Liborianums ist auch der Kreuzgang zu besichtigen; Tel. 05251/1213.

Paderborn, Kapuzinessenkirche, Portal

St. Maria und Joseph und ehem. Kapuzinessenkloster

Dompropst Arnold von der Horst, der Gründer des → Kapuzinerklosters, rief 1618 auch ein Kloster für den weiblichen Zweig des Ordens ins Leben. Der Guardian der Kapuziner gab über Bischof Ferdinand von Bayern dazu die Anregung. Arnold kaufte das Grundstück, und schon 1629, ein Jahr nach der Ankunft der Schwestern aus Köln, konnte das Kloster bezogen werden. Baubeginn für die Kirche war 1657, die Pläne lieferte der Kapuzinerpater Servatius aus Coesfeld. 1660 erfolgte die Weihe der Kirche, im Jahr darauf die des Klosters für 27 Schwestern. Das Kloster überstand die Säkularisationszeit, doch wurde der größte Teil der Gebäude zum Landeskrankenhaus eingerichtet und 1827 den Barmherzigen Schwestern als Pflegerinnen übergeben. 1833 hob der Bischof das Kapuzinessenkloster auf. 1944/45 brannten Kirche und Kloster völlig aus und wurden verändert wiederhergestellt. Der Komplex ist heute Teil des Vinzenzkrankenhauses in der Obhut der Vinzentinerinnen, die Kirche dient als Krankenhauskapelle.

Die genordete Kirche war ein kleiner Rechtecksaal mit Chor. Sie ist heute in Höhe der Fenstersohlbänke mit einer Zwischendecke versehen, und nur das Obergeschoss ist als Kapelle des Krankenhauses ohne Gewölbe, sondern mit einer glatten Faltdecke eingerichtet. Die schlichte Fassade mit zwei Fenstern blieb erhalten. Das Pilasterportal trägt einen gesprengten Giebel mit einer Figurennische und Muttergottes, überschrieben „Maria Angelorum" (Kopie). In die Portalzwickel sind kleine Reliefs

Paderborn, Mutterhaus, Grabkapelle Pauline v. Mallinckrodt

von Joseph und Franziskus mit Kreuz eingeschrieben, am Türsturz stehen zwei Inschriften mit Datierungen nebeneinander.

Die Herkunft einer Muttergottes mit Kind sowie eines barocken Kruzifixes mit Korpus in der Kapelle ist unklar. Das frühere, von Heinrich Gröninger schon 1629 geschaffene Altarretabel gelangte in die →Busdorfkirche (Südwand des Südseitenschiffs).

▶ In der Mühlenstraße vor dem Neuhäuser Tor. Die Außenbesichtigung ist tagsüber möglich. Pforte des Vinzenzhospitals II, Tel. 05251/86-30. Führungen: Stadttouristik Tel. 05251/882980.

Mutterhaus der Schwestern der christlichen Liebe
Gründerin der sozialkaritativen Ordensgemeinschaft ist Pauline von Mallinckrodt (1817–1881), die Tochter des Mindener Regierungsvizepräsidenten Detmar von Mallinckrodt. 1839 zog die Familie nach →Büren-Böddeken, behielt aber eine Stadtwohnung in Paderborn. 1842 begann Pauline mit der Arbeit mit Blinden. Da ihre Versuche, in einen bestehenden Orden einzutreten, scheiterten, ermutigte sie nicht zuletzt Bischof Franz Drepper, eine eigene Ordensgemeinschaft zu gründen. 1846 und 1847 erwarb sie zwei Gartenhäuser im Bereich des heutigen Klosters vor dem Kasseler Tor, 1847 übergab sie ihre Blindenanstalt der Provinz Westfalen und wurde ihre Leiterin. 1849 konnten in der Busdorfkirche die ersten vier Schwestern eingekleidet werden; zehn Jahre später waren es 68, 1870 bereits 244.

Heute zählt der Orden, der auch in Nord- und Südamerika sowie auf den Philippinen tätig ist, etwa 900 Mitglieder. Diözesanbaumeister Arnold Güldenpfennig vergrößerte 1894/95 das Mutterhaus und errichtete die Kapelle im Osten, den sogenannten Rotbau. Danach wurde der ältere Teil auf drei Stockwerke erhöht und mit den anderen Bauteilen auf eine Firsthöhe gebracht. Das Mutterhaus wurde 1945 schwer zerstört und bis 1952 wiederaufgebaut. 1985 wurde Pauline selig gesprochen.

Das Mutterhaus wird im Kern von zwei lang gestreckten Flügeln entlang der Warburger und der Mallinckrodtstraße gebildet, eine durch den Wiederaufbau vereinfachte Mischung aus sukzessiv erbauten, aber im wesentlichen vom Stil der Neogotik geprägten Flügeln. Von besonderem Interesse ist die kleine, ebenfalls von Güldenpfennig 1881 errichtete Conraduskapelle, eine Doppelkapelle mit der Grab- und Gedenkstätte für Pauline von Mallinkrodt. Sie liegt malerisch im hinteren Gartenbereich inmitten des Friedhofs der Schwestern. Am Außenbau ist die Westwand als Schauseite ausgeprägt: Über dem Portal befindet sich ein Fenster und im Giebelfeld darüber eine Kreuzigungsgruppe. Der Eingang zielt auf eine Treppenanlage: Die Seitenaufgänge führen in die Kapelle empor, deren Rippengewölbe an den Seitenmauern auf abgekragten Diensten ruht. Über eine Treppe in der Mitte gelangt man in die Unterkirche mit dem immer reich mit Blumen geschmückten Grab der seligen Pauline hinab.

▶ Warburger Straße 1–5: Südlich der Einkaufspassage zwischen ‚Kamp' und ‚Kasseler Mauer' nach der Brücke über die Bahntrasse lks. in die Warburger Straße und sofort an der Fußgängerampel rts. in die ‚Mallinckrodtstraße' einbiegen. Pforte Tel. 05251/697-0 (Führungen durch die Gedenkstätte „Pauline von Mallinckrodt") oder Touristikbüro Tel. 05251/882980.

PARADIESE →SOEST

PORTA WESTFALICA-BARKHAUSEN
Kreuzkapelle auf dem Wittekindsberg, Kirchenruine und ehem. Benediktinerinnenkloster
Ende des 10. Jhs. scharte die fromme Inkluse Thetwif auf dem Wittekindsberg innerhalb der sächsisch-karolingischen Burganlage hoch über dem Weserdurchbruch Frauen um sich. Der Mindener Bischof Milo stellte die Gemeinschaft 993 unter die Benediktsregel und stattete das Kloster mit drei Dörfern aus. Die Initiative zu diesem Schritt scheint allein von Thetwif ausgegangen zu sein. In dieser Zeit wurde vermutlich auch der kleine Kirchenbau aufgeführt. Nachdem das Kloster vor 1010 in die

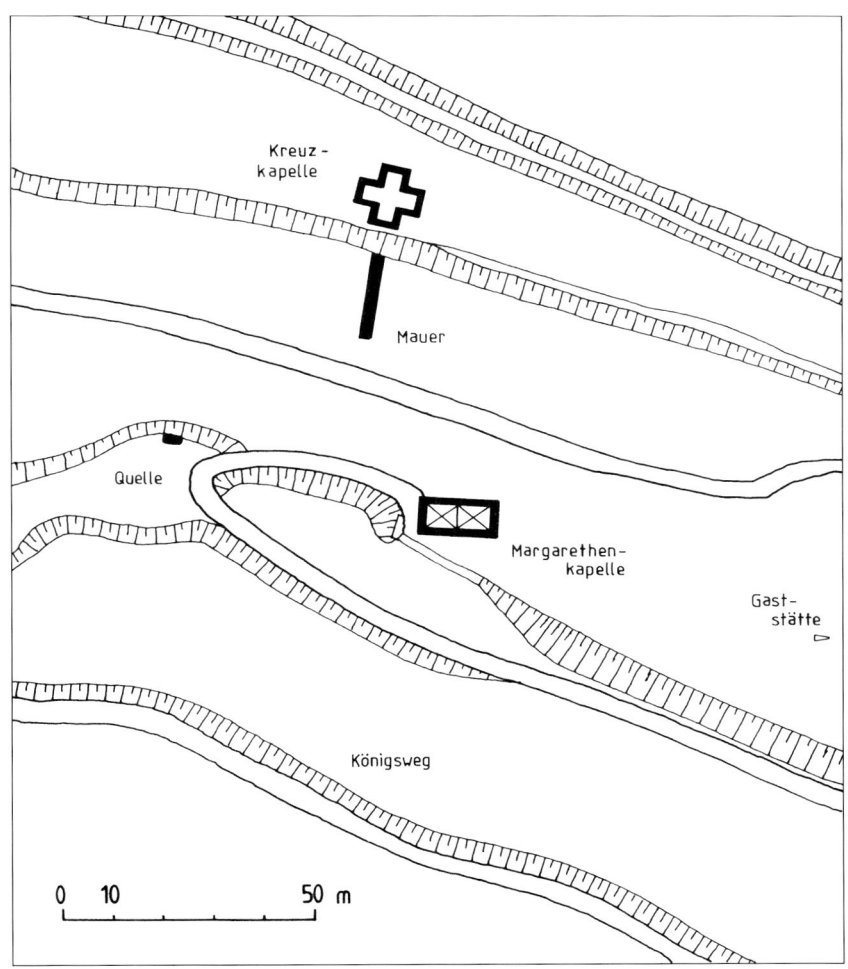

Porta Westfalica-Barkhausen, Kirchen in der Wittekindsburg

Stadt Minden verlegt worden war (→ Minden, Marienkirche) hielt eine aus dem Konvent dort lebende Nonne die Memorie an das Kloster und die Gründerin eine Zeit lang aufrecht, im 15. Jh. war diese Verbindung aber vermutlich schon unterbrochen. Ein Einsiedler lebte damals auf dem Berg an der Kluskapelle St. Margaretha, die 1224 erstmals genannt wurde. Sie liegt etwas südlich der alten Nonnenkirche und wurde von einem Vikar des Mindener Domes geistlich betreut.

Durch die Ausgrabungen 1996/97 wurde ein 14 × 14 m großer Zentralbau in der Form eines griechischen Kreuzes freigelegt, der sich aus etwa 4 × 4 m großen Raumteilen zusammensetzt und als Kloster- und Memorialkirche gilt. Die Mauern sind um 1,1 m stark und etwa 80 cm hoch erhalten. Im früheren Innenraum fanden sich die Gräber von einer erwachsenen Frau und vier Kindern im Alter zwischen einem und sieben Jahren, die nach DNA-Analysen zumindest zum Teil miteinander verwandt waren. Die Wahl des Bauplatzes für die Kirche richtete sich nach den Gräbern, denn die Fundamentmauern zogen teilweise über sie hinweg; ein Vorgängerbau ist zu erschließen. Eine von der Kirche nach Süden über fast 22 m Länge zu verfolgende Mauer von 2 m Stärke gehörte vermutlich nicht zum Kloster, sondern zur Burg. Die Margarethenklus- oder Wittekindskapelle – die vermutlich mit dem Kloster ebenfalls in keinem Zusammenhang steht – ist ein kleiner, sehr schlichter und chorloser Saalbau aus Sandsteinquadern, der mit zwei kuppeligen Kreuzgratjochen zwischen runden Wandschilden gewölbt ist.

► Nahe dem Ortsausgang von Barkhausen nach Dehme bzw. zur Weserbrücke der Beschilderung zum Kaiser-Wilhelm-Denkmal folgen. Die Kirchen liegen etwa 100 m westlich vom

„Berghotel Wittekindsburg" im Wald und sind frei zugänglich, die Kluskapelle ist geschlossen. Schlüssel: „Wittekindsburg", Tel. 05 71/71667 (11-17 Uhr). Touristenbüro 05 71/791-280.

QUELLE → BIELEFELD
QUERNHEIM STIFT → KIRCHLENGERN

RECKLINGHAUSEN
(Kreis Recklinghausen. Karte: B2)
Gymnasialkirche St. Marien und ehem. Franziskanerkloster

Auf Wunsch des Recklinghauser Pfarrers Dobbelinck kamen die 1633 aus Dorsten vertriebenen Franziskanerbrüder nach Recklinghausen. Auch nach dem Abzug der hessischen Besatzung Dorstens blieben sie in der Stadt und erhielten von Kurfürst Ferdinand von Bayern 1642 die Stiftungsurkunde für das Kloster. Ab 1646 erwarben sie Grundstücke, und 1658 konnte der Grundstein zum Kirchenbau gelegt werden. Die 1666 annähernd vollendete Kirche brannte zwanzig Jahre später ab und wurde 1706 erneut konsekriert. 1676 begann der Bau des Klosters, ab 1709 folgten zwei weitere Flügel und 1748 ein Flügel bis an die Stadtmauer heran. Zwischen 13 und 28 Brüder lebten im Kloster. 1730 erhielten die Brüder das Privileg, ein Gymnasium einzurichten, das 1820 verstaatlicht wurde; 1824 schied der letzte Franziskaner aus dem Schuldienst. Zur Jahreswende 1834/35 erfolgte die förmliche Aufhebung des Klosters und unmittelbar danach der Abriss der Gebäude mit Ausnahme der Kirche, die noch heute dem Gymnasium Petrinum als Kirche und Aula dient. 1838 entstand der Ostbau der Kirche.

Die Kirche ist ein einfacher, knapp viereinhalbjochiger, der Lage an einer Straßeneinmündung wegen vermutlich von Beginn an gewesteter Saal; sie bildete den südwestlichen Abschluss der Klosteranlage. Von breiten Gurten getrennte Kreuzgratgewölbe ruhen auf Doppelpilastern an der Wand. Ein turmblockartiger, spätklassizistischer Ostbau, der breiter ist als die Kirche und sich dreiseitig aus Portici zusammensetzt, bildet heute die Straßenfront der Kirche. Er ersetzt vermutlich den dadurch fehlenden Teil des fünften Joches.

Die Ausstattung aus der Barockzeit ist fast vollständig erhalten: Der Haupt- und die beiden Nebenaltäre (nördlich hl. Franziskus, südlich hl. Antonius von Padua) sind Arbeiten der Laienbrüder Agapitus Mertens und Alphäus Rincklake (→ Wiedenbrück, Franziskanerkirche) von 1790. Die Marienfigur im Hauptaltar und die Figuren der Seitenaltäre lieferte der Bildhauer Joseph Stratmann aus Geseke bzw. Anröchte. Auch das Triumphkreuz entstand im 18. Jh., während die Kanzel bereits 1694 angefertigt wurde. Der Kreuzweg befindet sich heute in der Pfarrkirche St. Paulus.
➤ Die Kirche ist geschlossen. Gymnasium Petrinum Tel. 0 23 61/90 44 70.

RENGERING → OSTBEVERN

RHEDA-WIEDENBRÜCK
(Kr. Gütersloh. Karte: C2)
St. Ägidien und ehem. Kollegiatstift

Wiedenbrück gehört zu den vier Urpfarren des Bistums Osnabrück. Nach fehlgeschlage-

Recklinghausen, Gymnasialkirche, Seitenansicht

Rheda-Wiedenbrück, St. Ägidien, Innenraum nach Osten

nen Versuchen seiner Vorgänger gründete Bischof Balduin von Rüssel 1259 das Kollegiatstift mit acht großen und zwei kleinen Kanonikaten; der Propst war stets Domkanoniker in Osnabrück. Das Stift hatte die Aufgabe, den an das Erzbistum Köln grenzenden Teil des Bistums straffer zu organisieren. 1372 vernichtete ein Brand alle Kanonikerkurien. 1543 wurde die Pfarre evangelisch, die Stiftsherren im Chor der Kirche blieben aber dem Katholizismus treu. 1810 erfolgte die Aufhebung des Stiftes. 1869 wurde nach einem Einsturz der Hauptchor neu aufgemauert, 1871 entstand die Vesperbildkapelle an der südlichen Langhauswand, und zwischen 1848 und 1879 wurde der Turm erneuert.

Den ältesten Teil der Kirche bildet das frühere, durch den Anbau der Langhaus-Seitenschiffe in gleicher Breite als selbständiges Bauteil aufgegebene Querhaus aus der 2. Hälfte des 13. Jhs. Achtteilige Rippengewölbe mit Zierscheiben ruhen auf massigen Rechteckpfeilern mit eingestellten Diensten. Die Knospenkapitellbänder liegen auf einer Höhe mit den Kapitellen der beiden polygonalen Seitenchöre. Gestaffelte Dreifenstergruppen, jedes Fenster mit frühgotischem Maßwerk, belichten den Raum von den Stirnwänden her. Die Giebelwände sind auch in der Außengestaltung ausgezeichnet: Reiche Stufenportale mit Kapitellen unterfangen jeweils das mittlere Fenster; über Doppelsäulchen gekuppelte Dreiergruppen mit Kleeblattbögen beleben den Südgiebel (sie waren ursprünglich Sitznischen im Chor). Über ein großes Chorquadrat ist der Polygonchor angefügt. Die dreischiffige, dreijochige Hallenkirche von 1502 (Inschrift an einem Strebepfeiler der Südseite) ist mit Kreuzrippengewölben versehen, die mit bandartig breiten Transversalbögen auf achteckigen Pfeilern ruhen; die Seitenschiffe erreichen die Breite der Querhausarme. Die Außengestaltung mit Quergiebeln ist schlicht, die Fenstermaßwerke tragen Maßwerkflammen.

Zu den ältesten Stücken der Ausstattung gehört die Hälfte einer Strahlenkranzmadonna der Zeit um 1460. Der Taufstein von um 1500 und der Sakramentsturm von 1504 bilden Werke

Rheda-Wiedenbrück, St. Ägidien, Teil der Südfassade

Rheda-Wiedenbrück, St. Marien, Brücke zwischen Kloster und Chor

Klerikerchor vom Langhaus trennenden Lettners. Den Marienaltar stiftete die Familie Kahle 1643; er zeigt Krönung und Himmelfahrt Mariens. Vom barocken Hauptaltar ist nur mehr das Gemälde von 1717 erhalten.
➤ Die Kirche ist tagsüber geöffnet. Internet: www.aegidius.net. Pfarrbüro Tel. 0 52 42/ 90 37-10.

St. Ursula und Franziskanerkloster, ehem. St. Marien

Die Marienkirche wurde vermutlich um oder bald nach 1200 als Pfarre der Wiedenbrücker Neustadt gegründet und 1302 erstmals als solche genannt. Der heutige Bau ist am Südportal auf 1470 datiert. Fürstbischof Franz Wilhelm von Wartenberg berief die Franziskaner 1644 nach Wiedenbrück, um die Wallfahrt zum Gnadenbild der Marienkirche zu organisieren. 1667 begannen sie damit, ihr Wohnhaus der Kirche gegenüber durch ein Kloster zu ersetzen. Die Brücke über die Straße zur Kirche, der sogenannte Klosterbogen, entstand 1645. Eine Erweiterung des Chores 1715 ist im Baubestand nicht eindeutig zu fassen. Nach der Auflösung im Kulturkampf zwischen 1875 und 1887 erfolgten 1892 und 1898 Erweiterungen des Klosters. Die Zahl der Brüder im Kloster schwankt bei einem Bettelorden; 1992 waren es neun.

Die einzige Kirche des Ordens in Westfalen, die nicht unter dessen Einfluss erbaut und architektonisch gestaltet wurde, ist quer im Baublock zwischen ‚Birn-‘ und ‚Mönchstraße‘ angelegt: Eine dreischiffige dreijochige Halle mit Chorjoch, Polygon aus fünf Seiten des Achtecks und Westturm. Das Schiff, mit querrechteckigen Haupt- und quadratischen Seiten-

aus der Bunickman-Werkstatt in Münster. Die Kanzel aus Baumberger Sandstein stiftete Moritz von Amelunxen auf Haus Aussel, vermutlich schuf sie Adam Stenelt aus Osnabrück vor oder um 1617. Auch das Epitaph des Conrad Ertmann aus Osnabrück, der 1615 im Alter von nur knapp zwei Jahren in der Ems ertrank, stammt aus Stenelts Werkstatt. Um 1520 entstand die überlebensgroße Marienklage in der südlichen Kapelle. Die Apostelfiguren im Chor sind Rest des nach 1789 abgebrochenen, den

Rheda-Wiedenbrück, St. Marien, Blick zum Chor

Rheine, Rathaus, ehem. Franziskanerkloster

schiffjochen erheblich breiter als lang, ist mit für alle Bögen einheitlichem Rippensystem auf Rundpfeiler gewölbt; im Chor sind die Wanddienste abgekragt. Das spätgotische Flammenmaßwerk der Langhausfenster ähnelt dem der → Ägidienkirche. Über dem Südportal im Mitteljoch befindet sich kein Fenster, sondern eine Rochusfigur aus dem 16. Jh. 1740 wurden die Beichtkapelle und die Sakristei an der Chorsüdseite angebaut.
Zentrales Element der Verehrung in Wiedenbrück ist das Gnadenbild, eine Pietá aus dem Ende des 15. Jhs., die auf dem Hauptaltar steht. Erhalten sind auch etwa gleichzeitige Steinfiguren der hll. Jakobus d.Ä. und Norbert sowie ein hl. Antonius von Padua aus dem 16. Jh. Die beiden Seitenaltäre – südlich der Marien-, nördlich der Annenaltar – stammen aus dem 2. Viertel des 17. Jhs und wurden zum Teil später ergänzt.
Das zwischen 1667 und 1716 erbaute Kloster ist mit dem Chor der Brüder über einen zweigeschossig überbauten Brückenbogen verbunden; er schließt an die Stirnwand des Polygons an, die innen mit einem Blendfenster versehen ist. Neben der Durchfahrt befindet sich auch eine Pforte für Fußgänger mit Figur darüber, in der gotischen Nische der Kirchenwand daneben steht ebenfalls eine Figur. Die mehrfach umgebauten Klostergebäude liegen östlich der Kirche mit dem Hauptflügel entlang der Straße. Sie bilden mit dem Kirchplatz, der Kirche und der Brücke ein reizvolles Ensemble.
▶ Die Kirche ist tagsüber geöffnet. Führungen: Klosterpforte 05242/9289-0 oder Pfarrbüro Tel. 05242/9037-10.

RHEINE (Kr. Steinfurt. Karte: B1)
Rathaus, ehem. Franziskaner-Observantenkloster
Die Ansiedlung von Franziskanern in Rheine war eine Zwangsmaßnahme Fürstbischof Ferdinands von Bayern gegen die überwiegend evangelische Bevölkerung Rheines, die sich seinen Anordnungen widersetzt hatte und der die Ausweisung des Patriziats vorausgegangen war. 1635 wurde eine Observantenniederlassung gegründet, die 1642 zum Kloster erhoben wurde. Nach dem Brand einer ersten bescheidenen Anlage schenkte Fürstbischof Christoph Bernhard von Galen den Brüdern das Baugrundstück neben dem Pfarrhof an der Papenstraße und legte 1658 den Grundstein zum Kirchenbau, den er 1660 einweihte; zwei Jahre später begann der Bau des Klosters. 1658 wurde auch ein Gymnasium eingerichtet. Das Kloster blühte auf, und 1712 musste der Chor vergrößert werden. Die Brüder richteten 1732 eine Manufaktur für etwa 20 Arbeiter ein, die Tuche für die Ordensprovinz herstellten. 1812 erfolgte die Aufhebung des Konvents. Die Gebäude wurden zunächst Schule und Gericht, 1822 erfolgte der Abbruch der Kirche. Umbauten 1887 und 1939 (Treppenturm, Obergeschoss) brachten das Gebäude in die heutige Form, seit 1910 ist das ehemalige Kloster Rathaus.
Die 1660 geweihte Kirche, ein gewölbter Saalbau, schloss die Dreiflügelanlage zur Straßeneinmündung ab und reichte mit dem Chor weit nach Westen. Die Klosterstraße bildete damit nicht einen Platz wie heute, sondern war verhältnismäßig eng, und die Straßeneinmündung stieß auf die Kirchennordwand. Das Portal lag in der Nordwand etwas ge-

gen die Einmündung nach Westen versetzt. Die schlichte Dreiflügelanlage des Klosters ist zwar im Kern erhalten, doch innen völlig verändert.
➤ Die Außenbesichtigung ist jederzeit möglich. Verkehrsverein Tel. 05971/54055.

RHEINE-BENTLAGE
Schlossmuseum, ehem. Kreuzherrenkloster

Zwischen 1022 und 1033 errichtete eine Edelfrau Reinmodis eine Kapelle St. Gertrud, deren Erhebung zur Pfarrkirche jedoch nicht gelang. 1430 wurden die Kreuzbrüder auf diese Kapelle aufmerksam, und mit Unterstützung der Fraterherren und eines Bürgers in Münster gelang es ihnen 1437, Bischof Heinrich von Moers zur Übertragung der Kapelle an sie und die Bestätigung einer Klostergründung zu bewegen. Nach einer vor allem finanziell schwierigen Aufbauphase erlebte der Konvent in der 2. Hälfte des 15. Jhs. eine Blüte und wurde eines der aktivsten Häuser des Ordens. 1463 begann der Bau der bestehenden Klosteranlage mit dem drei Jahre später fertig gestellten Ostflügel (mit Kapitelsaal), 1468 bis 1484 folgte der Bau der Kirche, aber bedingt durch eine Brandstiftung 1472 konnte der Nordflügel erst von 1494 bis 1504 errichtet werden. Ungewöhnlich für den Orden ist der hohe Stellenwert landwirtschaftlicher und handwerklicher Arbeiten. So halfen die Kreuzherren bei der Anlage eines Steindamms an der Ems, stellten – typisch für die Gegend – Leinen und Tuch her und verwalteten später zeitweise die benachbarte Saline „Gottesgabe", eine Gründung des Marschalls Alexander von Velens 1604. Zwar blieb der Konvent in der Reformationszeit unbeirrt katholisch, doch brannten 1647 schwedische Soldaten das Kloster nieder. Nach dem Krieg erlebte der Konvent als wichtiger Stützpunkt der Gegenreformation eine zweite Blüte, doch zerfiel die innere Ordnung gegen Ende des 18. Jhs. stark. 1803 wurde Bentheim Residenz des neu gebildeten Fürstentums Rheina-Wolbeck der Herzöge von Looz und Corswarem. 1826 wurden Kirche und Südflügel abgebrochen und die übrige Anlage umgebaut. Nach Zerstörungen 1941/45 erfolgte die Wiederherstellung bis 1953, 1978 kaufte die Stadt Rheine den Besitz und baute ihn zum Museum aus.

Der siebenjochige Gewölbesaal der Kirche mit einem Polygon aus fünf Seiten des Achtecks schloss das Klostergeviert nach Süden ab. Eine einzigartige Ausstattung bildeten die beiden „Bentlager Reliquiengärten", zwei schaukastenartige Schreine (1499 und um 1520) mit um ein Kruzifix bzw. eine Kreuzigungsgruppe angeordneten Reliquien, die mit künstlichen Blumen geschmückt sind. Im Museum sind sie mit weiteren erhaltenen Ausstattungsstücken aus Kirche und Kloster, die überwiegend aus dem 15. Jh. stammen, ausgestellt.

Die drei spätmittelalterlichen Hauptflügel der Anlage an der Ems sind um den flach gedeckten Kreuzgang herum erhalten. Im Innenhof ist die ursprüngliche Gestaltung noch am besten ablesbar: Zweiteilige Maßwerkfenster mit Fischblasen bilden weniger Arkaden denn eine Reihung von Kreuzgangfenstern. Das Obergeschoss des Ostflügels ist durch schmale Zellenfenster mit Steinbrücken gegliedert, die von außen mit Klappläden aus Holz geschlossen werden können. Einige der kleinen Räume sind innen erhalten und vermitteln als einzige in Westfalen einen „intimen Blick" in das

Rheine-Bentlage, Zugang und Kloster

Rheine-Bentlage, Ostflügel

alte Klosterleben. Neben alten Bruchsteinstrebepfeilern stützen heute auch moderne aus Beton die Wand. Der Dreiecksgiebel mit Seitenstaffeln an der Westseite des Nordflügels von vor 1504 wird durch ein großes Maßwerkfenster gegliedert. Auch der Südgiebel des Ostflügels trägt gestaffelte Blendbögen, während sein Pendant am Westflügel im 17. Jh. erneuert wurde. Die Westseite bildet mit dem Eingangsportal auch die Zugangsseite zur Anlage. Das Portal des 18. Jhs. trägt im gesprengten Giebel übereinander eine Trias aus Wappen, lateinisch verfasster Klostergeschichte und dem Symbol des Ordens (Kreuz im Strahlenkranz bzw. Stern) mit zwei knienden Heiligen. Westlich der Anlage flankieren die beiden Torhäuser aus dem 18. Jh. den Zugang über ein etwas jüngeres schmiedeeisernes Tor, nördlich der Torhäuser liegen zwei nach der Aufhebung des Klosters erneuerte Gebäude des Wirtschaftshofes.
➤ Internet: www.kloster-bentlage.de. Öffnungszeiten: Sommer Di–So 10–18 Uhr, Winter Sa–So 10–17 Uhr. Führungen Tel. 05971/92060, Fax -920614. Museumscafè. Der Park mit der Saline „Gottesgabe" lädt zu einem Spaziergang ein.

RIETBERG (Kr. Paderborn. Karte: D2)
St. Katharina und ehem. Franziskaner-Observantenkloster

Nachdem das Grafenhaus Rietberg um 1600 zum katholischen Bekenntnis zurückgekehrt war, missionierten zunächst Jesuiten in Rietberg, bis 1616 Johann III. von Ostfriesland und Rietberg und seine Frau mit Unterstützung des Bielefelder Konvents Franziskaner in die Stadt beriefen und zwei Jahre später das Kloster gründeten. Im gleichen Jahr erfolgte die Grundsteinlegung zur Kirche auf dem Grundstück eines früheren Drostenhofes. Nach Zwistigkeiten mit der Grafenfamilie erfolgte 1629 eine Neugründung sowie die Weihe der Kirche und die Übertragung der Gebeine der Stifter in eine Gruft unter dem Chor. 1716 wurde die Kirche nach Westen erweitert und dabei mit einer neuen Fassade versehen. Im gleichen Jahr begann unter der Leitung von Bruder Petrus Vogt aus Geseke der Bau des Klosters, der 1721 abgeschlossen war. 1732 wurde der Ostflügel bis an die Ems erweitert und zwischen 1741 und 1747 ein Wirtschaftsflügel an der Ems angebaut. Nicht zuletzt wegen des angeschlossenen Gymnasiums machte weder das Grafenhaus Kaunitz-Rietberg noch die französische Regierung vom Recht zur Aufhebung des Klosters Gebrauch. 1849 und in den Jahren zwischen 1870 und 1880 waren umfangreiche Sanierungsmaßnahmen am Baubestand notwendig. 1898 wurde die Kirche in der heutigen Form gewölbt, und das Kloster wurde nach einem Brand 1935 in alter Form wieder aufgebaut. Eine Kapellenerweiterung in den Westflügel hinein entstand 1929. Nur während des Kulturkampfes zwischen 1875 und 1887 rechtlich aufgelöst, wurde die Niederlassung 1975 von den Franziskanern selbst aufgegeben. Das Kloster ist heute Jugendwerk der Stadt Rietberg.
Die Kirche ist ein ursprünglich flach gedeckter, aber wohl schon für eine Wölbung vorbereiteter Saal als Nordabschluss der Klosteranlage, den Strebepfeiler auf der Nordseite und flache Wandvorlagen im Innenraum in vier Joche und einen Dreiseitschluss gliederten. Die Westerweiterung um zwei Joche 1716 ist an den breiteren Vorlagen abzulesen, die die ursprüngliche

Rietberg, Franziskanerkirche, Seitenaltar

Nahezu die ganze Barockausstattung ist erhalten. 1636 bis 1644 fertigte der Bielefelder Bildhauer Kotmann das zweizonige Steinretabel des Hochaltars an: Im Hauptrelief eine Kreuzigungsszene, stehen in den Volutenflügeln, beiderseits der oberen Zone mit einer Auferstehung und Himmelfahrt und um das gräfliche Wappen im oberen Abschluss Figuren, darunter die hll. Franziskus und Clara. Nach den Wappenbekrönungen sind auch die Seitenaltäre gräfliche Stiftungen: Der Marienaltar auf der Nordseite zeigt die Anbetung der Hirten (heute leider verhüllt); der Franziskusaltar auf der Südseite stellt die Stigmatisation des Ordensstifters dar, flankiert von den Ordensheiligen Johannes von Capistran und Berhardin von Siena. Die Altäre gehören zu den wenigen erhaltenen größeren Ordensikonologien in Westfalen. Die Kanzel mit Evangelistenfiguren entstand 1698. 1729/30 wurde das kunstvoll geschnitzte Chorgestühl mit drehbaren Chorpulten sowie die Figuren der hll. Barbara aus Holz und Cäcilia aus Stein angefertigt. Die Orgel erbaute 1747 möglicherweise Johann Patroklus Möller aus Lippstadt, doch ist nur das Gehäuse erhalten. Die Beichtstühle gehören stilistisch dem Rokoko an.

Westwand markieren. Nach der Verstärkung der Wandvorlagen durch vorgestellte Säulen erfolgte 1898 die Einwölbung. Der schlichte Außenbau ist optisch nach Westen ausgerichtet. Ein Säulenportal mit Girlandenkapitellen trägt das Allianzwappen Rietberg-Kaunitz unter einer Krone, darüber setzt ein Rundbogenfenster an. Das Dach mit barockem, gedoppeltem Reiter ist zur Giebelwand abgewalmt. Die bis 1758 belegte Grabgruft unter dem Chor (14 Gräber und eine Herzbestattung) ist heute von außen zugänglich.

Das zweigeschossige Kloster aus der 1. Hälfte des 18. Jhs. schließt sich südlich an die Kirche um den engen, flach gedeckten Kreuzgang herum an. Der Haupteingang liegt in der schlichten Fassade nach Westen. Zwei Figuren aus dem Außenbereich – eine Maria Immaculata von 1762 und ein Franz von Assisi von 1768 – sind heute im Innenbereich aufgestellt; im Garten und in der Klostermauer stehen Kopien. Eine die ganze Anlage umge-

Rietberg, Franziskanerkirche, Hauptfassade

Rosendahl-Varlar, Schloss

bende Gräfte wurde zwischen 1900 und 1930 verfüllt.
➤ Die Kirche ist gewöhnlich nachmittags offen; Gitter. Internet: www. rietberg.de →Tourismus →Historischer-Stadtrundgang. Schlüssel: Pfarrbüro St. Johannes Bapt., Tel. 05244/988571. Führungen: Heimatverein über Stadt Rietberg, Tel. 05244/986-0.

ROSENDAHL-VARLAR (Kr. Coesfeld. Karte: B2)
Schloss, ehem. Benediktiner-, später Prämonstratenserkloster

1023 gründeten die Frau Reginmod und ihre Tochter Vrederuna mit Zustimmung des Bischofs Siegfried von Münster eine Eigenkirche mit Pfarrrechten auf ihrem Hofbesitz. 1093 richtete ein Graf Hermann (von Cappenberg?) hier ein Benediktinerkloster der Gorzer Reformkongregation ein, das 1118 Otto von Cappenberg als Prämonstratenserkloster neu besetzte. Der Ordensgründer Norbert von Xanten wirkte bei der Neugründung selbst mit. Otto wurde erster Propst, 1126 gefolgt von seinem Neffen, der alle väterlichen Güter, darunter den Hof Coesfeld mit Dorf – die spätere Stadt – dem Kloster übertrug. Damals entstand die erste Klosteranlage etwa an der Stelle des heutigen Schlosses, wobei die Kirche, die der in → Selm-Cappenberg sehr ähnlich gewesen sein wird, den Nordabschluss bildete. Eine Statue Ottos von Cappenberg aus gotischer Zeit zeigt noch diese Kirche. Fehden und ein aufwändiger Lebensstil brachte den Konvent an den Rand des Ruins; nach 1629 besserte sich die Lage nach Einschreiten des Bischofs von Münster und des Ordensgenerals. Ende des 17. Jhs. vollendete hier der Konventual Leonhard Goffiné seine bis in das 20. Jh. weit verbreitete „Christliche Handpostille". Bis zur Mitte des 18. Jhs. entstanden alle Gebäude der Klosteranlage nach und nach neu, darunter 1679 die Kirche, 1687 mit einem Umbau 1709 der Ostflügel und im 18. Jh. der Südflügel. Nach der Aufhebung 1803 wurde Varlar Residenz der Grafen und späteren Fürsten zu Salm-Horstmar in der gleichnamigen Grafschaft. 1820 wurde der Gebäudebestand reduziert und neben anderen Gebäuden auch die Kirche und der Kreuzgang abgerissen. Der Architekt Adolph von Vagedes baute 1828 die Restanlage um.

Auf der heutigen, heutige, rundum von einer Gräfte umgebenen Schlossinsel ist noch im Kern der beiden Schlossflügel die Anlage aus der 2. Hälfte des 17. Jhs. erhalten, doch bestimmen die Mansarddächer und Treppentürme der Hoffront von 1896 das Bild entscheidend, während die rückwärtige Gartenseite des Ostflügels 1828 völlig neu gestaltet wurde. Die Kirche, ein gestreckter Saalbau mit dreiseitigen Polygonschluss im Osten, lag im heutigen Gartenbereich unmittelbar nördlich des Ostflügels; sie barg auch die Erbgruft der Herren von Horstmar, später von Rietberg. Die Torpfeiler sind mit einem Chronogramm auf 1775 datiert und vermitteln zwischen Herrenhausinsel und Vorburg. In der Vorburg entstand der Ziegelbau mit Mansarddach 1707.

Nur eine Figur des hl. Donatus ist im Schlossinnenhof erhalten. Die übrige reichhaltige Ausstattung der Kirche gelangte in Museums-, Kirchen und Privatbesitz. Erwähnt weil öffentlich zugänglich seien hier nur die Seitenflügel eines Altartryptichons im Westfälischen Museum für Kunst und Kulturgeschichte in Münster, der Rest einer Strahlenkranzmadonna in der Lam-

Rüthen, ehem. Kapuzinerkloster

bertikirche in Coesfeld sowie ein Kreuz aus der romanisch-gotischen Übergangszeit in der Pfarrkirche in Osterwick.
➤ Eine Besichtigung ist nur von der Zufahrtsstraße aus möglich. Internet: www.rosendahl.de →Touristik →Sehenswürdigkeiten. Touristikinformation Tel. 02547/772 18.

RÜTHEN (Kr. Soest. Karte: D3)
Wohnungen, ehem. Kapuzinerkloster
Erzbischof Maximilian Heinrich von Bayern erlaubte 1651 dem Kapuzinerorden, in Rüthen eine eigene Niederlassung zu gründen. 1654

Rüthen, Friedhofsportal

erwarb der Orden gegen den Willen der Stadt Häuser, die er zum Kloster umbaute, bevor 1675 der Grundstein zum Neubau der Anlage nach Plänen von Ambrosius von Oelde gelegt werden konnte. Zunächst entstanden West- und Südflügel, 1678 auch der östliche mit einer Kapelle. 1683 wurde mit dem Bau der Kirche begonnen, die erst 1693 nach einer Spende des Dompropstes Johann Adolph von Fürstenberg fertiggestellt werden konnte. Damals wurde der Besitz auch nach Zukauf weiterer Grundstücke mit einer Mauer umgeben. 1779 wurde, zusätzlich zum Pesthaus der Brüder unterhalb der Stadt an der Möhne, ein Krankenhaus erbaut. Nicht zuletzt durch diese karitativen Einrichtungen erwarben sich die Brüder großes Ansehen in der Stadt. 1804 überließen die Kapuziner das Kloster den → Briloner Minoriten, die es 1808 ebenfalls verlassen mussten. 1814 wurde die Ausstattung der Kirche versteigert und 1834 das Gebäude abgerissen. Zwischenzeitlich Kaserne und Gericht, wurde der kleine Klosterkomplex inzwischen zu Eigentumswohnungen umgebaut.

Obwohl in Ecklage eines Baublocks errichtet, schloss die Kirche das Klostergeviert nach Norden zur Nachbarbebauung hin ab, wobei der Chor zur Durchgangsstraße stand. Von der nach Plänen des Kapuzinerbruders Ambrosius von Oelde errichteten Kirche, die ein einschiffiger gewölbter Saalbau war, wie er in → Werne noch erhalten ist, ist das ungewöhnlich üppige Hauptportal als frei stehender Torbogen und Zugang zum Stadtfriedhof erhalten: Ein Säulenportal in der Art eines Triumphbogens mit Volutenaufsätzen, die eine Inschriftkartusche und das Wappen des als „Stifter" bezeichneten Wohltäters Johann Adolph

von Fürstenberg flankieren. Der Marienaltar der Kirche ist in der Pfarrkirche in Rüthen-Altenrüthen erhalten.
Die drei Klosterflügel gruppieren sich um einen schmalen Kreuzgang, der zumindest teilweise gewölbt gewesen zu sein scheint. Der Südflügel ist nach Westen in den früheren Garten hinein (heute eine kleine Parkanlage) etwas verlängert. Im übrigen ist die zweigeschossige Anlage mit kleineren Fenstern im Obergeschoss schlicht verputzt und weiß gekalkt. Nur Fenster und Türen in grünem Rüthener Sandstein gliedern die Fassaden.
➤ Die frühere Klosteranlage im südlichen Teil der Altstadt kann von außen besichtigt werden, das Friedhofsportal westlich der Johanniskirche ist frei zugänglich. Verkehrsamt Tel. 02952/818114.

RUMBECK → ARNSBERG
SCHALE → HOPSTEN
SCHILDESCHE → BIELEFELD

SCHMALLENBERG-GRAFSCHAFT
(**Hochsauerlandkreis. Karte: C3**)
Krankenhaus/Klinik, ehem. Benediktinerkloster

Erzbischof Anno II. von Köln gründete das Kloster Grafschaft 1072 und besetzte es mit Mönchen aus Siegburg. Die Stiftungsurkunde wurde erst nachträglich, nach 1085 ausgestellt. Grafschaft entwickelte sich zum einflussreichsten Kloster des kölnischen Sauerlandes. Trotz Zerstörungen 1114 erlebte es im 12. Jh. eine Blütezeit mit Dichtkunst und Buchmalerei, die allerdings vorüber war, als Erzbischof Wigbold von Holte 1304 die Zahl der Pfründe auf 24 beschränken musste, um den Lebensstandard der Mönche zu sichern. 1391 wurden die Gebeine des Gründerbischofs in die Kirche überführt. 1508 wurde das Kloster in die Bursfelder Kongregation aufgenommen und die Mönche gegen solche aus dem rheinischen Kloster Brauweiler ausgetauscht. Auf dem Höhepunkt der wirtschaftlichen Notlage wählten die Mönche 1612 einen Abt aus dem → Paderborner Kloster Abdinghof, der bald eine Gesundung des Klosters herbeiführen konnte, dabei aber nur knapp einem Giftanschlag dreier Mönche entging. 40 Mönche lebten schließlich in Grafschaft. Die Ereignisse des Dreißigjährigen Kriegs berührten das Kloster nur wenig, so dass man ab 1729 das Kloster und von 1738 bis 1743 die Kirche unter der Leitung von Michael Spanner aus Sachsen neu erbauen lassen konnte; die Weihe erfolgte 1747. 1804 wurde das Klosters aufgehoben. Seit 1948 bewohnen „Barmherzige Schwestern vom heiligen Borromäus" einen Teil der Anlage, die im übrigen als Klinik eingerichtet ist.

Die ursprüngliche dreischiffige, mehrfach umgebaute Basilika mit Krypta aus dem 11. Jh. wurde bis 1743 durch eine ebenfalls dreischiffige, vierjochige Halle mit breitem Mittelschiff, zweijochigem Chor und Polygon aus fünf Seiten des Achtecks ersetzt, die um die alte Kirche herum erbaut wurde; die Krypta blieb erhalten. Als Kirchenmodell zeigt noch eine Statue in der ehem. → Prämonstratenserkirche in Arnsberg-Wedinghausen auf dem Kanzelbaldachin die heute bis auf den Turm verschwundene Klosterkirche. 1962 entstand an der Stelle des Kirchenschiffs ein den übrigen Gebäuden angeglichener Neubau. Der querrechteckige Westturm zeigt in den Untergeschossen der Nordseite noch die Reste einer spätromanischen Lisenengliederung. Die oberen Turmteile und die (erneuerte) Haube stammen von 1629.

Schmallenberg-Grafschaft, Figur mit Kirchenmodell in Arnsberg

Die Barockausstattung ist in anderen Kirchen weitgehend erhalten, darunter die Kanzel und zwei Beichtstühle in der → Propsteikirche Arnsberg-Wedinghausen, die Kommunionbank sowie die drei alten Altäre von 1656/65 noch aus der ersten Kirche in der → Pfarrkirche in Warstein-Belecke, 12 Apostelfiguren in der Pfarrkirche in Winterberg und die Orgelgehäuse mit dem größten Teil des Pfeifenwerks in der berühmten Klosterkirche Banz in Franken.
Die auf hohem Kellersockel zweigeschossige Klosteranlage ist erhalten. Die Hauptfassade ist als Dreiflügelbau auf den Torbau im Westen ausgerichtet. Als Symmetrieachse dient eine breite Freitreppe, die dem Eingang im kaum

Schmallenberg-Grafschaft, Westfassade des Klosters

vortretenden, dreiachsigen und mit einem flachen Giebel abgeschlossenen Mittelrisalit vorgelegt ist. Das Pilasterportal mit Inschriftkartusche trägt im gesprengten Giebel das Klosterwappen, im Giebel eine Figur; es stammt von Melchior Klug aus Rüthen. Ähnlich gestaltete Spanner die Rathausfassade in Rüthen. Die Treppe bildet den Zugang in das zentrale Treppenhaus, jeder Seitenflügel hat ebenfalls einen Treppenzugang. Auch in der Südfassade befindet sich ein barockes Portal, das auf die Heiligenfigur im gesprengten Giebel ausgerichtet ist.

Selm-Cappenberg, Südquerhaus der Kirche

Man betritt die Anlage durch das repräsentative, 1770 errichtete Torhaus aus zwei quadratischen Türmen mit schornsteinartigen Haubenabschlüssen, die die niedrigere Durchfahrt mit Holzgiebeln flankieren. Unter der Figurennische zum Innenhof ist das Gebäude auf 1788 datiert. Der geräumige Wirtschaftshof entstand zwischen 1765 und 1786, wurde aber nach Bränden noch im 18. Jh. teilerneuert.

➤ Das Kloster liegt an der Verbindungsstraße von Schmallenberg (B 236) nach Oberkirchen am westlichen Ortsausgang. Den Zufahrtsschildern zum Klinikparkplatz folgen. Eine Außenbesichtigung ist möglich. Museum im Kloster Grafschaft (Souterrain des Hauptgebäudes, eingeschränkte Öffnungszeiten) Tel. 02972/79100, Fax -791245. Erfrischungsraum/Gastronomie (Klinik).

SELM-CAPPENBERG (Kr. Unna. Karte: B2)
St. Johannes Evangelist und Schloss, ehem. Prämonstratenserkloster

Gottfried II. von Cappenberg war Spross eines der mächtigsten und reichsten Adelsgeschlechter Westfalens; Cappenberg war die im Land weithin sichtbare Stammburg. Aus Mitschuld am Brand der Stadt Münster und des dortigen Domes hatte Gottfried 1121 Norbert von Xanten, dem Gründer des Prämonstratenserordens, seinen gesamten Besitz übereignet. Er trat zusammen mit seinem Bruder Otto, der bald die Neugründung in →Rosendahl-Varlar übernahm, in den Orden ein. Das Dynastengeschlecht erlosch. Cappenberg war das erste große Kloster des Ordens in Deutschland und Ausgangspunkt seiner Ausbreitung. Zunächst ein Doppelkloster, wurde der Frauenkonvent nach 1181 aus der Burg ausgegliedert und ging schließlich ein. Schon bald nach 1122 wurde mit dem Bau der Kirche begonnen, und als 1149 ein Teil der Gebeine Gottfrieds nach Cappenberg überführt wurden, scheint sie weitgehend fertig gestellt gewesen zu sein. Nach kaiserlicher (1123) und päpstlicher (1126) Bestätigung folgte erst 1139 die des Bischofs von Münster. Im Spätmittelalter wurde das Kloster Versorgungsstätte für die Adelsfamilien des Landes, 1512 zerstörte ein Brand einen Teil der Klosteranlage. Nach Plünderungen, Besetzungen und zeitweiliger Vertreibung des Konvents zwischen 1572 und dem Ende des Dreißigjährigen Krieges entwickelte sich in der 2. Hälfte des 17. Jhs. ein adelig-vornehmes Leben. Reformversuche wie auch eine geplante Aufhebung 1780 zugunsten der Universitätsgründung scheiterten am Widerstand des Adels. Erst 1804 wurde das Kloster aufgehoben und Preußen zugewiesen. Den Grafen von Kanitz als Nachkommen des Freiherrn vom Stein, der hier lebte und arbeitete, gehört die Anlage noch heute. Untergebracht ist im „Schloss" ein Museum sowie eine Nebenstelle des Westfälischen Archivamtes (Landschaftsverband Westfalen-Lippe).

Im Kern ist die Gründungskirche erhalten, heute eine dreischiffige, dreijochige, gewölbte Pfeilerbasilika mit Querhaus, zweijochigem Chor und etwas eingezogenem Polygon aus fünf Seiten des Achtecks. Ursprünglich waren alle Teile flach gedeckt. Sechs Pfeiler tragen die Obergadenwand des Mittelschiffes, und über den Gewölben im Dachraum haben sich Putz und Malereien der Ursprungszeit sowie Teile des originalen Dachwerks erhalten. Die zwischen 1387 und etwa 1450 erfolgte Wölbung folgt mit sieben Jochen in jedem Seitenschiff der Pfeilerordnung, allerdings kommen im Mittelschiff drei Arkaden auf das mit einem großen Sterngewölbe versehenen Mitteljoch, West- und Ostjoch sind mit zwei Arkaden Tiefe querrechteckig. Die Gewölbe setzten auf Konsolen oberhalb der Pfeilerkämpfer an und verdecken Fenster der ursprünglich gleichmäßigen Reihung. Unterliegen hier Gurte und Gewölberippen einem einzigen System, so ist die Vierung mit breiten Bögen abgeteilt. Querhausapsiden waren nach Osten den Querarmen angefügt, die nördliche wurde rekonstruiert. Auch die Wölbung des Chores erfolgte mit zwei querrechteckigen Gewölben, besonders deswegen, um hier Raumhöhe zu gewinnen. Die Gewölbe des Hauptschiffes dagegen drücken die Raumproportionen in die Breite. 1122 ist eine flache Chorostwand im Bau begonnen worden, wurde jedoch vermutlich noch vor ihrer Fertigstellung zu Gunsten einer Apsis aufgegeben, die ähnlich eingezogen war wie die heutige, zur Zeit der Wölbung entstandene und nur

Selm-Cappenberg, Innenraum nach Osten

wenig größere Chorschluss. Eine archäologische Untersuchung hat gezeigt, dass der Chor eine alte Toranlage der Burg überbaut. Es fehlt der im 13. Jh. abgebrochene und durch einen schlichten Giebel ersetzte Westbau, an den der Westflügel der früheren Klausur anschloss. Die meisten Fenster im Langhaus und Chor wurden gotisch erweitert.

Zur Ausstattung gehören ungewöhnlich hochrangige Stücke. Der Kopf Kaiser Barbarossas und seine Taufschale – Otto von Cappenberg war Barbarossas Taufpate – zählen zu den historisch und kunsthistorisch wichtigsten Kunstwerken Westfalens im 12. Jh. Kopien sind in einem Tresor im Südquerarm ausgestellt. Der etwas unterlebensgroße Korpus eines Kruzifix entstand um 1225 und gilt als bedeutendes Werk der spätromanischen Plastik. Vom Ende des Jahrhunderts datiert die Deckplatte einer Grabtumba Gottfrieds von Cappenberg als Ritter im Südquerarm, den Sockel eines Kirchenmodells (man hat darauf den Barbarossakopf im Kirchenschatz vermutet) in der Hand. Ein Hauptstück der westfälisch-hessischen Plastik aus der Zeit um 1320/30 bildet das Stifterdenkmal für die jugendlich dargestellten Gottfried und Otto von Cappenberg, das mit einem Barockrahmen versehen ist. Ein sehr realistisches Astkreuz wird in die Zeit zwischen 1450 und 1475 datiert. Das Chorgestühl ist das reichste in Westfalen. Es entstand zwischen 1509 und 1520 und bildet eine nach Westen geschlossene Anlage in der Vierung. Eine Fülle von Wappen, Drolerien, Figuren wie Moriskentänzern und vieles mehr lädt zum Schauen und Entdecken ein. Der Flügelaltar mit gemalten Sze-

Siegen, St. Mariä Himmelfahrt

➤ Tagsüber außer montags geöffnet; Gitter. Internet: www.muensterland-tourismus.de/kultur/schloesser/schlossdb/werne_selm_schloss_cappenberg.html. Schloß Cappenberg Tel. 02306/71170. Führungen (Gruppen): Verkehrsverein Werne Tel. 02389/534080.

SIEGEN (Kreis Siegen-Wittgenstein. Karte: C4)

St. Mariä Himmelfahrt und ehem. Jesuitenkolleg

Mit dem Regierungsantritt des zum katholischen Glauben konvertierten Grafen Johann VIII. zu Nassau-Siegen 1623 trafen auch zwei Jesuiten in der Stadt ein, die kurz darauf die ehemalige Franziskanerkirche St. Johannes übernahmen. Die Stiftungsurkunde für ein Kolleg datiert aus dem Jahre 1626, damals wurde auch ein Gymnasium eingerichtet. Zwar konnte das frühere Franziskanerkloster nicht in ihren Besitz gelangen, bis zur Rückkehr von Johann Moritz von Nassau-Siegen aus dem evangelisch-reformierten Stamm der Familie 1645 hatte der Orden jedoch beachtlichen Erfolg in der Rekatholisierung der Grafschaft. Erst nach der Schenkung des Missionshauses durch den Fürstbischof von Münster und Paderborn, Ferdinand von Fürstenberg, konnten sie nach dem Brand der Johanneskirche 1695 im Jahre 1702 den Grundstein zum heutigen Kirchenbau legen. Architekt und Baumeister war Anton Hülse, der bis zu seinem Tod 1712 Mitglied des Konvents war; er ist wie sein Nachfolger Matthias Hall († 1734) in der Kirche bestattet. 1725 fertig gestellt, erfolgte 1729 die Weihe. Mit der Auflösung des Ordens 1773 wurde St. Marien Pfarrkirche. Sie wurde 1944/45 durch Brandbomben bis auf die Umfassungsmauern zerstört, bis 1952 war der Wiederaufbau in alter Form weitgehend abgeschlossen.

Die Kirche ist ein genordeter, rechteckiger Wandpfeilersaal von sieben querrechteckigen Jochen Länge, an den sich ein chorseitiger Turm mit zwei Seitenräumen anschließt. Die breiten Gurtbögen liegen auf niedrigen Kämpfern auf, die Gratgewölbe (bis 1944 gotisierende Rippengewölbe aus Holz) werden von Quertonnen zwischen den mit Durchgängen versehenen Wandpfeilern begleitet; sie sind außen mit separaten Dächern gedeckt. Die Westwand zum abfallenden Hang stützen zwei Strebepfeiler, im Giebelfenster befindet sich das Emblem des Ordens. Von der alten Ausstattung sind geringe Reste im Museum Oberes Schloss erhalten.

Das ehemalige Kolleggebäude liegt nicht an der Kirche, sondern unmittelbar neben dem Oberen Schloss (heute „Haus der evangelischen Kirche"). Es ist nach Teilabbruch und Wiederaufbau 1912 stark verändert.

nen aus der Passion und dem Marienleben stammt von Derik Baegert aus Wesel und entstand um 1530. Der Barockaltar im Südquerarm erzählt die Cappenberger Gründungslegende; Hermann Veltmann aus Coesfeld schuf ihn 1696. Die Orgel von Melchior Vorenweg aus Münster von 1785 ist nicht allein sehens-, sondern vor allem hörenswert; das erhaltene Werk wurde nur um ein Pedal ergänzt. Im Museum befindet sich weitere Ausstattung, darunter der erwähnte Barbarossakopf.

Der „Kappen-Berg" gliedert sich noch heute in das spornartige Hauptplateau mit Kirche und Schloss sowie in die nördlich davon gelegenen Vorburg, die man durch zwei Torhäuser von 1840 am Nordende betritt. Ursprünglich lagen hier Befestigungen um ein Torhaus, das Hauptgebäude der Ökonomie sowie kleine Wirtschaftsgebäude längs der Mauer, die heute durch Neubauten des 19. Jhs. ersetzt sind. Nördlich der Kirche befindet sich neben dem frei stehenden Glockenturm aus dem 19. Jh. die Kaplanei (heute Pfarrhaus), ein zweigeschossiger Backsteinbau wohl aus dem 17. Jh. Sie soll früher einen Verbindungsgang zur Kirche gehabt haben. Die Propstei auf der Südseite, die einen Gästeflügel, das Refektorium und den Wohntrakt der Stiftsherren beherbergte, ist ein ausladender, ungleichmäßiger Dreiflügelbau von 1708, zentriert auf einen schwach vortretenden, dreiachsigen Risalit, dessen Giebel mit einer Inschrift versehen und reich verziert ist. Zur Hangseite ist dem Flügel eine Art Terrasse vorgelegt. Die ganze Anlage ist von Süden von beeindruckender Fernwirkung.

➤ Zwischen Unter- und Oberstadt, südlich hinter der Häuserreihe der Fußgängerzone.
➤ Die Kirche ist tagsüber geöffnet. Internet: www.siegen.de/tourismus →Stadtrundgang →Nr. 5. Pfarramt Tel. 02 71/5 32 26. Touristikbüro Tel. 02 71/404-13 16.

SOEST (Kreis Soest. Karte: C3)
Propsteikirche St. Patroklus, „Dom", und ehem. Kollegiatstift

Die Gründung des Stiftes erfolgte 965 durch den Kölner Erzbischof Bruno, dem Bruder Kaiser Ottos des Großen, nachdem drei Jahre zuvor die Gebeine des Heiligen nach Soest überführt worden waren. Zwar konnte zwischen 985 und 999 die Kirche geweiht werden, aber erst zu Beginn des 11. Jhs. entwickelte sich das Stift allmählich; es wahrte die Aufsicht über alle Kirchen der Stadt. 1075 wird eine „neue Krypta" genannt. Um 1250 waren 12 große und 4 kleine Stellen eingerichtet und das gemeinsame Leben der Stiftherren aufgegeben worden. Die geistlichen Dienste versahen 26 Altaristen, die in einer Vikarienkommunität zusammengeschlossen waren. Auch nach der Einführung der Reformation 1531/32 blieb das Stift katholisch, beschränkt allerdings auf den Ostteil der Kirche mit Querhaus, Chor und Krypta sowie die Stiftsgebäude. Erst 1797 konnte es auch Langhaus und Turm hinzukaufen, bevor es 1811 aufgelöst wurde. Schon 1817 wurde die Krypta unter Vierung und Chor abgebrochen. 1944/45 vernichteten Sprengbomben den nördlichen Teil des Westwerks, die Hauptapsis und das Chorgewölbe. Die Wiederherstellung bis 1960 umfasste auch die Re-

Soest, St. Patroklus, Ansicht von Nordosten

konstruktion der Chorkrypta nach gefundenen Resten.
St. Patrokli in Soest gehört zu den monumentalsten Kirchenbauten Westfalens, geradezu Inbegriff romanischer Architektur. Der Gründungsbau ist im heutigen zum Teil erhalten: Zum Saalbau mit Querhaus, Chor und Westwerk gehören noch die Umfassungswände des Langhaus-Obergadens (die alte Struktur ist von außen gut sichtbar, die Fenster stammen aus dem 16. Jh.) und des Querhauses. Bei einem durchgreifenden, 1118 mit der Weihe beendeten Umbau wurden die heutigen, mit Kreuzgratgewölben versehenen Seitenschiffe angebaut und die Obergadenwand auf fünf Pfeilern mit Arkaden durchbrochen. Auch ein neues, breiteres Westwerk entstand, außen noch gut am Wandversprung zwischen den Seitenschiffwänden und dem Westwerkansatz erkennbar. Im Innenraum markiert das nördliche Seitenemporenjoch Umfang und Größe dieses Bauteils. Auch die heutige Südsakristei mit der Krypta entstand damals. Nach der Weiheinschrift von 1166 am Chor wurden der heutige (rekonstruierte) Haupt- und der mit der Ausmalung um 1200 versehene nördliche Nebenchor angebaut; dessen mittleres Fenster stammt noch aus der Erbauungszeit 1160/66. Vierung und Chor wurden mit einer fünfschiffigen elfjochigen Krypta versehen. Die heutige Rekonstruktion erhielt Kreuzgratgewölbe ohne Transversalbogen auf einfachen Würfelkapitellen. Auch die eingeschossige Nordvorhalle wurde angebaut. Sie öffnet sich zum alten Marktplatz in einem Doppelbogen auf einer Mittelsäule, für die ein antikes korinthisches

Soest, St. Patroklus, Blick in das Westwerk

Soest, St. Patroklus, Heinricus-Relief

Kapitell wiederverwendet wurde. Das Tympanon zeigt eine Halbfigur Christi mit Evangelistensymbolen. Auf massigen Vorlagen entstand im Innenraum die wohl erste Großwölbung Westfalens: Im Querschiff ruht sie auf Eckvorlagen, im Hauptschiff überschneiden die der Wand vorgestellten, seitlich wulstig ausladenden Vorlagen sogar die älteren Pfeiler und Arkaden. So entstand eine zweijochige Basilika gebundener Ordnung. Das Westjoch und das halbe, sogenannte einhüftige Gewölbe bildet den Anschluss an das jüngste Bauteil, das heutige (dritte) Westwerk mit seinem charakteristischen Turmmassiv. Der Turmschaft war 1180/90 fertiggestellt, 1235/38 entstanden Turmgiebel und Helm. Es ist von komplizierter Struktur: In der Erdgeschosshalle ruhen die Gewölbe mit vor die massigen Quadratpfeiler gestellten Halbsäulenvorlagen zwischen breiten Transversalbögen, nur im Westen mussten wegen des Eingangs drei gurtlose Gewölbe eingezogen werden. Die den Doppelbogen zum Schiff mittig vorgestellte Patroklussäule steht auf großen Bestien. Nach Westen ist eine offene Bogenvorhalle vorgelegt, die gewölbetechnisch den Eingangsteil innen nochmals spiegelt. Das Obergeschoss, in dem ursprünglich zwei Altäre standen, ist regelmäßiger gewölbt und verzichtet auf Vorlagen, aber über der Eingangshalle nach Westen liegt die „Rüstkammer" mit drei großen, romanischen Doppelfenstern mit Mittelsäulen. Die Pultdächer der Doppelgeschossanbauten fassen den mächtigen Turmschaft mit zwei hohen, durchfensterten Geschossen, gegliedert

Seitengiebeln, Ecktürmchen und hoher Haube ein – ein majestätischer Blick von den Plätzen der Stadt und Blickfang in der Stadtsilhouette, wenn man sich von Süden Soest nähert. Bauidee, Funktion und Nutzung dieses Westwerks sind umstritten; neben Machtdokumentation und Repräsentation muss auch eine liturgische Funktion angenommen werden.

Zur ältesten Ausstattung gehört das sogenannte Heinricus-Relief in einem Pfeiler der Südreihe, es entstand um 1160. Der bärtige Mann, vielleicht ein büßender Stifter, kniet mit einem Palmzweig in einer Hand an einem Berg. Wohl aus der Zeit um 1320 stammt die Patroklusfigur am Westbau, die – früher durch eine Inschrift gekennzeichnet – wohl nur die Haltung eines Rolands einnimmt. Der achteckige Taufstein entstand um 1350, die Mondsichelmadonna um 1500. Die Kanzel aus der Zeit um 1720 und die wenig älteren Nebenaltäre wurden aus der abgebrochenen → Dominikanerkirche der Stadt übernommen.

Von den ursprünglich zwei Kreuzgängen – an der Vorhalle ist der Ansatz des Ostkreuzgangs erkennbar – sind nur West- und Nordflügel des südöstlichen Kreuzgangs aus dem 12. Jh. erhalten geblieben, die anderen beiden Flügel wurden vereinfacht modern ergänzt. Einfache Kreuzgratgewölbe liegen ohne Gurte auf pilasterartigen Wandvorlagen auf. Auch im Westflügel (heute Gemeindehaus) sind gemeinschaftlich genutzte Räume der Stiftsherren erhalten, darunter der im Kern zweischiffig-symmetrisch gewölbte Remter aus dem Anfang des 13. Jhs.

▶ Tagsüber sind Kirche und Westflügel des Kreuzgangs offen. Küsterei Tel. 0 29 21/1 55 48. Dommuseum geöffnet Sa 14–16 und So 15–17 Uhr. Führungen: Touristikbüro, Tel. 0 29 21/10 31-414 oder -1412.

Ev. Neu-St.-Thomaekirche und ehem. Franziskaner-Minoritenkloster
Die Ansiedlung der Minoriten in Soest kann als eine Art Sühnemaßnahme für die Ermordung des Kölner Erzbischofs Engelbert von Köln 1225 gesehen werden (→ Gevelsberg). Die Verschwörung der westfälischen Grafen zur Bluttat erfolgte in der (neuen) Soester Pfalz, die zuvor an der Stelle des späteren Klosters erbaut und unmittelbar nach der Tat von Soester Bürgern niedergerissen wurde. 1233 genehmigte Engelberts Nachfolger Heinrich von Molenark die Niederlassung des Ordens in Soest. Erste Baumaßnahmen werden damals begonnen worden sein, aber erst 1259 war die Kirche wohl großenteils vollendet. Zwischen 1274 und 1285 wurden der heutige Chor und zwischen 1285 und 1292 das Langhaus neu errichtet. 1304 ließ Erzbischof Wigbold von Holte sein Herz im Chor der Kirche bestatten – für die Soester

Bürger ein Zeichen politischer Verbundenheit mit dem Konvent und wiederum Spiegel der Gründungssituation des Klosters. Die Klostergebäude wurden zwischen 1510 und 1524 um- und teilweise neu gebaut. Inmitten der seit 1531/32 protestantischen Stadt blieb das Kloster katholisch. Um 1650 erfolgte ein Teilabbruch des Lettners, verbunden mit der barocken Umgestaltung des Innenraumes und der Ausstattung. Nach der Aufhebung des Konvents 1814 wurde die Kirche zunächst profaniert und 1851 durch die lutherische St. Thomaegemeinde angekauft, deren Kirche die evangelisch-reformierte Gemeinde übernahm. 1944/45 wurden die Kirche (bis auf zwei Chorjoche und das Polygon) und das Kloster bis auf die Grundmauern zerstört und bis 1966 nur die Kirche in alter Form wieder aufgebaut.

Die Soester Minoritenkirche gehört zu den schönsten Bettelordensarchitekturen des mittelalterlichen Westfalen, eine dreischiffige vierjochige Halle mit im Grundmaß dem Quadrat genäherten Mittelschiffsjochen und dreijochigem Chor mit einem Polygon aus fünf Seiten des Achtecks. Der Chor bildet mit seinen querrechteckigen Jochen und weiten Maßwerkfenstern eine Vereinzelung des Kölner Domchor-Obergadens und war gleichzeitig ein gläserner Schrein für das Herz des Erzbischofs. Auch die Fenstermaßwerke entsprechen dem Kölner Vorbild. Das Rippensystem aus feinen Diagonal- und nur wenig stärkeren Transversalbögen ist vom Chor ins Schiff weitergeführt. Die auf den schlanken Rundpfeilern mit vorgelegten Diensten ruhenden Gewölbe wirken leicht und bilden einen transparenten und lichten Raum, der etwas Richtung durch die spitzen Kapitellplatten der Kapitellkämpfer bekommt (vgl. Münster, Apostelkirche). Ursprünglich trennte ein neunjochiger Hallenlettner vor dem Choreingang durch alle drei Schiffe hindurch das Langhaus vom Chor der Brüder. Von außen dominiert die Choransicht, da der Hellweg genau darauf zugeführt ist. Ein Doppelportal mit Passblende liegt als Hauptzugang auf der Nordseite der Kirche.

Von der einstmals reichen, teilweise in anderen Kirchen (→ Lippstadt-Benninghausen) noch erhaltenen Barockausstattung ist im Raum selbst nichts mehr vorhanden. Nur der vermutlich nach den Reformationsunruhen in die Kirche gelangte Taufstein aus Sandstein ist erhalten. Historisch interessant ist aber die kleine, sechseckige Steinplatte des Eingeweidegrabes von Wigbold von Holte, der heute an der Außenwand im Nordseitenschiff-Ostjoch eingemauert ist. Innerhalb der Umschriftleiste mit einer Bitte Wigbolds war die Darstellung in Messing vertieft eingelassen: Flankiert von Engeln mit Weihrauchfässern, kniet Wigbold vor dem hl. Franziskus.

Soest, Neu-St.-Thomaekirche, Choransicht

Die Sakristei an der Südseite des Chores wurde im 14. Jh. erbaut, ein gut proportionierter Raum mit vierteiligem Rippengewölbe auf einem runden Mittelpfeiler. Reste der spätgotischen Klostergebäude, die sich nach Süden an die Kirche anschlossen, sind im Burghofmuseum (westlich der Kirche) geborgen.

➤ Die Kirche ist in der Regel geschlossen. Internet: www.st-thomae.de. Gemeindepfarrer S. Carl, Tel. 0 29 21/41 31.

Soest, Neu-St.-Thomaekirche, Chorinnenraum

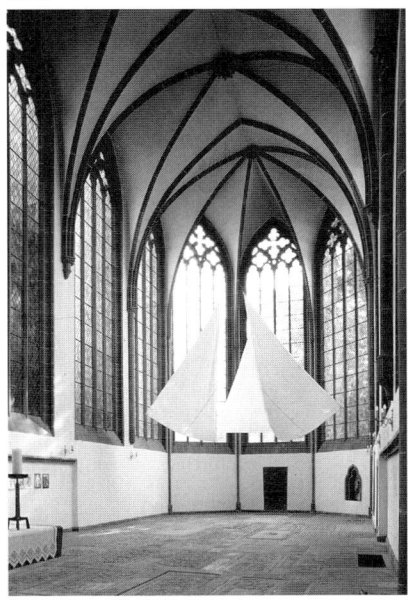

Wohn-, Praxis- und Lagergebäude, ehem. Dominikanerkloster

Vermutlich 1231 oder kurze Zeit später wurde das Dominikanerkloster gegründet, angeblich unter Beteiligung von Mitgliedern der Familie Plettenberg. 1241 wurde es in den Orden aufgenommen. Betrieben wurde die Niederlassung vom erzbischöflichen Stuhl in Köln, war doch ein Verwandter des Erzbischofs Heinrich von Molenark 1252 Prior in Soest, und auch Albertus Magnus lebte zeitweise im Konvent. Klosteranlage und Kirche waren damals vermutlich schon fertig gestellt, da die Brüder einen weiblichen Zweig in → Soest-Paradiese gründeten. Wie das Franziskanerkloster, so blieb auch das der Dominikaner nach Einführung der Reformation in Soest 1532 katholisch. Im 18. Jh. erneuerte man die Klostergebäude und einen Teil der Ausstattung. 1814 erfolgte die Aufhebung des Konvents, 1820 wurde die Kirche, bis 1822 der noch mittelalterliche Ostflügel abgebrochen. Süd- und Westflügel wurden zu Wohnungen und einer Arztpraxis umgebaut und sind dies – neben einer teilweisen Nutzung durch ein benachbartes Kaufhaus – noch heute. Die für die frühe Hochgotik in Westfalen bedeutsame Kirche lag mit der Nordfront an der Brüderstraße. Nur Reste von Rippen und Maßwerken wurden gefunden und im städtischen Burghofmuseum deponiert. Stücke der barocken Ausstattung sind in Soest (→ St. Patroklus), Erwitte-Horn, Lippetal-Östinghausen, Hamm-Rhynern sowie im Burghofmuseum erhalten. Den beiden zweistöckigen, schlichten Bruchsteinflügeln fehlt hofseitig, d.h. zur Brüderstraße hin, der Kreuzgang. Mehrfache Umbauten lassen in den Wänden kaum mehr konkrete Hinweise auf die ältere Nutzung erkennen.

➤ Zwischen der Fußgängerzone Brüderstraße und der Dominikanerstraße im Baublock hinter einem Kaufhausneubau. Eine Außenbesichtigung ist möglich. Touristikbüro Tel. 02921/103-1414 oder -1412.

SOEST-PARADIESE
Klinik für Onkologie, ehem. Dominikanerrinnenkloster

Die Anregung zur Klostergründung im Dorf Alvoldinghausen östlich von Soest gab der Ordensgeneral Johannes Teutonicus 1251. Graf Otto von Tecklenburg und seine Frau stifteten ihre dortigen Liegenschaften, der Ministeriale Heinrich von Alvoldinghausen seinen Hof und seinen gesamten Besitz. Seine Familie starb wohl aus, denn die Nonnen mussten ihm und seiner Frau die Altersversorgung sichern. Der Kölner Erzbischof Konrad von Hochstaden genehmigte den Bau von Kirche und Kloster 1252, im Jahr darauf nahmen die Nonnen die Dominikanerregel an. Der Ritter Arnold von Wiedenbrück ließ als Verwalter die Gebäude errichten, seine Frau Kunigunde wurde die erste Priorin. Bereits 1259 konnte die Kirche geweiht werden. Im 15. Jh. kontrollierte das Soester Ratsamt der „Paradieser Herren" die Klosterfinanzen. Dennoch baten erst 1574 einige Nonnen den Soester Rat darum, evangelisch leben zu dürfen, doch nach langem Hin und Her wurde die Institution schließlich 1660 geteilt: In das katholische Kloster mit der Kirche und das evangelische Stift, dessen Jungfern in die

Soest, ehem. Dominikanerkloster, Blick in den früheren Kreuzhof

Soest-Paradiese, ehem. Klosterflügel

Kirche nach Schwefe gingen; ihre Bühne ist dort noch heute vorhanden. Die Finanzen blieben stabil, und 1710 konnte das Klostergebäude erneuert werden. 1808 wurde das vermögende katholische Kloster, 1811 auch das evangelische Stift aufgehoben. Bereits kurz nach 1809 wurden Teile des Klosters, nach 1815 auch die Kirche abgebrochen.
Die Kirche war ein flach schließender Saalbau von vier Gewölbejochen Länge, der zur Hälfte von der Nonnenempore eingenommen und mit einem niedrigeren Vorbau versehen war; hier lag auch der ebenerdige Zugang. Sie entsprach damit einem verbreiteten Typ von frühgotischen Klosterkirchen für Frauenkonvente (→ Hörstel-Gravenhorst). Das zweigeschossige barocke Kloster um einen dreiseitigen Kreuzgang und mit separatem Krankenhaus war verhältnismäßig groß. Das heute erhaltene Gebäude von 11 Achsen Breite bildete den größten Teil des Ostflügels, die Kirche schloss sich damit rechter Hand an. Das prächtige Mittelportal mit gesprengtem und geschweiftem Giebel rahmt eine Inschriftkartusche mit Datierung auf 1710; den Abschluss bildet ein gekröntes Wappen. Auf dem Klostergelände stehen beiderseits des Baches noch mehrere Nebengebäude, darunter die Mühle. Teile der archäologischen Ausgrabungen sind sichtbar belassen.

➤ Aus Soest kommend von der B 1 Rtg. Werl vor dem Dorf Ampen rts. nach Schwefe/Welver abbiegen (‚Paradieser Holzweg'). Eine Außenbesichtigung ist möglich. Internet: www.kloster-paradiese.de. Klinik Tel. 0 29 21/3 61 00-00.

STEINFURT-BORGHORST
(Kreis Steinfurt. Karte: B1)
Heutiger Ortskern, ehem. Damenstift

Bertha, die Frau eines Heerführers Heinrichs I. und Schwester Adalberts, des ersten Bischofs von Magdeburg, sowie (ihre Tochter?) Hathewig gründeten ein Kanonissenstift und statteten es mit ererbtem Besitz aus. Kaiser Otto übertrug die Neugründung 968 dem Bistum Magdeburg. Neben der Übertragung anderer Rechte befreite es Otto II. 974 auf Bitten Adalberts ausdrücklich von der bischöflichen Diözesangewalt Münsters. Borghorst wurde eine Art Hauskloster auch für weibliche Nachkommen Berthas, die Äbtissinnen wurden. Zwar waren im 16. Jh. einige Stiftsdamen evangelisch, doch setzte sich 1603 endgültig der katholische Glaube durch. Verhältnismäßig unbeschadet überstand das Stift die großen Kriege des 17. und 18. Jhs., und auch die wirtschaftlichen Verhältnisse und die Klosterdisziplin gaben keinen Grund zu klagen. 1811 ging die Besitzung an den Wild- und Rheingrafen zu Salm-Horstmar über. Die Abtei wurde in zwei Etappen 1811 und 1827 abgerissen, die Kirche folgte 1885. Heute steht an ihrer Stelle ein neugotischer Bau von Hilger Hertel d.Ä. von 1889. Von den älteren Gebäuden ist hinter dem Chor der heutigen Kirche nur mehr das 1968 zur Kapelle umgebaute und dadurch stark veränderte Kapitelhaus erhalten, das südöstlich der alten Kirche lag. Von ihrer Ausstattung wurden 1889 jedoch zahlreiche Stücke in den Neubau übernommen, darunter das Becken eines Taufsteins aus dem 2. Viertel des 13. Jhs., eine Pietà aus der Zeit um 1430, Sandsteinfiguren des Ignatius von Loyola und Franz Xavers von etwa

Steinfurt-Burgsteinfurt, Große Kirche, Südwestansicht

1730 sowie lebensgroße Holzfiguren des Hochaltars von 1700/1720.
Interessant ist die topografische Struktur des Ortes, die auch heute noch entscheidend durch das ehemalige Stift geprägt ist. Erkennbar ist noch die ursprünglich von Wasser umgebene ovale Burganlage, in die hinein das Stift gegründet wurde (→ Geseke, Stift). Von Westen bis zum Nordosten bildete der Klünderbach, im übrigen Teil eine Doppelgräfte den Schutz. Als Rest dieser Gräfte hat sich der etwa 8 m breite und 150 m lange Dermter Teich erhalten (von Dormitorium = Schlafsaal). Nur wenige Kurienhäuser sind (meist in Privatbesitz) erhalten, darunter Stiftsplatz 4 (Pfarrhaus) aus dem Anfang des 18. Jhs, mit einem Wirtschaftsgebäude aus Fachwerk. Der Platz mit seiner Umbauung vermittelt noch gut das Bild des Immunitätsbezirks eines adeligen Damenstiftes. Die Häuser der Kanoniker lagen außerhalb dieses Bezirks. Auch der Wirtschaftshof (Schulte Vehoff oder Schulte Borghorst) lag vor dem Stift, aus von dessen Land abgeteilten Hausgrundstücken entstand das Dorf, der Wigbold (1512) oder Flecken Borghorst. Noch heute ist die Nahtstelle zwischen Dorf und Stift, an dem ein Torhaus stand, gut erkennbar. Im damaligen Abteiwald wurde 1749/53 die Aloysiuskapelle erbaut, ein kleiner, achteckiger Zentralbau mit originellem Innenraum und kleinem Altaraufsatz.

➤ Infotafeln stehen vor allen alten Stiftshäusern, die Kirche ist tagsüber geöffnet. Verkehrsverein Steinfurt, Tel. 0 25 51/13 83. Heimatmuseum Borghorst (Münsterstraße 7), Tel. 0 25 52/29 63. Öffnungszeiten: Jeden zweiten Sonntag im Monat 15-17.30 Uhr.

STEINFURT-BURGSTEINFURT
Große Kirche und ehem. Johanniterkommende

Vermutlich mit maßgeblicher Beteiligung seines Bruders Bernhard, des Dompropstes von Münster, stiftete der Edle Rudolph von Steinfurt die Johanniterniederlassung um 1190; 1222 wird sie erstmals erwähnt. Sein Sohn Ludolph gestattete 1244 den Ankauf des Aahofes durch den Orden und verlieh ihm 1270 das Patro-

Steinfurt-Borghorst, ehem. Stiftskurie

Steinfurt-Burgsteinfurt, Große Kirche, Lettner

natsrecht über St. Willibrord (Große Kirche); damals trat sein Bruder Johann dem Konvent bei. Die wirtschaftliche Situation entwickelte sich gut, und der Komtur von Steinfurt war in der Regel Oberhaupt aller westfälischen Niederlassungen des Ordens. Obwohl die lutherische Stadt die Kommende unter Druck setzte und auch zwei Komture protestantisch wurden, blieben die Johanniter dem Katholizismus in der Reformationszeit treu. Nach Entzug der Großen Kirche, die 1564 evangelisch-reformiert wurde, entstand auf dem Gelände zunächst eine Hauskapelle, 1687 ein Kapellenbau mit Pfarrrechten für alle Bewohner der Kommende. 1806 wurde die Kommende, 1810 auch die Pfarre aufgehoben. Die Besitzung gelangte an die Grafen von Steinfurt und dient seither einschließlich der Kapelle zu Wohnzwecken.

Die Große Kirche und die sich südlich als von einer Mauer umfriedeter Baublock anschließende Kommende sind erhalten. Die heutige Baugestalt der Großen Kirche, ursprünglich eine spätromanische Gewölbebasilika mit nur einem Schiff auf der Südseite, geht auf die Johanniter zurück: Davon sind Teile der Südwand mit einem Portal sowie Bereiche des Dachwerkes aus dem 2. Viertel des 13. Jhs noch vorhanden. Bis 1375 erfolgte der mit dem Chor begonnene Umbau zu einem großen und breit gelagerten Rechtecksaal mit einer mächtigen, über Gurtrippen rhythmisierten Holztonne (erneuert 1899). Die von niederländischen Vorbildern angeregte ursprüngliche Holztonne war vermutlich schlichter. Über Spitzbogenarkaden schließt sich nach Norden ein schmaleres Seitenschiff an, das durch eine Holzempore – in der Mitte mit einer Vorkragung als Sitz für die gräfliche Familie – geteilt ist. Zwischen 1426 und 1430 wurde der Turm mit dem (erneuerten) Treppengiebel im Westen erbaut. Die Kirche ist von einer für Westfalen völlig ungewöhnlichen und ungewohnten Raumwirkung.

Sie wird maßgeblich geprägt durch den Lettner, der mit dem Ostende des Seitenschiffes auch das Hauptschiff gegen den Chor abteilt. Er ist einzigartig in Westfalen und unterscheidet sich im Grundtyp von dem in der →Minoriten- bzw. Marienkirche in Höxter darin, dass er nicht aus einzelnen Gewölben in Reihung zusammen gesetzt ist, sondern eine mit Arkaden geöffnete Wand mit einem Laufgang darüber bildet, der mittig über Auskragungen zu beiden Seiten etwas verbreitert ist. Die fünf Profilarkaden werden von Kielbögen mit Krabben überfangen und die Brüstung ist mit Maßwerken aus rotierenden Fischblasenkreisen durchbrochen. Das zweite bemerkenswerte Ausstattungsstück ist die Westorgel von Conrad Bader. 1658 schuf er Werk und Gehäuse, doch ist nur letzteres – mit dem Wappen der gräflichen Familie am Mittelturm – erhalten. Die Ausrichtung auf die Kanzel an der Südwand kennzeichnet die evangelisch-reformierte Kirchenausstattung.

Die Kommende bildet eine lockere Siedlung von Bauten aus unterschiedlichen Zeiten. Ältestes Gebäude ist das alte Komenderey-Haus von 1398, ursprünglich wohl Refektorium und Dormitorium. Zwei Steinhäuser, sogenannte Kemenaten, datieren wohl aus der 1. Hälfte des 15. Jhs., darunter die „Steinkammer des Komturs" an der Mauer zur Großen

Steinfurt-Burgsteinfurt, Kommende, Torhaus

Kirche (1428/1524). Das Komtureihaus entstand als Fachwerkbau um 1670. Die erwähnte Kapelle schmückt ein barockes Portal. Das Neue Gebäude wurde 1721/22 erbaut, ein Ziegelfachwerkhaus mit Halbwalmdach. Das Torhaus bildet den Eingang von der Straße aus. 1446 errichtet, wurde es 1606 durchgreifend modernisiert. Von Seitengebäuden eingefasst, schmücken es innenseitig Wappen und Inschrift des Komturs Eberhard von Galen.
➤ Die Kirche hat in den Sommermonaten nur unregelmäßige Öffnungszeiten. Gemeindebüro Tel. 0 25 51/1 44 24-26.

Stemwede-Levern, Blick zum Altar

STEMWEDE-LEVERN
(Kr. Minden-Lübbecke. Karte: D1)
Ev. Kirche und ehem. Zisterzienserinnenkloster

Bereits unter dem Mindener Bischof Milo ist für die Zeit zwischen 969 und 996 eine bischöfliche Eigenkirche erwähnt, die Bischof Konrad 1227 einem neu gegründeten Zisterzienserinnenkonvent zuwies – dem ersten dieses Ordens in der Diözese. Gleichzeitig veranlasste er Personen der Geistlichkeit und des Weltadels zu Stiftungen für die Neugründung, was schnell zu wirtschaftlich gesicherten Verhältnissen führte. 1283 konnte eine neue Klosterkirche neben der alten Pfarrkirche eingeweiht werden. Die Visitationen scheinen von Rehburg-Loccum aus durchgeführt worden zu sein. Bereits 1543 hatte sich die Reformation durchgesetzt; das Kloster war in ein freiweltliches Stift für zehn Damen umgewandelt worden, dem oft katholische Pröpste vorstanden. 1679 wurden zahlreiche Gebäude durch französische Truppen zerstört, 1715 stürzten Teile des Turmes in das erst 1690 neu errichtete Kirchendach. Die Auflösung des Stiftes erfolgte 1810, 1818 wurde die Klosterkirche mit der evangelischen Kirche baulich verbunden und im Jahr darauf der Kreuzgang an der Nordseite abgebrochen.

Ältester Teil der Kirche sind die unteren Geschosse des Turmes, die, später ummantelt, vermutlich von einer Kirche noch des 12. Jhs. stammen. Evangelische Kirche und Klosterkirche waren Wand an Wand miteinander verbunden, aber räumlich voneinander getrennt. Die Gemeindekirche im Süden ist eine zweischiffig-symmetrische Halle von drei quadratischen Jochen Länge. Etwas breitere Transversal- und schlanke Diagonalrippen bilden das Trägersystem für die auf einer Mittelreihe von drei Rundpfeilern, an den Wänden auf Konsolen aufliegenden Gewölbe. Der große Fünfseitchor umfasst beide Schiffe und ist mit einem Kappengewölbe mit niedrigeren Stichkappen gedeckt (1914 erneuert). Die Idee des Raumes ist damit die des Saalbaus, der nur deshalb zweischiffig gewölbt ist, um Raumhöhe zu gewinnen – große Gewölbe hätten fast auf Bodenhöhe ansetzen müssen. Die gemalten, überlebensgroßen Apostel im Chor und die Rankenmalereien im Gewölbe entstanden um 1500. Die Klosterkirche im Norden entspricht ganz den Bautraditionen der Frauenorden in der 1. Hälfte des 13. Jhs. (→ Soest-Paradiese): Ein einschiffiger, flach schließender Gewölbesaal von drei querrechteckigen Jochen Länge ohne weitere Anbauten. Er zeigt das zur Pfarrkirche ältere Formsystem aus geschärften Rundstabrippen mit Zierscheiben, die teils an Konsolen „anlaufen" und teils mit Diensten zum Boden geführt sind. Ein kleiner Rundbogeneingang in der Nordwand – deren Fenster von 1914 einen veränderten Raumeindruck schaffen – vermittelte zum Kreuzgang. Noch aus dem 13. Jh. stammen die gemalten Figuren in der Nordwestecke der Kirche hinter der Empore, die angeblich die ersten Pröpste des Klosters darstellen. Sie gehören zu den ältesten Malereien im Minden-Lübbecker Land.

Das große Triumphkreuz ist Teil der Ausstattung der Gemeindekirche nach dem Umbau Ende des 15. Jhs. Das Renaissance-Epitaph entstand nach dem Tode des Propstes Eberhard von Mallinckrodt 1617 und stammt wie das im → Mindener Dom für ihn aus der Werkstatt von Adam Stenelt in Osnabrück. Die übrige Ausstattung entstand nach den Zerstörungen von 1679. Von der 1682 gestifteten Springladenorgel ist nur mehr das Gehäuse erhalten, zwei Jahre später wurde die Taufe angefertigt. Der Hauptaltar, der in einer Inschrift auf die Ereignisse von 1679 Bezug nimmt, datiert von 1691. Er hat das letzte Abendmahl und die Auferstehung Christi zum Thema. Die Holzemporen wurden zum Teil mit der räumlichen Verbindung beider Kirchen versetzt.

Auf dem weitläufigen Gelände verteilt ist eine erstaunlich große Zahl von Kurien erhalten. Östlich der Kirche liegt die Propstei, die Johann Adrian von Wendt 1675 erbauen ließ; sein Wappen befindet sich auf der Gebäuderückseite. Die Kurie von Grapendorff liegt nordwestlich der Kirche; Schaufront des 1674 erbauten zweigeschossigen Hauses ist die Nordseite mit Freitreppe und Wappen. Die Kurie von Schele ist eingeschossig auf hohem Kellersockel, das Wappen datiert sie auf 1693; sie liegt unmittelbar nördlich des Chores der Kirche. Ihr gegenüber auf der anderen Seite der

Stemwede-Levern, Kirche von Südwesten

Gasseneinmündung liegt die zweigeschossige Kurie von Korff von 1725. Propst Friedrich von der Horst ließ 1755 die bescheidene Abtei erbauen, die westlich der Korffschen Kurie liegt. Westlich wiederum von ihr, am Ende der Gasse, befindet sich die erst um 1810 erbaute „Löwenburg", die wohl gar nicht mehr von einer Stiftsdame bezogen wurde; der Wappenstein von 1682 gehört nicht zum Haus. Auch das Stiftsprediger- bzw. Kantorenhaus von 1786, das Pfarrhaus von 1714 und das Pfarrwitwenhaus sind erhalten. Es lohnt sich ein Gang über das Gelände, Tafeln erklären jedes Gebäude.
▶ Die Kirche ist tagsüber gewöhnlich geöffnet. Gemeindebüro Tel. 05745/2194. Heimathaus Levern (Propstweig 12), Termin über Verkehrsamt Tel. 05745/10930.

STOCKKÄMPEN → HALLE
STÖRMEDE → GESEKE

SUNDERN-BRUNNEN
(Hochsauerlandkreis. Karte: C3)
St. Johannes Baptist und ehem. Kapuzinerkloster

Ursprung des Klosters ist die Quelle unmittelbar südwestlich der Klostergebäude (heute Gastwirtschaft Schwermann), an der ein fast erblindeter Hirte geheilt worden sein soll. Der „Brunnen" war schon Wallfahrtsort, als 1705 ein als Laie zum Kapuzinerkloster in → Werl gehörende Einsiedler Johannes Fölling in die Nähe des Brunnens zog und die Betreuung der Wallfahrer übernahm, bald unterstützt durch einen Franziskanerlaienbruder. Er erbaute an der Stelle des heutigen Klosters Kapelle und

Sundern-Brunnen, St. Johann Baptist, Nordansicht

Einsiedelei, die 1718 durch einen größeren, massiven Bau mit sieben Schlafräumen für Brüder ersetzt wurde. Erster Geistlicher war der Prior des →Soester Dominikanerklosters. Durch zahlreiche Schenkungen konnte die Kirchenausstattung komplettiert werden, aber um 1721 machten sich die Einsiedler Gedanken um die langfristige Existenz ihres Werkes. Damals bauten Bewohner der umliegenden Dörfer ein Badehaus für den Brunnen. Im Jahr darauf übernahmen die Kapuziner die Gebäude als Residenz und bauten sie 1729 bis 1732 zu einem Kloster für vier Patres, zwei Laienbrüder und zur Unterkunft für Badegäste aus. Mit der Förderung durch Fürstbischof und Kurfürst Clemens August von Bayern, von Adeligen, Privatpersonen und Gemeinden konnte von 1742 bis 1748 die Kirche erbaut und ausgestattet werden. 1834 erfolgte die Aufhebung des Klosters, die Schule bestand noch bis 1968. Die Wallfahrts- und alte Klosterkapelle ist heute Pfarrvikarie, das Kloster Diözesanzentrum des Erzbistums Paderborn.

Die Kirche ist ein schlichter Saalbau von vier Fensterachsen Länge, der mit einer verputzten Holztonne geschlossen ist. Der Zugang erfolgt von Westen. Der kleine, querrechteckige Chor ist stark eingezogen und bietet nur für den Hauptaltar Platz. Das Dach ist mit Halbwalmen und einem Reiter im Westen versehen.

Älter als die Kirche ist die Pietà an der Wand vor dem nördlichen Seitenaltar, sie stammt noch aus dem 17. Jh. Bemerkenswert ist jedoch die fast vollständig erhaltene Originalausstattung der Kirche. Der Hochaltar entstand nach Plänen von Johann Conrad Schlaun als Stiftung seines Dienstherren, Kurfürst Clemens August von Köln; sein Wappen ist im gesprengten Giebel zwischen den beiden Zonen angebracht. Das Altarbild – passend zum „Brunnen" die Taufe Jesu – wird von zwei Heiligenfiguren flankiert, die vom Symbol des hl. Geistes abgeschlossene Ädikula ist eine Figurennische. Die ebenfalls mit Stifterwappen versehenen Seitenaltäre sind in die Raumecken eingepasst. Der südliche Marienaltar nimmt mit den beiden Seitenfiguren auf die Kapuziner Bezug. Der vom Kloster aus begehbare Kanzelkorb

Sundern-Brunnen, St. Johann Baptist, Detail vom Hauptaltar

Tecklenburg-Leeden, Chor und Stiftsgebäude

mit Rankenschnitzereien wird von einem den Grundriss vergrößernden Schalldeckel aufgenommen. Auch Kommunionbank, Beichtstühle und Einzelfiguren gehören zur Originalausstattung. Die Orgel erbaute Johann Georg Fromme aus Soest 1801; nicht nur das Gehäuse, sondern auch das barocke Werk mit 10 Registern auf einem Manual ist fast vollständig erhalten.
Der zweigeschossige Klosterflügel ist südlich an die Kirche angebaut, ein vermutlich vorhandener zweiter Flügel wurde 1843 abgebrochen. Das einfache Gebäude ist mit einem Walmdach mit Schieferdeckung versehen.
➤ Die Kirche ist (ab Ostern 2003) sonntags tagsüber offen; sonst Gitter. Internet: www.kloster-brunnen.de. Pfarrbüro Tel. 0 27 24/374.

TECKLENBURG-LEEDEN (Kr. Steinfurt. Karte: C1)
Ev. Kirche und ehem. Zisterzienserinnenkloster
Leeden gehört zu jener Gruppe von Zisterzienserinnenklöstern, die als Sühneleistung für die Ermordung des Kölner Erzbischofs Engelbert von Berg 1225 in → Gevelsberg gegründet wurden. Graf Otto von Tecklenburg, an der Tat selbst beteiligt, gründete den Konvent 1240 auf seinem zur Tecklenburger Burg gehörenden Hof und stattete ihn aus. Der Osnabrücker Bischof Konrad IV. von Rietberg unterstellte das Kloster 1491 der Zisterzienserabtei Kamp. Zur Durchsetzung der Reformation im Kloster griff das Grafenhaus stark in das Klosterleben ein, darunter in die Aufnahme neuer Konventualinnen und die Feier des Abendmahls. Vorübergehend wieder katholisch, wurde 1562 eine evangelisch-reformiert geprägte Ordnung erlassen. Es pendelte sich ein Verhältnis von acht evangelisch-reformierten zu einer katholischen und einer lutherischen Stiftsdame ein. Nach neuen Streitigkeiten verwaltungsrechtlicher Art mussten die Nonnen zwischen 1630 und 1633 das Kloster verlassen. 1674 wurde verfügt, dass die Äbtissinnen aus dem Haus Tecklenburg stammen sollten, seit 1774 aus dem Haus Hohenzollern. Nach Versuchen Preußens, eine Neufassung des Statuts durchzusetzen, wurde es 1812 aufgehoben. Die Gemeindekirche wurde 1819 bis auf das Westjoch abgebrochen, das als Glockenstuhl diente. 1944/45 wurde auch dieser Rest durch einen Sprengbombentreffer vernichtet, an der Stiftskirche stürzten fast alle Gewölbe ein. Sie wurde bis 1954 in alter Form, aber mit einer Verlängerung nach Westen wiederhergestellt.
Wie in → Stemwede-Levern, so waren auch in Leeden Pfarr- und Klosterkirche Wand an Wand gebaut, aber umgekehrt: Im Norden die Gemeindekirche, im Süden die heute erhaltene Stiftskirche. Auch die im Kern erhaltene Kirche entsprach als gewölbter, hier dreijochiger Rechtecksaal im Typ den Nonnenkirchen der 1. Hälfte des 13. Jhs. (→ Soest-Paradiese). Neben den Umfassungsmauern vermutlich nicht in ganzer Höhe und dem kleinen Südportal sind im Innenraum davon die kurzen Rechteckvorlagen erhalten, wobei die zwischen Mittel- und Ostjoch auf der Südseite mit eingestellten Diensten und Blattkapitell besonders hervorgehoben ist. 1370 erfolgte ein umfassender Umbau. Die Rippengewölbe dürften in dieser Zeit entstanden sein, vielleicht die ganze Gewölbezone. Die Fenstermaßwerke der Südseite mit Fischblasen sind dagegen jünger; sie stammen erst aus dem 15. Jh. Die Nordseite

ist wegen der hier früher angebauten Kirche nicht belichtet. Das 1945 einzig erhalten gebliebene Südwandjoch der Gemeindekirche wurde ebenfalls als Südwand in die Verlängerung der bestehenden Kirche nach Ab- und Neuaufbau einbezogen; Westwand und Treppenturm entstanden 1953 neu.

Die Abteigebäude wurden 1815 bis auf das heute als Küsterhaus eingerichtete Nebengebäude abgebrochen. Das zweigeschossige, lang gestreckte Fachwerkhaus aus dem 17. Jh. schließt sich nordöstlich an die Kirche an; es ist heute Heimathaus.

➤ Malerische Lage in einem abgelegenen Tal; die Kirche wird gern als Ausgangspunkt für Wanderungen genutzt. Internet: www.leeden.de→Touristik. Die Kirche ist in den Sommermonaten meist geöffnet. Gemeindebüro Tel. 05481/3497. Heimathaus (im Stiftsgebäude): Heimatverein Leeden, Tel. 05481/37843.

➤ Wenige Kilometer südöstlich von Leeden liegt schon auf niedersächsischem Gebiet Bad **Iburg**. In imposanter Lage auf einem Bergkegel hoch über der Stadt erhebt sich das ehemalige bischöfliche Schloss mit dem Benediktinerkloster in der früheren Vorburg. Die Klosterkirche entstand in den ältesten Teilen um 1100, das Kloster ist ein Neubau aus der Mitte des 18. Jhs.

TOM RODEN →HÖXTER

UNNA (Kreis Unna. Karte: C3)
Wohnhäuser, ehem. Schwesternhaus
1459 gaben Bürgermeister und Rat der Stadt Unna dem Prior des Klosters →Büren-Böddeken die Genehmigung zur Einrichtung eines Schwesternhauses nach der Augustinerregel. Der Klosterkapelle wurden 1468 eingeschränkte Pfarrrechte zugesprochen, 1485 stiftete der Böddeker Prior ein Fenster für die Kapelle. Im Zuge der Reformation verließen die Schwestern 1588 den Orden, nahmen am Gottesdienst der evangelischen Stadtkirche teil und waren auch durch die Prioren von Böddeken und Dalheim nicht langfristig zur Rückkehr zum katholischen Glauben zu bewegen. Die Kapelle verfiel, sie wurde nur noch für die Eckpunkte des Klosterlebens – Aufnahmen und Bestattungsfeiern – benutzt. Nach der Einigung zwischen der Stadt und dem Kloster Böddeken 1672/82 wurden vier lutherische und zwei katholische Schwestern aufgenommen, der Rektor feierte in der wieder hergestellten Kapelle die Messe auch für die wenigen Katholiken der Stadt. Das Kloster überdauerte das 1803 aufgelöste Mutterkloster Böddeken noch um sechs Jahre unter preußischer Ägide. 1851 wurde in der Kapelle die 1938 durch Brand zerstörte Synagoge eingerichtet, 1957 eine Buchdruckerei. Das südlich daneben gelegene Konventsgebäude (Klosterstraße 47) und die Scheune (Klosterwall 28) dienen heute als Wohnhäuser; der Friedhof wurde nach 1955 überbaut.

Die kleine, querrechteckige und heute durch Umbau zum Wohnhaus als solche nicht mehr erkennbare Kapelle stand mit der Giebelfront zur Straße. Den vier Fensterachsen der Südseite entsprechend war sie mit vier querrechteckigen Gewölbejochen versehen, die 1683 durch eine Flachdecke ersetzt worden waren; im Zuge der Renovierungen wurden damals auch die spitzbogigen Fenster in runde umgebaut. Das Konventsgebäude liegt mit der

Tecklenburg-Leeden, Vorlage in der Kirche

Unna, ehem. Schwesternhaus

Längswand zur Straße, ein zweistöckiges Fachwerkhaus mit Walmdach aus dem 17. Jh. Die Scheune steht von der ‚Klosterstraße' an einem kleinen Platz etwas zurück. Sie war zweischiffig, ein Schiff war eine hohe Längsdeele.
➤ Das Konventsgebäude ist ‚Klosterstraße 47', die Scheune ‚Klosterwall 28'. Privatbesitz, eine Außenbesichtigung ist möglich. Internet: www.unna.de/stadtrundgang/ru12.htm. Stadtinformation Tel. 02303/103-213.

VARLAR → ROSENDAHL
VINNENBERG → WARENDORF

VLOTHO (Kr. Herford. Karte: D1)
Ev. Stephanskirche und ehem. Zisterzienserinnenkloster Segensthal, später Zisterzienserkloster

Graf Heinrich von Oldenburg gründete 1252 das Kloster zunächst in Rehme an der Weser und besetzte es mit Nonnen aus → Tecklenburg-Leeden. Als 1258 der Leedener Propst Heinrich anwesend war, schenkte ihm der Graf die Alte Burg an der Weser in Vlotho. Da sie im Überschwemmungsgebiet lag, erfolgte vermutlich 1288 nochmals eine Verlegung in das seit der Jahrhundertmitte zur Stadt erhobene Vlotho, im folgenden Jahr ist auch vom Bau des Klosters die Rede. Die wirtschaftliche Situation der Gründung blieb überaus dürftig. Erst 1325 konnte die Klosterkirche geweiht werden, doch brannten 1341 und 1368 Kloster und Kirche ab. 1426 mussten die Nonnen Teile ihrer Bibliothek in Hannover versetzen; 1430 wurde auf Betreiben des Abtes von Rehburg-Loccum das Kloster aufgelöst und die Nonnen auf andere Klöster verteilt. Die Loccumer Zisterzienser übernahmen es selbst, doch soll die Klosterdisziplin nicht gut gewesen sein. Bedingt auch durch die Reformation bestand der Konvent 1533 nur noch aus vier Mönchen. Nach dem Tod des letzten um 1560 wurden die Güter vom Landesherrn eingezogen und das Kloster endgültig aufgehoben.

Mit bündiger Westfassade sind zwei Kirchenschiffe gleicher Breite mit eigenen Giebeln, Längsdächern und Westeingängen nebeneinander erbaut und im Inneren mit zwei Rundpfeilern verbunden worden: Das ältere und mit einem Chorraum versehene Nordschiff vermutlich der Zeit zwischen 1289 und 1325, das über der Westwand einen Dachreiter trägt, sowie das inschriftlich 1659/60 angefügte Südschiff. Beide Schiffe sind mit Holzdecken versehen und die Wände hoch, aber schmal durchfenstert. Reste des Kreuzgangs scheinen östlich des Nordschiffs angebaut zu sein. Zwei kreuzgratgewölbte Joche und ein Nebenraum sowie nach Süden unregelmäßige Maueransätze deuten auf den Anbau des Klosters südöstlich der Kirche.

Die Ausstattung stammt überwiegend aus dem 17. und 18. Jh. Kanzel, Altar und Emporen entstanden um oder kurz nach 1660, der Kronleuchter von 1665 in Form eines Schiffsmodells ist ein Geschenk der Vlothoer Schiffergilde. Der Grabstein mit dem Bildnis des Drosten Bertram von Landsberg wurde nach seinem Tod 1593 angefertigt.
➤ Die Kirche ist gewöhnlich geschlossen. Internet: www.kirchenkreis-vlotho.de →Kirchengemeinde →Kurzübersicht →Vlotho. Gemeindebüro Tel. 05733/2370.
➤ Nur wenige Kilometer östlich von Vlotho liegt schon auf niedersächsischem Gebiet das zur Stadt Rinteln gehörende ehema-

Vreden, Stiftskirche, Ansicht von Südwesten

lige Kloster **Möllenbeck**. Die sehenswerte Anlage aus einer gotischen, dreischiffigen Kirche mit Langchor, Klostergebäude und Nebengebäuden ist fast vollständig erhalten und reicht in den ältesten Teilen bis in ottonische Zeit zurück. Ebenfalls sehenswert ist Hessisch Oldendorf-**Fischbeck** nordwestlich von Hameln, ein Augustiner-Kanonissenstift aus dem 9. Jh. mit seiner Kirche aus dem 12. und umfangreichen Resten von Klostergebäuden aus dem 13. Jh.

VREDEN (Kr. Borken. Karte: A2)
St. Felizitas und ehem. Damenstift

In Vreden bestand wohl schon um 800 eine Eigenkirche des Sachsenherzogs Widukind. Vermutlich noch vor 839, dem Jahr, in dem die Gebeine der hll. Agapitus, Felicissimus und Felicitas nach Vreden überführt wurden, gründete ein enger Verwandter Widukinds namens Walbert das Damenstift und stattete es reichlich mit Gütern aus. Dessen älteste Kirche, eine karolingische Pfeilerbasilika mit Ringkrypta, lag an der Stelle der heutigen, unmittelbar nordöstlich der Stiftskirche liegenden Pfarrkirche St. Georg. Die Krypta unter der Felizitaskirche wurde allerdings um 1050 oder kurze Zeit später innerhalb älterer Umfassungsmauern erbaut; damals muss der räumliche Wechsel des Stiftes vollzogen gewesen sein. Vreden mit seiner Widukind-Tradition war Hauptort mit regelmäßigen Herrscherbesuchen. Die beiden großen Kirchen mit ihren Krypten nahmen ideell und zeremoniell einen hohen Stellenwert ein. 1085 schenkte Heinrich IV. Vreden an den Erzbischof von Bremen-Hamburg, Liemar, für erwiesene Treue im Investiturstreit. Äbtissin war damals Heinrichs Schwester Adelheid II. Seit 1252 teilten sich der Bischof von Münster und der Erzbischof von Köln die Herrschaftsrechte. Anlässlich eines Streites mit der Stadt um die Georgskirche wurden 1485 alle Rechte des Stiftes schriftlich festgehalten und später fortlaufend revidiert und ergänzt. Der Protestantismus fasste in Stift und Stadt allmählich Fuß und wurde von den Niederlanden her durch Calvinisten bereichert, schließlich aber durch die Gegenreformation zurückgedrängt. 1811 wurde das Stift aufgehoben. 1944/45 wurden Chor, Sakristei und Nordquerarm durch Bomben zerstört, die Gewölbe der Krypta und der Kirche stürzten ein. Der Wiederaufbau erfolgte in alter Form bis 1952.

Der älteste Teil der Kirche ist die bedeutende dreischiffige Hallenkrypta. Sie setzt sich zusammen aus dem westlichen, vierjochigen Teil unter dem Hauptchor und wird nach Osten jenseits zweier Mauerblöcke für eine ältere Chorwand darüber um zwei Joche nach Osten erweitert, später vom heutigen Polygon überbaut und dabei an den östlichen Seitengewölben etwas reduziert. Die Hauptkrypta ist mit Kreuzgratgewölben zwischen Transversalbögen versehen, die an den Wänden auf schmalen Wandpilastern, im Raum auf einem Doppelpaar Pfeilern und in der Mitte einem Paar Säulen ruhen. Die Bildung dieser Stützen ist ungewöhnlich elegant und lässt durch antike Vorbilder geschulte Steinmetze vermuten: Die Schäfte sind teils mit Kanneluren, teils mit Blendarkaden, aber auch mit Flachreliefsäulchen versehen.

Vreden, Stiftskirche, Blick zum Chor

Die Kapitelle zeigen spiralig eingerollte Ranken, teils auch Köpfe mit Ranken im Mund. Die lang gestreckte Kirche setzt sich als Saalbau aus vier annähernd quadratischen Jochen, dem Querhaus, einem Chorjoch sowie dem gotischen Schluss aus Vorjoch und Polygon aus fünf Seiten des Achtecks zusammen. Der auf Konsolen mit schmalen Rippen gewölbte Chor wirkt leicht und licht; er entstand 1427 als jüngstes Bauteil der Kirche. Nach der Krypta wurde auch der Chor mit der Apsis angelegt, das Querhaus und ein gegenüber dem heutigen um ein Joch kürzeres Langhaus. Vermutlich verhinderte aber ein Brand die Fertigstellung des unter Erzbischof Liemar begonnenen Baus. Wohl in der 1. Hälfte des 12. Jhs. wurde unter Einbeziehung der brauchbaren Teile die heutige Kirche erbaut und mit einer Wölbung versehen. Im Innenraum tragen etwas mehr als halbrunde Säulen als Wandvorlagen überwiegend ornamentierte, zum Teil auf antike Traditionen zurückgreifende Kapitelle, auf denen breite Gurtbänder ruhen. Die Gewölbe selbst zeigen im Langhaus gotische Rippen (1856 erneuert), im Querhaus noch Grate. Vreden ist damit nicht allein einer der seltenen einschiffigen Großbauten, sondern auch einer der ältesten mit Gewölben in Westfalen. Das Nordportal, eines der schönsten und gleichzeitig qualitätvollsten Stufenportale der spätromanischen Zeit, wurde mit dem Wiederaufbau von der Pfarrkirche hierher versetzt.

Im Westjoch war bis 1751 eine Empore eingebaut, unter der in einer Michaelskapelle der Thron der Äbtissin aufgestellt war; die Stiftsdamen saßen auf der Empore. Reste der Schranke zwischen Kapelle und Schiff befinden sich im Hamaland-Museum Vreden. Eine weitere Empore befand sich im Südquerarm, dem für frühe Damenstifte üblichen Platz dafür. An den Stiftsgründer Walbert erinnert eine Inschriftplatte mit umlaufendem Rankenfries an der Nordwand des Schiffes aus der 2. Hälfte des 11. oder dem beginnenden 12. Jh.; auch das Relief einer männlichen Halbfigur in der Krypta wird als Walbert gedeutet. Den schönen spätgotischen Leuchter in der Vierung schuf Gert Bulsink 1489 für die Pfarrkirche, die Marienklage entstand um 1500. Bemerkenswert ist auch das Prunkgrabmal der 1708 verstorbenen Maria Franziska von Manderscheidt, Fürstäbtissin zu Elten und Vreden, das vermutlich nach einem Entwurf von Ambrosius von Oelde durch Johann Mauritz Gröninger aus Münster noch vor ihrem Tod angefertigt wurde. Ähnliche Stücke befinden sich im Dom zu Münster.

Die Propstei aus dem 17. Jh. war im Westen mit einem Flügelversatz nach Südwesten angebaut, wurde 1944/45 zerstört und abgetragen. Das Gelände fällt heute als Wiese zum Graben um die Immunität ab.

Vreden, Stiftskirche, Kapitell in der Krypta

▶ Die Kirche ist tagsüber gewöhnlich offen. Internet: www.verden.de →Freizeit, Kultur und Sport →Kirchen. Pfarramt St. Georg, Tel. 0 25 64/13 28 0. Küsterei Tel. 01 75/9 27 83 45.

VREDEN-ZWILLBROCK (Kr. Borken. Karte: A1)
St. Franziskus und ehem. Franziskaner-Minoritenkloster Bethlehem (Farbtafel 8)

Zu Weihnachten 1651 begannen zwei Minoriten aus dem Kloster in →Bocholt damit, Messen für die Katholiken auf niederländischer Seite zu halten. Eine kleine Notkapelle aus Torf wurde bald durch eine feste ersetzt, die Niederlassung 1657 zur Residenz und 1670 zum Konvent erhoben. Auch heute noch in Sichtweite des Grenzübergangs gelegen, war Zwillbrock in der Zeit, als der Katholizismus in den Niederlanden verboten war, eine wichtige Einrichtung für den niederländischen Teil der Diözese Münster. Die Brüder finanzierten sich durch Spenden niederländischer Katholiken. Zwischen 1717 und 1719 wurde der heutige Kirchenbau errichtet und nach Fertigstellung der Innenausstattung 1748 geweiht. 1811 wurde das Kloster aufgehoben. Seit 1858 ist die Kirche Pfarrkirche von Zwillbrock.

In den fünfachsigen Wandpfeilersaal wurde vermutlich der ältere Bau von 1656/60 im Ostteil einbezogen, denn das schmalere, quadratische Chorjoch wird durch ein trapezförmiges Joch davor vorbereitet. Eine solche Grundrissdisposition findet man bei anderen Minoritenkirchen zumindest in Westfalen nicht. Flache Pilaster tragen die rundbogigen Rippengewölbe, die Nischen zwischen den Strebepfei-

Vreden-Zwillbrock, Innenraum nach Osten

lern werden durch Spitztonnen geschlossen. Schauseite ist die breit gelagerte Westfassade mit seitlichen Blendfenstern und einem von einer Lünette mit Kreuz bekrönten, seitlich abgeschweiften Giebel. In dessen Nische steht eine Figur des hl. Franziskus. Die Vorhalle wiederholt die ganze Fassadenform verkleinert.

Einheitlich und ausgewogen ist die original erhaltene Innenausstattung von 1719/48. Der Kontrast von rotem und dunkelblauem Marmorimitat zu Gold bestimmt den optischen Eindruck. Der zweizonige Hauptaltar wird in der Hauptzone mit Wechselbildern bestückt:

Die Anbetung der Hirten als Weihnachtsbild, passend zur Verkündigung in der oberen Zone, oder eine Kreuzigung für das übrige Kirchenjahr. Der dreiteilige Drehtabernakel greift diese Wandelbarkeit auf. Figuren von Heiligen und Engeln rahmen die Szenen. Ungewöhnlich ist der obere Abschluss durch eine Einzeigeruhr. Die vorgezogenen Seitenaltäre mit Figuren von Maria und dem hl. Antonius von Padua sind schräg in die Wandnischen gestellt (→ Sundern-Brunnen). Ihre oberen Zonen zeigen in Strahlenkränzen die Symbole des hl. Geistes und Gottvaters. Die Hängekanzel mit üppigem, von einem Engel mit den mosaischen Tafeln bekrönten Baldachin entfaltet einen dekorativen Formenreichtum. Die Orgel auf der Westempore stammt vermutlich von einem Mitglied der Orgelbauerfamilie Klausing in Herford und entstand um 1720. Nicht nur der prächtige Prospekt, sondern auch der größte Teil des historischen Pfeifenwerks sind – ergänzt um ein selbständiges Pedal – erhalten. Von der Farbfassung ausgenommen sind die Beichtstühle und besonders das im Ostjoch etwas versteckte, stilistisch völlig andere Chorgestühl der Brüder. Die Kommunionbank zeigt wertvolle Intarsien aus verschiedenen Hölzern und Zinn. Älter als die Kirche ist die kleine gotische Marienstatue in einer Barocknische der Nordwand vor dem Seitenaltar sowie eine ungefasste Figur der hl. Katharina aus der Zeit um 1500.

Rechtwinklig zur Kirche setzte östlich an den Chor der Kirche ein elfachsiger Klosterflügel mit Freitreppe in der Mitte an und wurde später durch eine Kapelle als Südflügel parallel zur Kirche ergänzt. Der Hof war durch eine Mauer nach Westen abgeschlossen. Da-

Vreden-Zwillbrock, Westansicht der Kirche

Wadersloh-Liesborn, Kirche und Ansatz der Abtei

von ist nach dem Abriss des Klosters nach 1821 nur noch der Flügelansatz hinter dem Chor erhalten, nach Süden durch eine mit vermutlich beim Abbruch gewonnenen Materialien errichtete Wand geschlossen. Das Haus dient heute als Pfarrerwohnung.
➤ Die Kirche ist tagsüber gewöhnlich geöffnet. Internet: www.vreden.de →Stadtinfo →Kirchdörfer →Zwillbrock. Pfarrbüro Tel. 0 25 64/20 28, Verkehrsverein Tel. 0 25 64/46 00.

WADERSLOH-LIESBORN
(Kr. Warendorf. Karte: C2)
St. Cosmas und Damian und ehem. Kanonissenstift, später Benediktinerkloster

Vermutlich wenige Jahre vor 856 gründeten die beiden Laien Boso und Bardo – vielleicht aus dem Hause der Egbertiner – das Kanonissenstift, das 1019 durch König Heinrich II. dem Bischof von Münster unterstellt wurde. Auf dem Rückzug von Münster setzte Lothar von Süpplingenburg 1121 auch Liesborn in Brand. Davon hat sich das Stift nicht mehr erholt; mit Disziplinlosigkeit als Begründung hob Bischof Egbert 1130 den Konvent auf und übertrug das Kloster Benediktinern Hirsauer Verfassung. Eine straffe Organisation und gute Wirtschaftsführung verhalfen dem Kloster zu Ansehen und Größe; die Zahl der Konventsangehörigen schwankt zwischen 22 und 40. Als 1264 die Pfarre dem Kloster rechtlich unterstellt wurde, existierte bereits eine bauliche Trennung zwischen beiden. 1271 und erneut 1353 brannten die Gebäude ab, was die Fertigstellung des 1306 begonnenen Chores unterbrach. Erst zwischen 1441 und 1443 wurden Außenmauern und Dachstuhl des Chores errichtet; 1465 erfolgte die Weihe. 1464/65 erfolgte auch die Reform des Klosters von Bursfelde aus. Es begann eine zweite wirtschaftliche, kulturelle und wissenschaftliche Blüte, die nicht zuletzt in der Fertigstellung der Klostergebäude Ausdruck fand. Zwischen 1499 und 1503 wurden Querhaus und Langhaus der Kirche in einem Zuge errichtet. Im Zeitalter der Reformation waren aber weder die Disziplin noch die Wirtschaftsführung aufrecht zu erhalten. Die Schulden wuchsen, und nach der Flucht vor plündernden und marodierenden Truppen 1630 folgte erst ab 1638 ein allmählicher Wiederaufbau. Abt Gregor Waltmann (1698–1739)

Wadersloh-Liesborn, Blick zum Chor

Wadersloh-Liesborn, Abtei

gilt denn auch als dritter Gründer Liesborns. Ihm gelangen die Modernisierung und Erweiterung des Klosters, darunter zwischen 1725 und 1735 der Neubau der Abtei nach Plänen von Michael Spanner. 1803 wurde der Konvent aufgelöst, das Kloster zunächst als königliche Domäne eingerichtet und 1831 vom Herzog von Croy übernommen. Die Gebäude des Klosters wurden mit Ausnahme der Abtei abgebrochen und der überwiegende Teil des Kunstbesitzes verkauft. Die Abtei ist heute Museum des Kreises Warendorf.

Das älteste, noch in die stiftische Zeit zurückreichende Bauwerk ist der Turm, der angeblich über dem Grab der ersten Äbtissin errichtet worden sein soll. Er war mit einem Altar ausgestattet und diente auch Äbten als Grablege. Nur eine ungefähre Datierung in die Zeit um 1100 ist möglich. Mit seinen drei mal drei Biforienfenster nach Süden muss er damals ein beeindruckendes Bauwerk in der flachen Landschaft gewesen sein. Im etwas tiefer als die Kirche liegenden Erdgeschossraum haben sich über der Nische in der Nordwand neun gemalte Äbte in Architekturarkaden erhalten (14./15. Jh.). Die Kirche des 15. Jhs. ist ein dreijochiger Saalbau mit Querhaus, zweijochigem Chor und Polygon aus fünf Seiten des Achtecks. Das Langhaus war bis weit in das 19. Jh. hinein eine zweischiffig-asymmetrische Halle. Die Rundpfeiler des südlich angebauten Seitenschiffes sind in der Innenwand gut erkennbar; das Dachwerk aus der Erbauungszeit ist noch vorhanden. Eine massive Wand teilte Lang- und Querhaus voneinander, noch erkennbar am breiten Gurtbogen im Übergang der Bauteile. Das Querhaus – an die quadratische Vierung schließen sich längsrechteckige Arme an – ist mit Sterngewölben auf Eckdiensten mit trocken wirkenden Blattkapitellen versehen. Filigrane Rankenmalereien und eine Strahlenkranzmadonna mit musizierenden Engeln vervollständigen den Architekturrahmen. Im einfacher gehaltenen Chor sind die Dienste auf Figurenbaldachine herabgeführt. Die Malereien sind hier etwas älter, sie entstanden um 1465. Aufwändige Fischblasenmaßwerke nach Vorbildern an der Lambertikirche in Münster zieren die Fenster (im Langhaus aus dem 19. Jh.). Die nördliche Seitenkapelle entstand im 19. Jh.

Von der ursprünglich reichen und qualitätvollen Ausstattung sind Reste vorhanden. Die beiden Chorgestühle wurden mit dem Chorbau um 1465 angefertigt und um 1525 durch geschnitzte Dorsale und Baldachine ergänzt. Der Levitensitz ist etwa gleich alt (um 1520), jedoch ergänzt. Im Schiff hängt eine Doppelmadonna im Strahlenkranz, eine Osnabrücker Arbeit der Zeit um 1520. Das Kreuzigungsbild im Hochaltar von 1704 fertigte Heinrich Veltmann, die Kanzel mit reichem Figurenschmuck ist 1740 datiert. Auch die Pietá entstand im 18. Jh. als Nachbildung des Telgter Gnadenbildes. In der 1829 von Hermann Dreymann aus Beckum erbauten Orgel befinden sich noch 12 Register des 17. und 18. Jhs. Weitere Werke aus dem Besitz des Klosters sind im Museum der Abtei erhalten. Das berühmteste Werk der Kirche, der Altar des „Meisters von Liesborn", gehört – unvollständig und aufgeteilt – zu den Hauptwerken des Museums für Kunst und Kulturgeschichte in Münster, andere Tafeln davon sind im Britischen Museum in London erhalten.

Die Reste des Klosters zeichnen sich noch an der Nordwand des Langhauses ab, besonders die Bögen des zweigeschossigen Kreuzgangs. Erhalten ist aber nur die als Westabschluss erbaute Abtei, eine breit angelegte Dreiflügelanlage mit Ausrichtung nach Westen. Den dreiachsigen Mittelrisalit mit vorgelegter Freitreppe beherrscht das Pilasterportal mit Inschriftkartusche, gesprengtem Giebel und von großen Löwen gehaltenem Wappen. Das Portal führt in ein großzügiges Treppenhaus mit geschnitzter Brüstung. Der abgebrochene Nordflügel wurde 1952 ergänzt. An der Gebäudeostseite zum Kirchenportal hin befindet sich übrigens ein kleiner quadratischer und damals sehr moderner Anbau: Die Toilette des Abtes.

▶ Die Kirche ist tagsüber gewöhnlich geöffnet. Pfarramt Tel. 02523/8001. Museum der Abtei Liesborn, Internet: www.wadersloh.de/homepage/liesborn/museum_liesborn.htm, Tel. 02523/98240, Fax -982411. Geöffnet Di-Fr 9-12 und 14-17 Uhr, Sa/So nur 14-17 Uhr.

Warburg, Blick auf die ev. Stadtkirche von der Altstadt aus

WALDENBURG → **ATTENDORN**
WALTRINGHAUSEN → **ANRÖCHTE**

WARBURG (Kr. Höxter. Karte: E3)
Ev. Stadtkirche und Gymnasium, ehem. Dominikanerkloster
Der gewählte, aber noch nicht päpstlich bestätigte Bischof Otto von Rietberg überwies nicht zuletzt zur Beförderung seiner Einsetzung in alle Rechte dem Orden den bischöflichen Unteren Hof in der Warburger Altstadt an der Diemel zu einer Klostergründung. Nach Angriffen aus der Bevölkerung der Stadt mussten die Brüder aber die Bautätigkeit einstellen. In geheimen Verhandlungen übertrug er ihnen 1284/86 die Altstädter Pfarrkirche St. Maria im Weinberg und gab den Bürgern nach erbittert ausgetragenen Streitigkeiten den Unteren Hof zum Neubau der heutigen Altstädter Pfarrkirche, die 1299 geweiht wurde. Vermutlich zwischen 1342 und 1361 wurde der heutige Chor der Klosterkirche errichtet, geplant als erster Bauabschnitt eines umfassenden Kirchenneubaus. Dazu kam es nicht. Stattdessen wurden Kapellen von Bruderschaften beiderseits der Seitenwände angefügt und seit der Mitte des 15. Jhs. Klosterbauten errichtet. Das Kloster blieb in der Reformationszeit katholisch, seit etwa 1600 war dies auch die Stadt wieder. Die Klostergebäude wurde zwischen 1656 und 1677, 1700 und etwa 1716 sowie 1736 und 1770 in Abschnitten erneuert. 1824 erfolgte die Aufhebung des Konvents. Die Klosterkirche wurde evangelische Kirche, die Klostergebäude Gymnasium Marianum. Eine inzwischen ebenfalls aufgelöste Neugründung des Ordens in Warburg erfolgte im 19. Jh. an anderer Stelle.

Die Kirche ist heute eine unregelmäßige niedrige Hallenkirche mit zwei begleitenden schmalen Gangschiffen und fünfjochigem hohem Chor mit ungleich tiefen Jochen. Die Baugeschichte ist kompliziert: Der in den Umfassungswänden erhaltene Kernbau war vermutlich eine zweijochige Halle gebundener Ordnung mit Westchor und einer kurzen Ostchoranlage, wie die Ansätze von Vorlagen an der Westwand beiderseits des Bogens zur nicht erhaltenen Westchoranlage belegen. Sie wurde beibehalten, als noch vor dem Eintreffen der Dominikaner das Langhaus in eine zweijochig-asymmetrische Halle mit vierteiligem Gewölbe auf einem etwas nach Norden geschobenen Pfeiler umgebaut wurde. Die in ihrer Symbolik ungedeutete Vorlage an der Westwand und die Gratwölbung gehören hierzu. Vermutlich schloss sich ein querrechteckiger Kastenchor an. Der so im Platzangebot vergrößerte Raum wurde durch den Orden nach Übernahme der Kirche nochmals erweitert, in dem der Chor zum dritten Joch des Schiffes umgebaut und ein größerer Chor angefügt wurde. Laubwerkkapitelle und Gewölbeorganisation belegen deutlich eine am Kölner Domchor orientierte Stilstufe, die sich von der Warburger Altstädter Kirche durch die fehlenden Kämpferplatten unterscheidet. Der heutige Chor ist Teil einer Neuplanung und bildete mit vier Ostjochen den Chor der Brüder, das Westjoch gehörte aber schon zum vermutlich nach dem Vorbild der → Dortmunder Ordenskirche zweischiffig-asymmetrischen geplanten Langhaus. Kelchförmige, gerundete, leicht unterschnittene Laubwerkkapitelle tragen die Kreuzrippengewölbe. Eine dreijochige

Seitenkapelle schließt sich nach Norden an. Die am Langhaus angefügten Seitenkapellen wurden später zu Gangschiffen umgebaut. Wand- und Gewölbemalereien des 13. bis 17. Jhs. wurden ebenso entdeckt wie in Wänden und Gewölben eingebaute Schalltöpfe zur Reduzierung der Überakustik (→ Meschede, Stiftskirche). Abgesehen vom Chor ist die Warburger Klosterkirche weniger „große Architektur" denn beredtes Zeugnis sukzessiver Bauprozesse im Mittelalter, die sich in diesem Umfang selten erhalten haben.

Zu den wenigen erhaltenen Ausstattungsstücken gehört das Chorgestühl, dass unter Verwendung von Teilen aus der Zeit wohl vor 1489 im 17. und 18. Jh. erneuert wurde. Die beschädigte Steinmadonna befand sich ursprünglich über dem Portal. Zwölf Apostel in der Chorseitenkapelle stammen aus dem Anfang des 16. Jhs. Den Chor dominiert der 1665 vom Paderborner Fürstbischof Ferdinand von Fürstenberg gestiftete Hochaltar mit dem von den Diözesanheiligen Liborius und Meinolphus flankierten Mittelbild der Himmelfahrt Mariä.

Das Kloster schließt mit dem Kreuzgang unmittelbar östlich an die Kirche an. Im flach gedeckten Südflügel des Klosterkreuzgangs im Bereich der heutigen Schule haben sich gemalte Passionsdarstellungen aus der 2. Hälfte des 15. Jhs. erhalten, die zeigen, dass die spätmittelalterliche Klosteranlage in der Barockzeit nur umgebaut und erweitert wurde. Im übrigen ist der Komplex auf die Fernwirkung angelegt, eine sich am Steilhang zwischen Alt- und Neustadt von Westen nach Osten erstreckende, seit 1954 mehrfach stark veränderte Baumasse. Der sogenannte Mittelbau, im Kern 1361 errichtet und 1669/70 erneuert, ragt als Südflügel mit Durchfahrt heraus.

▶ Östlich des Übergangs von der Altstadt in die Neustadt in beherrschender Lage am Hang. Die Kirche ist gewöhnlich geschlossen. Gemeindebüro Tel. 0 56 41/85 21, Fremdenverkehrsamt (altes Rathaus westlich der Kirche) Tel. 0 56 41/9 25 55. Eine Besichtigung des Klosters/Gymnasiums ist nicht möglich.

Warburg-Hardehausen, Palmettenringbandkapitell und Basis der Kirche

Warburg-Hardehausen, Südansicht des Klosters

WARBURG-HARDEHAUSEN
(Kr. Höxter. Karte: D3)
Landvolkhochschule und Jugendhaus des Erzbistums Paderborn, ehem. Zisterzienserkloster

1140 siedelte der Paderborner Bischof Bernhard I. von Ösede Zisterzienser aus dem rheinländischen Kloster Kamp auf Land des Bistums an. 1150 wurde die Stiftungsurkunde ausgestellt, die Kirche konnte 1165 geweiht werden. Hauptzweck für die Neugründung war die Verbesserung der Landwirtschaft in der abgelegenen Gegend: Getreideanbau, Wollverarbeitung, Schweinemast und Fischzucht bildeten Schwerpunkte. Das Kloster entwickelte sich wirtschaftlich und personell ausgezeichnet und erlebte zwischen 1250 und 1300 sowie zu Beginn des 15. Jhs. Blütezeiten, die sich auch in Studium und Wissenschaften zeigten. Fehden, der Rückgang der Laienbrüder (Konversen) und die Reformation setzten dem Kloster im 16. Jh. zu. Zwischen 1675 und 1713 erfolgte mit dem Wiederaufbau der zerstörten Klostergebäude die letzte Blüte, bevor 1803 die Auflösung des Klosters erfolgte. 1812 wurde die Kirche bis auf die heutigen Reste abgebrochen. Vor dem Zweiten Weltkrieg nochmals kurze Zeit Abtei, wird die Anlage seit 1945/49 für Bildungsaufgaben durch die Erzdiözese Paderborn genutzt.

Von der einstigen Klosterkirche stehen nur mehr geringe Reste der Südwand, doch sind die bei Grabungen entdeckten Fundamente etwas aufgemauert worden und vermitteln ein Bild von der Bauanlage: Eine dreischiffige, zumindest im Mittelschiff des Langhauses flach gedeckte Basilika mit einem Querhaus, in dessen Giebelwänden die Zugänge lagen und das nach Osten angesetzte Apsiden zeigte, sowie mit einem in Seitenschiffe eingebundenen, in drei Apsiden mündenden Chor. Vermutlich handelte es sich um eine Säulenbasilika (→ Bad Driburg-Neuenheerse), von der mehrere Basen sowie ein großes Palmettenringbandkapitell erhalten sind. Ein weiteres Kapitell mit Lilienornamentik wurde im Nachbarort Warburg-Bonenburg zu einem Taufstein umgearbeitet. Ein Turm war nicht vorhanden; auch im Westen befand sich ein Zugang. Vermutlich in gotischer Zeit wurde der Hauptchor um zwei Gewölbejoche nach Osten mit flachem Ostabschluss erweitert. Ausstattung aus der Kirche ist noch in mehreren Kirchen Westfalens erhalten. Nach Westen ist heute eine moderne Kapelle angebaut.

Die Kirche bildete den Nordabschluss der ausgedehnten Klosteranlage, die eine 130 m lange, nur durch einen Querbau unterbrochene Gebäudefront nach Süden zeigte. Die Abtei bildete deren Westende, doch steht sie seit dem Abbruch des Westflügels bis auf den Kreuzgang nicht mehr im Verband mit dem übrigen Flügel; das Gebäude ist aufgestockt und nach Westen erweitert. Das Portal von 1698 mit einer Nischenfigur des hl. Joseph im gesprengten Giebel bestimmt die Gebäudefassade. Der Kreuzgang gehört sicherlich zu den interessantesten des 17. Jhs. in Westfalen. Der Nordflügel

Warburg-Wormeln, Ansicht der Kirche von Südosten

WARBURG-WORMELN (Kr. Höxter. Karte: E3)
St. Simon und Judas und ehem. Zisterzienserinnenkloster

Das 1015/20 erstmals genannte Wormeln, das bis 1510 zur Erzdiözese Mainz gehörte, besaß bereits eine Pfarre, als die Grafen Konrad, Otto, Hermann und Ludwig von Everstein 1246 an Kirche und Pfarrhof ein Nonnenkloster gründeten. Vielleicht waren schon zuvor Nonnen ansässig, allerdings wurde für die Neubesetzung bald die Zisterzienserregel gültig. 1315 konnte eine Kirche geweiht werden, die gleichzeitig Pfarr- und Klosterkirche war. Kurz darauf traten trotz guter Gründungsausstattung mit Gütern finanzielle Schwierigkeiten auf, die aber 1340 behoben waren. Damals begann eine rege Bautätigkeit, unter anderem wurde wohl ein neues Küchengebäude errichtet. Misswirtschaft führte zu einer Reform, die mit einem Wechsel zum Bistum Paderborn verbunden war. Das Kloster blieb auch in der Reformationszeit katholisch. Nach den Zerstörungen im Dreißigjährigen Krieg konnte 1683 ein neuer Hochaltar geweiht werden. Anfang des 17. Jhs. wurden die bestehenden Klostergebäude errichtet. 1797 kam es zu einer damals Aufsehen erregenden Bauernrevolte wegen Zehntlieferungen – gleichsam ein Vorspiel zur Aufhebung des Klosters 1810. Die Klostergebäude wurden landwirtschaftlicher Gutsbetrieb. 1886 wurde der Nordflügel abgerissen.

Den Baugewohnheiten der Frauenorden entsprechend (→ Soest-Paradiese) ist die Kirche ein Rechtecksaal aus drei etwa quadratischen Jochen, die von einem vierten längsrechteckigen unterbrochen werden. Dienstbündel mit Laubwerkkapitellen tragen die Kreuzrippengewölbe. Im Westjoch ist auf einer Mittelstütze und einem Doppelbogen nach Osten die Nonnenempore eingebaut. Der mit kleinen Fenstern versehene und in Wormeln „Krypta" genannte Raum unter der Empore war einst die Unterkirche für die Laienschwestern. Die Reste von Wand- und Gewölbemalereien stammen aus dem 14. Jh.: In der Krypta die hll. Margaretha und Katharina, im Ost- und Westjoch der Kirche Ornamentbänder und Sterne. Die Außengewände sind unterschiedlich gestaltet, besonders im Zugangsjoch sind Fenster und Portal profiliert, das Portal ist zudem mit Maßwerknasen versehen. Ursprünglich war ein farbiger Außenputz aufgetragen.

Der Taufstein stammt noch aus dem 2. Viertel des 13. Jhs., das Triumphkreuz und ein Astkreuz aus dem 15. Jh., die Doppelmadonna aus dem Beginn des 16. Jhs. Die barocke Ausstattung von 1683 bestimmt den Raumeindruck: Der Hochaltar ist zwar erhalten, aber das Mittelbild 1958 verbrannt; die zugehörigen Seitenaltäre wurden 1822 verkauft. Erhalten ist zu-

vergrößert sich im Westteil auf zwei gleich breite Schiffe. Schlanke, im Grundriss vierpassförmige Pfeiler tragen die Rippengewölbe, deren Transversalrippen in optischer Fortsetzung der Gewölbeschlusssteine Zierscheiben im Scheitel aufweisen – eine fast frühgotische Ausprägung, und in der Tat wurde der Kreuzgangbereich nur teilweise und mit alten Werkstücken erneuert. An den Wänden jedoch sind die Konsolen ganz barock gestaltet. Im Südflügel ist das spitzbogige Portal zum Refektorium aus der Zeit um 1260 erhalten.

Das Gebeinhaus nördlich der Kirche entstand mit den Klosterbauten im 13. Jh. Der Achteckbau auf quadratischem Sockel greift mit seinen Giebelchen über jedem Wandsegment die Form einer Krone auf. Dem Kloster südlich vorgelagert ist der Wirtschaftshof mit dem Kornhaus von 1723, der nur zwei Jahre jüngeren Mühle und einer Scheune; auch ein stark umgebautes Gartenhaus existiert noch. Der ganze Bereich ist mit einer teils noch mit Schiessscharten ausgestatteten Mauer umgeben. An der Straße nach Lichtenau-Blankenrode liegt der Krug, das Gästehaus des Klosters.

▶ Von der B 68 von Lichtenau nach Warburg zweigt hinter Kleinenberg die Straße nach Blankenrode und Meerhof ab; von dort sind es etwa 4 km zum Kloster. Das Außengelände und die Reste der Kirche sind jederzeit zu besichtigen. Internet: www.landvolkshochschule-hardehausen.de. Jugendhaus Tel. 05642/60090, Landvolkshochschule „Anton Heinen" Tel. 05642/98230.

Warendorf, Franziskanerkirche, Detail vom Hochaltar

dem der Altar auf der Nonnenempore. Hier befindet sich auch noch das Gestühl der Nonnen, das 1775 unter Verwendung älterer Sitze angefertigt wurde. Von der Orgel, die vermutlich Andreas Schneider aus Höxter 1683 erbaute, ist nur noch das Gehäuse erhalten. Das berühmteste Ausstattungsstück befindet sich heute in den Staatlichen Museen zu Berlin: Die „Wormelner Marientafel" aus der Zeit um 1350.

Die Klostergebäude schließen sich in der Verlängerung der Kirche nach Osten und nach Norden hin an. Drei Flügel des Kreuzgangs sind mit gurtlosen Gewölben erhalten, teilweise einbezogen in das Hauptgebäude, den schlichten zweigeschossigen Ost- und Südflügel. Das Portal an der Ostseite trägt auf Pilastern einen Lünettengiebel, an der Stelle des Oberlichtes befand sich vielleicht einst ein Wappen.

➤ Südlich der Stadt Warburg. Die Kirche ist geschlossen. Pfarramt Tel. 0 56 41/23 01. Die Klosteranlage ist nur von außen zu besichtigen.

WARENDORF (Kreis Warendorf. Karte: C2)
St. Franziskus und Franziskanerkloster

Der Münsteraner Fürstbischof Ferdinand von Bayern veranlasste 1628, fünf Jahre nach der von ihm erzwungenen Rekatholisierung der Stadt, dass Franziskaner-Observanten zur Festigung des Glaubens nach Warendorf zogen. Sie erhielten schon 1631 das Burghaus der Herren von Bentheim zugewiesen, in der Nordostecke der Stadt am noch erhaltenen Bentheimer Stadtturm gelegen. Das Gelände ist mit dem des heutigen Klosters identisch. Einer ersten Kapelle folgte zwischen 1652 und 1673 der Bau der bestehenden, 1677 geweihten Kirche, Süd- und Ostflügel des Klosters entstanden 1672, der Westflügel 1683. Damals übernahmen die Brüder auch die Lateinschule. 1696 wurde der Südflügel nach Osten verlängert und 1708/09 nochmals um das Novizenhaus erweitert. Das Kloster überstand die Säkularisation. 1869/70 wurde die Herz-Jesu-Kapelle an der Nordseite der Kirche angebaut. Während des Kulturkampfes 1875 bis 1887 aufgehoben, blühte das Klosterleben bald wieder auf. 1934 musste der Chorraum erweitert werden. Heute

Warendorf, Franziskanerkirche und -kloster

ist das Warendorfer Kloster Alten- und Pflegestation für Ordensbrüder aus der Franziskanerprovinz Saxonia.
Die Kirche ist ein langgestreckter Saalbau von fünf Jochen Länge mit etwas eingezogenem Chor, der sich aus zwei ungleich tiefen Jochen und einem Dreiseitschluss zusammensetzt. Das ursprünglich flach gedeckte Langhaus erhielt erst 1852 das Holzgewölbe und damit die Jochteilung. Der Chor war vermutlich früher schon gewölbt, aber kürzer. Die unregelmäßigen Joche und die starken Strebepfeiler des Chorschlusses deuten hier auf die Erweiterung von 1934. Auch der Außenbau mit kleinem Westeingang und Fenster darüber ist überaus schlicht; die Figurennischen stammen erst aus dem 19. Jh. Die Kapelle der Schmerzensmutter seitlich vor der Fassade wurde 1870 erbaut.
Die Kirche wirkt innen nahezu ausschließlich durch ihre reiche, 1782 bis 1784 durch die Laienbrüder Agapitus Mertens und Alphäus Rinklake (→ Recklinghausen, Gymnasialkirche) erneuerte Barockausstattung, die in vielem der in der → Kapuzinerkirche Werl ähnelt; nur die zweigeschossige Orgelempore stammt noch von 1675. Das Gebälk des Hochaltars ruht auf sechs frei stehenden Säulen, die eine Kreuzigungsgruppe des Bildhauers Joseph Stratmann aus Geseke rahmen. Darüber schaut, umgeben von einem Kranz von Engeln, Gottvater mit der Taube des hl. Geistes unter einer Baldachindraperie hervor. Die Seitenaltäre sind als ausgestaltete Figurennischen konzipiert, sie wirken im Gegensatz zum Hauptaltar befremdlich schwer. Die kleine Kanzel mit Evangelistenbüsten und Gutem Hirten auf dem Schalldeckel ist vom Kloster aus zu begehen; in die Wand eingenutzt sind die Beichtstühle. Vom Obergeschoss des angrenzenden Kreuzgangflügels konnten alte und kranke Brüder von mit Balustraden versehenen Bogenöffnungen am Gottesdienst teilnehmen.
Die drei Flügel des Kloster beziehen den flach gedeckten Kreuzgang mit ein. Der Westflügel ist als Hauptfassade des Klosters gegenüber dem Quadrum östlich davon etwas nach Süden verbreitert und mit dem Hauptschmuckelement versehen, einem reich mit Blumengirlanden, Festons und Knorpelwerk geschmückten Pilasterportal. Das Gebälk ist nicht übergiebelt – ganz ungewöhnlich für den westfälischen Barock –, sondern trägt eine Inschriftkartusche und, darüber, das Wappen des Fürstbischofs Ferdinand von Fürstenberg. Östlich und nördlich der Kirche liegen Wirtschaftsgebäude.
▶ Die Kirche ist tagsüber in der Regel geöffnet. Klosterpforte Tel. 02581/93050. Führungen: Stadttouristik Tel. 02581/787700.

WARENDORF-FRECKENHORST
St. Bonifatius und ehem. Damenstift
An der Stelle eines heidnischen Heiligtums des Gottes Frikko stifteten der Edelherr Everward und seine Frau Geva, die vermutlich der Familie der Egbertiner angehörten, um 859 ein Damenstift und statteten es mit über 200 Höfen reichlich aus. Erste Äbtissin wurde ihre Nichte oder Tochter Thiathildis. Die Übertragung der Reliquien der hll. Bonifatius, Maximus, Aeonius und Antonius durch Bischof Liudbert von Münster 860/61 setzte in der Gründungsphase einen deutlichen Akzent. Für die Zeit zwischen 1085 und 1090 ist die Weihe einer Kirche überliefert, die allerdings in einer Feuerkatastrophe 1116 Schaden genommen haben wird. Die Umschrift des Taufsteins berichtet davon, dass sie 1129 – in der im wesentlichen heute noch erhaltenen Gestalt – erneut eingeweiht wurde. Als 1240 die Augustinusregel eingeführt wurde, konnte dies die langsam sich durchsetzende Lebensform eines freiweltlichen Damenstiftes nicht verhindern, aber erst 1495 wurde die Freiweltlichkeit bestätigt. Nach dem Fall des Täuferreiches von Münster fanden verfolgte Täufer im Stift Schutz, das bis 1604 protestantisch und nach Mischformen erst ab 1650 wieder katholisch war. Dennoch blieb das Stift Versorgungsanstalt adeliger Damen und wurde 1812 aufgehoben.
Die im flachen Land weithin sichtbare, fünftürmige Stiftkirche gehört zu den bedeutendsten Baudenkmälern Westfalens. Ältester Bestand ist das monumentale ottonische Westwerk, das um 1000 entstand: Ein im Grundriss annähernd quadratischer Mittelbau wird an

Warendorf-Freckenhorst, Westwerk vom Kreuzhof aus

Warendorf-Freckenhorst, Taufstein

der Westfront von zwei kleineren, aber gleich hohen Rundtürmen begleitet (der nördliche 1859 erneuert) und ist in Seitenschiffansätze eingebunden. Von der Nordostseite kann man gut erkennen, dass sie ursprünglich wesentlich höher und zum Mittelturm mit Fenstern geöffnet waren. Die heutige Fensteranordnung, die mit der Aufstockung des Westbaus bis 1129 entstanden sein dürfte, verunklärt die ursprüngliche Höhe etwas, aber die Blockhaftigkeit der Kuben lässt sich noch erahnen. Statt des heutigen Westeingangs bestand hier ursprünglich eine nur wenig vor die Front tretende, hohe Apsis, die ebenfalls mit einem Eingang versehen war und später durch eine kleine Vorhalle ersetzt wurde. Die heutige Erdgeschossdecke lag ursprünglich tiefer, und zur Kirche öffnet sich das Emporengeschoss in zwei Bögen, in die nachträglich je zwei mit Palmetten und Masken dekorierte Säulen gestellt wurden. Der gesamte Turmschaft wurde 1689 mit einer Unterkonstruktion für den Glockenstuhl ausgefüllt. Die Kirche, eine dreischiffige Pfeilerbasilika mit Querhaus, Chor, Chorflankentürmen und Krypta, entstand in den Umfassungsmauern bis 1129, war aber wahrscheinlich schon seit etwa 1080 im Bau (Südseitenschiff 1859 erneuert). Darauf deuten die ältere Giebellinie des Südquerhauses, Befunde an den beiden Chorflankentürmen und Ansätze einer Apsis in der Krypta an der Stelle des jetzigen Chorostjochs. Die dreischiffige Hallenkrypta mit breiterem Mittelschiff und eine Wölbung mit durchlaufenden Stichkappentonnen (Säulen von 1851) schloss vielleicht schon um die Mitte des 11. Jhs. mit dieser Apsis und wurde mit dem Bau des Ostjoches bis 1129 nach Osten erweitert; der Zugang erfolgte ursprünglich aus der Vierung. Auch die Blendarkaden im Chor und die Chorbogenvorlagen gehören in die frühe Bauperiode um 1080. Die Vorlagen im Langhaus zeigen, dass in der Bauphase zwischen 1116 und 1129 schon eine Wölbung im Mittelschiff geplant war, aber nur in den Seitenschiffe, im Querhaus und in den beiden Chorjochen ausgeführt wurde – eine der frühesten Großwölbungen des Landes. Die Quaderfarbenwechsel zwischen Grün und Rot gehören zu dieser Bauphase. Im Südquerarm befand sich die Stiftsempore mit dem Grab der ers-

Warendorf-Freckenhorst, Blick ins Langhaus

ten Äbtissin im Raum darunter, im Obergeschoss des südlichen Ostturms stand wohl der Thron der Äbtissin. Als zwischen 1473 und 1527 das Hauptschiff seine heutige Wölbung erhielt, wurden dabei auch die jetzt wieder sichtbaren Zierarkaden über dem Gurtbogen zur Vierung zugemauert.

Das zylindrische Taufbecken am Westende des Nordschiffs gilt als das bedeutendste des 12. Jhs. in Deutschland. Es gliedert sich über einem Profilsockel horizontal in zwei Zonen, die durch die umlaufende Weiheinschrift von 1129 getrennt werden. Vier liegende Bestien und Daniel in der Löwengrube symbolisieren die dämonischen Mächte des Bösen, über die das Neue Testament mit seinen Darstellungen in der oberen Zone siegt. Von Säulchen getrennt und von flachen Bögen überfangen sind hier (im Uhrzeigersinn) Verkündigung Mariens, Geburt, Taufe und Kreuzigung Christi, Christus in der Vorhölle mit Engeln am Grabe, schließlich Himmelfahrt und Weltgericht dargestellt. Weitere Ausstattungsreste aus diesem Kunstkreis zeugen davon, dass der Taufstein Teil eines umfassenderen Konzepts war, doch wird über die Herkunft der Künstler noch gerätselt. Das Grabmal der Geva in der Krypta (ursprünglich im Südquerarm) ist das zweite bedeutende Ausstattungsstück der Kirche. Es entstand vermutlich um 1250 und zeigt die Liegefigur einer Frau in einem reich gefälteten, sich an den Körper schmiegenden langen Gewand. Anmutig gerade in ihrer starken Beschädigung, ist nicht wirklich klar, wer hier dargestellt ist. Die Löwenköpfe an den Sakristeitüren dürften noch aus der Bauzeit der Kirche stammen. Das hölzerne Lesepult mit mittelalterlicher Fassung wird in die 2. Hälfte des 13. Jhs. datiert. Der siebenarmige Standleuchter, die drei hohen Tabernakeltürme und die Marienklage entstanden im 15. und frühen 16. Jh. Unter der Ausstattung der Zeit um 1700 ragen die Werke der Familie Gröninger aus Münster heraus: Figuren der hll. Bonifatius und Willibrord, das Gabelkreuz (sogenanntes Weißes Kreuz) mit Wappen der Äbtissin Gertrud von Korff-Suthausen sowie ihr Epitaph im Chor. Der silberne Reliquienschrein der Thiathildis entstand 1669.

Warendorf-Freckenhorst, Kreuzgangflügel Süd und West

Warendorf-Vinnenberg, Langhaus mit Blick nach Osten

Mit weitgehend erneuerter Umbauung ist auch der Stiftsbezirk erhalten. Westlich der Kirche zum Markt hin steht die im Kern aus dem 10. Jh. stammende Petrikapelle, die Pfarrkirche der Laien des Stiftes. Ihre Fenster wurden 1889 erneuert. Kreuzgangreste des Stiftes liegen südlich der Kirche und sind nicht mit ihr verbunden. Heute sind die beiden Flügel aus dem Anfang des 13. Jhs. in Neubauten eingebunden, die Arkadenwand des Ostflügels schließt den Bezirk ab. Die dreiteilige Arkadengliederung und die Kapitellplastik lassen rheinische Vorbilder erkennen. Von den Stiftsgebäuden aus dem 18. Jh. ist neben der Kurie von Boeselager (Stiftsplatz 1) die 1740 von Franz Christoph Nagel aus Paderborn erbaute Abtei südöstlich der Kirche mit wappengeschmücktem Mittelrisalit erwähnenswert; das Tor ist auf 1567 datiert.
▶ Die Kirche ist tagsüber gewöhnlich geöffnet. Die in Pfarrhaus und Jugendheim eingebauten Flügel des Kreuzgangs sind jederzeit zugänglich. Internet: www.bonifatius.info. Pfarrbüro Tel. 02581/980077. Die Abtei befinden sich in Privatbesitz.

WARENDORF-VINNENBERG
Wallfahrtskirche St. Mariä Geburt und Benediktinerinnen-, ehem. Zisterzienserinnenkloster

In unmittelbarer Nachbarschaft zum Kloster → Ostbevern-Rengering entstand 1256 ein weiteres Kloster desselben Ordens. Der Münsteraner Bischof Otto II. von Lippe übertrug dem neuen Kloster die Pfarrei Milte sowie den seinem Ministerialen Bernhard von Vinnenberg zu Lehen gegebenen Haupthof Vinnenberg, auf dem das Kloster bald darauf entstand und mit Nonnen aus St. Ägidii in Münster besetzt wurde. Schon 1302 hatte das Kloster den Charakter eines adeligen Damenstiftes angenommen, 1465 erfolgte der Anschluss an die benediktinische Bursfelder Kongregation. 1550 und 1568 zerstörten Brände die Klostergebäude. Nach den Wirren des Dreißigjährigen Krieges sollte es wegen hoher Schulden aufgelöst und verkauft werden, aber der Äbtissin gelang eine Neuordnung der Wirtschaftsführung. Fürstbischof Christoph Bernhard von Galen privilegierte 1654 die Große Prozession am Fest Mariä Geburt, die mit späteren Wunderberichten die Grundlage für den heutigen Wallfahrtsort bildet. 1810 erfolgte die Auflösung des Konvents. Nach wechselnden Nutzungen und Verpachtungen übernahm das Bistum 1861 die Anlagen, brach das Kloster bis auf einen neueren Flügel ab und errichtete 1865 einen Neubau. Seit 1898 versehen Benediktinerinnen den Dienst am Wallfahrtsort; sie vervollständigten die Klosteranlage durch weitere Neubauten.

Die Umfassungswände der heutigen vierjochigen Saalkirche mit eingezogenem, etwas niedrigerem Chorjoch und Dreiseitschluss stammen weitgehend noch aus dem 13. Jh.; auch die schmalen Fenster sind zugehörig. Die einheitliche Wölbung aus ohne Kapitelle oder Konsolen spitz in die Wand einlaufenden Rippen entstand in der 2. Hälfte des 16. Jhs. Ein Gelenkstück vermittelt zwischen den wegen der Nonnenempore höheren drei Westjochen zum niedrigeren Ostjoch des Schiffes. Die Empore bildet eine dreischiffige vierjochige Unterkirche aus; sie entstand zwischen 1677 und 1711.

Warendorf-Vinnenberg, Kirchenfassade

Die Gewölbejoche ruhen auf Säulen mit ausladenden Kapitellplatten. Der Außenbau ist ausschließlich auf die 1704 gestaltete Westfassade ausgerichtet. Die Trias aus Portal, großem Rundbogenfenster und Figurennische mit Inschrifttafel im Dreistaffelgiebel wird im Erdgeschoss und im Giebel von Fenstern, in der Mitte von zwei dekorierten Figurennischen flankiert. Das für die spätere Anlage zentrale Gnadenbild aus dem 3. Viertel des 13. Jhs. ist 1944/45 in Münster verbrannt und wurde durch eine Kopie ersetzt. Zahlreiche Einzelplastiken aus dem Spätmittelalter bis hin zum Barock sind erhalten geblieben. Die Beichtstühle und Kirchenbänke stammen aus dem 18. Jh. Erhalten blieb auch das Chorgestühl und der Äbtissinnensitz mit Betpult auf der Nonnenempore. Die besten Plastiken, alle aus der Zeit zwischen 1510 und 1520, befinden sich heute im Diözesanmuseum, im Landesmuseum für Kunst und Kulturgeschichte sowie im Dom in Münster.

Die Klosteranlage steht auf einer von der Bever umgräfteten Insel, auf der sich bis 1254 eine Burganlage befand. Von dem sich südlich an die Kirche anschließenden Kloster blieb nur das sogenannte Paterhaus von 1722 (Maueranker mit Jahreszahl) als Verlängerung des Südflügels nach Westen stehen. Der Südflügel wurde 1865 neu erbaut, die anderen Gebäude – darunter der Turm mit der Außenkanzel – kamen seit 1898 hinzu. Das komplizierte Grabensystem schließt drei weitere Inseln mit ein, wobei die größte, westlich vorgelagerte den Wirtschaftshof und die Mühle am Stau aufnimmt. Torhaus und Mühlengebäude aus Fachwerk stammen aus dem 18. Jh.

▶ Die Kirche ist in der Regel tagsüber geöffnet. Auskunft: Stadttouristik Tel. 02581/787700. Gastronomie in der ehemaligen Mühle. Die Gegend lädt zu Fahrradtouren ein.

WARSTEIN-BELECKE (Kr. Soest. Karte: D3)
St. Pankratius und ehem. Benediktinerpropstei

1072 gelangte die Burg bzw. der Hof Belecke, am Südrand der späteren Stadt gelegen und ursprünglich in Königsbesitz, als Schenkung des Kölner Erzbischofs Anno in den

Warstein-Belecke, Innenraum nach Osten

Besitz des Benediktinerklosters → Schmallenberg-Grafschaft. Es richtete dort eine 1244 erstmals genannte Propstei ein, deren Kirche Ende des 13. Jhs. als Abpfarrung von Altenrüthen Pfarrrechte erhielt. Angeblich lebten sechs alte Mönche in einer klosterähnlichen Gemeinschaft, doch werden später nur der Propst und ein Bruder als Kaplan genannt. Dietrich Hermann Röper aus Tirol errichtete 1749/50 die heutige Kirche. Die Propstei wurde mit der Aufhebung des Klosters Grafschaft aufgelöst.
Die Kirche liegt in beherrschender Lage über dem Möhnetal. In den barocken Neubau wurde der Turm der spätromanischen Vorgängerkirche, der vielleicht im Zusammenhang mit der Stadterhebung 1296 erbaut wurde, einbezogen und mit einer neuen Haube versehen. Die Kirche ist ein vierjochiger Wandpfeilersaal mit Dreiseitschluss. Die gestuften Wandpfeiler nehmen die gleich gestalteten, bandartigen Gurt- und Wandschildbögen auf und fassen flache Kreuzgratgewölbe ein (→ Werl, Kapuzinerkirche). Das Pilasterportal auf der Südseite zeigt im gesprengten Giebel über einer Inschriftkartusche mit Chronogramm das Grafschafter Wappen.

Aus dem Kloster in → Warstein-Odacker gelangte eine stehende Muttergottes aus der 2. Hälfte des 14. Jhs. in die Belecker Kirche, die dort als Gnadenbild verehrt worden war. Die Hauptausstattungsstücke der Grafschafter Kirche von 1665 haben sich hier erhalten. Der zweizonige Hochaltar ist in der Hauptzone mit Wechselbildern für die kirchlichen Hochfeste ausgestattet, darunter die Geburt Christi von Johann Georg Rudolphi. Beide Zonen sind von Figuren flankiert. Die schräg in die Ecken der Wandpfeiler eingepassten vorgezogenen Seitenaltäre sind zwar auch zweizonig, aber im Aufbau einfacher gehalten. Gleichzeitig mit dem Kirchenbau entstand die Kanzel mit Evangelistenfiguren und kleinem Baldachin, da die Grafschafter nicht übernommen wurde (→ Arnsberg-Wedinghausen), sowie weitere Einzelfiguren. Im Pfarrhaus mit Tenne hat sich die ehemalige Abtskapelle mit kleinem Barockaltar erhalten.

▶ Die Turmtür ist tagsüber geöffnet; Gitter. Schlüssel: Pfarrbüro Tel. 0 29 02/7 70 30. Gruppen/Schatzkammer (Propsteipfarramt, Am Propsteiberg 1), Tel. 0 29 02/7 53 25 (geöffnet Mi, Sa, So nachmittags). Stadttouristik Warstein, Tel. 0 29 02/81-0.

WARSTEIN-MÜHLHEIM (Kr. Soest. Karte: C3)
St. Margaretha und ehem. Kommende des Deutschen Ordens

Der Ritter Hermann von Mulenhem schenkt 1266 seinen Haupthof an den Deutschen Orden, der bald eine Niederlassung darauf gründete.

Warstein-Mühlheim, Kirche von der Kommende aus

1275 wurden die Patronatsrechte über die Pfarrkirche und in der folgenden Zeit weitere Besitzungen erworben und kamen durch aufgelöste Kommenden hinzu. Das Haus beherbergte ständig mehrere Ordensritter und einen Komtur. Schon zu Beginn des 16. Jhs. verschlechterte sich die wirtschaftliche Lage, die sich noch durch die Unruhen zu Ende des Jahrhunderts und durch den Dreißigjährigen Krieg verschärfte. 1641 brannte ein Teil der Anlage

Warstein-Mühlheim, Blick zum Chor

ab. Zwischen 1653 und 1663 wirkten die Ordensritter der Wirtschaftsmisere durch die Anlage eines Ortes mit eigenen Untertanen und einer straffen Güterverwaltung entgegen. 1690 konnte das heute erhaltene Schloss des Komturs fertig gestellt werden, vermutlich nach Plänen von Ambrosius von Oelde. 1707 bis 1717 wurde die Kirche erbaut, bis zur Jahrhundertmitte entstanden die Nebengebäude. 1809 wurde die Kommende aufgehoben. Eine katholische Laiengemeinschaft unterhält hier heute ein Exerzitienhaus.

Warstein-Mühlheim, Kommende, Risalit zur Gartenseite

Die etwas höher gelegene Kirche und die Kommende südöstlich von ihr stehen in einigem Abstand zueinander. In den dreijochigen Saalbau mit einem Polygon aus fünf Seiten des Zehnecks und kleiner Scheitelkapelle ist der schmalere Westturm eingebunden. Die gleichförmigen, zur Wand hin mit Stichkappen versehenen Rippengewölbe ruhen auf Profilkonsolen. Die polygonale Scheitelkapelle bzw. Sakristei ist mit einem Netzgewölbe von ungewöhnlicher Struktur versehen. Unter dem Chor befindet sich eine Grabgruft für die Komture. Ein kleiner, mit separatem Eingang versehener Anbau am Polygon dürfte der Sitz des Komturs gewesen sein. Der Außenbau ist auf die Wirkung von der Westseite (Straße) wie von der Südostseite (Komturei) angelegt. Die Westfassade ist mit Nischen, mächtiger Wappenkartusche des Komturs Franz Ludwig von Pfalz-Neuburg und Ornamentwerk barock, die Seiten jedoch mit vergleichsweise einfachen Pilasterportalen schlicht gestaltet.

Abgesehen von den drei Altären stammt die Ausstattung weitgehend aus der Zeit nach der Erbauung der Kirche. Die Kanzel ist auf 1725 datiert. Putti teilen am Kanzelkorb die Nischen für die Evangelistenfiguren ab, während der ausladende Schalldeckel von einer Figur des hl. Georg bekrönt wird. Nur wenig älter ist die Doppelmadonna im Strahlenkranz, die im Schiff hängt. Der Form des Gehäuses nach erbaute Johann Bernhard Klausing aus Herford um 1720 die Orgel. Sie ist als Hauptwerk erhalten, später ergänzt um Brustwerk und Pedal. Die Altäre wurden erst nach der Aufhebung der Kommende in der Kirche aufgestellt, angeblich um 1877, stilistisch stammen sie aber aus der Zeit schon bald nach 1809.
Der massige Rechteckbau der Komturei wurde 1725 um ein drittes, niedrigeres und schlichter gehaltenes Geschoss aufgestockt. Die Hauptfassade richtet sich zum Garten und ist von der Kirche aus zu sehen. Quadratische, nur an einer Ecke mit dem Hauptbau verbundene Ecktürme mit Hauben fassen die von einem weit vorgezogenen, dreiachsigen Risalit dominierte Front ein. In den beiden älteren Geschossen sind die seitlichen Fensterachsen durch Figurennischen ersetzt; nur über dem Mittelportal, zu dem wegen des hohen Kellergeschosses eine Treppe empor führt, befindet sich ein Fenster. Der Hauptzugang erfolgte aber wohl über den Graben an der Rückseite. Hier schließt die dreiläufige Freitreppe das Kellertor ein und führt zu einem hohen Pilasterportal mit Inschriftkartusche, Oberlicht und Wappen im gesprengtem Giebel. Die Nebengebäude entstanden zwischen 1734 und 1750.

▶ Die Kirche ist tagsüber gewöhnlich geöffnet. Pfarrbüro Tel. 02925/2250. Kommende: Kath. „Gemeinschaft der Seeligpreisungen". Internet: www.seligpreisungen.org. Tel. 02925/ 97030, Stadttouristik Warstein Tel. 02902/ 81-0.

WARSTEIN-ODACKER (Kr. Soest. Karte: D3)
St. Anna und ehem. Schwesternhaus, später Benediktinerinnenkloster

Odacker soll die Vorgängersiedlung des später auf den Berg verlegten und vermutlich 1308 mit Stadtrecht begabten Ortes Hirschberg gewesen sein. In Odacker lag im 12. Jh. auch ein Pfarrhof, eine Kirche wird daher ebenfalls vorhanden gewesen sein. Vermutlich an dieser Kirche entstand eine Klause mit einigen Schwestern, die 1484 erstmals erwähnt werden. Sie lebten zunächst nach der Augustinusregel, mussten aber 1513 die Benediktinerregel nach der Bursfelder Kongregation annehmen und wurden dem Kloster in →Schmallenberg-Grafschaft unterstellt. Der Konvent zählte zwischen vier und vierzehn Schwestern. Nach Plünderungen

und Zerstörung 1622 flüchteten sie und begannen 1637 mit dem Wiederaufbau. 1704 war das zweigeschossige Klostergebäude fertiggestellt, die Kirche vermutlich schon Jahre zuvor. 1804 wurde der Konvent aufgehoben und die Kirche im gleichen Jahr zum Abbruch verkauft.
Letzter Rest des Klosters ist die kleine Kapelle aus der zweiten Hälfte des 17. Jhs., die als Grabkapelle des Beichtvaters Conrad Lutter eingerichtet wurde und dem hl. Alexander geweiht war. Da sie an der Stelle der ursprünglichen Pfarrkirche des Dorfes steht und die Baustruktur – eine gestelzte Halbrundapsis mit kleinen Seitenfenstern – für eine Kapelle des 17. Jhs. recht archaisch wirkt, könnte hier im Kern der Chor der Pfarrkirche erhalten geblieben sein. Der Eingang liegt an der Westseite. Das Portal ist mit einem oben gekappten und durch einen einfachen Holzarchitrav ersetzten Renaissancegewände versehen und von einem Vordach auf Holzständern geschützt. Der Innenraum ist von einem Kreuzgratgewölbe überspannt und die Apsis mit Muschelstuck geschmückt. Als Altaraufsatz dient eine kleine Figurennische mit Ohrmuscheln. Das früher in der Klosterkirche verehrte Gnadenbild befindet sich heute in der Pfarrkirche in → Warstein-Belecke.
➤ Von Hirschberg die Landstraße Richtung Soest fahren und nach etwa 800 m hinter dem Ortsschild rechts (‚Odacker Weg') abbiegen; die Kapelle liegt nach etwa 1 km rechts in einem Hain. Internet: www.christophorushirschberg.de →Geschichte. Schlüssel: Pfarrbüro St. Christophorus, Tel. 02902/57214. Verkehrsverein Tel. 02902/3901.

WEDDERN → DÜLMEN
WEDINGHAUSEN → ARNSBERG

WELVER-KIRCHWELVER (Kr. Soest. Karte: C2)
Ev. Kirche, Pfarrkirche St. Bernhard und ehem. Zisterzienserinnenkloster

Walter, Edelvogt von Soest, gründete zusammen mit seiner Frau Sophia 1240 ein Kloster für Zisterzienserinnen aus dem Konvent in Haltern-Lippramsdorf, der bald darauf nach Coesfeld verlegt wurde. Das Paar übertrug den Nonnen seine Güter in Welver, Klotingen und Scheidingen; die Klosterkirche auf dem Hof in Welver diente vermutlich schon zuvor als Eigenkirche. 1242 erfolgte die Bestätigung des Klosters durch den Kölner Erzbischof Konrad von Hochstaden. Nach Abschluss der Gründungsphase (vor 1253) wurde Helika, die Schwester Walters, erste selbständige Äbtissin. 1254 konnte der Altar auf dem Chor – vermutlich auf dem Nonnenchor, also der Empore – geweiht werden, 1261 war die Kirche fertig gestellt. Das einsam gelegene Kloster war zunächst durch die Erben der Stifter, bald

Warstein-Odacker, Kapelle

aber auch durch die Fehden im 14. Jh. stark bedrängt. Der Besitz konnte dennoch vermehrt werden. Reformversuche durch das Kloster Kamp erfolgten 1482 und 1493. In der Reformationszeit wurde die Pfarre evangelisch, der katholische Konvent blieb auf dem Nonnenchor zurückgezogen, und 1649 schließlich wurden Kirche, Pfarrhof, Küsterei und das Pfarrvermögen der lutherischen Gemeinde übertragen. 1685 begannen die Nonnen den Neubau der Klostergebäude, zwischen 1697 und 1701 wurde unmittelbar neben der alten eine neue Klosterkirche errichtet. 10 bis 15 Schwestern gehörten dem Konvent im 18. Jh. an. Als mit der Aufnahme aller Güter 1804 die Aufhebung des Klosters drohte, gelang der Äbtissin die Regelung der katholischen Verhältnisse über das Bestehen des Klosters hinaus. 1809 wurde es aufgehoben.

Im früheren Klosterbezirk von Welver liegen damit zwei Kirchen: Die alte Klosterkirche und heutige evangelische Gemeindekirche im Süden und unmittelbar nördlich davon die barocke neue Klosterkirche und katholische Pfarrkirche – eine kleine „Kirchenfamilie", die einzige erhaltene aus klösterlicher Tradition in Westfalen.

Die alte Kirche ist ein Saalbau mit niedrigeren und kurzen Querarmen, querrechteckigem Kastenchor und Turm, dessen Ostteil um 1200 – also noch vor der Klostergründung – erbaut wurde und die einen noch älteren Saalbau gleicher Breite mit Apsis und Turm ersetzt. Vermutlich war nur der Chor gewölbt, Rippenfragmente und ein Schlussstein belegen zudem eine gotische Neuwölbung. Das Lang-

Welver-Kirchwelver, Innenraum der kath. Kirche

haus entstand nach der Klostergründung und war bis vor die Vierung durch die Nonnenempore geteilt. Eine Wölbung wurde hier wohl nachträglich eingezogen und im 17. Jh., als man die Südwand des Langhauses vollständig erneuerte und den heutigen Turm erbaute, wieder entfernt. Seitdem ist die ganze Kirche flach gedeckt. Am Außenbau wurde der niedrige Chor auf Langhaushöhe gebracht und unter ein Dach gezogen. Der niedrige barocke Querturm wirkt ungewöhnlich altertümlich. An Ausstattung hat sich der becherförmige Taufstein aus der Zeit um 1200 sowie der Flügelaltar mit Szenen aus dem Leben Jesu erhalten; Matthias Knippinck malte ihn 1615. Der Erbauer der Orgel ist unbekannt; Gehäuse und Werk stammen aus der Zeit um 1725. Die ungewöhnliche Kanzel wurde 1785 für die im 19. Jh. abgerissene Soester Georgskirche angefertigt.

Die neue Kirche wurde als zweijochiger Gewölbesaal mit etwas in die Länge gezogenem Chorschluss aus fünf Seiten des Achtecks und schmalerem Westturm erbaut, der in die Flucht des Schiffes eingebunden ist (→ Warstein-Mühlheim). Breite, auf Konsolen ruhende Gurte trennen die Rippengewölbe voneinander. Der Wandaufbau ist zweizonig angelegt: Wandjochweise ist – auch im Chor – unter jedem hochsitzenden, mit zweiteiligem Stabwerk versehenen Bogenfenster ein Rundfenster eingebaut. Nach Osten schließt sich eine quadratische Sakristei an. Zwei Turmgeschosse über Dach werden von einer doppelten Haube abgeschlossen. Die ungewöhnlich qualitätvolle Ausstattung aus der Erbauungszeit prägt den Innenraum: Der hohe, mit der bekrönenden Figur bis in die Gewölbekappe reichende Altar ist zweizonig aufgebaut, die Zonen sind von Heiligenfiguren flankiert. Das Hauptgemälde zeigt die Kreuzigung Christi. Die nur wenig vorgezogenen und leicht schräg gestellten Nebenaltäre sind bedeutend kleiner und nur einzonig. Auch die Kanzel mit Evangelistenfiguren an der Korbbrüstung und einem kronenartig von Voluten und einer Figur überhöhten Schalldeckel unterwirft sich der mächtigen Kulisse des Hauptaltars. Von der 1758 erbauten Orgel ist nur das Gehäuse erhalten; das Ölgemälde der hl. Cäcilia in der Brüstung ist

Welver-Kirchwelver, Nordansicht beider Kirchen

Welver-Kirchwelver, Südfassade der Abtei

vermutlich etwas jünger. Das Gemälde der Madonna mit Jesuskind ist eine Kopie des Originals von Rogier van der Weyden und entstand bereits im 16. Jh.

Innerhalb des großen, durch den Friedhof nur nördlich der neuen Kirche offenen Ovals der Umbauung liegt im Westen das massive Abteigebäude mit einer ungewöhnlich proportionierten Portalkombination aus niedrigem Durchgang, Oberlicht, hohem Gebälk und von Voluten eingefasstem Wappen in der Giebelwand. Um 1900 erfolgte eine Erweiterung des Gebäudes nach Osten. Kleinere Fachwerkhäuser liegen im Westen der Abtei sowie östlich der alten Kirche.

➤ Katholische: Tagsüber Turmtür geöffnet, Glasscheibe. Schlüssel: Pfarramt Tel. 02384/ 3470. – Evangelische: Nur sonntags nachmittags geöffnet. Gemeindebüro Tel. 02384/780. – Heimathaus Welver (Klostergarten 10), Tel./Fax 02384/2755.

WERL (Kr. Soest. Karte: C3)
Beata Mariae Virginis und ehem. Kapuziner-, später Franziskanerkloster
Gegen den Willen der Stadt Werl und der Prämonstratenser in → Arnsberg-Wedinghausen, denen die Stadtseelsorge oblag, siedelte Kürfürst und Erzbischof Ferdinand von Bayern 1645 Kapuziner in Werl an, die zwischen 1649 und 1653 Hausgrundstücke erwerben und bis 1669 eine erste Kirche errichten konnten. Erzbischof Maximilian Heinrich von Bayern übergab den Brüdern 1661 das aus der Wiesenkirche in Soest stammende Wallfahrtsbild der Gnadenmadonna, das bald Gegenstand einer reichen Legendenbildung und durch die Wallfahrer für die Stadt Werl zum wichtigen Wirtschaftsfaktor wurde. Die baufällige alte Kirche musste 1786 bis 1789 nach Plänen des Architekten Arnold Boner neu erbaut werden. Nach einem Aufnahmestopp für neue Konventualen 1803 wurde das Kloster 1834 aufgelöst. Danach wurde in den Gebäuden eine Schule eingerichtet und die Kirche simultan von der evangelischen und katholischen Gemeinde benutzt, bis die → Werler Franziskaner den Komplex 1849 übernahmen.

Der fünfjochige, in einem Polygon aus fünf Seiten des Achtecks schließende Wandpfeilersaal der Kirche bildete den Südabschluss des Klos-

Werl, alte Kapuzinerkirche, Westfassade

Werl, alte Kapuzinerkirche, Blick zum Chor

ters und liegt mit der Westfassade als Schauseite etwas von der Straße zurück. Ostjoch und Chorschluss stammen von 1859/60 und ersetzen wohl einen kurzen Kastenchor mit angeschlossenem Psallierchor (später Josephs- und Annenkapelle) nach den Baugewohnheiten des Ordens (→ Brakel, Kapuziner, → Werne). Im Innenraum liegen auf den Profilkonsolen der Wandpfeiler gleich gestaltete, bandartige Gurt- und Wandschildbögen auf, zwischen die die

Werl, Wallfahrtsbasilika, Westfassade

Gratgewölbe eingespannt sind (→ Warstein-Belecke). Die schlichte, mit einem nur unmerklich vortretenden Risalit versehene Westfassade teilt ein hohes Horizontalgesims in den unteren Bereich mit Portal und Fenster und den oberen, geschweiften Spitzgiebel mit Figurennische (mit Madonna von 1953).
Die Hauptausstattung stammt aus der Erbauungszeit. Die drei Altäre sind einzonig: Den Hauptaltar gliedern vier Säulen, die das Altargemälde rahmen und zwei Figurennischen flankieren. Eine plastische Darstellung der göttlichen Dreieinigkeit schließt den Altar nach oben ab. Die etwas vorgezogenen Seitenaltäre bilden ausgestaltete Figurennischen aus. Die im 19. Jh. als Versuch einer stilistischen Angleichung angefertigte Kanzel mit Evangelisten an der Korbbrüstung wird von einem Schalldeckel überfangen, der in einer Franziskusfigur gipfelt. Mehrere Figuren sind an den Wandpfeilern erhalten, allerdings sind einige Kopien anderer bedeutender Bildwerke.
Vom Kloster ist der Südkreuzgang im Kern erhalten, bis in die Höhe der Kirchenfassade nach Westen verlängert und zur offenen Bogenhalle für den westlichen Hof der neuen Basilika umgebaut.
▶ Die Kirche ist meist geschlossen. Informationen → Basilika Werl.

Basilika Mariä Heimsuchung und Franziskanerkloster

1848 bat die Stadt Werl die Diözese Paderborn um die Entsendung von Ordensleuten zur Betreuung der Marienwallfahrt in der alten Kapuzinerkirche. Die ersten Brüder berief der Provinzial im folgenden Jahr aus dem Kloster in Wiedenbrück, aber erst nach Einrichtung der Klausur erfolgte 1857 die Erhebung zum Konvent. Im Kulturkampf 1875 bis 1887 musste das Kloster aufgegeben werden, danach prosperierte es aber in einem Umfang, dass man 1903 die alten Gebäude abreißen und bis 1905 den im wesentlichen bestehenden Neubau errichten konnte. Nachdem das Vorhaben, auch die alte Kirche niederzulegen und durch einen Neubau zu ersetzten am Widerstand der westfälischen Denkmalpflege gescheitert war, beauftragte die Ordensprovinz der Franziskaner den Architekten Wilhelm Sunder-Plaßmann aus Münster mit den Neuplanungen. 1904 bis 1906 erbaut, erfolgte 1911 die Weihe. 1929 wurde Werl Sitz der Ordensprovinz Saxonia und 1953 erhob Papst Pius XII. die Kirche in den Bedeutungsrang einer Basilika. Das vom Krieg weitgehend verschonte Ordenshaus entwickelte sich zusätzlich zur Wallfahrt bald zu einer christlich-religiösen Tagungsstätte. Nach Neubauten im östlichen und südlichen Bereich der Kirchen ist dies noch heute ein Schwerpunkt des Hauses.

Die Werler Basilika ist auch bautechnisch eine Basilika: Dem vierjochigen Schiff in gebundener Ordnung ist ein zweijochiger, in einer großen Apsis schließender Chor angefügt und im Westen eine Doppelturmfassade vorgelegt. Auch die über den Dächern von niedrigen Strebebögen überfangenen Seitenschiffe münden in Apsiden. Rundbogenblenden mit Dreifenstergruppen gliedern den Obergaden und die Chorwände der Südseite, während die Apsis von Blendbögen überhöht wird, die eine Zwerchgalerie andeuten. Der von Arkadengängen eingefasste und etwas erhöht liegende Vorplatz ist auf die 1961 leider umgestaltete Westfassade ausgerichtet; nach Süden schließt sich die alte →Kapuzinerkirche an. Die beiden allseitig übergiebelten Türme werden von einem Dachreiter ergänzt. Im Innenraum tragen hohe Säulen mit Würfelkapitellen als Zwischenstützen die Obergadenwände. Die von bandartigen Gurten geschiedenen kuppeligen Gewölbe ruhen dagegen auf schmalen Rechteckvorlagen der Pfeiler. Ein Horizontalgesims schafft optische Fluchtlinien zum Chor. Die zur Architektur stimmige Ausmalung von 1928 mit Ornamenten und Szenen aus dem Marienleben wurde 1961 aufgegeben. Ein zurückhaltendes Grau betont heute die Baugliederung. 1960/61 wurde auch die Krypta unter dem Chor angelegt.

Das heute in einer Glasvitrine vor dem Chor aufgestellte Gnadenbild bildet den Mittelpunkt der Ausstattung: Die thronende Madonna und ihr Kind sind dem Betrachter zugewandt, die Madonna mit segnenden Handflächen, das mit übergeschlagenen Beinen sitzende Jesuskind mit Buch und Segensgestus. Die Figur stammt aus dem 13. Jh., doch wurden die Kronen und die Farbfassungen besonders der Gesichter später ergänzt bzw. verändert. Die bis 1960 erhaltene, originale Ausstattung der Kirche ist einer zurückhaltenden Neugestaltung gewichen. Die Brüder versammeln sich in dem an den Chorwänden umlaufenden Gestühl um das modern gestaltete Ziborium in der Chormitte.

Etwa in der Höhe der Langhausmitte schließt sich nach Norden das Kloster an. Die Hauptfassade aus einem Giebelflügel und einem Traufseitenflügel mit risalitartigem Zwerchhaus richtet sich nach Westen. Breite Lisenen tragen die drei Giebelblenden und fassen die symmetrisch angelegte, übergiebelte Klosterpforte ein. Eine zweigeschossige Sakristei ist an der Chornordseite angeschlossen. Weitere Gebäude stehen auf der Nordseite der beiden Kirchen, darunter das 1908 erbaute und 1977 modern erweiterte Exerzitienhaus.

➤ Die Kirche ist tagsüber offen. Klosterpforte Tel. 0 29 22/98 20. Internet: www.wallfahrt-werl.de. Führungen: Stadtmarketing, Tel. 0 29 22/8 70 35 00. Museum Forum der Völker: Tel. 0 29 22/26 35, Fax -8 56 55. Öffnungszeiten: Di-Fr 10-12 und 14-17 Uhr, Sa/So 14-17 Uhr, feiertags geschlossen.

Werne, Kapuzinerkirche, Fassade

WERNE (Kr. Unna. Karte: B2)
St. Peter und Paul und Kapuzinerkloster

1659 baten Vertreter der Stadt Werne und der Pfarrdechant Arnold Theodor von Wendt den Münsteraner Fürstbischof Christoph Bernhard von Galen um die Genehmigung zu einer Kapuzinerniederlassung. Die Grundstückserwerbe zogen sich von 1664 bis zur Grundsteinlegung für die Erbauung des Klosters, die von 1671 bis 1673 erfolgte, hin. Der Bau der Kirche schloss sich von 1677 bis 1680 an. Baumeister war Ambrosius von Oelde, der als Kapuziner im Werner Haus lebte und nach seinem Tod 1705 auch in der Kirche bestattet wurde. Nach Fertigstellung der Ausstattung erfolgte die Weihe der Kirche 1701. Nach einem Aufnahmestopp 1802 erfolgte erst 1834 die Aufhebung des Klosters, doch lebte mit der Einführung der allgemeinen Religionsfreiheit 1850 noch der frühere Ordensprovinzial zur Betreuung der Kirche im Kloster. Mit Brüdern aus der Tiroler Provinz lebte das Kloster wieder auf und ist bis heute besetzt, unterbrochen nur durch die Schließung während des Kulturkampfes 1875 bis 1887. Seit 1978 ist in Werne das Noviziat für die rheinisch-westfälische Provinz des Ordens untergebracht.

Dem schlichten Rechtecksaal mit Holztonnenwölbung auf einem Profilgesims ist ein etwas eingezogener, mit einem Kreuzgrat-

Werne, Kapuzinerkloster, Blick in den Kreuzgang

gewölbe versehener Kastenchor angeschlossen, der nach Osten in den niedrigeren Psallierchor mit dem Bibliotheksraum im Obergeschoss übergeht. Die Kirche entspricht damit in den Grundzügen den erhaltenen Ordensbauten von Ambrosius in →Paderborn und →Borken. Die symmetrisch angelegte Westfassade spiegelt das schlichte Baukonzept wider: Über dem niedrigen Portal mit Inschrift im Gebälkrahmen zwei große Fenster eine kleine Figurennische. Im auf 1680 datierten Staffelgiebel befindet sich ein Rundfenster.

Die Hauptausstattungsstücke im Innenraum fertigte Paul Gladbach aus Rüthen 1682 bis 1685 an, Bruder Damian aus Ratingen erstellte die Gemälde. Der hohe Säulenaltar im Chor trägt über dem Rundbogen des Gemäldes das Wappen des Paderborner Fürstbischofs Ferdinand von Fürstenberg, die von Sitzfiguren auf dem gesprengten Giebel eingefasste Ädi-

Werne, Kapuzinerkirche, Innenraum

kula zeigt ein Gemälde der Veronika mit Schweißtuch. Auch die Türen zu beiden Seiten werden von Gemäldeädikulen überfangen. Die Seitenaltäre an der Langhausostwand sind schmal und niedriger, aber ebenfalls mit Gemälden zweizonig gestaltet und mit Wappen geschmückt. Im südlichen Altar befindet sich die seltene Darstellung des Hostienwunders des hl. Antonius von Padua mit Esel. Die schlichte Kanzel mit Ecksäulchen ist vom Kloster aus zu begehen, die Beichtstühle sind in die Seitenwände gesenkt. Von der 1801/02 erbauten Orgel ist nur das frühklassizistische Gehäuse erhalten. Aus der 2. Hälfte des 14. Jhs. und damit älter als das Kloster ist ein ausgesprochen ausdrucksstarkes Ast- und Gabelkreuz im Besitz des Konvents.

Das nördlich der Kirche angebaute und bündig mit der Westwand fluchtende zweigeschossige Kloster gruppiert sich um den schmalen, balkengedeckten und nach außen mit einfachen Fenstern versehenen Kreuzgang. Im Südflügel befinden sich beiderseits des Wappens mit Inschrift über die Grundsteinlegung des Klosters 1677 die Gedenktafeln für die Guardiane. Gartenseitig sitzt das Pesthaus des Klosters aus der Mitte des 17. Jhs. auf der hohen Klostermauer auf.

▶ Die Kirche ist tagsüber gewöhnlich geöffnet. Internet: www.werne.de →Stadtinformation →Sehenswürdigkeiten →Kapuzinerkloster. Klosterpforte Tel. 02389/989660.

WILLEBADESSEN (Kr. Höxter.
Karte: E2)
St. Vitus und ehem. Benediktinerinnenkloster

Auf Initiative des Paderborner Bischofs Bernhard I. von Oesede stifteten Ludolph von Osdagessen (Oesede) und seine Frau das Benediktinerinnenkloster an einer bereits bestehenden Kirche, das Bernhard 1149 und Papst Lucius III. 1183 bestätigten. Klostervogt wurde der Bruder Luthold, und die sechs Töchter Ludolphs traten in das Kloster ein. 1317/18 gründete Propst Gyso mit bischöflicher Erlaubnis vor dem Klostertor die Minderstadt (ohne Markt- und Münzrecht) Willebadessen, die vom Kloster abhängig blieb (→ Brakel-Gehrden). Mit der Einführung der Bursfelder Kongregation 1473 setzte eine geistliche, wirtschaftliche und künstlerische Blütezeit ein, die unter anderem in einer Neuausstattung der Kirche Niederschlag fand. Die Reformation und den Dreißigjährigen Krieg überstand das Kloster verhältnismäßig unbeschadet, so dass zwischen 1698 und 1722 die Kirche in Teilen erneuert (Portal, Turmhelme) und das Kloster teils unter Einbeziehung und teils auf den Grundmauern der romanischen Teile neu gebaut werden konnte. 1744 kam das Abteigebäude hinzu. 1810 erfolgte die Aufhebung des Konvents. Die Gebäude wurden verkauft und gelangten durch Erbgang 1871 an die Familie von Wrede; im gleichen Jahr wurde der Südflügel des Klosters abgebrochen. Ein Teil von Kloster und Abtei ist heute zu Büros eingerichtet, ein weiterer Teil „Haus des Gastes" und der ehemalige Kloster- bzw. Abteigarten Kurpark.

An die zweijochige gewölbte Pfeilerbasilika gebundener Ordnung, deren Nordschiff im 18. Jh. abgerissen und deren Südschiffarkaden teilweise vermauert wurden, schließen sich Querhaus und Chorquadrat an. Das Formensystem mit breiten Vorlagen und auf Viertelkreiskonsolen abgefangenen Unterzügen macht den Zusammenhang mit → Brakel-Gehrden und anderen Bauten der Wesergruppe deutlich und datiert den Bau in die Zeit zwischen 1150 und 1175. Im 15. Jh. wurde der Chor umgebaut und mit Maßwerkfenstern versehen. Auch die Querhausapsiden wurden damals entfernt. Zwischen 1720 und 1727 wurden die Gewölbe im Hauptschiff und im Nordquerarm erneuert und die Nonnenempore mit dreischiffiger Unterkirche im Westen eingebaut. Die drei Joche werden von Westen nach Osten tiefer und täuschen damit optisch eine größere Raumlänge vor. Die dekorierte Schauwand der Empore nach Osten ist mit einem filigranen Gitter von 1729 versehen. Auch den Außenbau bestimmen die Erneuerungen dieser Zeit. Markant sind die beiden gedoppelten welschen Hauben über den Querarmen, die bis 1963 Dachreiter an dieser Stelle waren. Zwei Figuren in Nischen in der Querhausnord- und der Westwand stammen aus der Werkstatt Papen. In der gotischen Sakramentsnische in der Ostwand des Südquerarms befindet sich eine Madonna aus dem 14. Jh. Weitere mittelalterliche Ausstattung befindet sich im Diözesanmuseum Paderborn. Im übrigen sind nur Reste der einstmals umfangreichen Barockausstattung aus der Werkstatt Papen in Marsberg-Giershagen erhalten, darunter die Kanzel von 1721/23, das unter Verwendung eines gotischen

Willebadessen, Kircheninnenraum

Gestühls umgebaute der Nonnenempore von zwei mal 19 Sitzen, ein Beichtstuhl sowie zwei Figuren vom früheren Hochaltar im Chor. Hingewiesen sei auf die beiden Reliquienpyramiden an den Chorwänden, die ursprünglich auf der Nonnenempore angebracht waren. Sie entstanden 1723 oder etwas früher (→ Höxter-Brenkhausen).

An den Querhaussüdarm – Kreuzgang, Sakristei bzw. Kapitelsaal und Dormitorium im Obergeschoss sind von hier aus zugänglich – und an das Langhaus schließt sich der gotisierende Kreuzgang in drei Flügeln aus der Zeit um 1700 an. Die Rippengewölbe mit Schlusssteinen und

Willebadessen, Blick in den Kreuzgang

Willebadessen, Westansicht der Klostergebäude, rechts die Abtei

Gurtscheitelsteinen ruhen auf Wandkonsolen. Im Ostflügel hat sich mittelalterliche Bausubstanz in größerem Umfang erhalten. Dazu zählt der ehemalige Kapitelsaal (jetzt Sakristei) aus der Zeit zwischen 1150 und 1175, eine zweischiffig-symmetrische Halle von drei Jochen Länge auf zwei Mittelstützen mit prächtigen Palmettenkapitellen. Gekuppelte Rundbogenöffnungen vermitteln zum Kreuzgang. Die sogenannte Gründerkapelle südlich davon besteht nur noch aus 3×2 Jochen, die nach Osten aus dem Baukörper kragende Hälfte ist 1872 abgebrochen worden. Vermutlich handelt es sich um das ehemalige Refektorium, doch befanden sich hier auch die Gräber Lutholds und seiner Familie. Der breite Westflügel von 1713 ist mit einer Figurennische über dem Portal mit gesprengtem Giebel versehen, die sich über Eck nach Süden anschließende Abtei mit Wappenportal ist durch einen Halbwalmgiebel mit einer Pilasternische geschmückt, die eine Figur von Johannes Pollmann aus Obermarsberg aufnimmt. Die Gebäude des Wirtschaftshofes liegen südlich der Anlage; die Schmiede stammt noch von 1688, die übrigen Gebäude aus dem 18. Jh. Das Torhaus ist das jüngste Gebäude des Klosters; es wurde 1801 erbaut. Die im Westen und Süden gedoppelte Umfassungsmauer mit Graben ist weitgehend erhalten.

➤ Die Kirche ist tagsüber in der Regel geöffnet. Pfarramt Tel. 05646/663. Internet: www.euroskulpa.kulturserver.de. Führungen/Auskünfte: Klosteranlage Willebadessen und Skulpturenpark, Tel. 05646/777. Stadttouristik Tel. 05644/880.

WORMELN → WARBURG
ZWILLBROCK → VREDEN

ZEITTAFEL ZUR GESCHICHTE DES KLOSTERWESENS IN WESTFALEN

Aus der Fülle der Daten wurden nur die wichtigsten Gründungs- und Baudaten ausgewählt. Die Aufnahme auch der Ausstattung hätte den Rahmen dieses Handbuchs gesprengt.

Jahrhundert/Gründung	Bau
vor 800	
777 Paderborn Domstift	um 799? Bad Driburg-Iburg, Peterskirche?
789 Herford Damenstift	
792/93 Münster Benediktinerkloster	
799 Minden und Paderborn Domstifte	
799/805 Münster Domstift	
800–900	
810/19 Herdecke Stift	um 820 Herdecke, Kirche
822 Höxter-Corvey, Benediktinerkloster	873/84 Höxter-Corvey, Westwerk
836 Büren-Böddeken, Kanonissenstift	um 900 Meschede, Stift, Kirche
839 Vreden, Damenstift	
856 Wadersloh-Liesborn	
um 859 Warendorf-Freckenhorst	
vor 860 Nottuln	
868/71 Bad Driburg-Neuenheerse	
868/85 Herzebrock	
vor 889 Metelen	
nach 893 Meschede, Stift	
900–1000	
939 Bielefeld-Schildesche	952 Minden, Dom, Westwerk
946 Geseke, Damenstift	nach 952 Geseke, Stiftskirche
947 Enger, Kanonikerstift	nach 965 Soest, Patroklikirche, Langhaus
965 Soest, Patroklistift	um 1000 Porta Westfalica-Wittekindsberg
vor 968 Steinfurt-Burgsteinfurt	um 1000 Warendorf-Freckenhorst, Westwerk
992/93 Porta Westfalica-Wittekindsberg	
1000–1100	
1014 Paderborn, Abdinghofkloster	1011 Herford, Marienstiftskirche, Weihe
1029 Minden, Martinistift	1023 Paderborn, Abdinghofkirche, Krypta
nach 1032 Münster, Überwasserstift	1025/50 Bad Driburg-Neuenheerse, Westwerk
vor 1036 Paderborn, Busdorfstift	1036 Paderborn, Busdorfkirche, Ostbau
1042 Minden, Mauritiusstift	um 1050 Vreden, Stiftskirche, Krypta
1064 Münster, Mauritzstift	um 1069 Münster, Mauritzkirche
1072 Schmallenberg-Grafschaft, Benediktiner	1085/88 Münster, Überwasserkirche
1093 Rosendahl-Varlar, Benediktiner	1085/90 Warendorf-Freckenhorst, Kirche
	1088 Paderborn Abdinghofkirche
	um 1100 Bad Driburg-Neuenheerse, Säulenbasilika
	um 1100 Wadersloh-Liesborn, Turm
1100–1200	
1118 Rosendahl-Varlar, Prämonstratenser	1100/50 Lippstadt-Benninghausen, Turm
1121 Selm-Cappenberg, Prämonstratenser	1100/50 Vreden, Stiftskirche
1128 Marienmünster, Benediktiner	1118 Soest, Patroklikirche, Seitenschiffe
1132/51 Legden-Asbeck	1122/49 Selm-Cappenberg, Kirche
1133 Herzebrock-Clarholz, Prämonstratenser	1129 Selm-Cappenberg, Kirche Weihe
1133 Oelde-Lette, Prämonstratenser	1139/40 Büren-Böddeken, Kirche Weihe
vor 1138 Bad Driburg-Iburg, Benediktinerinnen	um 1150 Marienmünster, Kirche
um 1140 Lippstadt-Cappel, Prämonstratenserinnen	um 1150 Minden, Dom, Westwerk Umbau

1140/50 Warburg-Hardehausen, Zisterzienser
1142 Brakel-Gehrden, Benediktinerinnen
1142 Havixbeck-Hohenholte
vor 1146 Marsberg-Obermarsberg
1147 Kirchlengern-Stift Quernheim
vor 1149 Willebadessen, Benediktinerinnen
um 1150? Lichenau-Dalheim, Augustinerinnen
1166 Haltern-Flaesheim
1170 Marsberg-Bredelar, Prämonstratenserinnen
vor 1173 Arnsberg-Wedinghausen, Prämonstratenser
vor 1174 Arnsberg-Oelinghausen
1178 Ochtrup-Langenhorst, Stift
vor 1184 Höxter-tom Roden
1185 Harsewinkel-Marienfeld, Zisterzienser
um 1185 Lippstadt, Marienstift
um 1187 Münster, Martinistift
nach 1188 Arnsberg-Rumbeck
1189 Münster, Ludgeristift
um 1190 Steinfurt-Burgsteinfurt, Johanniter
1196 Marsberg-Bredelar, Zisterzienser

1150/75 Willebadessen, Kirche
1150/75 Kirchlengern-Stift Quernheim, Kirche
1150/1200 Drolshagen, Kirche
1150/1200 Legden-Asbeck, Langhaus Kirche
1150/1200 Minden, Marienkirche
1150/1200 Minden, Martinikirche
1153/70 Lippstadt-Cappel, Kirche
1160/70 Brakel-Gehrden, Kirche
1165 Warburg-Hardehausen, Kirche Weihe
1165/90 Bad Driburg-Neuenheerse, Wiederaufbau
1166 Soest, Patroklikirche
nach 1166 Haltern-Flaesheim, Westwerk
1170/80 Paderborn, Gaukirche
1173/85 Münster, Ludgerikirche
1175 Herzebrock-Clarholz, Kirche
1175/1200 Lübbecke, Kirche
1180/90 Münster, Martinikirche, Turm
um 1190 Münster, Dom, Westbau
1190/1238 Soest, Patroklikirche, Westbau
1190/1244 Lippstadt, Marienstiftskirche
Ende 12. Jh. Metelen, Kirche, Westbau
Ende 12. Jh. Lichenau-Dalheim, Nonnenkirche, Turm
Ende 12. Jh. Geseke, Damenstift, Ostflügel Kloster
12. Jh. Enger, Stiftskirche

1200–1300

vor 1210 Minden, Johannisstift
vor 1223 Hagen-Elsey, Prämonstratenserinnen
1225/30 Fröndenberg, Zisterzienserinnen
1226/36 Gevelsberg, Zisterzienserinnen
1227 Stemwede-Levern, Zisterzienserinnen
1228/31 Paderborn, Gaukirchkloster
1231 Soest, Dominikaner
1231/85 Herford, Johanniter
1233 Soest, Franziskaner
vor 1235 Drolshagen
1236 Minden, Dominikaner
1239 Hilchenbach-Allenbach, Keppel
1240 Lippstadt-Benninghausen
1240 Welver-Kirchwelver, Zisterzienserinnen
1240 Tecklenburg-Leeden, Zisterzienserinnen
um 1240 Höxter-Brenkhausen
1243 Büren-Holthausen
vor 1244 Warstein-Belecke, Benediktinerpropstei
1245 Borken-Groß Burlo, Wilhelmiten
1246 Warburg-Wormeln, Zisterzienserinnen
1247 Ostbevern-Rengering, Zisterzienserinnen
1247 Lügde-Falkenhagen, Nonnen
1247 Münster, Franziskaner
1248/50 Höxter, Franziskaner
1252 Soest-Paradiese
1252 Vlotho, Zisterzienser
1256 Warendorf-Vinnenberg, Zisterzienserinnen
1256 Hörstel-Gravenhorst, Zisterzienserinnen
1259 Wiedenbrück, Aegidiistift
1265 Lemgo, Marienstift
1267 Beckum, Kollegiatstift
1278 Hopsten-Schale, Zisterzienserinnen
1280/81 Lippstadt, Augustiner-Eremiten
1281/82 Warburg, Dominikaner
1282 Münster, Johanniter
vor 1290 Dortmund-Brackel
1293 Bielefeld, Neustädter Marienstift
1295 Lübbecke, Kollegiatstift
1297 Medebach-Glindfeld (Umsiedlung)

Anf. 13. Jh. Schmallenberg-Grafschaft, Turm
1200/50 Haltern-Flaesheim, Kirche Langhaus
1210/30 Oelde-Lette, Kirche
1220/40 Paderborn, Dom, Westteile/Turm
1220/80 Minden, Domkirche
1220/80 Herford, Stiftskirche
1222 Harsewinkel-Marienfeld, Kirche Weihe
um 1223 Hagen-Elsey, Kirche
1224/64 Münster, Domkirche
1225/40 Ochtrup-Langenhorst, Kirche Westteile
1225/50 Legden-Asbeck, Kirche Ostteile
1225/50 Steinfurt-Burgsteinfurt, Große Kirche
um 1230 Fröndenberg, Kirche
1240/50 Tecklenburg-Leeden, Kirche
nach 1240 Höxter-Brenkhausen, Kirche
1240/60 Marsberg-Obermarsberg, Kirche
1240/60 Metelen, Kirche
1242 Drolshagen, Kirche Umbau/Wölbung
um 1250 Geseke, Stiftskirche Umbau
1250/60 Paderborn, Domkirche
1250/81 Höxter, Franziskanerkirche
1250/1300 Hopsten-Schale, Kirche
1250/1300 Wiedenbrück, Ägidiikirche
1250/1300 Herdecke, Kirche Umbau
1254/61 Welver-Kirchwelver, alte Kirche
1254/1300 Arnsberg-Wedinghausen, Kirche/Kloster
nach 1256 Warendorf-Vinnenberg, Kirche
nach 1256 Hörstel-Gravenhorst, Kirche
1260/75 Hilchenbach-Allenbach, Keppel Kirche
1260/1300 Lemgo, Marienkirche
1261/71 Münster, Franziskanerkirche
1274/92 Soest, Franziskanerkirche
1282/1300 Lippstadt, Augustiner-Eremitenkirche
1282/1325 Herford Marienstiftskirche
1283 Stemwede-Levern, Kirche Weihe
1289/1325 Vlotho, Kirche
um 1296 Warstein-Belecke, Turm
13. Jh. Minden, Johanniskirche Langhaus

1300–1400

1309/31 Dortmund, Dominikaner
1322 Anröchte-Waltringhausen, Schwesternhaus
1323 Dülmen, Kollegiatstift
1325 Horstmar, Kollegiatstift
1396 Attendorn, Kollegiatstift

um 1300 Paderborn, Busdorfkirche
1300/50 Bielefeld, Neustädter Marienstiftskirche
1300/50 Fröndenberg, Kirche Umbau
1300/50 Herzebrock-Clarholz, Umbau
1311 Münster, Johanniskirche
1315 Warburg-Wormeln, Kirche
1340/63 Münster, Überwasserkirche
um 1342 Beckum, Stephanuskirche, Ostteile
1342/61 Warburg, Dominikanerkirche Chor
um 1350 Enger, Kirche Umbau
um 1350 Herford, Neustädter Johanniskirche
um 1350 Lübbecke, Kirche Umbau
1350/1400 Arnsberg-Oelinghausen, Kirche
1350/1400 Attendorn, Johanniskirche
1350/1400 Münster, Martinikirche
1351/1443 Dülmen, Kollegiatstiftskirche St. Viktor
1354 Dortmund, Dominikanerkirche, Chor Weihe
1370 Tecklenburg-Leeden, Kirche Umbau
vor 1375 Steinfurt-Burgsteinfurt, Große Kirche Umbau
nach 1376 Horstmar, Kirche
1377/95 Münster, Dom Kreuzgang
nach 1387 Bad Driburg-Neuenheerse, Hallenschiffe
14/15. Jh. Bielefeld-Schildesche, Kirche

1400–1500

1409 Büren-Böddeken, Augustiner-Chorherren
1414 Herford, Johannisstiftskirche (Verlegung)
vor 1420 Attendorn-Ewig, Augustiner-Chorherren
1432/42 Lügde-Falkenhagen, Kreuzbrüder
1433 Borken, Kollegiatstift St. Remigius
1435 Lippstadt, Schwesternhaus St. Annen
1437 Rheine-Bentlage, Kreuzherren
1442/49 Herford, Schwesternhaus
1447 Borken-Groß Burlo, Zisterzienser
1452 Lichtenau-Dalheim, Augustiner-Chorherren
1453 Detmold, Schwesternhaus Marienanger
1455 Hamm, Franziskaner
1456/59 Lemgo, Schwesternhaus Rampendahl
1459 Unna, Schwesternhaus
1461/63 Lemgo, Franziskaner
1468 Blomberg, Augustiner-Chorherren
1472/93 Meschede-Galliläa
1476 Dülmen-Weddern, Kartäuser
1483 Brakel, Bredenkloster
1483 Geseke-Störmede, Schwesternhaus Nazareth
vor 1484 Warstein-Odacker, Schwesternhaus
1491 Bielefeld, Schwesternhaus Marienthal
1498 Bielefeld-Quelle, Franziskaner Jostberg
1499/1501 Medebach-Glindfeld, Kreuzherren

1409/42 Herford, Stiftskirche Chor
1420/30 Münster, Ludgerikirche Chor
1423/29 Attendorn-Ewig, Kirche/Kloster
1432/49 Büren-Böddeken, Kloster Westflügel
1441/65 Wadersloh-Liesborn, Chor
um 1450 Borken, Remigiuskirche
1460/70 Lichtenau-Dalheim, Kirche
nach 1463 Lemgo Franziskanerkirche
1463/1504 Rheine-Bentlage, Kloster
1464/74 Minden, Mauritiuskirche
1466 Lügde-Falkenhagen, Kirche
1469 Lippstadt, St. Annen Schiff
1470 Wiedenbrück, Marienkirche
1473/1508 Minden, Johanniskirche Chor
1473/85 Blomberg, Augustiner-Chorherrenkirche
1474 Borken-Groß-Burlo, Kirche Weihe
um 1474 Herzebrock, Kirche
1475/87 Büren-Böddeken, Kirche Chor
1476 Münster, Mauritzkirche Chor
1483/87 Lügde-Falkenhagen, Kirche
nach 1484 Hörstel-Gravenhorst, Kloster
1487 Münster, Johanniskirche Umbau
1487/1507 Dülmen-Weddern, Kirche
um 1499 Nottuln, Kirche
1499/1503 Wadersloh-Liesborn, Kirche Lang-/Querhaus
Ende 15. Jh. Haltern-Flaesheim, Kirche Chor
um 1500 Bielefeld, Kirche Schwesternhaus Marienthal

1500–1600

1506 Bielefeld, Franziskanerkirche (Verlegung)
1580/96 Paderborn, Jesuiten
1586/88 Münster, Jesuiten

1500/25 Dülmen, St. Viktor, Kirche Chor
1502 Bielefeld-Quelle, Jostbergkirche
1502 Wiedenbrück, Ägidiikirche, Langhaus
1504 Lemgo, Schwesternhaus Rampendahl, Kirche
1506/12 Detmold, Schwesternhaus Marienanger Kloster
nach 1506 Bielefeld, Franziskanerkirche
1507/15 Hamm, Franziskanerkirche
1509 Lügde-Falkenhagen, Kloster Dormitorium
1514 Lippstadt-Benninghausen, Kirche
1516 Beckum, Stephanuskirche, Westteile

1518 Herford Schwesternhaus, Kirche
1522 Lippstadt-Cappel, Abteigebäude
1528 Lippstadt, St. Annen, Kirche Chor
1590/98 Münster, Jesuitenkirche

1600–1700

1612 Paderborn, Kapuziner
1613/14 Münster, Franziskaner-Observanten
1616 Münster, Kapuziner
1618 Paderborn, Kapuzinessen
1618/29 Rietberg, Franziskaner
1626 Siegen, Jesuiten
1627 Bocholt, Franziskaner
1628/31 Warendorf, Franziskaner
1629 Borken, Kapuziner
1637 Geseke, Franziskaner
1640 Büren, Jesuiten
1640 Oelde-Geist, Jesuiten
1640 Attendorn-Waldenburg
1642 Recklinghausen, Franziskaner
1642 Rheine, Franziskaner
1644 Wiedenbrück, Franziskaner
1644 Brakel, Kapuziner
1645 Werl, Kapuziner
1647 Münster, Lotharinger Chorfrauen
1649 Münster, Dominikaner
1651/57 Vreden-Zwillbrock, Franziskaner
1652 Paderborn, Michaelskloster
1652 Brilon, Franziskaner
1654 Coesfeld, Jesuiten
1658 Paderborn, Franziskaner
1659 Werne, Kapuziner
1664 Gronau-Glane, Schwesternhaus
1672 Halle-Stockkämpen, Franziskaner
1682 Arnsberg, Jesuiten

Anf. 17. Jh. Dülmen-Weddern, Kloster Neubau
1619 Rietberg, Franziskanerkirche Weihe
1640/70 Attendorn-Waldenburg, Kapelle
1642/60 Rheine, Franziskanerkloster
1650/1700 Warstein-Odacker, Kapelle
1655 Borken, Kapuzinerkirche
nach 1656 Warburg, Dominikanerkloster Umbauten
1657/61 Paderborn, Kapuzinessen, Kirche/Kloster
1658/66 Recklinghausen, Franziskanerkirche
1659/60 Vlotho, Kirche Erweiterung
1661 Fröndenberg, Abtei
nach 1661 Marienmünster, Kirche Umbau
1663/64 Meschede, Stiftskirche Umbau
1663/71 Paderborn, Franziskanerkirche u. -kloster
1663/71 Brakel, Kapuzinerkloster
1663/1703 Brilon, Franziskanerkloster
1664/80 Coesfeld, Jesuitenkloster
1667/71 Höxter-Corvey, Kirche Neubau
nach 1667 Wiedenbrück, Franziskanerkloster
1668/74 Geseke, Franziskanerkirche
nach 1669 Marienmünster, Kloster
1671/80 Werne, Kapuzinerkirche u. -kloster
1673/83 Warendorf, Franziskanerkirche u. -kloster
1673/92 Coesfeld, Jesuitenkirche
1674/83 Paderborn, Kapuzinerkirche u. -kloster
nach 1675 Warburg-Hardehausen, Kloster Neubau
1677/1711 Warendorf-Vinnenberg, Kirche Umbau
1682/92 Paderborn, Jesuitenkloster
1687/98 Münster, Franziskaner-Observantenkirche
um 1683 Unna, Schwesternhaus Kloster
nach 1687 Rosendahl-Varlar, Kloster
1690 Warstein-Mühlheim, Komturei
1690 Arnsberg, Jesuitenkloster
1690/96 Halle-Stockkämpen, Kirche
1691/98 Paderborn, Michaelskirche u. -kloster
1691/1712 Geseke, Franziskanerkloster
1693/1711 Brakel-Gehrden, Kloster
um 1694 Medebach-Glindfeld, Kloster
1695 Lügde-Falkenhagen, Jesuitenkirche/-kloster
1696 Anröchte-Waltringhausen, Kapelle
1696/1703 Herzebrock, Kloster
1697/1701 Welver-Kirchwelver, neue Kirche
1698/99 Arnsberg-Rumbeck, Kirche Umbau
1698/1722 Willebadessen, Kloster Um-/Neubau
um 1700 Büren-Holthausen, Umbau Kirche/Kloster

1700–1800

1705/22 Sundern-Brunnen, Kapuziner
1719 Borken-Gemen, Franziskaner
1731 Münster, Clemensschwestern
1735 Lügde, Franziskaner
1782 Coesfeld, Franziskaner

1702/25 Siegen, Jesuitenkirche
1705 /25 Münster, Dominikanerkirche
1706 Herzebrock-Clarholz, Abtei
1707/17 Warstein-Mühlheim, Kirche
1708 Selm-Cappenberg, Propstei
1710 Soest-Paradiese, Kloster
1710/25 Harsewinkel-Marienfeld, Kloster
1710/46 Höxter-Brenkhausen, Klosterflügel
1713/16 Herford Johanniterkirche
1714/37 Höxter-Corvey, Kloster
1714/37 Lichtenau-Dalheim, Kloster Erweiterung
1715/18 Brakel, Kapuzinerkirche
1716? Dortmund-Brackel, Kommende Umbau

1716/21 Rietberg Franziskanerkirche Erweiterung, Kloster
1717/19 Vreden-Zwillbrock, Kirche
1717/24 Geseke-Störmede, Kirche/Kloster Neubau
1717/28 Büren, Jesuitenkolleg
um 1721 Meschede-Galliläa, Kloster
1722 Warendorf-Vinnenberg, Kloster
1724/28 Münster, Kapuzinerkirche
1725/35 Wadersloh-Liesborn, Abtei
nach 1729 Schmallenberg-Grafschaft, Kloster
1729/32 Sundern-Brunnen, Kloster
um 1730 Attendorn-Ewig, Kloster Umbau
1731/38 Havixbeck-Hohenholte, Kirche
1742/48 Sundern-Brunnen, Kirche
1744 Willebadessen, Abtei
1745/53 Münster, Clemenskirche
1747/52 Hilchenbach-Allenbach, Keppel Kloster
1748/56 Borken-Gemen, Kirche/Kloster
1749/50 Warstein-Belecke, Kirche
1750/55 Oelde-Geist, Kloster
1754 Ostbevern-Rengering, Brücke
1754/72 Büren Jesuitenkirche
1755/82 Gronau-Glane, Kloster Neubau
1756 Lügde, Franziskanerkirche Weihe
1771/73 Münster, Lotharinger Kirche
1772/74 Brakel, Bredenkirche
1772/82 Brilon, Franziskanerkirche
1777 Borken, Kapuzinerkirche Nebenschiff
1785/92 Bocholt Franziskanerkirche
1786 Werl, Kapuzinerkirche
1787/1800 Marsberg-Bredelar, Kirche/Kloster
18. Jh. Soest, Dominikanerkloster

1800–2000

1847/49 Paderborn, Mutterhaus
1848/57 Werl, Franziskaner
1899 Billerbeck-Gerleve, Benediktiner
1928 Meschede Abtei Königsmünster, Benediktiner

1805 Gevelsberg, Abtei
1881 Paderborn Mutterhaus, Conraduskapelle
1894/95 Paderborn Mutterhaus, Kloster
1904 Billerbeck-Gerleve, Kirche Weihe
1904/06 Werl, Basilika
1964 Meschede Abtei Königsmünster, Kirche

DIE ORDEN MIT BAULICHEN RESTEN VON KIRCHEN UND KLÖSTERN IN WESTFALEN

Ein * bezeichnet noch von Klerikergemeinschaften bewohnte Klosteranlagen. Das können auch andere Gemeinschaften als die der Gründungsorden sein.

Domstifte
Corvey
Minden
Münster*
Paderborn*

Kollegiatstifte
Attendorn, St. Johannes
Beckum, SS. Stephanus und Sebastian
Bielefeld, Neustädter Marienkirche
Borken, St. Remigius
Dülmen, St. Viktor
Enger, SS. Johannes und Dionysius
Herford, SS. Johannes und Dionysius
Horstmar, St. Gertrud
Lübbecke, St. Martin
Meschede, St. Walburga
Minden, St. Martini
Minden, St. Johannis
Münster, St. Mauritz
Münster, St. Ludgeri
Münster, St. Martini
Paderborn, Busdorfkirche
Rheda-Wiedenbrück, St. Ägidius und Karl der Große
Soest, St. Patroklus

Kanonissen- bzw. freiweltliche adelige Damenstifte
Bad Driburg-Neuenheerse
Bielefeld-Schildesche
Büren-Böddeken
Fröndenberg
Geseke
Gevelsberg
Hagen-Elsey
Haltern-Flaesheim
Havixbeck-Hohenholte
Herdecke
Herford, Reichsabtei
Herford, Stiftsberger Marienkirche
Herzebrock
Hilchenbach-Keppel*
Hörstel-Gravenhorst
Kirchlengern-Quernheim
Legden-Asbeck
Lippstadt, Stift St. Marien
Lippstadt-Benninghausen
Lippstadt-Cappel
Meschede, St. Walburgis
Metelen
Minden, St. Marien
Münster, St. Marien Überwasser
Nottuln
Ochtrup-Langenhorst
Soest-Paradiese (ev. Damenstift)
Steinfurt-Borghorst
Stemwede-Levern (ev. Damenstift)
Tecklenburg-Leeden
Vreden
Wadersloh-Liesborn
Warendorf-Freckenhorst

Augustiner-Chorherren/-frauen
Attendorn-Ewig (M)
Blomberg (M)
Büren-Böddeken (M)
Havixbeck-Hohenholte (W)
Lichtenau-Dalheim (M)
Münster, Lothariger Kloster (W)
Paderborn, Michaelskloster (W)*

Augustiner-Eremiten, Wilhelmiten
Lippstadt, Brüderkirche (Augustiner-Eremiten)
Borken-Groß Burlo (Wilhelmiten)

Augustinerinnen, Schwestern vom gemeinsamen Leben
Anröchte-Waltringhausen, Kloster Annenborn
Bielefeld, Kloster Marienthal
Bocholt, Kloster Marienberg
Brakel, Bredenkloster*
Lemgo, Schwesternhaus Rampendahl
Lichtenau-Dalheim
Lippstadt, St. Annen Rosengarten
Medebach-Glindfeld
Störmede, Kloster Nazareth
Unna, Barbarakloster
Warstein-Odacker

Benediktiner/-innen
Billerbeck, Abtei Gerleve (M)*
Brakel-Gehrden (W)
Havixbeck-Hohenholte (M)
Herdecke (W)
Herford, Reichsabtei (W)
Herzebrock (W)
Höxter-Brenkhausen (W, ab 1601)*
Höxter-Corvey (M)
Höxter-tom Roden (M)
Marienmünster (M)*

Marsberg-Obermarsberg (M)
Meschede, Abtei Königsmünster (M)*
Minden, St. Marien (W)
Minden, SS. Mauritius und Simeon (M)
Münster, St. Marien Überwasser (W)
Paderborn, Abdinghof (M)
Paderborn, Gaukirchkloster (W, ab 1500)
Rosendahl-Varlar (M)
Schmallenberg-Grafschaft (M)*
Wadersloh-Liesborn (M)
Warendorf-Vinnenberg (W, ab 1465)*
Warstein-Belecke (M)
Warstein-Odacker (W)
Willebadessen (W)

Deutscher Orden
Attendorn-Waldenburg
Dortmund-Brackel
Münster, Johanneskapelle
Warstein-Mühlheim*

Dominikaner/-innen
Dortmund, St. Johannis (M)
Lemgo, Marienkirche (W)
Meschede-Galiläa (W, 3. Regel)
Minden, Wohnhaus
Münster, St. Joseph
Soest, Wohn-, Praxis- und Lagerhaus
Soest-Paradiese
Warburg, evang. Kirche

Franziskaner (Minoriten und Observanten)
Attendorn
Bielefeld, Jodokuskirche
Bielefeld-Jostberg
Bocholt
Borken-Gemen
Brilon
Coesfeld
Geseke
Halle-Stockkämpen
Hamm
Höxter
Lemgo, Johanniskirche
Lügde
Münster, Apostelkirche
Münster, ev. Universitätskirche
Paderborn, Franziskanerkloster*
Recklinghausen
Rheda-Wiedenbrück*
Rheine
Rietberg
Soest
Vreden-Zwillbrock
Warendorf*
Werl*

Jesuiten
Arnsberg
Büren
Coesfeld

Lügde-Falkenhagen
Münster
Oelde-Geist
Paderborn
Siegen

Johanniter
Borken
Herford
Steinfurt-Burgsteinfurt

Kapuziner/-essen
Borken (M)
Brakel (M)
Sundern-Brunnen (M)
Münster (M)
Paderborn, Liborianum (M)
Paderborn, ehem. Landeskrankenhaus (W)
Rüthen (M)
Werl (M)
Werne (M)*

Kartäuser
Dülmen-Weddern

Klemensschwestern
Münster*

Kreuzherren
Rheine-Bentlage
Lügde-Falkenhagen
Medebach-Glindfeld

Prämonstratenser/-innen
Arnsberg-Oelinghausen (W)*
Arnsberg-Rumbeck (W)
Arnsberg-Wedinghausen (M)
Hagen-Elsey (W)
Haltern-Flaesheim (W)
Herzebrock-Clarholz (M)
Hilchenbach-Keppel (W)*
Lippstadt-Cappel (W)
Marsberg-Bredelar (W)
Oelde-Lette (W)
Rosendahl-Varlar (M)
Selm-Cappenberg M/W, später M)

Schwestern der christlichen Liebe
Minden, Mauritiuskloster*
Paderborn, Mutterhaus*

Zisterzienser/innen
Borken-Gross Burlo (M)*
Büren-Holthausen (W)
Drolshagen (W)
Fröndenberg (W)
Gevelsberg (W)
Harsewinkel-Marienfeld (M)
Hörstel-Gravenhorst (W)
Höxter-Brenkhausen (W bis 1601)*
Hopsten-Schale (W)

Lippstadt-Benninghausen (W)
Lügde-Falkenhagen (W)
Marsberg-Bredelar (M)
Ostbevern-Rengering (W)
Paderborn, Gaukirchkloster (W, bis 1500)
Stemwede-Levern (W)
Tecklenburg-Leeden (W)
Vlotho (W, später M)
Warburg-Hardehausen (M)
Warburg-Wormeln (W)
Warendorf-Vinnenberg (W, bis 1465)*
Welver (W)

WEITERFÜHRENDE LITERATURHINWEISE

NACHSCHLAGEWERKE UND ÜBERBLICKSLITERATUR

Barock 1995: Florian Matzner, Ulrich Schulze, Barock in Westfalen. Ein Reiseführer (Kulturlandschaft Westfalen 3) Münster 1995, ²1997.

Dehio Westfalen: Dorothea Kluge, Wilfried Hansmann, Westfalen (Dehio Handbuch der Kunstdenkmäler, Nordrhein-Westfalen 2) München 1969, ³1984.

Katalog 1982: Monastisches Westfalen. Klöster und Stifte 800-1800. Ausstellungskatalog Westfälisches Landesmuseum Münster. Münster 1982.

Klosterbuch 1-2: Karl Hengst (Hrg.): Westfälisches Klosterbuch. Lexikon der vor 1815 errichteten Stifte und Klöster von ihrer Gründung bis zur Aufhebung (Quellen und Forschungen zur Kirchen- und Religionsgeschichte 2). 3 Bände, Münster 1992, 1994, 2003.

Klosterführer: Klosterführer für die *Kreise Höxter und Paderborn*. Informationen und Tipps zu den Klöstern der Region. Höxter 2000.

Kösters 2000: Klaus Kösters, Verborgene Schätze. Mittelalterliche Kunst in Westfalen (Kulturlanschaft Westfalen 6) Münster 2000.

Lobbedey 1992: Uwe Lobbedey, Die Kirchenbauten des Mittelalters im *Bistum Münster*. In: Imagination des Unsichtbaren, 1200 Jahre Bildende Kunst im Bistum Münster. Katalog. Münster 1993, 172-213.

Lobbedey 1999: Uwe Lobbedey, Romanik in Westfalen. Würzburg 1999.

Mette 1993: Michael Mette, Studien zu den barocken Klosteranlagen in Westfalen (Denkmalpflege und Forschung in Westfalen 25) Bonn 1993.

Pieper 1993: Roland Pieper, Die Kirchen der *Bettelorden* in Westfalen. Baukunst im Spannungsfeld zwischen Landespolitik, Stadt und Orden im 13. und frühen 14. Jahrhundert (Franziskanische Forschungen 39) Werl 1993.

Pieper 2000: Roland Pieper, Die Kirchen- und Klosterbaukunst der *Augustiner-Chorherren* im Vergleich: Böddeken, Dalheim, Ewig, Blomberg, Frenswegen und Albergen. In: Mitteilungen des Vereins für Geschichte an der Universität-GH Paderborn 13, 2000, 105-123.

Schneider 1987: Manfred Schneider: Die spätmittelalterlichen Schwesternhäuser und Augustinerinnenklöster in Lippstadt, Lemgo und Detmold aus archäologischer und kunsthistorischer Sicht. In: Lippische Mitteilungen 56, 1987, 113-152.

NEUERE LITERATUR ZU EINZELOBJEKTEN IN AUSWAHL

Aufgenommen wurde nur Literatur, die in den Bänden 1 und 2 des „Westfälischen Klosterbuches" nicht oder noch nicht berücksichtigt ist

Arnsberg: Walter Wahle, Die Missionen der Jesuiten zu Arnsberg. Paderborn 1995.
– *Oelinghausen:* Werner Saure, Kloster Oelinghausen. Arnsberg o. J. (nach 1992).

Attendorn: Claudia Holze-Thier, Die Pfarrkirche St. Johannes Baptist zu Attendorn. Die Ausgrabungen von 1974 (Denkmalpflege und Forschung in Westfalen 36) Essen 1999.
– *Ewig:* Mette 1993. Pieper 2000.

Bad Driburg – *Neuenheerse*: Otfried Ellger, Ausgrabungen in der ehemaligen Damenstiftskirche St. Saturnina in Bad Driburg-Neuenheerse, Kreis Paderborn. In: Ausgrabungen und Funde in Westfalen-Lippe 9 C, 1999, 1-62. Lobbedey 1999.

Bielefeld – *Marienkirche:* Johannes Altenberend, Reinhard Vogelsang, Joachim Wibbing (Hrgg), St. Marien in Bielefeld 1293-1993. Geschichte und Kunst des Stiftes in der Neustädter Kirche. Bielefeld 1993. – *Quelle/ Jostberg:* Gertrud Angermann, Der Jostberg – ein Wallfahrtsort im Teutoburger Wald bei Bielefeld (etwa 1480 bis 1530). Ein Beitrag zur Frömmigkeitsgeschichte. In: Jahrbuch für Westfälische Kirchengeschichte 92, 1998, 19-62. Zutz/Kruse in: Ravensberger Blätter 1995.

Billerbeck – *Gerleve:* Die Benediktinerabtei Gerleve. Ihr Werden, Wachsen und Wirken. Münster 1997.

Blomberg: Pieper 2000.

Bocholt: Werner Sundermann, Rund um die *Liebfrauenkirche*. In: Unser Bocholt 51, 2000, Heft 2, 17-48.

Brakel – *Gehrden*: Mette 1993. Lobbedey 1999.

Brilon: Nikolaikirche Brilon, hrg. v. Propsteipfarramt Brilon. Brilon 1993. Volker Gedaschke, Heinrich Hülsbusch, KulTouren Brilon, Historische Kernstadt und attraktive Ortschaften. Brilon ²2001.

Büren – *Jesuiten:* Norbert Assmuth, Die ehemalige Jesuitenkirche Maria Immaculata in Büren. Dokumentation und Beiträge zur Innenrestaurierung 1986-1991 (Denkmalpflege und Forschung in Westfalen 27) Bonn 1994. – *Böddeken:* Pieper 2000.
Coesfeld: Norbert Damberg (Hrg.), Coesfeld 1197-1997. Beiträge zu 800 Jahren städtischer Geschichte. 2 Bde., Münster 1999.
Dortmund: Gustav Luntowski, Günter Högl, Thomas Schilp, Norbert Reimann, Geschichte der Stadt Dortmund. Dortmund 1994. – *Dominikanerkirche:* Pieper 1993. – *Brackel:* G. Knippenberg, Brackel – ein Dorf am westfälischen Hellweg. Dortmund 1997.
Harsewinkel – *Marienfeld*: Mette 1993. Rudolf Böhmer, Paul Leidinger, Chroniken und Dokumente zur Geschichte der Zisterzienserabtei Marienfeld, 1185-1803. Marienfeld 1998. Lobbedey 1999.
Havixbeck – *Hohenholte:* Ursula Warnke, Havixbeck-Hohenholte. In Neujahrsgruß des Westfälischen Museums für Archäologie 1995, 73-76.
Herdecke: Klaus Lange, Die ehemalige Stiftskirche in Herdecke. Baugeschichte – Baugeschichten. Essen 1997.
Herford – *Münsterkirche*: Lobbedey 1999.
Herzebrock: Cornelia Kneppe, Hans-Werner Peine, Ausgrabungen in der kath. Pfarrkirche St. Christina in Herzebrock, Kreis Gütersloh. Ein Beitrag zur Baugeschichte von Kirche und Kloster. In Ausgrabungen und Funde in Westfalen-Lippe 8B, 1993, 41-52. – *Clarholz:* Mette 1993.
Hörstel – *Gravenhorst:* Thomas Hartmann, Die ehemalige Abtei der Zisterzienserinnen zu Gravenhorst, 1256-1808. Ibbenbüren 1997. Eine archäologisch-baugeschichtliche Publikation ist in Vorbereitung.
Höxter – *Minoritenkirche/St. Marien*: Pieper 1993. – *Brenkhausen:* Mette 1993. Gabriele Isenberg, Margit Mersch, Höxter-Brenkhausen. In: Neujahrsgruß des Westfälischen Museums für Archäologie 1994, 91-93. – *Corvey*: Mette 1993. Lobbedey 1999.
Kirchlengern – *Stift Quernheim:* Wolfgang Schuler: Die Kirche in Stift Quernheim (Große Baudenkmäler 336) München/Berlin 1981. 850 Jahre Stift Quernheim 1147-1997. Kirchlengern 1997.
Lemgo – *Reformierte Kirche:* Christiane Hemker: Archäologie in Lemgo: Ergebnisse der archäologischen Untersuchungen im ehemaligen Franziskanerkloster St. Loyen. In: Westfalen 70, 1992, 213-270. Günther Rhiemeier, Die Franziskaner in Lemgo. In: Lippische Mitteilungen 62, 1993, 21-66.
Lichtenau – *Dalheim:* Mette 1993. Roland Pieper, Dalheim: Pfarrort – Kloster – Staatsdomäne. Münster 2000.

Lippstadt – *Stiftskirche:* Claudia Kimminus-Schneider, Das Lippstädter Marienstift. Baugeschichtliche Untersuchungen eines westfälischen Kanonissenstiftes des ausgehenden 12. Jahrhunderts (Denkmalpflege und Forschung in Westfalen 31) Bonn 1995. – *Brüderkirche*: Pieper 1993. – *Benninghausen*: Mette 1993.
Lügde – *Falkenhagen Kreuzherren:* Willi Gerking, 750 Jahre Kloster Falkenhagen (Sonderveröffentlichung des naturwissenschaftlichen und historischen Vereins für das Land Lippe 49) Leopoldshöhe 1997. – *Falkenhagen Jesuiten:* Willi Gerking, 300 Jahre St. Michael in Falkenhagen. Falkenhagen 1995.
Marienmünster: Mette 1993.
Marsberg – *Bredelar*: Mette 1993. Helmut Müller, Die Urkunden des Klosters Bredelar (Westfälische Urkunden [Texte und Regesten]). Münster 1994. Kloster Bredelar, Stadt Marsberg – Konzepte für morgen, hrg. vom Verein für Ortsgeschichte Bredelar e.V. Marsberg/Coesfeld 1997.
Medebach – *Glindfeld*: Hans Ulrich Weiss, Kloster Glindfeld. In: Geschichte von Stadt und Amt Medebach (Hochsauerland), hrg. v. Harm Klueting. Medebach 1994, 593-617.
Meschede – *St. Walburga*: Lobbedey 1999.
Metelen: Lobbedey 1999.
Minden – *Dom:* Roland Pieper, Anna-Beatriz Chadour-Sampson, Stadt Minden, Altstadt 1, Der Dombezirk (Bau- und Kunstdenkmäler von Westfalen 50.1) Essen 1998/2000 (der Band 50.2 zu den Stifts- und Pfarrkirchen ist in Vorbereitung). Paul Jakobi, Der Dom zu Minden, Zeuge des Glaubens. Paderborn 1998. Lobbedey 1999.
Münster – Joachim Poeschke, Candida Syndikus, Thomas Weigel, Mittelalterliche Kirchen in Münster. München 1993. – *Dom:* Uwe Lobbedey, Herbert Scholz, Sigrid Vestring-Buchholz, Der Dom zu Münster 793-1945-1993. Bd. 1, Bonn 1993. Lobbedey 1999. – *Apostelkirche*: Pieper 1993. – *St. Mauritz, St. Ludgeri*: Lobbedey 1999. – *Clemenskirche*: Karl Noehles, Die Clemenskirche in Münster (Westfälische Kunststätten 70) Münster 1994.
Ochtrup – *Langenhorst:* Lobbedey 1999.
Paderborn: Paderborn. Geschichte der Stadt in ihrer Region. 3 Bde., Paderborn 1999. – *Dom:* Lobbedey 1999. – *St. Michael:* Christoph Stiegemann, 400 Jahre Augustiner Chorfrauen. Das St. Michaelskloster in Paderborn (Katalog). Paderborn 1997. – *Kapuziner:* Basilius Krekeler, Zur Geschichte des Paderborner Kapuzinerklosters 1612-1834 (Paderborner Beiträge zur Geschichte 9) Köln 1999. – *Abdinghof, Busdorf, Gaukloster*: Lobbedey 1999. Jürgen Kaiser, Abding-

hof-Kirche St. Peter und Paul Paderborn (Schnell Kunstführer 2471) Regensburg 2001.
Porta Westfalica – *Barkhausen/Wittekindsberg:* Klaus Günther (Hrg.), Klosterkirche, Burgkapelle, Familiengrab? Ergebnisse des interdisziplinären Kolloquiums auf der Wittekindsburg (Archäologie in Ostwestfalen 4) Bielefeld 1999.
Rheine – *Franziskaner:* Markus Huneke, Das Franziskanerkloster in Rheine 1635-1812. Osnabrück 1995. – *Bentlage:* Barbara Seifen, Die Baugeschichte des spätgotischen Kreuzherrenklosters Bentlage (Studien zur Bauforschung 17) Greven 1994. Die Bentlager Reliquiengärten. Aufsatzsammlung in Westfalen 77, 1999, 2-173. Kloster Bentlage. Ein Klostergebäude erschließt sich der Öffentlichkeit. Münster 2002.
Rüthen: Joseph Preising, Das Kapuzinerkloster. In: Geschichte der Stadt Rüthen, hrg. v. Wolfgang Bockhorst, Wolfgang Maron. Paderborn 2000, 477-486.
Schmallenberg – *Grafschaft:* Mette 1993.
Selm – *Cappenberg:* Mette 1993. Lobbedey 1999. Otfried Ellger, Cappenberg: Von der Burg zur Kirche. Ausgrabungen im Chor der ehem. Prämonstratenserstiftskirche St. Johannes Ev. in Selm-Cappenberg 1992/92. In: Westfalen 78, 2000, 237-269.
Soest: Wilfried Ehbrecht, Gerhard Köhn (Hrgg.), Soest. Geschichte der Stadt. 3 Bde., Soest 1996. – *St. Patrokli:* Lobbedey 1999. – *Neu-St.-Thomae:* Pieper 1993. – *Paradiese:* Walter Beaugrand, Kloster Paradiese. Soest 2002.
Steinfurt – *Borghorst:* Stiftsrundgang Borghorst (Steinfurter Schriften 25) Steinfurt 1996.
Vreden – *St. Felizitas:* Lobbedey 1999. – *Zwillbrock:* Hermann Terhalle, Barockkirche St. Franziskus Vreden-Zwillbrock. Vreden 1997.
Wadersloh – *Liesborn:* Hans-Werner Peine (Hrg.), Ausgrabungen in der Abtei Liesborn. Eine Dokumentation des Westfälischen Museums für Archäologie. Münster 1993. Mette 1993.
Warburg – *(Alte) Dominikanerkirche:* Pieper 1993. – *Hardehausen:* Mette 1993.
Warendorf – *Franziskaner:* Dominikus Göcking, Franziskanerkloster Warendorf. Werl 1993. Paul Leidinger (Hrg.), Geschichte der Stadt Warendorf. Warendorf 2000 (Beitrag Otfried Ellger, Bd. 1, 153-198). – *Freckenhorst:* Lobbedey 1999. Klaus Gruhn (Hrg.), Freckenhorst 851-2001. Aspekte einer 1150jährigen Geschichte. Warendorf 2000.
Welver: Gabriele Isenberg, Cornelia Kneppe, Die Stiftskirche in Welver. Ausgrabung und Bauforschung. In: Westfalen 70, 1992, 112-123.
Werl: Amalie Rohrer, Hans-Jürgen Zacher (Hrgg.), Werl. Geschichte einer westfälischen Stadt. 2 Bde., Paderborn/Werl 1994 [Beiträge von Lobbedey, Karrenbrock, von Rüden, Timm]. Gisela Fleckenstein, Engelhard Kutzner, Franziskaner in Werl. 150 Jahre Dienst am Wallfahrtsort. Werl 1999.
Wiedenbrück: 350 Jahre Franziskanerkloster Wiedenbrück. Werl 1994.
Willebadessen: Mette 1993. Lobbedey 1999. Karl Hengst, Heinrich Müller (Hrgg.), Willebadessen gestern und heute. Beiträge zur Geschichte von Kloster, Stadt und Pfarrgemeinde aus Anlass der Klostergründung vor 850 Jahren. Paderborn 1999. Dirk Strohmann, St. Vitus in Willebadessen (Westfälische Kunststätten 86). Münster 1999.

KLEINES LEXIKON
VERWENDETER FACHAUSDRÜCKE

Achsen   Vertikalgliederungen von Wänden oder Altären.
Ädikula   Aus Säulchen oder Pilastern und einem Giebel gebildete Umrahmung.
Akanthus   Stilisierte, an der Spitze eingerollte Blätter eigentlich einer Distelart.
Annex   Nebenraum als selbständiger Bauteil. Annexbauten.
Apsis   Halbkreisförmiger, mit einer Halbkuppel gewölbter oder polygonaler Ostabschluss eines Schiffes oder Chores.
Archidiakonat   Verwaltungsbezirk eines Bistums.
Arkade   Auf Stützen ruhende Bögen in Reihung. Die Blendarkade ist nicht offen bzw. frei stehend, sondern einer Wand vorgesetzt, vorgeblendet.
Basilika   Dreischiffiger Raum mit hohem, separat vom →Obergaden belichtetem Mittelschiff. Auch: Kirchenrechtliche Stellung eines Kirchengebäudes.
Basis   Fuß einer Säule, meist mit Profil. Säulenbasis.
Beschlagwerk   Flächenornament aus flachplastischen Bändern und Leisten.
Chronogramm   Meist lateinische Inschrift mit hervorgehobenen Buchstaben als römische Zahlen, die addiert eine Jahreszahl ergeben.
Dienst   Säule oder Vorlage zur Aufnahme von Gewölbelasten, meist von Gewölberippen. Runddienst. Alter = starker D., Junger = schwächerer D.
Domikalgewölbe   Im Kreis gemauerte, kuppelartig überhöhte Gewölbe der romanisch-gotischen Übergangszeit.
Doppelkloster   Kloster für einen männlichen und einen weiblichen Zweig eines Ordens, deren Bereiche baulich voneinander getrennt sind.
Dormitorium   Schlafsaal eines Klosters.
Dorsal   Rückwand eines Chorgestühls.
Drolerie   Plastisches Schmuckmotiv in Form von Menschen, Tieren oder Fabelwesen.
Epitaph   Denkmal für einen Verstorbenen in einer Kirche, meist nicht an der Stelle der Bestattung. Epitaphaltar.
Fiale   Schlankes Ziertürmchen bei gotischen Architekturen.
Fischblasen   Innenform bei →Maßwerk, ähnelt in der Form einem Fisch mit Kopf. Stehende F. bilden Flammenmaßwerk.
gebundene Ordnung   Bei einer Basilika der →Stützenwechsel, durch den zwei mal zwei Seitenschiffjoche auf ein Hauptschiffjoch kommen.
gebust   Bei Gewölben: Gebläht, der Kappenscheitel liegt höher als der Schlussstein.
gesprengter Giebel   Abschlussform einer →Ädikula oder einer Tür- bzw. Fensterrahmung, die nach oben geöffnet ist.
Gewölbekappen   Gemauerte Füllungen zwischen den Rippen gotischer Gewölbe.
Gurtbogen   Die Joche eines Schiffes von einander trennender →Transversalbogen.
Hallenkirche   Sakralbau von meist drei gleich hohen Schiffen mit Lichteinfall von den Seitenschiffen her; verkürzt: Halle.
Hermen   Stütze aus einem männlichen Oberkörper, der nach unten in eine Säule, einen Pfeiler oder eine →Volute übergeht.
Joch   Gewölbefeld. Maß für das Segment einer Kirche in Grund- und Aufriss in der Fläche eines Gewölbes.
Kämpferplatte   Laststein mit Profil als Auflager für einen Bogen. Kämpfer, Kämpferstein.
Kalvarienberg   Darstellung einer Kreuzigungsgruppe aus mehr als drei Figuren.
Kanneluren   Parallel nebeneinander stehende, konkave Rillen im Schaft eines Pfeilers, eines →Pilasters oder einer Säule.
Kapitell   Verzierter, oberer Abschluss einer Säule; besteht aus Fußring, Kelch bzw. Schaft und Kapitellplatte.
Kapitelsaal   Tagungsraum der Mönche oder Kanoniker in einem Kloster oder Stift. Freistehend: Kapitelhaus.
Kartusche   Zierrahmen meist für Wappen oder Inschriften. Inschriftkartusche.
Kastenchor   In einer flachen Wand schließender Chor. Rechteckchor.
Kielbogen   Gotischer Bogen mit zwei Kreismittelpunkten auf jeder Seite. Auch: Eselsrücken.
Kommende   Versammlungsgebäude bei den geistlichen Ritterorden. Vorsteher: Komtur.
Konche   Halbrunde Wandnische, meist in einer →Apsis.
Krabbe   Kriechblume als gotisches Schmuckmotiv.
Kranzgesims   In einheitlicher Höhe um ein Bauteil laufendes, meist schmales Gesims.
Krypta   Begräbnis-, später auch Andachtsraum, zum Bodenniveau der Kirche vertieft und meist unter dem Chorraum liegend.

Laien Laienbrüder: Nichtpriesterliche Klostermitglieder, Konversen. In Frauenklöstern: Laienschwestern.

Laterne Lichteinlassender Aufsatz über dem Scheitelpunkt einer Kuppel.

Lettner Mindestens zwei Raumteile voneinander scheidende Gewölbe in Reihung mit einer Plattform darüber. Die Chorschranke ist eine Mauer in gleicher Funktion. Transparenterer Nachfolger: Chorgitter.

Levitensitz Chorsitz für den Priester, Subdiakon und Diakon in der kath. Liturgie.

Lisene Vertikale, rechteckige, gliedernde Mauerverstärkung, im Gegensatz zum → Pilaster ohne → Kapitell und → Basis.

Lünette Halbkreisform über einem Giebel, einer Tür oder einem Fenster.

Maßwerk Innengliederung gotischer Fenster, meist aus Stein. → Fischblasen. Maßwerkbahnen.

Ministeriale Ritter bzw. Dienstleute, in Westfalen meist von Bischöfen, die mit Land und Menschen belehnt waren.

Miserikordien Vorsprung am hochgeklappten Sitz eines Chorgestühls als „Sitz zum Stehen".

Nonnenempore In zwei Geschosse trennender Einbau in einem Teil des Kirchenraumes, meist im Westen oder Süden. Die dadurch entstehende niedrige Unterkirche oft fälschlich als Krypta bezeichnet.

Obergaden Bei einer → Basilika die über die Seitenschiffe nach oben hinaus reichende Wand des Hauptschiffes. Auch: Hochgaden.

Palmette Fächerförmiges, der Natur entlehntes Ornament, oft als Fries an Taufsteinen oder an Kapitellen. Das P.-Ringband ist bei Kapitellen durch die unteren Bereiche der Palmetten geflochten.

Paradies Vorhof oder Vorhalle einer größeren Kirche.

Pass Aus Kreissegmenten regelmäßig gebildete Form, meist bei → Maßwerk. Drei-, Vier-, Sechspass.

Pendentifkuppel Kuppel mit rundem Tambour, zu dessen Lastringkreis aus dem Quadrat heraus sphärische Kugelsegmente vermitteln.

Pietà Andachtsbild: Maria mit dem Leichnam Christi auf dem Schoß. Auch: Vesperbild.

Pilaster Halbpfeiler oder Halbsäule als Wandgliederung, im Gegensatz zur → Lisene mit → Kapitell und → Basis.

Polygon Aus mehreren Seiten gebildeter Chorabschluss gotischer Kirchen. Gezählt werden die vorhandenen Seiten einer vollständig gedachten Form. Polygonal = mehreckig.

Postament Unterbau bzw. Sockel für Stützglieder oder Statuen, Vasen etc.

Predella Unterbau eines Altares (→ Tryptichon), oft bemalt oder geschnitzt.

Propst, Propstei 1. Vorsitzender eines Kloster- oder Stiftskapitels mit eigenem Klosterflügel oder einer Kurie. 2. Außenstelle eines Klosters, besonders zur Güterverwaltung. 3. Heute auch Rang einer Pfarrkirche.

Psallierchor Besonderheit bei Kapuzinerkirchen: Versammlungsraum zum Chorgebet für die Brüder hinter dem Chor der Kirche.

Refektorium Speisesaal eines Klosters. Auch: Remter.

Remter → Refektorium.

Retabel Hinter dem Altartisch angebrachte Ausschmückung, gemalt, geschnitzt oder als Relief in Stein gehauen. → Tryptichon.

Rippen Stützskelett eines gotischen Gewölbes meist aus Hau- bzw. Sandstein, oft mit Zierscheiben versehen.

Risalit Aus der Flucht eines Baukörpers vortretendes, aber nicht selbständiges Bauteil.

Saalbau Einschiffiger Sakralraum. Verkürzt: Saal.

Sakramentshaus Aufbewahrung für Hostien und Kelch. Sakramentsturm, Sakramentsnische. Vorläufer des → Tabernakels.

Scheidbogen Die Gewölbe von Schiffen trennender → Transversalbogen.

Schildbogen Bogen eines Gewölbes an der Wand zu deren Entlastung. Wandschild.

Stichkappe Quer zur Hauptachse eines Gewölbes verlaufendes, in dieses einschneidendes und niedrigeres Gewölbe, meist bei Fenstern.

Strebepfeiler Außenpfeiler zur Aufnahme des Gewölbeschubes an gotischen Kirchen.

Stützenwechsel Bei der → Basilika Wechsel von Pfeiler und Säule zwischen den Schiffen. Einfacher S. (Pfeiler – Säule – Pfeiler) und doppelter oder sächsischer S. (Pfeiler – Säule – Säule – Pfeiler).

Tabernakel Nachfolger des separaten → Sakramentshauses zur Aufbewahrung der Hostien und des Kelches, steht oft auf bzw. über der Altarmensa.

Tonnengewölbe Gewölbe längs einer Raumachse, meist von halbkreisförmigem Querschnitt. Verkürzt auch: Tonne.

Transversalbogen Bogen in Längs- (→ Scheidbogen) oder Querrichtung (→ Gurtbogen) zur Kirchenachse.

Triumphbogen Gurtbogen als Überleitung aus der Vierung oder aus dem Hauptschiff zum Chor. Darin: Triumphkreuz.

Tryptichon Dreiteiliger Flügelaltar aus Mittelbild und meist beweglichen, doppelseitig bemalten oder geschnitzten Seitenflügeln.

Tumba Rechteckiges, meist mit einem Unterbau versehenes Grabmal, auf dem eine Grabplatte oft mit einer plastischen Darstellung des Verstorbenen ruht. Grabtumba.

Tympanon   Bogenfeld über einer Tür, als Relief oder als Fenster gebildet.
Vesperbild   → Pietá.
Vierung   Schnittjoch (→ Joch) gleich hoher Raumteile, meist von Lang- und Querhaus.
Volute   Schnecken- oder spiralförmig gewundenes Ornament.
Wandpfeilersaal   Saalbau mit stark eingezogenen Strebepfeilern, an dessen Stirnseiten die Gewölbe ansetzen.
Westbau   Aufwändiger gestaltete Westfront einer Kirche ohne liturgisch ausgeprägte Funktion.
Westriegel   Westturm einer Kirche, der wesentlich breiter ist als tief. Auch: Querriegel.
Westwerk   Selbständiges, zentralisierendes Bauwerk einer hochrangigen Kirche aus mehreren Geschossen, meist mit Sitz für eine hochstehende Persönlichkeit.
Wimperg   Steinerner Spitzgiebel über einem Fenster oder Portal.
Ziborium   Von Stützen, meist von Säulen getragener Baldachin, Aufbau oder Überbau.
Zonen   Horizontalgliederung von Wänden oder Altären.
Zwerchgalerie   Auch: Zwerggalerie, von zwerch = quer. Als offener Laufgang oder vorgeblendet angelegte Reihenarkatur unterhalb des Dachgesims einer Kirche, meist an der Apsis

ABBILDUNGSNACHWEIS

Vorlagen für die Zeichnungen: *Bielefeld-Quelle*: Westfälisches Museum für Archäologie, Außenstelle Bielefeld (D. Bérenger). – *Höxter-tom Roden*: Kloster tom Roden. Eine archäologische Entdeckung in Westfalen. Katalog, Münster 1982, Abb. 154. – *Lichtenau-Dalheim:* Pieper, Dalheim S. 35 unten (K.-U. Thies). – *Lippstadt, St. Annen*: Manfred Schneider, Die spätmittelalterlichen Schwesternhäuser und Augustinerinnenklöster In Lippstadt, Lemgo und Detmold aus archäologischer und kunsthistorischer Sicht. In: Lippische Mitteilungen 56, 1987, 113–152, hier 150. – *Porta Westfalica-Barkhausen*: Günther 1999, S. 33 (W. Best). **Karte:** Geographische Kommission für Westfalen, Horst Pohlmann. Alle **Fotos** vom Autor.

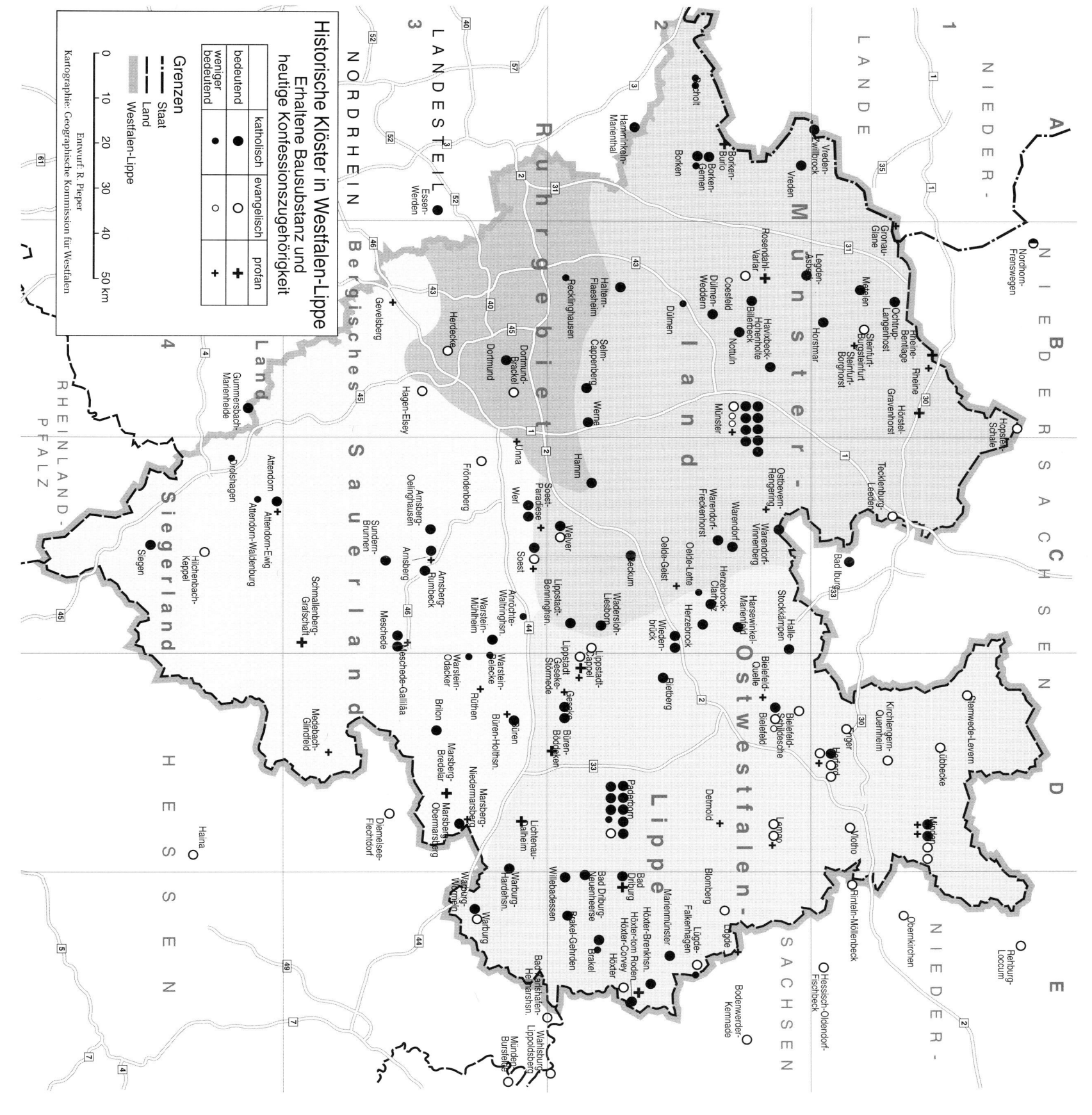